THE
FINANCE
CAREER BIBLE
파이낸스 커리어 바이블

금융권 진출의 성공적인 시작과 완성

파이낸스 커리어 바이블

초판 1쇄 2013년 12월 20일
14쇄 2014년 12월 16일

지은이 이혁재 외
펴낸이 전호림 **편집총괄** 고원상 **담당PD** 이승민 **펴낸곳** 매경출판㈜
등 록 2003년 4월 24일(No. 2-3759)
주 소 우)100-728 서울특별시 중구 퇴계로 190 (필동 1가) 매경미디어센터 9층
홈페이지 www.mkbook.co.kr
전 화 02)2000-2610(기획편집) 02)2000-2636(마케팅)
팩 스 02)2000-2609 **이메일** publish@mk.co.kr
인쇄·제본 ㈜M-print 031)8071-0961

ISBN 978-89-7442-567-8
값 20,000원

THE

'모간스탠리, 제이피모간 현업 전문가 인터뷰 수록'

FINANCE
CAREER BIBLE

이혁재 외 지음

금융권 진출의 성공적인 시작과 완성

파이낸스 커리어 바이블

매일경제신문사

투자은행, 증권사, 자산운용사과 같은 금융업에 종사한다는 것은 그 어떤 산업보다 다이내믹한 곳에서 일한다는 것을 의미한다. 금융업은 날마다 상황이 달라지며, 하루 중에서도 분초마다 변화무쌍하게 변화하는 곳이다. 따라서 투철한 도전 정신과 전문성을 가지고 빠른 박자에 맞춰 적응할 줄 아는 사람만이 이곳에서 성공적인 커리어를 만들어 갈 수 있다.

많은 사람들이 이러한 투자은행이나 증권사에서 일하고 싶어한다. 하지만 실제로 그곳에서 실제 어떤 업무를 하고 있는지 모르고 겉으로 비춰진 모습으로만 판단하고 들어오는 경우가 많다. 특히, 대학생들이나 다른 업종에 종사하던 경력직의 경우 정확한 업무에 대한 지식 없이 회사에 입사하여 어려움을 겪는 경우를 많이 봤다.

이런 어려움은 금융업 정보의 접근 제한성으로 인해 생긴 진입장벽 때문이라고 본다. 현업에 종사하는 선배를 직접 찾아가야만 정확한 정보를 얻을 수 있는 것이 업계의 현실이다. 하지만 이제는 이번에 출간되는 《파이낸스 커리어 바이블》을 통해 금융권에 도전하고자 하는 이들이 큰 도움을 얻을 수 있을 것으로 보인다. 특히, 외국계 및 국내 투자은행, 증권사, 자산운용사 등을 희망하는 이들에게 좋은 지침서가 될 것이다.

《파이낸스 커리어 바이블》은 현업에 있는 선배들이 후배들에게 들려주고 가르쳐 주고 싶은 가장 신선한 정보들로 가득 차 있다. 98명의 현업 금융인들의 인터뷰를 통해 금융업에 진출하고자 하는 이들이 반드시 숙지해야 하는 업에 대한 정보, 업에 필요한 지식, 실전 사례들을 들려준다. 이는 금융권에 진출하고자 하는 이들뿐만 아니라, 금융권에 종사하고 있는 이들에게도 반드시 필요한 정보다.

이 책을 통해 금융권에 도전하고 싶거나 금융권에 종사하는 이들이 금융업에 대한 이해를 넓히고 큰 꿈을 키워 성공적인 금융인이 되는 디딤돌이 되길 바란다.

모간스탠리 한국지사 대표이사 양 호 철

　　2000년대 중반을 들어서며 '동북아 금융허브', '한국형 투자은행 태동' 등 금융시장 선진화를 위해 국내 금융권을 비롯한 전 국가적인 노력이 기울여지고 있다. 제조업에 기반한 수출을 통해서 고도 성장을 해왔던 우리나라는 이제 신흥공업국들의 빠른 성장에 따라 새로운 살길로써 금융시장의 확대를 도모하고 있다. 이는 선택사항이 아니라 우리나라의 재도약과 선진국 대열로의 진입을 위한 필수사항이다.

　　이렇듯 전 국가적인 노력과 전 세계적인 금융시장의 확대는 국내 금융시장을 더욱 매력적인 시장으로 탈바꿈 시키고 있다. 비록 서브프라임 모기지 사태에 따른 금융위기가 국내 금융권에도 큰 영향을 미치고 있지만, 금융시장 선진화라는 큰 물결에 따른 국내 금융산업의 지속적 확대는 변함 없는 대세일 것이다.

　　이러한 선진화된 시장으로의 발전을 도모하고 있는 금융시장은 이제 많은 이들이 활동하기를 꿈 꾸는 매력적인 시장으로 부각되고 있다. 투자은행원 1명을 뽑는 자리에 수백명의 지원자들이 경쟁하는 상황은 이제 낯선 장면이 아니다. 하지만 많은 사람들이 투자은행 혹은 이와 관련된 금융권에서 일하기를 희망하지만, 정작 금융산업을 제대로 이해하고 있는 이들은 거의 없다고 해도 무방하다.

　　그들이 입사하기를 희망하는 부서가 정확히 어떤 업무를 하는 곳인지는 물론, 해당 부서에서 필요로 하는 지식과 능력이 무엇인지 모르는 것은 당연하게 인식되고 있다. 수많은 금융권 희망자들은 이와 관련된 정보를 얻기를 희망하지만 지인, 인터넷, 책 등을 통해서 그들이 얻을 수 있는 정보는 극히 일부에 불과하다. 이 또한 얼마나 정확한 정보인지는 불분명한 실정이다. 특히, 국내 소재 외국계 투자은행이나 이제 태동하기 시작하는 한국의 투자은행에 대한 정확하고 폭 넓은 정보를 얻기는 거의 불가능하다고 해도 무방할 것이다. 이러한 정보의 부족은 금융권에 취업하고자 하는 많은 지원자들에게 큰 어려움으로 작용하고 있다.

이는 금융권을 목표로 하는 지원자들에게만 문제가 되는 것이 아니라, 우수한 인재를 유치하고 싶어하는 금융권에게도 큰 문제가 되고 있다. 정보의 부족은 금융산업과 미래 금융리더를 꿈꾸는 이들에게 장벽으로 존재하며, 이러한 장벽은 그들이 필요로 하는 인재를 얻는데 있어 한계점으로 부각되고 있다. 수많은 사람들이 금융산업에 지원하지만 각 분야에서 원하는 능력과 지식을 쌓은 희망자들이 지원하기보다는 부정확하고 부족한 금융산업에 대한 정보에 따른 준비가 덜 된 지원자들만 넘쳐나는 인재 부족 현상이 금융시장 선진화를 위해 노력하고 있는 국내 금융권의 한계가 되고 있다.

수많은 금융권 관계자들과의 직접 인터뷰를 통해서 완성된 이 책은 금융산업과 미래 금융리더를 꿈꾸는 이들의 연결고리 역할을 해 줄 것이다. 특히 금융권 종사를 꿈꾸는 많은 이들이 대학교에 속해 있다는 점에서 금융산업과 대학교를 이어주는 좋은 끈이 되어 줄 것으로 기대한다. 어렴풋이만 알고 있던 금융권 각 부서에 대한 상세한 소개는 물론이며 자신이 희망하는 각 부서에서 원하는 능력과 지식 등에 대한 자세한 설명은 재무 관련 커리어를 꿈꾸는 학부생 및 대학원생, MBA 졸업자는 물론 금융권으로 전직을 고민하는 직장인이나 이미 금융권에 종사하고 있는 사람들의 성공에 큰 도움이 될 것이다. 특히, 실제 인터뷰를 통한 금융인들의 생활을 기술한 부분과 금융권 입사 인터뷰 질문과 성공적인 인터뷰를 위한 팁, 레쥬메 작성 등은 다른 어느 책에서도 볼 수 없었던 금융권에 대한 생생한 정보를 알 수 있는 최고의 기회가 될 것이라고 생각된다.

이 책을 통해서 미래의 금융리더를 꿈꾸는 이들의 재무와 금융에 대한 이해를 높여 체계적인 준비를 할 수 있기를 바라며, 금융산업 역시 잘 준비된 많은 인재들을 통해서 선진화된 금융시장으로서의 한국을 완성시켜 나아가는데 큰 도움이 되길 바란다.

연세대 경영대학 교수 박 영 렬

《파이낸스 커리어 바이블》은 금융권에 진출하고자 하는 사람과 진출한 사람들의 실질적 필요에 의해 탄생됐다. 금융권에 진출하고자 하는 사람은 많으나, 실질적으로 관심이 있는 금융권에 대한 정확한 정보와 배경 지식을 전문적으로 전달하는 책이 없었다.

이러한 이유로 지금까지 금융권에 진출하고자 했던 사람들은 지인을 통하거나 인터넷에 흩어져 있는 정보들을 취합하여 준비하곤 했다. 또한, 금융권에 이미 진출한 사람들도 다른 금융업으로 이직하려는 경우에도 정확하고 전문적인 책자가 없어서 어려운 경로를 통해 정보를 얻곤 했다.

이러한 가장 기본적인 필요를 충족시키기 위해《파이낸스 커리어 바이블》의 'Step 1. 산업 이해하기'에서는 현재 최상위권 국내 및 외국계 금융회사에 종사하고 있는 98명의 현업들의 인터뷰를 통하여 국내 및 외국계 투자은행, 증권사, 자산운용사, 사모펀드에 대한 상세한 업무 및 역할 설명을 담았다. 더 나아가 각 금융업에 대해 실질적인 정보를 전달하기 위해, 해당 금융 부서의 하루 일과와 해당 금융업과 관련된 경력 개발 지침까지 상세하게 기술하였으며, 모간스탠리, 제이피모간 등의 19명의 현업 인터뷰 코너를 통해 살아있는 금융인들의 목소리도 들을 수 있다.

금융업에 종사하고자 한다면, 해당 업무 및 부서에 대한 정확한 이해와 더불어, 부서에서 업무를 담당하기 위한 배경 지식과 기술이 필요로 한다. 'Step 2. 실전 지식 연습하기'에서는 현업들의 인터뷰를 바탕으로 회계, 재무(밸류에이션), 경제에서 가장 필요한 내용들을 중심으로 설명하고, 실질적인 연습을 할 수 있도록 구성했다. 각 파트는 이론적인 기반을 바탕으로 실제 업무 환경에서 접할 수 있는 지식들을 기술했으며, 입사 직전·직후에 있는 사람들이 궁금해하는 질문들 위주로 Q&A 코너도 마련했다. 특히, 이러한 질문들 위주로 현업들이 입사 인터뷰 때 지원자들에게 인터뷰 질문으로 쓰인다는 점을 고려했을 때, 입사 준비를 위해 충분히 숙지할 필요가 있다.

현업에서 필요한 회계, 재무, 경제 지식을 숙지한 뒤, 각 부서에서 실제로 하게 될 업무에 대한 감각을 기르기 위해 실제 케이스 분석을 하는 것은 상당한 도움이 될 것이다. M&A 관련 부서에서 일을 한다면, M&A의 종류, 프로세스, 이해관계자, 밸류에이션 등에 대한 전체적인 틀을 익혀놓지 않는다면, 입사 후 전체적인 그림을 보지 못 한 상태에서 일을 하기 쉽다.

이런 문제를 해결하기 위해 'Step 3. 케이스 스터디'에서는 해당 부서에 필요한 실질적인 케이스를 제공했다. 주식종목분석, M&A, 주식발행, 채권발행 등 가장 흔히 접할 수 있는 케이스들을 소개했다. 각 케이스 스터디에서 제시하는 프로세스 및 틀에 대한 이해를 바탕으로 주변에서 쉽게 접할 수 있는 금융 기사 및 글들을 통해 많은 연습을 하길 바란다.

마지막으로, 금융권에 실질적으로 진출하기 위해서 누구나 겪어야 하는 취업 프로세스는 힘이 드는 것은 사실이지만, 정확한 지침과 정보가 있다면 생각보다 어렵지 않다. 'Step 4. 취업 프로세스'에서는 입사준비 시에 필요한 이력서, 커버레터, 인터뷰에 대한 현업들의 지침을 정성스럽게 담아놓았다. 이력서, 커버레터의 구성부터 문단 구성 등 효과적으로 자신의 경력을 금융업에 적합하게 쓰는 방법을 소개했다. 이력서, 커버레터의 사례 분석을 통해 현업들의 생생한 코치를 경험하길 바란다. 인터뷰를 준비할 때는 어떠한 질문을 물어볼지 가장 궁금하다. 이러한 궁금증을 풀어주기 위해 현재 광화문, 여의도 등의 최상위권 금융회사 인터뷰에서 나온 질문들을 상세히 수록했다.

국내 최초로 파이낸스 커리어와 관련하여 집대성한 책인 만큼 혁신적인 시도였으며, 방대한 금융업 정보 및 관련 지식을 정확하게 전문적으로 집필하는 과정은 무엇보다 힘든 일이었다. 《파이낸스 커리어 바이블》을 통해 금융업에 진출하고자 하는 사람들과 금융업에 종사하고 있는 이들에게 실질적인 도움이 되길 바라는 마음이며, 우리나라 금융업이 지금 이 책을 읽고 있는 독자들과 같이 훌륭한 인재들을 많이 유치하여 금융 강국이 되길 기원한다.

이 책을 읽으면 도움이 될 분들의 카테고리를 다음과 같이 정리해 보았다.

1. 학부생 및 석·박사, 국내·외국계 금융권 인턴·취업을 준비하는 사람
2. MBA 졸업생, MBA 졸업 후 국내·외국계 금융권 취업을 준비하는 사람
3. 금융권 내외 커리어 체인지, 금융권 내에서 다른 금융업으로 옮기거나, 금융권 외에서 금융권 진출을 고려하는 사람
4. 금융업에 관심이 있고 향후 금융업에 종사하고 싶은 사람

《파이낸스 커리어 바이블》이 출간되기까지 함께 매일 밤낮으로 고생한 연세대 경영대학의 김성현, 박수범, 손진영, 박재한, 강석진, 김은중, 정재욱, 김현준, 김보겸 님에게 특별한 감사의 뜻을 전한다. 또한, 책의 핵심이라고 할 수 있는 현업 인터뷰에 참여한 98명의 금융권 동료 및 선배님들에게 다시 한 번 머리 숙여 감사를 표하며, 이 책이 탄생하기까지 직·간접적으로 도와주신 수많은 분들에게 감사를 책 뒤에 'Special Thanks'에서 대신한다.

마지막으로, 책의 출간 과정에 항상 도움의 손길을 늦추지 않았던 연세대 경영대학 박영렬 교수님에게 뜨거운 감사를 표하며, 책이 완성될 수 있도록 추천을 해준 모간스탠리 양호철 대표님과 삼성경제연구소 정구현 상임고문님에게 감사를 올린다.

이 혁 재

Jay W. Lee

c o n t e n t s

Step 01 >> 산업 이해하기

- -

Step 04 >> 취업 프로세스

Book Map

[책 읽는 법]

《파이낸스 커리어 바이블》을 읽는 방법은 아주 간단하다. 첫째, 본인이 관심이 있거나, 진출하고자 하는 금융 부서 또는 금융업을 선택을 한다. 둘째, 북 맵의 각 스텝별로 표시되어 있는 원에 해당하는 페이지를 선택하여 읽으면 된다. 여기서 '●'은 반드시 읽어야 하는 챕터이며, '○'은 반드시는 아니지만 함께 읽으면 도움이 되는 챕터다.

[북 맵 사용 예시]

기업금융 부서를 선택했다면, 'Step 1. 산업 이해하기'에서는, 금융업 개관을 시작으로 하여 기업금융 부

	Step 02. 실전 지식 연습하기			Step 03. 케이스 스터디				Step 04. 취업 프로세스		
모펀드(PEF)	회계	재무(밸류에이션)	경제	주식종목분석	기업공개 & 채권발행 프로세스	인수합병	서브프라임 모기지	레쥬메	커버레터	인터뷰
51 p	169 p	202 p	232 p	261 p	285 p	302 p	322 p	335 p	359 p	377 p
	●	●	○		○	●		●	●	●
	●	●	○				●	●	●	●
	●	●	○		●			●	●	●
	●	●	●	●		○		●	●	●
	●	○	●	●				●	●	●
	●	○	●		●		●	●	●	●
	●	○	●	●			●	●	●	●
	●	●	●			○	○	●	●	●
●	●	●					○	●	●	●

● 반드시 읽어야 하는 챕터
○ 함께 읽으면 도움이 되는 챕터

서 챕터를 우선적으로 읽고 ECM(주식자본시장)이나 DCM(채권자본시장) 챕터를 함께 읽으면 기업금융 부서의 업무를 이해하는데 도움이 된다. 'Step 2. 실전 지식 연습하기'에서는 회계, 재무(밸류에이션)을 우선적으로 읽고 경제 챕터를 함께 읽어주면 도움이 된다. 'Step 3. 케이스 스터디'는 기업금융 부서에서 주된 업무인 M&A 케이스 분석을 읽고, 더불어 DCM, ECM의 주된 업무인 기업공개 및 채권발행의 프로세스에 대한 이해를 할 수 있도록 한다. 'Step 4. 취업 프로세스'에서는 레쥬메, 커버레터를 읽고 준비를 하며, 특히 인터뷰 부분에서는 투자은행 및 증권사의 기업금융 부서 기출 문제를 익히도록 한다.

Step
01

산업 이해하기
Understanding the Industry

Step 01 | 산업 이해하기

금융업을 알고 금융업에 도전해야 한다. 우선, 금융업 개관을 통해 금융시장의 구조와 금융업의 역할에 대해 이해해 보자. 금융시장의 전체적인 구조와 각 역할을 이해한 뒤, 본인이 관심 있는 부서를 선택하여 우선적으로 학습하도록 한다. '산업 이해하기'는 투자은행 사업부(Investment Banking Division), 증권업(주식ㆍ채권시장 사업부 포함), 자산운용(Asset Management), 사모펀드(Private Equity Fund), 자기자본투자(Principal Investment)로 구성되어 있다.

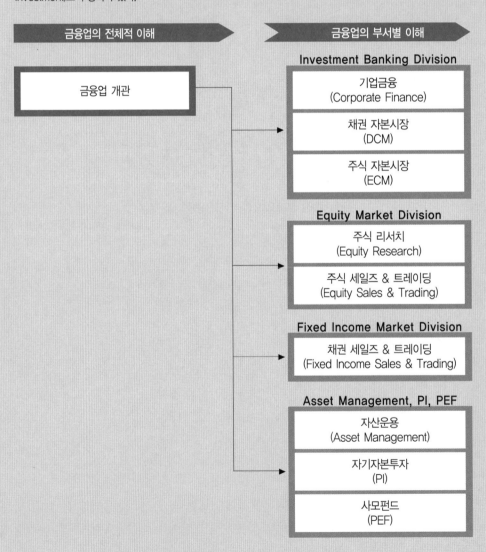

금융업의 전체적 이해   금융업의 부서별 이해

금융업 개관

Investment Banking Division
- 기업금융 (Corporate Finance)
- 채권 자본시장 (DCM)
- 주식 자본시장 (ECM)

Equity Market Division
- 주식 리서치 (Equity Research)
- 주식 세일즈 & 트레이딩 (Equity Sales & Trading)

Fixed Income Market Division
- 채권 세일즈 & 트레이딩 (Fixed Income Sales & Trading)

Asset Management, PI, PEF
- 자산운용 (Asset Management)
- 자기자본투자 (PI)
- 사모펀드 (PEF)

금융업 개관 _Financial Industry Overview

많은 사람들이 금융권으로 진출하기 위해 재무, 회계 등 관련 학문을 공부하거나 CFA, FRM, CPA, AICPA 등의 금융 자격증을 취득한다. 이러한 노력들은 금융권 진출을 위해 매우 중요한 과정이다. 그러나 이러한 과정 이전에 먼저 거쳐야 할 과정이 있다. 금융회사에 종사하고 싶다면, 금융업에 대한 기본적인 이해가 반드시 필요하다. '금융업 개관'을 통해서 본인이 관심을 갖고 있거나 가고 싶은 부서가, 전체 금융시장에서 어떠한 역할을 하는지 파악해 보자. 이를 위해서 우선 전체적인 금융시장의 이해를 통해 어떠한 참여자들이 있는지를 파악해야 한다. 그 다음, 각 금융 부서의 위치와 역할에 대한 구체적인 이해를 바탕으로 금융업에 대한 이해의 틀을 잡도록 한다.

1. 금융시장의 이해

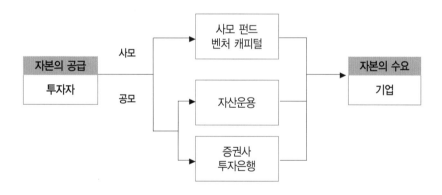

금융시장의 기본 원리는 자본의 수요와 공급에 의해 이뤄진다. 기업을 비롯해 자본이 필요한 주체가 자본을 소유하고 있는 투자자에게 공급을 받는다. 투자자는 자본 공급의 대가로 투자 수익을 얻는 기본 구조로 이뤄진다. 투자자가 자본을 공급할 수 있는 채널은 크게 사모(Private Market)와 공모(Public Market)로 나눌 수 있다. 물론, 투자은행 부문에서 사모 방식으로 투자가 되는 경우도 있지만, 우선 2개의 큰 부류로 나눠 이해의 기틀을 잡도록 한다.

사모 부문에는 사모 펀드(Private Equity Fund), 벤처 캐피털(Venture Capital) 등이 있다. 이들은 사모 방식에 의해 조달된 재원을 통하여 주로 비상장 기업에 투자를 하게 된다. 벤처 캐피털은 창업단계 및 초기 성장단계(Early Stage Investment) 기업에 대한 투자를 전문적으로 수행한다. 사모 펀드는 창업 및 초기 성장단계 투자를 제외한 모든 형태의 상장(비상장)기업에 대한 투자를 지칭한다.

공모 부문인 증권사(Securities), 투자은행(Investment Bank), 자산운용사(Asset Management)는 자본시장의 자금조달, 자금 투자·운용 등의 활동들을 통해 수익을 얻는다.

2. 금융 부서의 이해

금융시장 참여자들의 분류에 대해 이해를 했다면, 이 책에서 구체적으로 다뤄지는 각 금융 부서에 관한 이해가 필요하다. 금융시장 자본의 수요와 공급에 따라 발생한 각 부서의 역할을 살펴보자.

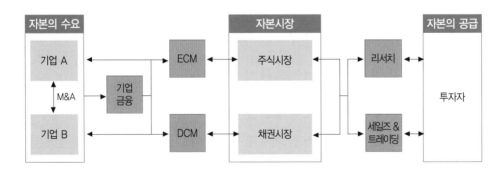

IBD	기업금융, 주식 자본시장, 채권 자본시장
리서치	주식 또는 채권 리서치
세일즈 & 트레이딩	주식 또는 채권 세일즈 & 트레이딩

첫째, IBD(Investment Banking Division)이다. IBD의 분류는 회사마다 다르지만, 일반적으로 3개 부서로 나눠져 있다. 기업금융(Corporate Finance), ECM(Equity Capital Markets), DCM(Debt Capital Markets)으로 이뤄진다.

기업금융 부서는 고객사에게 인수합병의 적절한 기업가치, 시점, 방법, 자금조달 방법 등을 포괄하는 전략을 제시한다. ECM 부서는 자기자본(주식) 발행을 통해 자본조달 관련 서비스를 제공하는 역할을 수행하며, DCM 부서는 채권발행을 통해 기업의 자본조달 업무를 돕는 역할을 수행한다. 기업금융 부서의 주요 역할이 기업의 자금 수요를 포착하고 이와 관련한 자금조달 방안을 구축하는 것이라면, ECM과 DCM은 자금조달 방안에 대하여 자금시장의 상황에 따라 구체적으로 상품을 구성하여 거래를 수행한다.

둘째, 리서치(Research)다. 리서치는 크게 주식 리서치 부서(Equity Research Division)와 채권 리서치 부서(Fixed Income Research Division)로 나눠진다.

주식 리서치 부서는 각 회사별로 분류 기준은 조금씩 다르지만, 산업 및 규모에 따라 부서가 나눠진다. 기업 가치, 리스크, 주식 변동성, 거시적 환경 등을 고려하여 투자자들의 투자 관련 의사결정 과정에 도움을 주는 역할을 수행한다.

채권 리서치 부서도 회사마다 조금씩 다를 수 있지만, 거시경제와 채권, 외환, 원자재(FICC) 상품에 대한 보고서를 작성하는 일을 한다. 주식 리서치 부서와 마찬가지로 국가, 산업별로 애널리스트의 담당 분야가 결정되어 있는 경우도 있고 경제, 외환, 채권, 이자율, 원자재와 같이 특정 분야별로 담당 전문가들이 구성되어 보고서를 발간하는 경우도 있다.

셋째, 세일즈 & 트레이딩(Sales & Trading)이다. 세일즈 & 트레이딩은 리서치와 마찬가지로 주식(Equity)과 채권(Fixed Income)으로 나눠진다.

주식 세일즈 & 트레이딩(Equity Sales & Trading)은 고객들에게 주식 매매를 권유하여 그들의 의사결정에 따라 거래를 실행하는 역할을 수행한다. 업무는 크게 주식 세일즈, 세일즈 트레이딩, 트레이딩으로 분류할 수 있으며, 3개의 일련의 과정은 서로 분리된 업무가 아닌, 하나의 연속된 과정 속에서 수행된다. 채권 세일즈 & 트레이딩은 채권, 이자율, 파생상품 등이 거래되는 시장에서 거래가 이루어질 수 있도록 시장 조성자(Market Maker) 역할을 수행한다. 세일즈 부서는 고객들로부터 채권 거래의 수주를 담당하며 트레이딩 부서에서는 이를 실행하는 역할을 수행한다.

이외에도 투자은행에는 PI(Principal Investment), 즉 자기자본 투자 부서가 존재한다. 투자은행이 중개수수료를 통해 수익을 창출하는 전통적인 운용 방식의 한계를 보완하는 것이라고 할 수 있다. 그 이유는, 자기자본 투자 부서는 자사가 보유하고 있는 자본을 이용하여 인수합병(M&A), 부동산, 주식, 채권 등에 직접투자를 하는 역할을 수행하기 때문이다.

2009년 2월 4일부터 시행된 자본시장통합법을 통해 우리나라는 금융산업의 선진화와 경쟁력의 제고를 위해 미국식 투자은행을 모델로 규제 완화와 선진금융제도의 도입을 추구하고 있다. 자본시장통합법은 은행과 보험사를 제외한 증권사, 자산운용사, 선물회사, 종금회사, 신탁회사 등 자본시장 관련업을 하나의 업종으로 통합해 대형 투자업무를 할 수 있는 금융그룹의 설립을 허락하는 법적 제도다. 자본시장통합법의 도입 배경과 주요 변화 내용, 그 영향에 대해 자세히 알아보자.

:: 자본시장통합법의 도입 배경은?

자본시장통합법 도입의 근본적인 배경은 한국 금융산업의 선진화다. 지난 2000년 영국이 자본시장통합 법안을 처음 제정한 뒤, 여러 선진국들이 이에 맞추어 비슷한 금융관련법을 시행해 왔다. 반면 우리 금융산업이 선진국들에 비해 약세를 보이고 있는 상황과 더불어 동북아의 금융허브 실현을 위해서는 규제 철폐가 필요하다는 공감대가 형성되었다.

기존에는 증권사, 선물회사, 자산운용사, 신탁회사 등 금융회사별로 각각 별도의 법률이 존재하여 개별적으로 다른 규제가 적용되는 문제가 있었다. 또한 자본시장 관련 금융업 사이에 겸영이 제한되어 선진 국가의 금융기관에 비해 경쟁력이 뒤쳐지는 양상을 보여왔다.

또한 자본시장통합법 시행 이전, 국내 증권사들은 위탁 매매를 중심으로 영업 모델이 국한되어 있었다. 반면 외국계 투자은행들은 증권서비스와 더불어 기업금융, 자산관리, 자기매매 등 다양한 분야를 담당하기 때문에 국내 금융기관들에 비해 높은 수익성을 보여 왔다.

자본시장통합법의 시행은 기존 우리나라 금융산업의 발전을 제한해 왔던 법률 체계를 개편함으로써 향후 한국 금융의 선진화의 발판이 될 것이다.

:: 자본시장통합법의 주요 내용은 무엇인가?

자본시장통합법의 주요 내용은 크게 4가지다. 금융자본시장 관련법이 대폭 정비 및 통합되었고 금융투자업을 기능별로 재분류됐다. 또한 금융산업의 진입규제가 개편되었으며 금융투자상품 투자자의 보호 강화가 법률로 제정되었다.

1) 금융자본시장 관련법 통합

자본시장통합법의 시행 이전에는 증권사, 자산운용사, 선물회사, 신탁회사 등 금융기관별로 각각의 법률과 규제를 받아 왔다. 금융기관별로 적용 받는 법률과 규제에 차이가 있었기 때문에 이로 인해 투자자들의 보호에 공백이 생기는 부정적인 현상들이 존재했다. 특히, 비정형 간접 투자와 파생상품 거래의 경우에는 별도의 투자자보호 법률이 없어 많은 문제점이 있었다.

자본시장통합법의 시행과 함께 은행법과 보험업법을 제외하고 나머지 자본시장을 규율하는 법률이 통합됨으로써 각기 다른 법률 적용과 규제로 인해 발생했던 기존의 문제들이 완화될 수 있을 것으로 기대된다.

2) 금융투자업 기능별 재분류

자본시장통합법의 시행과 함께 금융기관에 따라 적용하던 규율체제를 금융기능에 따라 동일하게 규율하는 기능별 규율체제로 전환하였다. 금융투자업과 금융투자상품, 투자자를 경제적 실질에 의거하여 재분류하고 이를 기준으로 금융 기능에 따라 매매업, 중개업, 자산운용업, 투자자문업, 투자일임업, 자산보관관리업 등 6개 업종으로 분류하였다. 이에 따라 동일한 금융 기능을 수행하는 경우 금융회사의 형태가 다르더라도 규제를 동일하게 적용 받게 된다. 앞으로 투자자 보호와 금융업 간의 형평성이 높아지게 될 것으로 기대된다.

3) 금융산업 진입규제 개편

자본시장통합법 시행 이전에는 증권사와 선물회사, 자산운용회사, 신탁회사 등 금융투자업을 세분화하고 상호 겸영을 엄격히 금지했으나 2009년 2월부터 경제적 실질에 따라 분류된 6개 금융투자업의 겸영을 허용했다. 따라서 매매(인수), 중개, 자산운용, 투자자문, 자산관리보관 등 모든 기능을 종합적으로 수행하는 금융투자회사의 설립이 가능하게 되었다.

금융업의 체제 변화

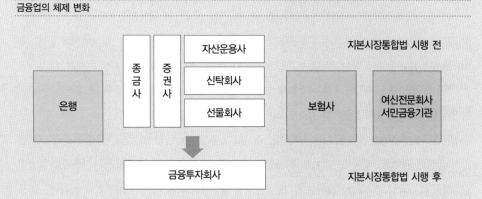

4) 금융상품 투자자 보호 강화

자본시장통합법이 시행됨에 따라 금융회사는 의무적으로 투자자의 투자목적과 재산상태 등을 파악한 뒤 투자자 본인의 확인을 받아야 한다. 이와 더불어, 투자상품에 대한 설명의 의무도 강화돼 상품에 대한 설명을 하지 않고 판매해 손해가 발생했을 경우 배상을 해야 한다. 기존에 투자자보호 법률이 없었던 비정형간접투자계약도 증권에 해당되어 투자자 보호장치가 적용되고 설명 의무가 도입됐다.

:: 자본시장통합법은 금융시장에 어떠한 영향을 미치게 되나?

1) 기업의 자금조달 용이

자본시장통합법의 개정은 현재 국내 금융회사들이 취약한 기업금융 기능의 강화와 금융시장 활성화를 꾀할 수 있을 것으로 기대된다. 또한 금융시장의 활성화로 인해 기업들은 주식, 채권발행이라는 전통적인 자금조달 방법 이외에 파생기법 등을 통한 다양한 경로를 통해 필요 자금을 조달할 수 있을 것으로 기대된다.

2) 금융지주회사 설립 가속화

자본시장통합법에 따라 본격적인 겸업화가 예고되면서 은행들의 금융지주회사 설립도 가속화될 것으로 예상된다. 실제로 2001년 우리은행과 신한은행에 이어 2005년 12월에 하나은행이 금융지주회사를 설립했고 2008년에는 국민은행까지 KB금융지주를 설립해 국내 주요 시중 은행들이 모두 금융지주회사 형태를 갖추었다. 금융지주회사 설립을 통해 자산운용, 투자은행 업무, 소매금융 등 다양한 업무를 겸업함으로써 전문성과 상호 시너지효과 창출을 기대할 수 있게 됐다.

하지만 자본시장통합법이 긍정적인 측면만 가지고 있다고는 장담할 수 없다. 규제 완화는 금융산업의 성장과 경쟁력 강화라는 기회를 제공한다. 하지만 금융회사들의 안정성이나 건전성을 적절히 감독하지 않는다면 위기로 다가올 수 있다는 점 또한 명심하고 이에 대비해 나가야 할 것이다.

기업금융 부서_Corporate Finance

기업금융 부서는 인수합병(M&A)의 자문 역할과 자본조달 업무를 수행한다. 주식과 채권의 발행을 통한 자본조달, 자본구조조정, 인수합병 자문 등 다양한 역할 중 기업금융 부서의 주요 업무는 인수합병 자문이다. 일반적으로 기업금융 부서는 고객사에게 인수합병의 기업가치 평가, 적절한 인수합병 시점·방법, 자금조달 방법 등을 포괄하는 전략을 제시한다. 인수합병에 대한 관심이 높고 다양한 산업을 경험하고 싶은 사람들에게 적합한 부서다.

1. 업무 소개

기업금융 부서는 고객사의 자금조달(Financing) 활동과 투자(Investing) 활동을 지원하는 업무를 한다. 이러한 업무 과정에서 인수합병 자문, 자기자본발행(Equity Issuance), 부채발행(Debt Issuance), 자본구조조정(Capital Restructuring) 등의 세부업무를 수행한다.

자금조달 업무는 크게 주식시장을 통한 조달과 부채를 통한 조달로 구분할 수 있다. 주식시장을 통한 자금조달의 한 예로는 기업공개(IPO, Initial Public Offering)가 있다. 기업공개란 일정 규모 이상의 기업이 상장절차를 밟기 위해 외부 투자자들을 대상으로 진행하는 신규 주식발행이다. 또한 기업금융 부서는 기업공개 외에 전환사채(Convertible Bond)·교환사채(Exchangeable Bond)발행이나 유상증자, 대량 거래(Block Trade) 등 주식 또는 주식연계 증권발행을 통해 고객사가 자금을 조달할 수 있

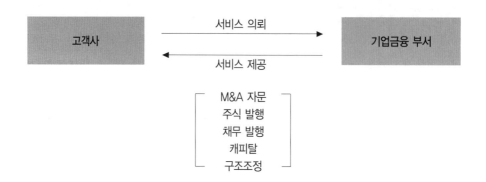

도록 도와준다. 이러한 주식시장을 통한 자금조달 관련 업무는 전문 담당 부서인 ECM(Equity Capital Markets) 부서의 업무 소개에서 자세히 소개하겠다.

채권발행은 부채를 통한 자금조달의 대표적인 예다. 주식시장을 통한 자금조달과 마찬가지로 기업금융 부서는 잠재적 투자자와 채권발행 의뢰 고객사 사이에서 발행 규모와 시기를 조정하는 역할을 한다. 또한, 기업금융 부서는 채권발행과 관련하여 신용등급과 채무구조에 대한 자문을 수행하기도 한다. 부채와 관련된 업무 또한 전문 담당 부서인 DCM(Debt Capital Markets) 부서의 업무 소개에서 자세히 설명할 것이다. 기업금융에서 제공하는 다양한 자문업무들 중에서 특히 인수합병은 기업금융 부서가 고객사에게 제공하는 대표적인 업무다.

인수합병은 투자은행 측에서 먼저 고객사에게 잠재적인 기회에 대하여 제안 (Pitching Activity)을 할 때도 있고, 고객사에서 먼저 의뢰를 해오는 경우도 있다. 이같은 초기단계에서는 고객사에 대한 이해 증진을 위해 자체적인 연구를 수행하게된다. 이를 통해 고객사의 전략에 맞게 어느 시점에, 어떤 방법을 통하여 인수합병을 진행할 지를 분석한다.

다음의 표는 기업금융 부서의 인수합병 업무에 대해서 보여준다.

또한 잠재적인 인수자를 접촉하고 인수합병 협상과정에서 고객에게 시장 정보 및 협상 전략에 대한 자문 제공, 기업가치 산정 등 기업인수 과정 전반에 걸쳐 광범위한 자문을 제공한다.

고객사에서 먼저 의뢰를 해올 경우, 각 투자은행의 기업금융 부서는 제안서 개념의 피치 북(Pitch Book)을 작성해 고객에게 프레젠테이션을 한다. 피치 북에는 거시적인 시장상황, 기업이 속한 산업, 해당 기업에 대한 분석이 포함된다. 만약 인수자 입장의 고객에게 전달할 경우, 인수합병이 진행되었을 때의 투자 매력도를 제시하고, 진행 과정에서 발생할 수 있는 이슈 혹은 문제점들을 분석해 준다. 더불어 고객의 인수합병 목표를 최대한 달성하는 동시에 업무를 효율적으로 진행할 수 있는 최적의 일정(Time Schedule)까지 제안한다. 이러한 흐름에 따라 거래를 성공적으로 성사시킬 수 있는 세부 전략을 제시하고, 필요시 과거의 성공사례를 바탕으로 설득력을 높인다.

위의 과정을 성공적으로 마치게 되면 고객사로부터 주간사(Advisor)로 선정되어 인수합병 프로젝트를 진행하게 된다. 재무적 분석 및 기업가치 산정은 프로젝트 진행 중에도 계속된다. 재무제표에 대한 기초적인 검토뿐만 아니라 다양한 정보를 바탕으로 많은 변수들을 고려하여 여러 가지 시나리오를 만든다. 재무적 분석은 차후 고객사가 피인수 대상기업을 적정가격으로 매수하는데 있어 중요한 역할을 한다.

이와 더불어 인수합병 진행과 관련된 고객사, 해당 산업전문가, 회계법인, 법무법인과 지속적인 소통을 통해 업무를 추진한다.

2. 비즈니스 모델

기업금융 부서의 비즈니스 모델

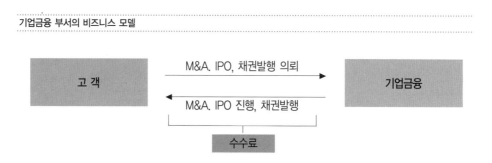

기업금융 부서 수익의 대부분은 해당 거래에 대한 수수료를 통해 실현되며, 거래 규모가 커질수록 수수료 또한 증가한다. 인수합병 업무의 중개 수수료는 법적으로 규정되어 있는 것이 아니라 거래의 규모, 구체적인 자문 업무의 범위에 따라 차이가 있다.

고객사가 인수합병을 직접 수행하지 않고 중개 수수료를 지불하면서까지 투자은행에 의뢰하는 이유는 바로 경제성과 효율성 때문이다. 인수합병 거래는 많은 인수합병 대상 후보기업 중 조건을 충족시키는 기업을 선정하여 가치평가 및 인수시기를 선정하는 일련의 복잡한 과정을 거치게 된다. 이 과정에서 법률, 재무, 회계적 이슈와 관련하여 외부 전문가들에게 자문을 구하고, 경우에 따라서는 인사 전문가, 감정평가법인 등의 지원이 요구된다. 이러한 과정을 고객사가 일일이 신경 쓰기 힘들 뿐만 아니라, 한 번의 거래를 위하여 상시 조직을 갖추고 있을 수도 없는 일이다. 그렇기 때문에 고객사는 중개 수수료를 지불하면서 인수합병 업무를 투자은행에게 맡겨 대행할 수밖에 없다.

3. 타 부서와의 관계

기업금융 부서와 이해관계를 가지는 주체들은 주식 세일즈 부서, 채권 세일즈 부서 등이 있다. 그러나 정보공유의 한계로 인해 기업금융 부서는 이들과 제한적인 관계를 가진다. 아래의 표가 그 관계를 잘 보여준다.

기업금융 부서의 타 부서와의 도식적 관계

주식 관련 거래를 진행할 때 기업금융 부서는 주식 세일즈(Equity Sales) 부서의 정보를 많이 이용하게 된다. 기업금융 부서는 기업 측(고객사) 정보를 보유하고 있고, 주식 세일즈 부서는 시장정보를 가지고 있다. 기업 측 정보는 내부정보로 취급되어서 공유가 불가능하므로 위의 표에서 확인할 수 있듯이, 기업금융 부서에서 주식 세일즈 방향으로 가는 정보는 '차이니즈 월(Chinese Wall)'을 통해 차단된다. 하지만 시장의 가격정보는 공유할 수 있기 때문에 사전 시장조사(Tapping)를 통해 주식가격이 적정한지 주식 세일즈 부서로부터 확인 받을 수 있다.

부채 관련 거래 역시 주식가격이 채권가격으로 바뀔 뿐, 앞서 언급한 관계와 양상은 크게 다르지 않다.

4. 성공 요소

"재무 · 회계 지식, 체력과 긍정적 마인드, 정확성과 적시성을 갖춘다면 기업금융 부서에서 성공할 수 있다."

기업금융 부서에서는 기본적으로 재무, 회계를 통해 업무를 진행한다. 대부분의 분석은 재무제표를 활용하여 진행된다. 또한 M&A나 IPO 등의 업무에서 기업가치 평가를 실시하게 되는데 이는 회계 지식을 기본으로 한 다양한 가치평가 기법이 요구된다.

업무의 강도가 강하기 때문에 주말을 포함하여 일주일에 100시간 이상 근무해야 하는 경우가 대부분이다. 그리고 딜 마감이 임박하면 며칠 밤을 새워가며 일을 해야 하는 경우가 허다하다. 또한 일이 그때그때 떨어지는 부서의 특성상 스트레스를 많이 받을 수밖에 없다. 현업에서는 이러한 환경을 당연한 것으로 받아들이기 때문에 다른 사람의 위로와 격려보다는 스스로의 체력과 긍정적인 마인드로 무장하여 하루하루의 어려움들을 극복해 나가야 한다.

Q&A | 차이니즈 월(Chinese Wall)이란 무엇인가요?

금융회사 내에서 존재하는 부서 간 방화벽은 금융회사 내의 특정 부서에서 업무 상으로 얻게 된 정보를 같은 회사 내의 다른 부서가 취득해, 불공정한 이윤을 내는 것을 방지하기 위한 가상의 윤리적인 방화벽이다. 이는 부서 간 차단벽(Fire Wall)이라고도 불린다. 증권업협회에서는 고객의 이익을 보호하기 위해 내부통제기준 개정안을 마련하여, 증권회사는 법인영업 팀이나 지점에서 세일즈하는 직원과 자체자금을 운용하는 직원 간에는 전화통화를 못하고 사무실도 별도 층을 사용토록 하는 등 정보교류를 차단하는 규정을 제정하고 있다. 이러한 차단벽은 위에서 언급한 IBD와 주식 리서치 부서 사이뿐만 아니라 다른 부서 간에도 성립한다. IBD의 자문 업무의 특징 상, 회사의 내부정보 및 아직 공개되지 않은 정보를 보유하고 있어서 다른 부서들 간에는 거의 대부분 차이니즈 월이 존재한다.

애널리스트들의 대부분의 업무는 그때그때 떨어지기 마련이다. 가령 오후까지 한가로워 간만에 이른 퇴근을 기대하다가도 고객이 오후 여섯 시에 일을 주어 다음 날 아침까지 결과를 요구하면 밤을 지새워서라도 마무리해서 제출해야 한다. 이때 형식이나 내용의 오류 없이 정확하게, 그리고 고객이 요구한 시간까지 적시에 제출해야 기업금융 부서에서 성공적인 생활을 할 수 있다.

5. 진로

1) 기업금융 부서 들어가기

기업금융 부서에 입사한 사람들 중에는 학부 졸업생들이 가장 큰 비중을 차지한다. 기업금융 부서는 여러 투자은행 부서들 중에서 특히 강한 업무 강도를 자랑한다. 따라서 강한 업무 강도를 견뎌낼 수 있는 체력과 업무에 대한 책임감을 가진 인재들을 필요로 한다. 기업금융 부서는 집중력과 몰입도 그리고 열정을 가진 젊은 인재를 선호하는 편이다. 따라서 기업금융 부서에 들어오는 대부분의 신입사원들은 학부 졸업생들이 가장 큰 부분을 차지한다.

컨설팅 업체에서 기업금융 부서로 이직을 해 오는 경우도 있다. 기업금융 부서는 다양한 기업을 다룬다는 측면에서 여러 산업군과 기업을 경험해 본 컨설턴트들이 유리하다. 특히, 컨설팅 업체의 FAS(Financial Advisory Service) 부서에서 일한 경력이 있다면 강한 재무지식을 요구하는 기업금융 부서의 특성에 잘 부합할 것이다. 또한 컨설팅 업체에서 인수합병 프로젝트에 참여한 경험이 있다면 기업금융 부서의 인수합병 업무에도 상대적으로 쉽게 적응할 수 있을 것이다.

또한 투자은행의 주식 리서치 부서에서 기업금융 부서로 옮기는 경우가 있다. 리서치 부서에서 오는 사람의 경우 기업평가의 경험이 있고 특히 개인마다 전문성을 띠는 산업 분야가 있기 때문에 기업금융 부서의 인수합병 업무에 큰 도움이 된다.

2) 이후 진로

기업금융 부서에서는 경력을 쌓아 부서 내에서 임원으로 승진하는 것을 목표로 하는 사람들이 있다. 이러한 경우 개인마다 차이가 있지만 최소 2~3년간 근무경험을 통해 임원으로 승진이 가능하다. 하지만 시니어 레벨로 승진하기 위해서는 업무 능력 이외에 갖추어야 할 여러 자질들이 있다. 때문에 이들 또한 함양해야 성공적인 커리어를 쌓을 수 있다.

기업금융 부서에서 쌓은 경력을 바탕으로 바이 사이드로 진출하는 사람들도 있다. 특히 헤지펀드나 사모펀드 분야로 진출하는 사람들이 많은데 이는 업무 특성상 기업금융 부서와 유사한 점이 많기 때문이다. 사모펀드 중 벤처펀드나 바이아웃펀드에서 일할 경우 대상기업의 분석 및 거시적 시장상황, 기업이 속한 산업에 대한 평가를 바탕으로 종합적인 투자 매력도를 평가할 수 있어야 한다.

위의 일련의 과정은 기업금융 부서가 인수합병을 하기 위해 준비하는 과정과 매우 유사하다. 이런 업무상의 유사성으로 인해 기업금융 부서에서 헤지, 사모펀드 분야로 진출하는 사례가 많다. 다른 분야로의 이직 대신 인적 네트워크의 확장을 도모하거나, 금융과 관련하여 더 넓은 시야를 가지고 이직을 고려하는 사람들은 MBA행을 택하는 경우도 있다.

기업금융 부서의 하루 일과

8:30 Am

기분 좋은 아침이다. 고객과 미팅이 있어 사무실이 아닌 고객사로 출근한다. 현재 미팅을 하고 있는 프로젝트 A는 운수업과 관련된 프로젝트다. 최근 세계 해양법의 변화가 진행되고 있는 인수합병 거래에 어떤 영향이 있는지 설명해 주어야 한다.

9:30 Am

미팅 후 사무실로 출근한다. 커피와 샌드위치로 사무실에서 아침식사를 해결한다. 뜨거운 커피로 잠을 깨며 메일을 열어본다. 도착한 순서대로 요청에 신속하게 응답해준다. 고객들은 언제나 까다로운 주문을 한다. 아까 어소시에이트가 독촉한 모델은 또 언제 완성하지?

10:30 Am

어제 끝내지 못한 모델 파일을 열어본다. 오늘 점심 전까지는 꼭 완성하자고 스스로에게 다짐한다.

12:45 Pm

모델링에 집중하다 보니 식사시간이 좀 늦어졌다. 하지만 다른 회사들 점심시간을 피해서 이 시간에 나오는 것도 나쁘지는 않은 것 같다. 한산한 식당에서 잠깐의 여유를 가지니 기분이 좋아진다.

1:15 Pm

다시 사무실로 돌아왔다. 고객들은 점심도 먹지 않는 것일까? 그사이 메일이 많이 도착했다. 대부분은 직속상관 고객으로부터 온 메일인데 내 앞으로 포워딩된 것들이다. 이런, 고객이 아닌 사람들도 메일을 보내왔다. 이렇게 바쁠 때 인턴은 어디가 있는 거야?

3:30 Pm

프로젝트 C의 기업 실사를 바탕으로 만들어진 자료를 분석하면서 모델링 방안을 검토하고 있다. 부족한 자료가 있어서 추가조사가 필요하다. 도중에 잠시 짬을 내어 포털 뉴스기사도 본다.

4:50 PM

프로젝트 D의 리서치를 위해 어소시에이트의 조언을 받고 있다. 'Mergemarket'은 인수합병 거래 관련 정보를 찾기에 좋고, 'Dealogic'은 과거 주식, 발행정보를 검색하는 데에 적합하다는 조언이다. 어소시에이트의 말을 듣고 나니 훨씬 일을 효율적으로 할 수 있을 것 같다. 앞으로도 필요할 때는 주저하지 말고 도움을 요청해야겠다.

6:00 PM

실사 마무리 단계에 있는 프로젝트 B와 관련해서 변호사, 고객사 및 우리 부서 팀이 컨퍼런스 콜을 하고 있다. 법적으로 문제가 없는지 검토하는 것이 오늘 컨퍼런스 콜의 목적이다.

7:00 PM

프로젝트 C의 고객과 저녁식사를 함께 한다. 실사 자료와 관련된 의문점에 대해 이야기하며 간단히 맥주도 한잔 마셨다. 맥주가 이렇게 맛있었던가?

9:00 PM

저녁식사를 마치고 돌아와 메일을 열어보니 또 그사이에 새로운 메일들이 도착해 있다. 친절하게 답메일을 보내준다.

10:10 PM

새로 들어온 프로젝트와 관련해서 내게 할당된 문서를 작성하고 있다. 회사 내부에 정해진 형식이 있어 70페이지 가량을 쓰는데도 크게 힘들지는 않다. 다트(Dart)와 프로젝트와 관련된 회사의 연간 보고서(Annual Report) 등을 참고해 필요한 숫자들을 입력하고 나니 어느새 반 정도가 완성되었다.

2:30 AM

문서작성을 적당히 끝내고, 아까 만들던 모델을 손보다 보니 어느새 새벽 2시가 넘었다. 택시를 불러 집으로 향한다. 조금만 더 힘내자!

* 기업금융 부서의 업무에 대한 이해를 돕기 위해 실제 인터뷰를 기반으로 재구성한 시나리오이다.

모간스탠리 _ 기업금융 전문가 인터뷰

$+$ Tae Ho Kang

Investment Banking Division
Morgan Stanley, Seoul Branch

"Morgan Stanley constantly challenged me to unlock hidden potentials and taught me the essence of true camaraderie"

:: How did I prepare for IB?

When I took the Principles of Accounting course during the undergraduate study, I realized that studying accounting will enhance my understanding of the company; I thought that analyzing and interpreting the implicit meaning of financial statements were essential. I started to study for the CPA exam and passed the exam after studying for several years. After that, I joined an accounting firm for a short period of time. While searching for a better place to work, a professor recommended that I should consider working in the IB industry. After getting myself informed on what the IB industry was like, I concluded that it would be a challenging but attractive field and found it the most suitable place for me to utilize my skills.

However, the IB industry had a high entry barrier. I applied for several IBs but failed to get a job. As an alternative, I applied for internship programs by contacting numerous IB HR departments. As to my efforts paid out, Deutsche

Bank offered me an internship. With the experience of working at an IB, I later joined the IBD of Morgan Stanley. Focusing on what I can do best and trying to grasp opportunities with a state of alertness and urgency have made me who I am today.

:: What is my role and what was my greatest achievement here?

IBD department engages in a wide array of activities including M&A, IPO, and other services related to corporate finance. My role is to create finance models and pitch book, and because of the characteristic of my work, I normally spend a lot of time doing Excel and PowerPoint. In general, the work I perform allows me to have a better understanding of the industry and the companies and to learn some tips in evaluating a company.

Positioned at a junior level, I cannot assure that I have made such a tangible achievement, but I always feel a sense of accomplishment due to the following reasons; I feel that my colleagues, seniors, and the company appreciate how valuable I am to the company. People who work here tend to maintain a sense of composure for most of the time, which probably results from a certain measure of confidence they have in what they are doing. Such instantaneous thought about my colleagues, who enjoy working with me, always brings me joy. Even though I have not been able to sleep many hours for the past two years, I can assure myself that I've made the most befitting choice, and thus, own no regrets.

:: What kinds of knowledge & skills should you know in advance to join IB?

- Accounting Knowledge: I recommend that one should hit hard on studying accounting. A profound understanding of principles of accounting and a proper understanding of the basics of intermediate accounting will be much of on-the-spot help. The reason for emphasizing accounting is that all the analyses carried out in IB are based on financial statements. Valuation is carried out by modeling B/S, I/S, and statement of cash flow by using Excel, and if one lacks a background knowledge of accounting, he will have a much more difficult time when the time comes for him.

· Financial Knowledge: Financial knowledge is one of the most fundamental resources that you should be equipped with. Since valuation plays an important role in the M&A process, one should be familiar with it. Furthermore, the ability to recognize the characteristics, and strengths weaknesses of various techniques of valuation is essential.

· Excel for Finance: It would be helpful to familiarize oneself with Excel prior to joining the company; however, learning Excel, after joining the company, would not be that problematic. Also, proficient PowerPoint and Word skills would be favorable, but there is no strict requirement to it.

* 〈부록〉에서 한글번역본을 확인할 수 있다.

DCM 부서 _Debt Capital Markets

DCM 부서는 채권발행을 통해 기업의 자본조달 업무를 돕는 역할을 한다. 채무조정 업무, 스왑 업무 연결 그리고 채권발행 등 여러 역할 중 채권발행이 DCM 부서 업무에서 가장 큰 비중을 차지한다. DCM 부서는 채권발행을 위해 회계법인, 법무법인과 협력하여 적정 발행수량과 가격을 예상한다. 이 수치를 바탕으로 신디케이트 데스크를 통해 투자자들과 채권 인수 조건을 조율하고 협상이 타결되면 채권발행이 완료된다. 채권시장은 거시적 경제 변수에 민감하게 반응하기 때문에 경제에 대한 통찰력이 뛰어난 사람들에게 적합한 부서다.

1. 업무 소개

채권발행 과정

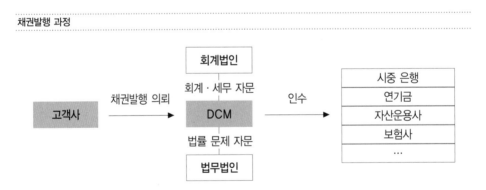

DCM 부서(DCM, Debt Capital Markets)의 업무는 주로 취급하는 상품인 투자등급 채권(Investment Grade Bond) 및 투자부적격등급 채권(Non-Investment Grade Bond)의 발행 과정을 살펴봄으로써 쉽게 파악할 수 있다. 먼저 고객사인 A가 채권

발행의 필요를 느끼면 DCM 부서에 발행을 의뢰한다. 이 때, 각 투자은행의 DCM 부서는 제안서를 작성해 앞으로의 거래를 어떻게 진행할 것인지 고객사 앞에서 프레젠테이션을 하게 된다. 고객사는 이 중 가장 매력적인 제안을 한 투자은행들을 채권발행 주간사로 고용한다. 고객사 A가 특정 투자은행의 DCM 부서를 선택하는 자세한 과정은 'Step. 3'의 채권발행 프로세스 부분에서 설명하겠다.

주간사로 고용된 투자은행의 DCM 부서는 신용등급과 채권시장의 상황을 살펴 적절한 채권의 가격과 발행수량을 예상한다. 이 과정에서 발행 관련 각종 법률문제와 회계적 문제를 해결하기 위해 법무법인, 회계법인과 협력하여 일한다.

마지막으로 발행단계에서는 최초로 채권을 인수할 투자자들을 찾기 위해 투자설명회(Roadshow)[1] 를 진행한다. 채권의 여러 분류 중에서, 발행 시 참여 주체에 따라 구분해보면 일정규모 이상의 기관투자자만 인수가 가능한 채권과 개인 투자자들이 참여할 수 있는 채권으로 종류가 나뉘어진다. 이에 따라 법률적 절차 및 비용이 크게 차이가 난다. 전자의 경우는 자금운용 규모가 큰 연기금이나 각 투자은행의 자기자본투자(PI) 부서, 대기업 등에서 주로 인수에 참여하며, 또한 특수 소매 투자자들이 참여하기도 한다. 투자설명회를 마친 뒤 신디케이트(Syndicate) 데스크에서 가격과 수량을 투자자들과의 협상을 통해 조정하게 되고 조건이 맞을 때 비로소 발행을 완료하게 된다.

한편, DCM 부서에서는 투자적격 · 투자부적격 등급 채권발행 외에도, 채권 파생상품, 특히 통화 또는 금리 스왑 상품을 제공하는데 도움을 주기도 한다. 고객과의 거래를 진행 중에 스왑이 필요할 때면 신디케이트 데스크와 연결을 시켜주는 것이다. 채권발행자가 변동금리로 발행할 때 금리 리스크를 줄이고자 고정 금리로 스왑하는 경우가 많기 때문이다.

----

1. 투자설명회 : 잠재적인 매수인들에게 행하는 증권 발행인의 프레젠테이션. 투자자들의 흥미를 발생시키기 위해 여러 지역을 돌며 투자 설명회를 갖는 것이다.

DCM 부서는 구조화 채권발행을 하기도 하는데, 국내의 구조화 채권은 시장 규모가 작고 따르는 리스크가 커서 발행자들이 염두에 두지 않고 있는 실정이다. 최근의 신종 상품인 하이브리드 채권(Hybrid Bond)은 자본성격을 띠고 있으나 채권으로 분류되는 상품으로 DCM 부서를 통해 발행되고 있다.

2. 비즈니스 모델

DCM 부서의 수익원은 크게 세 축으로 나눌 수 있다.

DCM 부서 수익창출구조

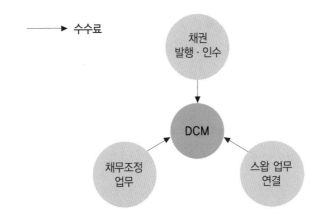

우선 채권발행과 인수 업무(Underwriting)에서 발생하는 수익은 대규모 채권발행이 많은 공사, 은행, 대기업으로부터 일정 비율의 수수료를 취하는 방식으로 얻는다.

채무조정 업무(Liability Management)는 과거에 높은 금리로 발행된 채권을 교환 및 조기 상환해 주는 서비스로 기존 투자가들이 갖고 있는 고금리 채권을 저금리 채권으로 교환해 주는 방식이다. 특히 고금리 채권을 회수하기 위해서는 해당 채권의 현금흐름을 분석하여 발행자에게 유리한 현금흐름으로 바꿔야 하는 전문 서비스가 필요하다. 이러한 서비스를 제공함으로써 수수료를 얻는다.

스왑 업무는 장기금리 채권의 경우 통화 및 이자율 리스크에 장기간 노출되기 때문에 이를 헤지하는 방법을 제공하는 서비스를 뜻한다. 이 업무는 DCM 부서가 직접 수행하는 것이 아니라 크레딧 부서에서 담당한다. 하지만 딜이 진행되면서, 스왑이 필요할 때 신디케이트 부서와 연결해주고 같이 의사소통해 주면서 발생되는 수익을 공유한다.

그 외에도 채권발행 업무와 관련하여 신용 등급의 문제는 상당히 중요하기 때문에 이 문제에 대해 자문 서비스를 제공한다. 하지만 국내에서는 대부분 이에 대해 수수료를 받지 않고 무료로 자문을 해준다.

Q&A | 기업의 부채를 통한 자금조달은 어떻게 이루어지나요?

선순위 · 하이브리드 채권발행	구조화 채권발행	신디케이트 론 이용
[DCM 부서 담당]	[신용 · 채권 부서]	[신디케이트 부서]

기업이 부채로 자금조달을 하는 방법에는 선순위 · 하이브리드 채권발행, 구조화 채권발행, 신디케이트 론(Syndicate Loan) 이용 등 크게 세 가지가 있다. DCM 부서는 이 중 선순위 · 하이브리드 채권발행을 맡는다. 어떤 기업이 채권발행을 계획하고 있다면, DCM 부서에서 관련 업무의 대부분을 처리해준다. 그러므로 DCM 부서가 활동하는 곳은 발행시장(Primary Market)이다. DCM 부서의 소속과 운영은 각 회사마다 다를 수 있다. 최근에는 자산유동화증권(Asset Backed Securities) 부서를 DCM 부서에서 흡수 · 통합하여 운용하는 투자은행도 있다.

3. 타 부서와의 관계

DCM 부서와 이해관계를 가지고 있는 주체들에는 신디케이트, 신용 · 채권 부서 등이 있다.

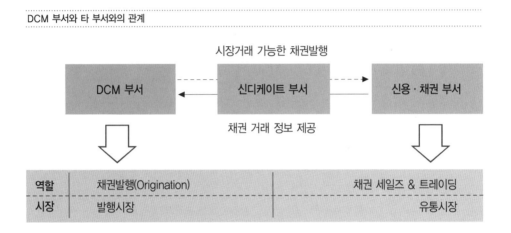

DCM 부서와 타 부서와의 관계

신용 · 채권(Credit · Fixed Income) 관련 부서는 DCM 부서에서 발행한 채권을 유통시장에서 매매하여 이윤을 얻는 방식으로 관계를 가진다. 하지만 신용 · 채권 관련 부서에서 다루는 채권 상품은 DCM 부서에서 발행한 특정 기업의 채권에 한정된 것이 아닌, 시중에 유통되는 일반 채권이다. 그러므로 DCM 부서와 신용 · 채권 부서가 직접적인 관계를 가지는 것은 아니라고 볼 수 있다. 또한 신디케이트 부서는 DCM 부서와 신용 · 채권 부서 사이, 그리고 발행시장과 유통시장 사이에서 중간적인 역할을 한다.

4. 성공 요소

"경제전반에 대한 통찰력과 강한 설득력을 통해 DCM 부서에서 성공할 수 있다."

강한 설득력을 갖추기 위해서는 본인의 논리를 뒷받침할 수 있는 자료를 충분히 갖추고 있어야 하며, 같은 말이라도 어떻게 효과적으로 들리도록 할 수 있을 것인지 항상 고민해야 한다. 거래를 성사시키기 위해서는 고객을 충분히 설득할 수 있어야 하므로 탄탄한 자료 준비와 강한 설득력은 DCM 부서 업무에 있어 가장 필수적인 요소이다. 물론 거래는 대부분 시니어 레벨에서 성사시키는 것이기 때문에 주니어 레벨에서는 당장 중요하지 않을 수도 있지만 장차 업계 내에서의 성공을 꿈꾼다면 반드시 갖추어야 할 능력이다.

채권발행 시장에서는 금리, 환율 등 다양한 거시적 경제 요소들이 복합적으로 작용한다. 거시적 안목을 가지고 경제전반에 대한 통찰력을 갖는다면 조금이라도 더 정확하게 상황을 파악할 수 있을 것이다. 시장상황에 대한 정확한 판단은 DCM 부서 업무를 수행하는데 있어 강점으로 작용 할 것이다.

위의 두 요소와 더불어 멀티 태스킹 능력과 리서치 능력 등의 주니어 레벨에서 필수적인 요소들 또한 반드시 갖추고 있어야 할 것이다.

5. 진로

1) DCM 부서 들어가기

DCM 부서는 학부와 석사 졸업자들이 들어올 수 있는 길이 열려있다. 학부나 석사 학생의 경우 DCM 분야 인턴십 경험이 있다면 입사하는데 유리하다. 졸업 후 DCM 부서에 입사를 희망하는 학생들은 재학시절 인턴십 기회를 적극 이용하고 해당 분야에 종사하고 있는 선배들에게 조언을 구하는 적극적인 마음가짐이 필요하다.

채권 세일즈 & 트레이딩 부서에서 DCM 부서로 이직해 오는 경우도 있다. DCM 부서는 채권발행에 관여하고 채권 부서는 채권 상품의 세일즈와 트레이딩 등 유통을 담당하고 있다는 점에서 다소 차이를 보인다. 하지만 위의 두 부서 모두 채권시장에 대한 기본적인 이해를 요구하기 때문에 두 부서 간의 상호 업무 연계성이 높다. 그러므로 채권 부서에서의 경력과 능력은 DCM 부서 업무적응에 큰 도움이 된다.

2) 이후 진로

DCM 부서에서 임원급으로 승진하고 싶은 경우에는 DCM 업무에 정통한 인재로 성장하는 것이 가장 빠른 길이다. 일반적으로 투자은행 이외에 다른 기타 산업군의 경우, MBA 취득이나 기타 경력이 시니어 레벨 승진에 크게 도움이 된다는 인식이 강하다. 하지만 DCM 부서의 경우, 해당 분야에서의 오랜 경력을 통해 축적한 전문성이 승진에 있어 가장 필수적인 요건이다. 그러므로 DCM 부서에서 임원급으로 성장하기 위해서는 DCM 업무에 정통한 인재로 거듭날 수 있어야 한다.

채권 세일즈 및 트레이딩 부서의 경우, DCM 부서의 업무와 더불어 채권시장에 대한 이해가 수반되어야 한다는 점에서 비슷하기 때문에 상호 높은 업무 연관성을 보인다. 그러므로 DCM 부서의 주니어 레벨이 다른 진로를 고민한다면, 채권 세일즈 및 트레이딩 부서를 유력한 대안으로 고려해 볼 수 있다. DCM 부서는 업무 특성상 시중은행, 연기금, 자산운용사 그리고 보험사 등 다양한 고객군을 상대하게 된다. 이를 통해 체득하게 되는 커뮤니케이션 및 협상 능력은 향후 고객사와의 관계를 관리하는 릴레이션십 매니지먼트 부서로 옮기는 데 큰 도움이 된다.

DCM 부서의 하루 일과

8:50 AM

경제신문을 집어 들고 여유로운 발걸음으로 출근한다. 사무실에 도착하니 많은 동료들이 출근해 있다. 피곤할 텐데도 다들 밝게 인사를 건넨다. 자리에 앉아 어제 못 다한 업무를 마무리 하고, 30분 뒤에 있을 회의를 위해 전날의 DCM 상황을 검토한다.

9:30 AM

컨퍼런스 콜 시간이 되었다. 채권발행과 판매 업무에 대해 신디케이트 부서 사람들과 협의를 했으나, 말이 너무 빨라 이해하기 힘들었다. 고객사의 재무 부서 직원들이 영어에 익숙하지 않아서 회의 진행에 어려움이 있었다. 하지만 최대한 논리적으로 고객사 관계자들을 설득했고, 서로 만족할 만한 성과를 얻었다. 20분간의 컨퍼런스 콜을 마치고 돌아와서 아침 오늘 처리해야 할 업무들을 정리했다.

10:50 AM

부사장님의 다음 투자설명회 일정을 확인해 본다. 조금 무리한 일정인 것 같아 일정이 맞는지 인턴에게 확인하게 했다.

12:30 PM

평소에는 점심시간에도 바쁘지만, 오늘은 해외에 나가신 부사장님의 회의가 없어 점심을 좀 여유있게 먹을 수 있다. 맞은편 건물의 B 증권사에서 일하는 여자친구와 함께 점심을 먹었다. 회의가 있을 때면 화장실도 못가고 컴퓨터랑 전화 앞에서 대기할 때도 있다.

1:37 PM

오전 회의 때 고객사와 협의한 내용을 정리하고, 부사장님의 일정과 투자자에게 제시할 프레젠테이션 등의 결과물을 최종적으로 점검한다. 문서 작업을 하며 혹시 오타가 있는지, 하이픈위치가 틀린 게 있는지 등 꼼꼼하게 재확인해 본다. 프로페셔널함은 사소한 것에도 철저해야 함을 의미한다.

3:15 PM

발표할 때 보여줄 PPT 자료를 다시 만들고 있다. 로고 사이즈도 줄이고, 줄 간격을 맞추며

차트 형식도 새로 바꾸고 있다. 부사장님이 어제 제출한 PPT를 마음에 들어 하지 않았기 때문이다. 세세한 부분은 인턴에게 맡겼다. 이번 인턴은 제법 일을 잘 한다.

4:20 PM

홍콩에서 회의가 진행되고 있지만 부사장님이 언제 연락을 해올지 몰라 대기하고 있다. 메시지가 들어오자마자, 재빨리 자료를 찾아서 보냈다. 추가적인 자료 요청이 있을 것 같아 중요한 정보들 위주로 정리해 놓았다.

6:20 PM

막간을 이용하여 다른 잠재적 고객사의 제안서에 사용할 수 있는 자료를 리서치해 정리해 두었다. 부장님이 돌아오시면 피드백을 부탁해 봐야겠다.

11:30PM

오후 회의 결과를 정리하고 퇴근한다. 오늘은 회의가 홍콩에서 있어 비교적 여유로운 하루였다. 내일은 휴일이라 푹 쉴 수 있겠지.

* DCM 부서의 업무에 대한 이해를 돕기 위해 실제 인터뷰를 기반으로 재구성한 시나리오이다.

제이피모간 _ 채권자본시장 전문가 인터뷰

$+$ Byung Woon Chang

Debt Capital Markets
J.P.Morgan Ltd., Seoul Branch

"J.P.Morgan does first class business in a first class way"

:: How did I prepare for IB?

As an undergraduate I had a keen interest in finance and joined YFL, the Yonsei Financial Leaders club. I had also long prepared for a career in journalism, so I chose to work at Mae Kyung News Paper to satisfy my interests in both fields. At the time, Korea was undergoing a financial crisis and it led me to think of ways to contribute to the country. As a result, I to moved to KDB and worked there for 7 years to help raise foreign capital. After earning my masters degree in derivative securities at Kellogg, I joined the DCM division, based on my past experience in issuing bonds. I chose J.P.Morgan because it had left a strong impression on me, with both its solid performance and with the fact that it was the first bank to provide foreign exchange liquidity when Korea was under financial distress.

:: What is my role and what was my greatest achievement here?

DCM division deals with raising corporate debt capital. Bond Underwriting is raising foreign exchange by issuing bonds; M&A Funding helps corporate to raise funds needed for M&A by issuing bonds or through loans. Rating Advisory offers advice on credit ratings when issuing bonds, Liability Management assesses fair debt ratio and offers comprehensive debt management.

Dealing with bonds made me realize the significance of risk management. There is a company related default risk and the bank also has to be attentive to its reputation risk as well. J.P.Morgan does not make contracts if the risk seems excessive, regardless of the amount of the commission clients are willing to pay. A reputation for such a management practice may appear to hurt profitability in the short-term, but it helps J.P.Morgan increase its value in the longer perspective.

:: What kinds of knowledge & skills should you know in advance to join IB?

· Networking: Networking is seen as ability in itself. Networking can be helpful in getting hired and it can also pay off after you are assigned to a position. I remember my colleagues from MBA, flying over to New York to get tips from their acquaintances regarding IB application. Such proactive attitudes are critical and one can build networks through diverse channels such as school, internships etc.

· Expertise: I recommend one build expertise either via in-depth finance study or through work experience. When seeking work experience, one must focus on what they can actually learn from a firm rather than its reputation.

* 〈부록〉에서 한글번역본을 확인할 수 있다.

ECM 부서_Equity Capital Markets

ECM 부서는 자기자본발행을 통해 자본조달 관련 서비스를 제공하는 역할을 수행한다. 자본 조달의 방법은 기업공개(IPO), 전환·교환사채(CB/EB)발행 그리고 팔로우 온(Follow-on) 진행으로 나눌 수 있다. 이 중, 기업공개가 ECM 부서의 대표적인 업무라 할 수 있다. 기업공개를 위해 ECM 부서는 고객사의 가치평가를 통해 희망발행수량 및 가격을 산정한다. 이를 바탕으로 투자자들과의 의견 조율을 통해 기업공개를 완료하게 된다. ECM 부서는 기업들에게 적합한 상품을 권유할 수 있어야 하므로 시장에 대한 안목이 뛰어난 사람들이 두각을 나타낼 수 있는 분야다.

1. 업무 소개

ECM(Equity Capital Markets) 부서의 주요 업무 3가지는 기업공개(IPO, Initial Public Offering), 교환사채(EB, Exchangeable Bond) 및 전환사채(CB, Convertible Bond) 발행, 팔로우 온(Follow-on) 진행으로 나뉜다.

1) 기업공개

기업공개(IPO)는 일정 규모의 기업이 상장을 위해 행하는 외부투자자들에 대한 첫 주식공개를 말한다. 외부 투자자들에는 연기금, 기관투자자, 타 기업, 개인투자자 등이 존재한다. ECM 부서는 이 과정에서 기업공개를 원하는 기업과 함께 외부투자자들과 소통하는 역할을 하게 된다. 거래의 첫 단계에서 ECM 부서는 기업공개의뢰 기업과 자본조달 규모, 주식의 종류 등을 비롯한 세부 사항들에 대한 합의를

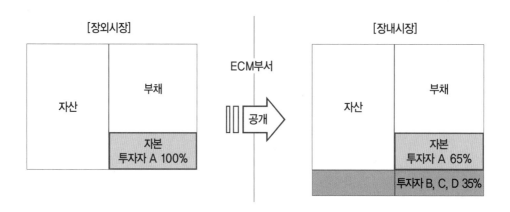

한다. 동시에 자체적으로 실사를 시행해 기업가치를 산정하고, 시장상황을 파악하며, 투자자들의 수요가 얼마인지를 조사한다.

다음 단계에서는 합의에서 결정된 사항을 바탕으로 기업공개 의뢰 기업과 ECM 부서가 함께 주식의 희망 발행가격의 범위를 제시한다. 투자자 입장에서는 기관 투자자들의 희망 수량과 가격을 제시한다. 마지막 단계에서는 각각의 제시 수량과 가격의 평균을 구하여 산정된 결과를 기준으로 기업공개 의뢰 기업과 주간사가 수량, 가격을 결정한다. 이러한 방식을 수요예측제도, 혹은 북 빌딩(Book Building)이라고 한다. 최종적으로 모든 사항이 결정되면 대금을 납입 받고 매매가 가능하게 되어 상장을 할 수 있다.

2) 교환사채 및 전환사채

전환사채(CB, Convertible Bond)는 처음에 사채로 발행되나 일정 기간이 지나면 채권 보유자의 의사에 따라 미리 결정된 조건대로 발행회사의 주식으로 전환할 수 있는 특약이 있는 채권이다. 교환사채(EB, Exchangeable Bond) 역시 일정 기간이 지

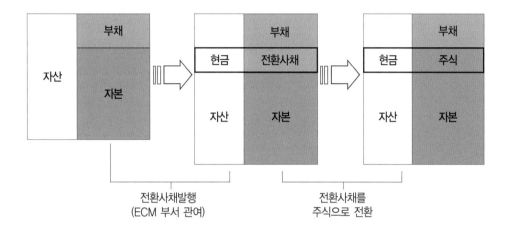

전환사채발행
(ECM 부서 관여)

전환사채를
주식으로 전환

나면 주식으로 전환할 수 있다는 점은 같지만, 그 주식이 발행회사의 주식이 아니라 발행회사가 보유하고 있는 타 기업의 주식이라는 점에서 다르다.

3) 팔로우 온

팔로우 온(Follow-on)은 기업공개 이후 추가적인 주식발행(증자)과 대량 거래 등을 포함하는 과정이다. 기업공개를 시행한 이후 기업 활동에 있어 추가적인 자금조달의 필요성이 있을 경우 증자를 시행하게 되는데 이를 ECM 부서에서 담당한다.

Q&A | 전환사채와 교환사채의 가치평가는 어떻게 이루어지나요?

· **자본평가 시** : 손익계산서를 중심으로 평가하며 미래의 성장 가능성이 투자의 기준이 된다. 가치의 변동이 빈번하다는 위험이 있다.
· **부채평가 시** : 대차대조표를 중심으로 산정한 신용등급이 가치를 결정한다. 미래의 성장 가능성보다도 채무불이행(Default) 위험이 더 중요한 이슈로 여겨진다.

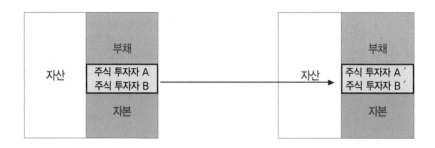

우리나라 주식시장에서의 대량 거래(Block Trading)는 매매수량단위(1주 또는 10주)의 500배 이상 또는 1억 원 이상으로 거래되는 대량 거래를 뜻한다. 어떤 기업이 보유하고 있는 지분을 대량으로 팔아 현금화하려고 할 때, 좀 더 유리한 가격에서 최대한 많이 팔 수 있기를 바랄 것이다. 하지만 투자은행의 도움 없이는 대량 주문을 처리하기도 어려울 뿐만 아니라, 대량 매도 주문은 시장의 공급과 수요에 큰 영향을 미치기 때문에 가격 폭락을 야기할 수 있다. 그래서 기업은 투자은행의 ECM 부서에게 기관투자자와 자사 사이에서 중개 역할을 맡아주도록 의뢰한다.

ECM 부서는 의뢰 기업에게 (일반 매도 시 폭락이 예상되는) 시장가격 보다 높은 가격으로 제한된 할인율에 원하는 양을 팔 수 있도록 도와준다. 기관투자자에게는 주식을 시장에서 현재 거래되는 가격 보다 낮은 가격으로 대량 매수할 수 있도록 양자 사이에서 협상을 진행한다.

2. 비즈니스 모델

ECM 부서의 비즈니스 모델을 알기 위해서는 주식 세일즈 & 트레이딩 부서, 고객 기업과의 관계를 이해할 수 있어야 한다. 아래 표를 통해 ECM 부서의 비즈니스

ECM 부서의 비즈니스 모델

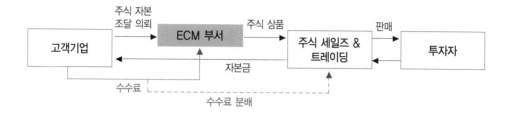

모델에 대해 알아보도록 하자.

　ECM의 대부분 이익은 수수료를 기반으로 하고 있다. 거래금액의 일정 비율을 수수료 형식으로 얻는 것이기 때문에 거래 규모가 클수록 얻는 이익도 크다. 기업공개의 경우 우리나라에서는 보통 2~3% 수준의 수수료가 청구된다.

　수익을 창출하는 과정은 대부분의 거래에 있어 다음과 같다. 고객기업이 필요에 따라 투자은행에게 주식 자본 조달을 의뢰하게 된다. ECM 부서는 고객기업의 요구와 상황에 맞게 주식상품을 만들어 주식 세일즈 및 트레이딩 부서에 넘긴다. 주식 세일즈 및 트레이딩 부서는 그 상품을 투자자들에게 팔고 자본금이 고객기업에 들어가게 됨으로써 과정이 마무리된다. 고객기업이 지불한 수수료는 ECM 부서와 주식 세일즈 부서가 나누어 갖게 된다.

　고객기업이 스스로 자본상품을 개발하지 않고 투자은행에 수수료를 지불하면서까지 의뢰를 하는 이유는 이 방식이 더 효율적이기 때문이다. 유사 산업의 타 기업들과의 비교 자료, 주식시장 상황에 대한 이해, 잠재적 수요자들과의 소통 등은 고객기업에서 직접할 수 있다. 하지만 투자자의 성향 분석, 투자규모 파악 및 투자자의 주문확보가 어려워 이를 투자은행이 대행하고 있는 실정이다. 특히 해외 투자자들과 연계된 거래일 경우, 고객기업 내의 네트워크를 이용하기 보다는 투자은행에 이미 구축되어 있는 네트워크를 이용하는 것이 여러 면에서 유리하다.

3. 타 부서와의 관계

ECM 부서와 이해관계가 있는 주체들에는 주식 세일즈 & 트레이딩 부서가 있다. 이 두 주체 사이에는 차이니즈 월(Chinese Wall)이 존재하는데 이 점에 유의하여 두 부서 간의 관계에 대해 알아보자.

ECM 부서와 타 부서와의 관계

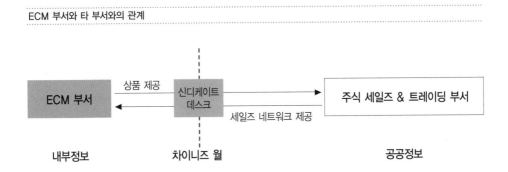

ECM 부서는 기업금융 부서와 함께 투자은행 부서(IBD)에 속한다. 고객기업의 의뢰를 받고 업무를 진행하는 투자은행 부서의 특성 상 기업의 내부정보를 많이 다루게 되는데, 이러한 정보는 주식 세일즈 및 트레이딩 부서와 공유할 수 없다. 이렇게 내부적으로 설치된 벽을 앞에서 언급했듯이, 차이니즈 월이라 칭한다.

하지만 주식상품을 시장에 내놓을 경우 주식 세일즈 및 트레이딩 부서가 가진 국내외의 폭넓은 세일즈 네트워크(Sales Network)가 필요하기 때문에 두 부서는 중간에 신디케이트 데스크(Syndicate Desk)를 두어 소통한다. 신디케이트 데스크에서는 두 부서 사이에서 전달해야 할 정보와 전달하지 말아야 할 정보를 적절히 통제하며 전체적인 업무가 효율적으로 진행될 수 있도록 돕는다.

4. 성공 요소

"시장에 대한 안목과 뛰어난 대인관계 능력을 통해 ECM 부서에서 성공할 수 있다."

시장에 대한 안목은 거시경제 전반에 대한 이해도 포함하지만, 그보다는 주식시장의 움직임이 특정 방향으로 바뀔 때 기업들이 필요로 하는 상품을 예상할 수 있는 능력을 의미한다. 보통 기업들이 의뢰를 해올 때 상품을 자체적으로 결정해 발행만 부탁하는 것이 아니라, 투자은행에서 추천하는 상품을 선택해 진행하기를 원하므로, 항상 시장 추세를 파악해 놓아야 제때에 적절한 상품을 제공할 수 있다. 물론 고객기업 입장뿐만 아니라 투자자들의 입장도 생각하는 다각적인 접근이 필요하다.

ECM 부서도 고객사의 의뢰를 받아야 업무를 시작할 수 있는 만큼 대인관계 능력이 강조된다. 평소 고객사와 연락을 자주 취하면서 그들의 필요를 파악하고, 정보를 제공하는 것을 포함해 미래에 거래를 좀 더 쉽게 따낼 수 있도록 고객관리능력이 요구된다. 물론 고객관리 능력의 가장 기본은 대인관계 능력이라 해도 과언이 아니다.

5. 진로

1) ECM 부서 들어가기

ECM 부서에는 학부 및 석사 졸업 자들이 인턴 뒤, 정식 채용 제안을 받고 입사를 하는 경우가 많다. 인턴을 통해 이 부서가 자신의 적성에 맞고 해당 팀에서 함께 일하기 원한다면 인턴에서 정규직으로 전환이 가능하다.

다른 경우는, IBD내에 있는 기업금융 부서에서 경험을 쌓고 입사하는 경우다. 기업금융 부서에서 직접적으로 ECM 업무를 다루는 경우는 없더라도, 자금조달 업무를 진행하는 경우 간접적으로나마 ECM 업무를 접할 수 있기 때문에 지원 시 유리할 수 있다. 또한 기업금융 부서의 일을 하며 고객사들의 자금조달 욕구, 특정 상품에 대한 선호도 등을 파악할 수 있기 때문에 더욱 유리 할 수 있다. 이러한 상품에 대한 전문적인 시각과 자금조달 필요성을 파악할 수 있는 능력은 ECM 업무에 있어 매우 중요하다.

2) 이후 진로

ECM 부서에서는 여러 주식 관련 상품의 발행 업무를 통해 바이 사이드를 상대하게 된다. 바이 사이드 측의 고객들과 교류하며, 자연스럽게 자금 수요자들의 입장에서 자본시장을 볼 수 있는 능력을 키울 수 있다. 또한 주식시장에 대한 이해도를 키울 수 있다.

ECM 부서에서 배운 능력을 살려 바이 사이드에 지원할 수도 있고, 능력을 인정받아 바이 사이드에서 먼저 일자리를 제안하는 경우도 있다. 여기서 언급하는 바이 사이드에는 자산 운용사, 사모펀드, 헤지펀드 등이 해당된다.

또한 주식 세일즈 부서와 같이 바이 사이드와 접촉이 많은 부서로 진출할 수도 있다. 주식 세일즈 부서에서 높은 실적을 내기 위해서는 상품의 발행을 담당하는 ECM 부서의 업무에 대한 이해가 큰 도움이 된다. 그리고 다양한 고객을 접촉한 경험을 바탕으로 주식 세일즈 부서에서도 탁월한 능력을 발휘할 수 있다.

$+$Jae Min Shim

Fixed Income Sales
Morgan Stanley, Seoul Branch

"I love being in Morgan Stanley, which is the forever winning team consisted of the best players in the industry"

∷ How did I prepare for IB?

After taking finance classes in my undergraduate study, I decided to aim for IB. None of the other classes entertained me as much as the finance class did. I accumulated finance knowledge by taking courses such as corporate finance, investments, and derivatives. Furthermore, I thought that IB was the place where I could use the knowledge that I have acquired and set my career goal as an I-banker.

I wanted to join IB, but I barely knew what it did and had no relevant information. Thus, I initiated to gather information about IB. I read books about IB business, searched and read resumes that were submitted to IB, and visited 'communities' and 'blogs' on websites related to IB. If I had any questions I posted them on the website and received a diverse array of feedbacks from people. Not only did I collect the information that were asked of alongside, but I also did not loiter myself from studying finance outside the boundary of school curriculum by delving into several valuation materials and many other alternative sources.

In the meantime, I flew over to New York as an exchange student. During a two-month long stay in New York, in order to utilize the time most efficiently, I worked as an intern at an IB located in New York. I worked at the Equity Sales Department of a Korean IB stationed in New York, and during the internship program, I learned a lot about sales and trading. Afterwards, I joined the Summer Internship Program of an international IB. With the help of acquired experiences there, I could learn and experience practical IB work and activities while working as an intern in other global IBs. These work experiences served as a stepping stone for achieving the ultimate goal of working in Morgan Stanley's Fixed Income Sales & Trading Department.

:: What is my role and what was my greatest achievement here?

Fixed Income Sales & Trading department carries out FICC sales. In other words, the department maintains the relationship with clients and executes trading when the clients wish to sell or buy bonds. Furthermore, we solve problems arising from FICC such as risk management related with foreign exchange and raw materials.

My greatest achievement was when I led a transaction process from the beginning to the end successfully. Visiting clients and offering my ideas to them were thrilling and the completion of an order contract was one of the rewarding experiences. Although I received some help from other people, I felt that actively participating in the dealing process itself was meaningful.

:: What kinds of knowledge & skills should you know in advance to join IB?

· Communication Skills: The major component of sales is people and that is why communication skill is important. If one has the ability to pass on the information in a succinct and accurate way, he will earn trust from one's clients. Also, communicating with other departments is also an important role of sales people, so proficient communication skill is a prerequisite to join the IB.

· Financial Knowledge (Fixed Income & Derivatives): Since our department deals with fixed income and derivatives related to fixed income, basic knowledge of such products is necessary. A thorough understanding of fixed income and derivatives is recommended; the structuring department is responsible for making derivatives and the sales department is responsible only for trading the derivatives; thus, knowing the basics of derivatives would be enough.

· Macro Economics: Since fixed income, currency, and commodity are all related to macro economical factors, it is imperative to have some sort of background knowledge on macroeconomics. If one has an understanding of macroeconomics, he can predict the FICC, provide information to the client about the transaction, and give accurate answers to client's questions. Reading business newspapers is the best way to accumulate macroeconomic knowledge.

* 〈부록〉에서 한글번역본을 확인할 수 있다.

주식 리서치 부서_Equity Research

주식 리서치 부서는 기업의 가치, 리스크, 주식의 변동성, 거시적 환경 등을 고려하여 투자자들의 투자 관련 의사 결정 과정에 도움을 주는 역할을 수행한다. 주식 리서치 부서는 기업공시, 각 기업의 IR자료, 뉴스 등의 정보를 종합하여 그 주식을 사야 할지(Buy), 팔아야 할지(Sell) 혹은 보유해야 할지(Hold) 등의 총체적인 투자의견을 제시한다. 주식 리서치 보고서는 분석 대상에 따라 기업, 산업 그리고 매크로로 나뉘는데 각각의 차이를 파악할 수 있어야 한다. 주식 리서치 부서는 자신의 리서치 결과를 고객들에게 설득시킬 수 있어야 한다. 그러므로 논리적인 사고와 효과적인 의사소통 능력을 갖춘 사람들이 강점을 지닐 수 있는 분야다.

1. 업무 소개

주식 리서치(Equity Research) 부서에서 하는 업무는 핵심 업무인 투자의견 제시와 그에 따른 부가 업무인 문의사항 답변으로 나뉠 수 있다. 투자의견을 고객 혹은 같은 회사 내의 주식 세일즈 & 트레이딩 부서에게 제시하는 방법에는 여러 가지가 있다. 가장 대표적인 방법으로는 리서치 보고서를 사용하는 방법이 있고, 그 외에도 직접 만나거나 전화, 보이스메일, 이메일을 사용한다. 여기서는 가장 대표적인 매체인 보고서 작성을 기준으로 주식 리서치 부서의 업무를 살펴보겠다.

먼저 리서치 애널리스트가 투자의견을 결정할 때 다음 표의 4가지 정보의 원천을 사용한다. 기업공시나 뉴스, 각 기업의 IR 부서를 통해 해당 산업과 기업에 대한 정보를 수집한다. 추가적으로 자신들의 인적 · 정보 네트워크를 활용한다. 이렇게 수집된 자료들을 종합 · 가공하여 애널리스트 자신의 투자의견을 결론짓게 된다.

리서치 부서의 투자의견 결정 시 정보 출처

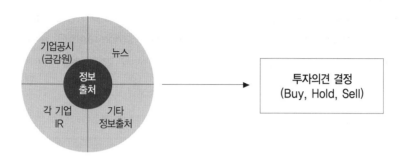

각 섹터(Sector)를 담당하고 있는 애널리스트가 산업 전반과 해당 산업에 속한 기업에 대해서 분석하고 이를 보고서로 작성한다. 작성된 보고서에 대해 투자의사결정을 하는 데 있어서 추가로 문의해오는 사항과 보고서와 상관없이 관련 섹터에 대한 기타 정보들을 문의해 오는 경우, 수시로 이에 답변을 주는 역할을 수행한다.

주식 리서치 부서의 업무

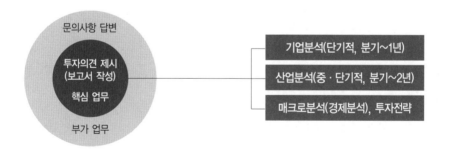

보고서는 다시 분석 대상에 따라 크게 3가지로 구분할 수 있다.

첫째, 기업분석은 보통 분기 및 1년을 기준으로 단기적인 기간 내에 이뤄진다. 주식 리서치 부서는 분기별 실적과 연간 실적 예측을 동시에 병행하되, 연간 실적 예측을 기반으로 기업가치평가를 진행한다. 또한 어닝 시즌(Earning Season)에 발표

산업＼자본규모	Large	Middle	Small
IT(전기, 전자 등)	기업 A, B, C…	기업 D, E, F…	기업 G, H, I…
은행	기업 1, 2, 3	기업 4, 5, 6	기업 7, 8, 9
조선	…	…	…
기타 다양한 산업	…	…	…

외국계 증권사 ◀━━━━━▶
국내 증권사 ◀━━━━━━━━━━━━━━━▶

리서치 부서가 담당하는 산업 및 기업을 구분하는 기본 단위를 섹터라고 부른다. 일반적으로 섹터는 산업별 및 기업의 자본 규모(Capital Size)별로 구분을 한다. 자본 규모는 시가총액을 기준으로 하여 대(Large), 중(Middle), 소(Small)로 구분을 한다. 구체적인 규모의 범위는 각 회사마다 다르나, 일반적으로 거의 차이가 없다고 볼 수 있다.

보통 국내 증권사 리서치 팀이 외국계 증권사의 리서치 팀보다 규모가 더 크다. 그렇기 때문에 분석을 담당하는 애널리스트의 수도 많아 담당하는 섹터의 범위가 넓다. 반면 외국계 증권사는 적은 인력으로 구성된 경우가 많아서, 모든 산업이 아닌 선택된 몇 가지 주요 산업군과 그 산업군 내에서도 시가총액이 큰 기업을 위주로 분석한다.

이러한 부족한 부분을 보충하기 위해 외국계 증권사는 세계적 네트워크를 이용하고 있다. 외국계 투자은행의 경우 대부분 세계 주요 지역에 리서치 부서를 보유하고 있으므로, 회사 내 지역 간 네트워크를 많이 이용하는 편이다. 각 산업 섹터별로 중국 팀, 미국 팀, 유럽 팀 등과 수시로 정보를 교환하여, 부족한 담당 섹터를 보완한다. 예를 들어, 통신산업의 경우 우리나라의 통신 분야가 기술적으로 다른 나라들보다 앞서 있어서 후발 지역 팀과 정보를 공유하게 된다.

또한 반도체 및 LCD를 담당하는 테크(Tech) 애널리스트는 대만 및 일본의 테크 팀과 업황 및 개별 업체 상황에 대한 정보를 공유하기 위해 긴밀한 협조 하에 일을 하게 된다. 정유 업계나 식음료 업계와 같이 매출 원가 중 원자재 비중이 높은 산업의 경우는 해외 매크로 팀에서 많이 도움을 받는다.

된 실적을 평가하고, 그 자료를 바탕으로 투자방향 및 방법 등을 보고서에서 제시한다.

둘째, 산업분석은 경우에 따라 분석 기간이 달라지는데 향후 몇 분기를 예측하는 경우도 있고 좀 더 긴 안목으로 향후 1~2년 정도의 트렌드를 예측하기도 한다. 보고서를 작성할 때는 동종 산업의 기업들을 묶어서 '산업분석 보고서(Sector Report)'를 작성한다. 이런 산업분석 보고서에서는 산업 전체의 흐름을 제시하면서 관련된 유망 투자 종목을 추천해주는 것이 일반적인 구성이다.

셋째, 매크로(Macro)분석 및 투자 전략은 국가별 주식시장을 분석 단위로 하며, 전 세계 및 개별 국가의 거시경제 분석 및 전망을 바탕으로 국가별 포트폴리오 편입 비중, 업종·종목별 포트폴리오 편입 비중에 대한 의견을 제시하는 내용을 담고 있다.

2. 비즈니스 모델

리서치 부서는 매출 창출 부서가 아니므로 확실한 이윤 창출의 원천을 명시할 수는 없다. 그래서 리서치 부서가 이윤을 얼마나 창출했는지를 평가할 때, 리서치 부서만 따로 놓고 보는 것이 아니라 주식 관련 부문 사업부 전체의 이익 중에서 리서치 부서가 얼마나 기여했는지를 판단한다.

리서치는 주식을 사고파는 곳에서 중계 역할을 담당하는 세일즈 부서에게 필요한 정보와 아이디어를 제공하고, 그 대가로 세일즈 과정에서 확보한 중개 수수료를 나눠 갖는 것이 일반적이다. 또한 채권, 파생 상품(Fixed Income) 부서도 주식시장의 동향을 파악하는데 주식 리서치의 정보가 필요하다. 제한적이지만 IBD(Investment Banking Division)도 컴플라이언스(Compliance) 부서의 감독 하에 주식 리서치의 정보를 사용하고 있어서 회사 전체 이윤의 일정 부분을 공유한다.

3. 타 부서와의 관계

주식 리서치 부서와 이해관계가 있는 주체에는 각 기업의 IR, 고객, 주식 세일즈 & 트레이딩 부서, IBD 등이 있다. 다음 표를 통해 주식 리서치 부서와 이들 간의 관계에 대해서 알아보자.

주식 리서치 부서의 타 부서와의 관계

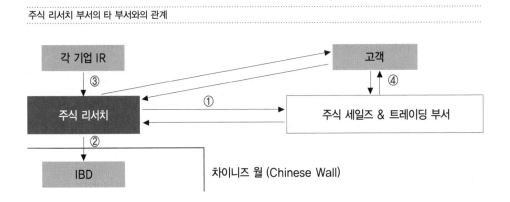

1) 주식 리서치 - 주식 세일즈 & 트레이딩, 고객

주로 주식 리서치 부서에서 작성한 보고서를 이용하는 주체는 담당고객과 주식 세일즈 및 트레이딩 관련 팀이다. 주식 리서치 부서의 보고서를 이용하는 주식 관련 팀과 담당고객들은 보고서에 관한 추가적인 문의사항을 이메일이나 전화로 물어보고, 이에 대하여 리서치 애널리스트는 수시로 답변을 준다.

2) 주식 리서치 - IBD

IBD(Investment Banking Division)에서도 리서치 부서의 보고서를 사용하기는 하지만 그러한 정보의 이용은 항상 공식적인 요청에 의해서 이루어진다. IBD와 주식 리서치, 세일즈 및 트레이딩 부서 사이에 차이니즈 월이 존재하기 때문이다. 예를 들어 IBD에서 진행하고 있는 아직 미발표된 인수합병 건에 대한 정보가 주식 리서치 부서에 알려져 보고서에 반영된다면, 이는 주식시장에 큰 영향을 미칠 수 있다. 그래서 IBD와 모든 주식·채권 리서치, 세일즈 및 트레이딩 부서 사이에 내부적인 교류는 없고, 회사 차원에서의 공식적인 요청에 따라 컴플라이언스 부서의 감시하에서만 협조를 얻을 수 있다.

3) 주식 리서치 - 각 기업 IR

애널리스트들은 담당한 섹터 내의 기업의 IR과 같이 하는 일이 많은 편이다. 각 기업 IR에서 자사에 대한 관련 정보를 제공하면 그 정보를 받아 분석한 후 보고서를 작성한다.

Q&A | 리서치 보고서의 작성은 어떻게 이루어지나요?

기업 분석 보고서

산업 분석 보고서

기업분석 보고서를 실례로 들어서 설명하면, 리서치 보고서가 만들어지는 순서는 다음과 같다.

먼저 기업별로 작성된 가치평가모델에 과거 실적을 입력한다. 여기에 해당 기간에 발생한(발생 예정된) 사건들의 영향과 각 기업의 IR(Investors Relation) 부서가 제공한 계획 등의 추가적인 내용을 정량적으로 평가한 후 같이 입력한다. 이를 통해 도출된 수치를 기반으로 향후 분기별, 연간 예상 실적 수치를 예측하게 된다. 이렇게 예측된 예상 실적에 따라서 가치평가를 수행하고, 이를 통해 평가된 기업에 대한 추천 등급(Sell, Hold, Buy)과 목표 주가를 결정하게 된다.

위의 전 프로세스를 통해 모델을 기반으로 하여 보고서를 작성한다. 보고서 작성 시에 시장 및 기업에 대한 추가적인 정보가 요구되는 경우, 추가 리서치를 수행하여 보고서에 반영한 후 완성시킨다.

4) 주식 세일즈 & 트레이딩 - 고객

고객 세일즈 및 트레이딩 부서는 자신들의 회사를 통해 주식을 매매하도록 세일즈를 하고, 이러한 업무를 직접 실행하는 역할을 한다.

원칙상으로는 주식 리서치 부서의 투자 의견이 반영되어 세일즈 및 트레이딩 부서가 고객들에게 전하지만, 규정되어 있는 것이 아니며, 의견이 다를 경우 주식 세일즈 & 트레이딩 부서는 고객에게 리서치에서 제시한 의견과 다른 의견을 제시할 수도 있다. 또한 외국계 증권사 주식 리서치의 경우, 제한적인 규모상 모든 섹터를 담당하고 있지 못하므로, 자체적인 리서치를 통해 고객에게 세일즈하기도 한다.

4. 성공 요소

"주식 리서치에서 성공하기 위해서는 기본적으로 분석적 · 논리적인 사고, 산업에 대한 통찰력, 대인관계 및 의사소통 능력이 필요하다."

주식 리서치 부서에서 분석적 논리적인 사고란 기업, 산업, 경제분석 간 중요 요소들을 파악하고 각 요소들 간의 영향 및 인과관계를 이해할 수 있는 능력을 말한다. 또한 결정적으로 투자자들을 효과적으로 설득하기 위해서는, 자신들의 투자 분석을 논리적으로 제시할 수 있는 능력이 수반되어야 한다.

다음은 산업에 대한 통찰력을 꼽을 수 있다. 입사 후 초반에는 본인이 맡고 있는 산업 분야(섹터)에 대해서 기술력, 실적, 전략 등을 많이 배울 수 있다. 경력이 쌓이면 이와 같은 정보들을 활용하여 기업의 가치를 분석하는 능력이 요구된다. 이 기업이 돈을 정말 잘 벌고 있는 것인지, 향후 성장 가능성은 어떻게 되는지 등 투자의 대상으로써의 매력도를 판단할 수 있는 능력들을 키워야 할 것이다.

또한 향후에는 이러한 판단 능력이 산업 전반으로 확장되어 거시경제 전반에 어떻게 영향을 미치고, 어떻게 변화하는지 예측 및 분석하는 능력을 가지게 된다면 훌륭한 애널리스트가 될 수 있다.

리서치 부서의 애널리스트는 고객, 기업의 IR, 주식 세일즈 및 트레이딩 부서와 실시간으로 소통하게 된다. 그들과의 끊임없는 의사소통 속에서 효과적으로 설득시킬 수 있는 대인관계 및 의사소통 능력 또한 빼놓을 수 없는 중요한 요소다.

Q&A | 고객들이란 누구인가요?

고객이란 자기자본이나 혹은 위임 받은 타인자본을 활용하여 이윤을 추구하는 모든 주체들이 될 수 있다. 투자은행의 주식 부문에서 보면, 주 고객은 바이 사이드(Buy-Side, 사모펀드, 헤지펀드, 자산운용사, 보험사, 연기금 등)라고 보면 된다. 고객들은 자본의 성격에 따라 비교적 장기적인 관점을 가지고 투자하는 '롱-온리(Long-Only)'와 비교적 단기적인 사건에 따라서 투자 여부와 규모가 결정되는 '헤지펀드'의 두 가지 고객군으로 분류된다. 롱-온리 고객군은 매수 포지션 만을 취한다는 의미로 벤치마크되는 시장 지수보다 높은 성과를 올리는 것이 목표다. 반면에 헤지펀드 고객군은 매수와 공매(Short Selling) 포지션을 모두 이용하여 시장 변동에 상관없이 절대 수익(Absolute Return)을 추구한다.

리서치 부서는 논리적으로 기업을 분석하고 이에 따라 가치 평가하는 것을 원칙으로 한다. 단기적인 이벤트 혹은 단순한 짐작에 의한 것이 아니라 주로 펀더멘탈한 가치 평가(Fundamental Valuation)에 따라서 목표 주가를 산정하고 이에 따른 현재 주가 및 투자 의견을 제시하는 것이다(물론 단발적인 이벤트에 따라 그 영향을 단기적으로 평가하는 경우도 있다). 따라서 기본적으로는 리서치 부서의 고객 범주는 롱-온리로 볼 수 있다. 재무분석을 단발적으로 할 수 없기 때문이다. 하지만 주가의 등락이 분초를 다투는 오늘날의 주식시장과 그것에 대한 정보를 원하는 고객들로 인하여 리서치의 분석 및 의견에 대한 의미의 범위가 헤지 펀드 쪽으로 확장되고 있는 추세다.

5. 진로

| 학사 · 석사 소지자, 해당 산업 종사자 등 | → | 주식 리서치 | → | 주식 세일즈 & 트레이드 부서, 바이 사이드(헤지펀드, 자산 운용사) 등 |

1) 주식 리서치 부서 들어가기

리서치 부서에 입사하는 경우는 몇 가지로 한정해서 이야기할 수 없을 정도로 학부, 석사부터 다양한 분야의 전문가들이 입사하는 경우가 많다.

학부나 석사를 졸업하고 리서치 부서에서 인턴 경험을 한 후에, 바로 신입으로 입사하는 경우도 많다. 이들은 산업에 대한 이해도는 해당 산업의 경력직에 비해서 부족한 면이 있다. 하지만 뛰어난 분석 능력, 회계, 재무에 대한 튼튼한 기반, 산업에 대한 지대한 관심을 가진 학부 졸업생들이 많이 늘어나고 있으며 리서치 부서에 지원하는 지원자 수도 증가하고 있다.

해당 산업에 종사하다 오는 경우도 많다. 앞에서 언급했듯이, 애널리스트는 자신이 담당하는 특정 산업 분야(섹터)가 존재하기 때문이다. 각 산업의 전문가들은 현업에서의 경험을 토대로 산업에 대한 이해, 전망 등에 대한 지식을 가지고 있다. 이러한 강점을 바탕으로 자신의 산업에 해당하는 리서치 섹터에 입사를 하게 된다.

2) 이후 진로

리서치 부서에서 경력을 쌓으면서 주식 리서치 부서 내에서 애널리스트로 계속 성장하는 경우를 제외하고 갈 수 있는 향후 진로는 많지만 가장 일반적인 두 가지를 소개하겠다. 같은 주식시장 내에서 성장해서 주식 세일즈 또는 트레이딩 부서로 옮기는 방법과 헤지펀드나 사모펀드와와 같은 바이 사이드로 이직하는 방법이다.

리서치에서 주식 세일즈로 많이 가는 이유는 주식 세일즈 자체 업무 특성상 업계에 대한 배경지식이 없는 사람이 일하기 쉽지 않기 때문이다. 리서치 업무로 업계에 대한 이해도를 높인 사람은 그만큼 경력 및 실력을 인정받게 된다. 또한 주식 세일 즈는 진입장벽이 높고 채용 규모도 한정적이어서 채용 시 확실히 더 잘 훈련된 사람을 원한다. 이러한 이유로 리서치 부서에서 주식 세일즈 부서 채용을 하는 경우가 많다.

위의 경우 이외에도 다른 여러 분야로 갈 수는 있겠지만, 업계를 바꾸는 경우가 대부분이다. 리서치 부서를 나오면 기본적으로 가치평가나 여러 모델들에 대해 능숙할 것이라는 업계의 인식이 존재하여, 재무 관련된 일을 구하기가 다른 부서에 비하여 수월한 편이다.

리서치 애널리스트 중에는 MBA에 대한 지원율이 높지 않다. MBA를 졸업하지 않고도 자신의 분야에서 경력을 쌓는 것만으로도 남들이 선망하는 직책과 업무를 맡는 것이 어렵지 않기 때문이다. 즉, 주식 리서치 경력을 쌓기 시작한 이상 어떤 경로를 선택하든 비교적 선택의 폭이 넓은 편이어서 MBA 입학에 대한 동기부여는 크지 않다.

주식 리서치 애널리스트의 하루 일과

7:00 AM

아침에 조금 늦게 일어나 택시를 타고 시청 본사 건물로 출근 했다. 도착 후 바로 신문, 인터넷 기사, 이메일 등을 체크한다. 특히 내 분야인 통신, 인터넷 산업 및 기업의 뉴스나 세계 증시를 체크한다. 리서치 부서는 아무리 피곤하고 힘들어도, 보통 리서치 부서의 출근은 7시를 전후하여 이루어진다. 리서치는 다른 기타 부서들과 관련이 되어 있기 때문에, 아침에 늦지 않는 것이 생명이다. 오늘은 아침 6시에 일어났지만, 일반적으로 5시 30분 정도면 일어난다.

7:30 AM

주식 리서치 부서와 주식 세일즈 부서가 같이 아침 회의를 한다. 보통 아침 회의에서는 밤 사이 미국 증시를 리뷰하고 어제 저녁 이후로 새로 들어온 뉴스를 공유한다. 어제 실적을 발표한 XX 기업에 대해서 해당 애널리스트가 시장의 예상치를 훌쩍 뛰어넘는 좋은 실적을 냈다며 투자적격(Buy)을 권유하는 보고서를 발표했다. 어제 실적을 발표한 기업들에 이어서 이번에는 오늘 있을 어닝 발표에 대해서 해당 애널리스트가 간략한 예상 성과(Preview)를 요약 및 언급한다. 오늘은 2분기 어닝시즌의 둘째 날이다. 10시에 A텔레콤 통신업체의 실적이 발표되고 11시에 이에 대한 컨퍼런스 콜이 예정되어 있다.

8:40 AM

아침 회의가 끝나고 조금 후에 있을 각 기업들의 실적 발표에 맞추어 준비했던 각 기업의 모델을 한 번 더 확인했다. 그 후에 선배 애널리스트와 함께 스타박스 커피를 마시러 사무실을 나와 아래층으로 향했다. 주식 리서치 부서의 아침은 주식 세일즈 및 트레이딩 부서의 아침보다 평온한 편이다. 증시의 시작과 크게 관계없이 일상적인 업무가 진행되므로, 주식 세일즈 및 트레이딩 부서보다 증시 시작 전에 준비해야 할 일이 적기 때문이다. 나는 아침에 회의만 끝나면, 잠깐의 휴식 시간이 있어서 행복하다. 담배는 안 피우지만, 동료 애널리스트들은 이 시간에 담배를 피우며, 전날의 피곤을 달래곤 한다.

10:00 AM

드디어 A텔레콤 통신업체의 실적이 발표되었다. 크게 예상을 벗어나지 않는 수치였다. 간단하게 주식 세일즈 팀에게 기업 실적에 대한 코멘트를 이메일로 발송했다. 그 후에는 각 기업들의 실적 자료를 가지고 어닝 모델을 업데이트한다. 재무보고서에 있는 수치들을 모델에 새로 입력하는 작업이다. 애널리스트는 마음이 급한지 빨리 업데이트된 모델을 달라고 성화다. 마음이 급하니까 오히려 손이 더뎌지는 것 같다.

10:40 Am

다른 섹터도 기업들이 하나둘씩 실적 발표를 시작하는 모양이다. 다른 애널리스트들도 분주하게 전화기를 붙들고 컴퓨터 화면을 응시하는 것을 볼 수 있다. 기업에 따라서는 컨퍼런스 콜을 하는 경우도 있고, 오프라인으로 발표회장에서 직접 발표하는 경우도 있다. 발표회장에서 직접 실적 발표를 하는 경우에는 기업의 본사까지 직접 다녀와야 하는 번거로움이 있어서 RA들은 컨퍼런스 콜을 선호하는 편이다.

11:10 Am

다행히 오늘 실적을 발표하는 기업은 컨퍼런스 콜을 이용한다고 해서 내 자리에 앉아서 노트를 적기 시작한다. 컨퍼런스 콜은 한·영 순차 통역으로 진행되기도 하고, 한·영 두 번으로 각각 나누어서 따로 진행하기도 한다. 먼저 기업 측에서 간단하게 지난 분기 실적에 대해서 발표를 하고 이에 대해서 애널리스트들의 Q&A가 이어진다. 많은 관계자들 앞에서 기업이 일방적으로 실적 발표를 할 때에 비해 Q&A 시간을 이용하면 궁금한 사항을 더 구체적으로 알 수 있게 된다. Q&A 시간에 질문하기에는 사소한 내용들은 따로 IR팀에 전화를 걸어 확인하지만, 오늘은 날이 날인지라 전화가 계속 통화 중이다.

12:00 Pm

이제 보고서를 쓰기 시작해야 한다. 어닝시즌에는 점심시간이 따로 없다. 보고서를 작성하면서 샌드위치로 대충 점심을 때우고, 드디어 통화가 연결된 IR 팀 과장님에게 이번 분기에 인건비와 지급수수료가 급격하게 상승하게 된 이유에 대한 설명을 들었다.

2:40 Pm

드디어 A텔레콤 실적 발표에 관한 보고서 작성이 끝났다. 이번 분기에는 실적이 예상한 범위 내에서 큰 변화가 없었으므로, 짧은 노트로 처리하였다. 그렇지만 실적이 예상을 벗어나거나 의미 있는 변화가 있는 경우에는 추천 등급과 목표 주가를 바꿔야 한다. 그럴 경우에는 보고서의 큰 구성 자체를 바꾸어서 변화된 예측치에 대한 가정과 이에 대한 자세한 설명이 들어가야 하므로, 더 많은 시간과 노력이 필요하다. 작성한 보고서를 홍콩 본사에 있는 에디터에게 이메일로 전송했다. 홍콩 본사에서 이를 우리 회사의 투자성향 및 보고서 작성 기준에 맞는지 다시 한 번 확인하게 된다.

2:50 pm

홍콩 에디터 팀에서 몇 가지 내용을 수정했으면 좋겠다면서 확인을 요구하는 이메일을 보내왔다. 명확하지 않았던 표현을 좀 더 가다듬고, 설명이 부족하다고 지적된 부분에 대해서는 추가적인 설명을 집어넣는다. 수정을 마치고 숨 돌릴 틈도 없이 다시 에디터들에게 발송한다.

3:10 pm

본사의 확인까지 받고 나면, 보고서가 최종적으로 발행된다. 발행된 보고서는 가지고 있는 고객목록을 바탕으로 펀드 매니저와 바이 사이드(Buy-side) 애널리스트들에게 발송한다. 잠깐 한 숨을 돌리고 다른 기업들의 실적 분석을 시작한다. 보고서를 보내고 나면 주요 고객들에게 전화를 걸어 우리가 실적을 어떻게 보는지, 향후 전망은 어떤지에 대한 의견을 전달해야 한다.

5:00 pm

발행된 보고서를 받아 본 고객들이 궁금한 점이나 확인할 것이 있다면서 전화를 걸어온다. 오후 5시, 피곤하지만 최대한 친절하게 답변해준다. 5시 이후, 끝도 없이 걸려오는 전화와 컴퓨터 앞에 산더미처럼 쌓여있는 문서들이 나를 기다리고 있다.

7:20 pm

간단하게 저녁을 해결하러 가까운 식당으로 향했다. 차라리 어닝시즌이 아니었다면 비교적 여유롭게 산업분석 보고서를 작성한다든가, 각 기업의 중장기적인 발전을 분석하는 보고서를 작성하고 있었을 것이다. 이때 작성하는 보고서는 어닝시즌의 보고서처럼 시한을 급박하게 다투지 않고 비교적 장시간에 걸쳐 작성하기 때문에 퇴근도 일찍 할 수 있다.

10:40 PM

두 번째 보고서 작성을 모두 마치고 커피를 마신다. 홍콩 본사의 에디터에게 마지막 보고서를 전송하고 나니 긴장이 조금씩 풀린다. 하지만 30분 전에 보낸 보고서와 지금 보고서의 최종 확인을 마치고 수정 소요를 반영하여 재작업을 하려면 아직도 퇴근할 시간은 멀게만 보인다. 그냥 눈 딱 감고 퇴근해 버릴까 하는 생각이 든다.

11:50 PM

문의사항에 대한 피드백과 보고서 작성을 마치고 퇴근을 한다. 피곤하지만 뿌듯함을 느낀다. 담당하고 있는 통신산업에 대해서 조금씩 더 알아가고 있고, 입사 초기에 비하여 시장과 산업 전반을 보는 능력이 놀라울 정도로 달라진 것을 느낀다. 리서치 애널리스트의 삶이 바쁘고 힘들지만, 그만큼 내 스스로가 성장해 가고 있음을 느낀다.

* 주식 리서치 부서의 업무에 대한 이해를 돕기 위해 실제 인터뷰를 기반으로 재구성한 시나리오이다.

+ Gil Woo Lee

Equity Research Division
Morgan Stanley, Seoul Branch

"Morgan Stanley instilled unconfined opportunities & responsibility for my self-growth, and the right amount of confidence."

:: **How did I prepare for IB?**

I always had an interest in finance, but it was after an internship that I undertook as an exchange student in New York that I decided I wanted to work in the field of finance. When I first started my internship, I didn't have enough finance knowledge to perform more challenging work that my job required. I wanted to do more so I studied finance during non-office hours to gain more knowledge. After returning to Korea, I interned at four different companies in the banking industry to prepare for a career in finance.

In preparation for finding a job, I implemented three strategies. First, while studying for finance certificates such as the CFA Program, I did not simply solve the questions but I tried to clarify the concepts and interpret them in a practical manner that an interviewer would understand. Second, I met up with other colleagues interested in entering the finance industry and actively conducted mock interviews. The primary purpose of such practice was to accommodate ourselves to the actual interviewing process.

Lastly, I constructed a vast amount of database for interview questions. Since I am not a native English speaker, there were certain limits to presenting myself in the entire interviewing process conducted in English. To overcome such limitations, I interviewed for numerous internship and full-time positions, and constructed a database for any possible interview questions, answers, and the interviewees' feedbacks. As I adorned myself with necessary information that are essential for interviews, I knew my confidence level started to head up. I prepared myself for how other future interviews would ensue.

:: **What is my role and what was my greatest achievement here?**

The main role of the research department is to recommend investment ideas to the buy-side clients. To make our idea logical and sound, we collect data relevant to an investment decision. It is important for our department to win trust of our clients.

In Morgan Stanley's Equity Research Department, one is given an opportunity to think and develop insights about the sector that one is in charge of, even as a RA. While conducting analysis on one particular sector, he/she is also likely to get an in-depth idea of the industry as a whole. By conducting in-depth analysis on the sector I cover, I have gained invaluable insights and confidence needed to take a step further.

One of my greatest achievements was when our team's investment decision influenced the stock market in a positive light. Through the valuation process, we predicted that a company's stock will rise and presented a research report stating a favorable investment opinion. After that day, although it could have been a coincidence, I found out through Bloomberg that the price of the stock rose even without any variations in the true factors directly involved in affecting the stock price. I thought that "I am doing a job that is influential" and felt a sense of achievement.

:: **What kinds of knowledge & skills should you know in advance to join IB?**

· Accounting Knowledge: Accounting serves as a business language in the finance industry, and therefore, acquiring the basic concepts of accounting and applying those concepts in practice are vital. Especially, understanding how each financial statement is related to other financial statements and understanding the implicit meaning of each of the statements are essential. I recommend that one use the knowledge acquired from accounting class to practice learning the relationships among B/S, I/S, and cash flow statement.

· Financial Knowledge: Financial knowledge is also an important factor in finance. Since valuation is carried out most commonly, practicing valuation is recommended. More specifically, a profound understanding of DCF and Comps would help you prepare entering the industry.

· Networking Skills: IB usually recruits new employees through unofficial routes, and therefore, networking with bankers/current employees is important. It would be nice to have personal connections, but one should not be frustrated if that is not the case. Sending an email to someone you do not know for help can be an alternative. One should come to have a more interactive role in constructing a web of networking.

· Excel for Finance: Knowing how to use Excel is very useful. Since all data are processed using Excel, familiarity with Excel raises the efficiency of the work. Furthermore, it also helps when valuation modeling is carried out using excel. Also, utilizing the hot keys speeds up the working process.

* 〈부록〉에서 한글번역본을 확인할 수 있다.

주식 세일즈 & 트레이딩 부서_Equity Sales & Trading

주식 세일즈 & 트레이딩 부서는 고객들에게 주식 매매를 권유하여 그들의 의사결정에 따라 거래를 실행하는 역할을 수행한다. 업무는 크게 주식 세일즈, 세일즈 트레이딩, 트레이딩(딜러)으로 분류할 수 있다. 세일즈 부서가 고객들로부터 거래를 수주하면 이는 트레이더를 통해 실행으로 옮겨진다. 이와 같이, 세일즈 및 트레이딩 업무의 일련의 과정은 서로 분리된 업무가 아닌, 하나의 연속된 과정 속에서 수행된다. 그러므로 주식 세일즈 및 트레이딩 부서의 유기적인 관계를 살펴보도록 한다. 성공적인 세일즈를 위해서는 뛰어난 고객관리 능력이 필요하며 훌륭한 트레이더는 다양한 업무를 동시에 수행할 수 있는 멀티태스킹 능력을 갖추고 있어야 한다. 이러한 역량을 갖춘 인재들은 주식 세일즈 & 트레이딩 부서에 지원해 볼 만하다.

1. 업무 소개

주식 세일즈 & 트레이딩(Equity Sales & Trading)의 주요 업무는 고객들에게 투자 가치가 유망한 회사들의 주식 매매를 권유하는 것이다. 이때 투자 아이디어는 주식 리서치(Equity Research) 부서의 분석을 그 바탕으로 하며, 리서치 부서와의 계속적인 투자 아이디어를 논의 하에 이루어진다. 여기에 기타 자신들만의 개인적인 경험과 의견이 가미되어 투자 결론을 도출하게 된다. 이러한 투자 결론이 고객들에게 전해지면, 고객들은 주식에 대해 구매 혹은 매각 의사를 밝혀 거래를 성사시킨다. 주식 세일즈 & 트레이딩 부서 업무의 구분은 크게 주식 세일즈, 주식 세일즈 트레이더(Equity Sales Trader), 딜러(트레이더) 3가지로 구분할 수 있다.

```
┌──────────────┐   ┌──────────────────┐   ┌──────────────┐
│   주식 세일즈   │───│  주식 세일즈 트레이더  │───│  딜러(트레이더)  │
└──────────────┘   └──────────────────┘   └──────────────┘
```

주식 세일즈는 고객과의 관계에서 최전방에 위치하여 고객들에게 자사를 통해서 주식 및 파생상품을 거래하도록 설득 및 영업하는 역할을 한다. 고객들을 설득하는 과정에서 자사의 리서치 자료를 활용할 수도 있고, 자신이 알고 있는 시장정보를 제공할 수도 있다. 고객이 보다 자세한 정보를 요구할 경우 해당 리서치 애널리스트와 면담 및 약속 일정을 잡아주기도 한다.

세일즈 트레이더는 주식 세일즈를 통해 성사시킨 거래를 트레이딩하고, 이와 더불어서 본인들이 직접 고객들을 대상으로 주식 영업 활동을 하기도 한다. 하지만 주식 세일즈의 고객과 세일즈 트레이더의 고객 사이에는 차이가 있다.

세일즈 트레이더는 영업 방식에서 또한 주식 세일즈와 차이점을 보인다. 세일즈 트레이더는 세일즈 부서에 비해 비교적 단기적인 관점으로 주식 거래를 추천 및 영업하게 된다. 주문을 받아서 직접 주식을 매매할 때에도 거래량 및 거래가격 차트를 많이 활용하여 기술적 분석을 통해 좀 더 좋은 가격에 매매할 수 있는 기회를 본다.

다음은 세일즈 트레이더의 트레이딩 아이디어의 예시다.

· A사의 지주회사의 순실현가치의 할인율이 늘어났다. 차익거래 기회가 실현될 수 있다.
· B사의 보통주와 우선주의 괴리율이 커졌다(혹은 줄어들었다). 괴리율 차익 매매를 노려 볼 만하다.
· C사는 지주회사로 전환한다고 공시를 했는데, 지주회사 전환을 반대했을 때 행사하는 풋 옵션의 가격이 현재가격보다 훨씬 높기 때문에 차익거래 기회가 있다.

이러한 동인들은 모두 차익거래 기회를 보고 매매 혹은 매수에 들어가는 것으로 보통 며칠에서 몇 주 단위로 타임 프레임을 맞춘다. 즉, 결과적으로 보면 개인투자자들의 단기 매매 방식과 유사한데, 차이점이 있다면 거래 종목의 제한이 있다는 것이다. 기관투자자들의 거래 단위 수량이 큰 만큼 시가총액이 큰 종목만을 매매할 수 있기 때문이다.

실제로 세일즈 트레이더가 트레이딩을 할 때는 고객의 거래 주문을 단순히 수행해주기만 하면 되는 것이 아니다. 그날 들어온 주문을 가장 적합하게 처리해야 하기 때문에 단기적인 관점에서 시장의 수급 관계에 집중하며 딜을 진행시킨다. 고객들의 주문 규모가 막대하므로 거래 타이밍을 잘 결정하는 것이 중요하다.

예를 들어, A회사의 주식을 3,000억 원 정도 매수 주문을 받았다면, 이는 결정된 가격에 바로 구매할 수 없다. 엄청난 매수 주문으로 인해 단기적인 초과 수요가 발생하므로 주식가격이 오를 수밖에 없기 때문이다. 이러한 경우에 세일즈 트레이더들은 몇 번에 나눠 사는 등 시장에 최소한의 영향을 미치며 사는 기술을 익혀야 한다. 이때 통상적으로 기준이 되는 가격이 바로 거래량 가중평균 가격(VWAP, Volume Weighted Average Price)이다.

벤치마크 평균가보다는 싸게 사고, 높게 파는 것이 세일즈 트레이더들의 자명한 목표이지만, 동시에 가장 어려운 목표이기도 하다. 전략화된 거래량 및 시점이 결정되면 최종적으로 컴퓨터에 주문을 입력하여 거래를 마무리하게 된다. 딜러들은 이렇게 나온 세일즈 트레이더의 지시 아래 직접 매매주문을 체결하게 된다. 각 증권사에서는 매매체계를 시스템화하여 프로그램화시켜 놓는 경우도 있다. 이렇게 하면, 매매의 시점과 추이를 간편하게 파악하고 거래를 실행할 수 있다.

주식 세일즈 부서는 기업의 IR 및 바이 사이드(Buy-side)의 포트폴리오 매니저(PM, Portfolio Manager)를 만나야 할 일이 많기 때문에 외근 및 출장 업무가 많다. 반면 세일즈 트레이더들은 특별한 일이 아닌 이상 사무실에서 장을 지키고 있는 경우가 많다. 또한 한국 주식을 거래하는 주식 세일즈는 전 세계에 있는 고객들을 위해 세계 곳곳에서 근무하지만, 세일즈 트레이더의 경우 지역 담당 세일즈 트레이더(Regional Trader)가 아닌 이상 오직 한국에서만 근무하는 것이 일반적이다.

2. 비즈니스 모델

기본적으로 주식 세일즈 & 트레이딩 역시 다른 부서와 마찬가지로 수수료를 기반으로 한 비즈니스 모델을 가지고 있다. 바이 사이드인 고객과 시장을 연결해주는 역할을 하고 그 대가로 수수료를 받는다. 거래량 규모가 작은 프랍 트레이딩 데스크(Prop Trading Desk)부터 그 규모가 큰 자산운용사, 보험사, 연기금 등이 모두 고객이 된다.

세일즈 트레이더의 성과는 성사된 거래 규모에 따라서 바로 측정이 가능하다. 하지만 주식 세일즈는 서비스를 제공할 때마다 수익을 창출하는 구조를 가지고 있지 않다. 따라서 고객들로부터 약정(일정한 거래 규모 이상을 특정 은행을 통해 거래하겠다는 약속)을 받아놓음으로써 자신이 담당하는 고객들이 연중에 자사를 통해 거래가 이루어진 것을 집계한다. 이것이 실적으로 이어져 차후 성과에 대한 수수료를 지급받는 구조를 갖고 있다.

3. 타 부서와의 관계

주식 세일즈 & 트레이딩의 구조가 주식 세일즈와 세일즈 트레이더로 나눠지는 것이 다소 이해하기 어려울 수도 있다. 왜 주식 세일즈와 트레이더를 동시에 수행해야 하는지, 주식 세일즈와 세일즈 트레이더의 명확한 차이점은 무엇인지 등에 대한 의문이 들 수 있다. 하지만 이 구조는 투자은행의 주 고객군인 바이 사이드와의 원활한 의사소통 구조를 가지기 위한 것이다. 아래의 그림은 셀 사이드(Sell-side)인 주식 부서 및 바이 사이드의 구조를 그린 것이다. 이를 바탕으로 주식 세일즈 및 트레이딩의 타 부서와의 관계와 위에 언급된 질문들에 대한 답을 얻을 수 있다.

주식 세일즈 & 트레이딩과 타 부서와의 관계

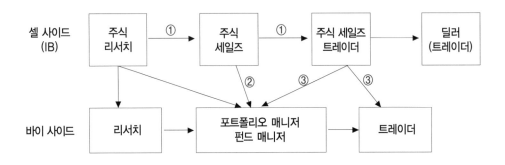

1) 주식 세일즈 트레이딩 - 주식 리서치

기본적으로 주식 세일즈 & 트레이딩의 영업 및 거래 아이디어의 바탕은 주식 리서치에서 나오게 된다. 펀더멘탈한 기업가치평가가 전제된 후 주식 세일즈 & 트레이딩의 아이디어가 추가된 것이 고객들에게 전달되게 된다.

하지만 주식 리서치 부서에서 다루지 못하는 산업군이나 좀 더 단기적인 모멘텀에 관한 분석 및 아이디어는 주식 세일즈 & 트레이딩에서 자체적으로 분석하게 된다. 하루가 다르게 변화하는 주식시장에서 펀더멘털 분석만으로 고객들의 투자 욕구를 만족시킬 수는 없다. 따라서 투자정보를 바라보는 시각은 주식 리서치 → 주식 세일즈 → 주식 세일즈 트레이더로 갈수록 짧아지게 된다.

주식 세일즈 & 트레이딩은 리서치 보고서를 받아 보고, 보고서 혹은 특별한 사건에 관해서 문의사항을 이메일이나 전화로 물어보게 된다. 이에 대하여 리서치 애널리스트는 답변을 해주면서 업무를 수행하게 된다.

2) 주식 세일즈 - 고객사(Portfolio Manager & Fund Manager, Analysts)

주식 세일즈와 세일즈 트레이더가 구분되어 있는 이유는 앞에서 언급하였듯이, 바이 사이드의 구조 때문이기도 하다.

바이 사이드의 포트폴리오 매니저 및 펀드 매니저(FM, Fund Manager)는 딜을 총 지휘하는 역할을 한다. 이들은 회사의 자체적인 리서치, 주식 리서치 부서의 분석, 주식 세일즈 및 트레이딩 등 관련 주체들의 투자 의견을 모두 참고하여 종합적으로 투자를 결정한다.

이러한 투자 결정 과정에서 바이 사이드의 포트폴리오 매니저 및 펀드 매니저, 애널리스트와 가장 많은 접촉을 하는 부분이 바로 주식 세일즈다.

반면 세일즈 트레이더들의 경우에는 정량적 정보를 유념하면서, 단기적 관점의 투자의견이 제시되기 때문에 역시 한계를 가진다. 때문에 이러한 둘의 사이에서 고객들과의 접점에서 영업 활동을 수행하는 것이 바로 주식 세일즈 부서의 역할이다.

3) 주식 세일즈 트레이더 - 고객사(Trader)

바이 사이드의 포트폴리오 매니저나 펀드 매니저에 의해서 투자가 결정되면 자사의 트레이더에게 거래를 지시한다. 바이 사이드의 트레이더들은 지시받은 거래를 주식 세일즈 트레이더들과 의사소통을 통해 진행하게 된다. 여기서 바이 사이드의 트레이더들은 여러 증권회사에 주문을 함으로써, 그 거래를 분산시킨다. 세일즈 트레이더들은 바이 사이드의 트레이더의 주문을 받으면 당시의 벤치마크 거래량과 가격을 고려하여 이익을 극대화하는 방향으로 딜러들에게 주문을 지시한다. 따라서 이러한 주문과정에서 세일즈 트레이더의 주된 의사소통 대상은 바이 사이드의 트레이더가 된다.

4. 성공 요소

"대인관계 능력, 고객관리 능력, 논리적이고 창의적인 아이디어, 멀티태스킹 능력을 갖추면,
주식 세일즈 및 트레이딩 부서에서 성공할 수 있다."

세일즈 및 트레이딩 업무는 고객들을 설득해서 거래를 성사시켜야 하는 것이 주요 업무이기 때문에, 대인관계 능력은 가장 기본적으로 갖추고 있어야 할 능력이다. 주식 세일즈 및 트레이딩에서는 이러한 이유로 활달한 성격을 좀 더 선호하는 편이다. 대인관계 능력뿐만 아니라 고객 관리 능력 또한 주요한 성공 요소다. 여타 다른 분야의 영업과 마찬가지로 신규고객을 유치하고 기존고객을 관리하는 능력은 영업의 성패를 좌우하게 된다.

고객사들은 이미 수많은 다양한 정보 원천을 가지고 있다. 그렇기 때문에 단순하게 도출될 수 있는 투자아이디어는 고객들에게 어필할 수 없다. 자신만의 시각을 가지고 새로운 방식으로 셀링 포인트를 찾아내서 이를 논리적으로 설명할 수 있어야 한다.

세일즈 트레이더의 경우에는 실시간으로 쏟아지는 바이 사이드 트레이더들과의 요청에 응하는 동시에 우리나라 시장뿐 아니라 다른 아시아 시장들의 움직임을 끊임없이 주시해야 한다. 장중에 어떤 새로운 뉴스가 나오고 이에 대해서 어느 종목들이 영향을 받는지, 외국이나 기관 선물의 사자 팔자 움직임은 어떤지 등을 모두 고려해야 한다. 이러한 모든 요소를 고려하여 성공적인 거래를 성사시켜야 하기 때문에 끊임없는 멀티태스킹 능력이 요구된다.

5. 진로

1) 주식 리서치 & 트레이딩 부서 들어가기

주식 리서치 애널리스트와 바이 사이드의 애널리스트는 충분한 리서치 기술을 보유하고 있기 때문에 주식 세일즈 및 트레이딩 부서로 오는 데 있어 유리하다. 애널리스트 출신들은 리서치 및 분석 능력을 바탕으로 설득력 있고 고객들에게 어필할 수 있는 자료를 작성할 수 있다. 이를 바탕으로 효과적인 영업 활동을 할 수 있기 때문에 세일즈를 할 때는 리서치 부서에서의 경험이 도움이 된다. 실제로 주식 세일즈 & 트레이딩 부서에는 주식 리서치 애널리스트로서 커리어를 시작한 사람이 상당수 있다.

학사·석사 출신의 신입도 진입이 가능하지만 그 수가 많지는 않다. 특히 트레이더의 경우에는 분초를 다투는 빠른 시간 안에 상당한 거래량을 소화해야 하기 때문에 신속하고 정확한 판단력이 절대적으로 필요하다. 또한 작은 실수 하나가 큰 손실을 만들 수 있기 때문에 신입 사원보다는 경력 사원을 선호한다.

2) 이후 진로

주식 세일즈 & 트레이딩 부서에 있다 보면 고객사(바이 사이드)들과의 접촉이 상대적으로 잦다. 바이 사이드 측과 지속적으로 업무를 하다 보면 고객사들의 다양한 투자 아이디어를 얻을 수 있다. 나아가 이 아이디어들을 수용하고 자신의 관점으로 재해석하고 발전시킬 수 있다. 이러한 능력을 인정받아 바이 사이드인 헤지펀드나 자산운용사의 주식 업무 쪽으로 진출할 수 있다.

다른 부서로의 커리어 전환을 택하지 않고 MBA행을 택하는 경우도 있다. 이러한 경우 금융 분야에서의 경력을 바탕으로 다른 산업으로의 이직을 고려하는 경우가 대다수를 차지한다. 일반적으로 산업 분야를 바꿔가며 이직을 하기란 쉽지 않기 때문에 이를 위한 전 단계로서 MBA를 많이 활용한다.

주식 세일즈 & 트레이딩 부서의 하루 일과

주식 세일즈의 하루 일과

6:20 AM

아침에 어머니가 해주신 샌드위치를 들고, 졸린 눈을 비비며 출근을 한다. 제일 먼저 이메일을 확인해 보았다. 39통의 수신 대기 중인 메일이 나를 기다리고 있다. 오늘 하루가 또 시작되었음을 말해주는 것 같다. 지금 바로 답할 수 있거나 급한 메일은 바로 답을 해놓고, 비교적 시간이 오래 소요되거나 덜 긴박한 다른 메일은 플래그를 달아놓고, 일단 읽어만 두었다.

6:35 AM

간밤에 미국시장이 어떻게 돌아갔는지를 살펴보고, 뉴스도 챙겨본다. 이런 걸 보면서 아침 7시 즈음에 있을 주식 리서치, 세일즈 트레이더와의 컨퍼런스 콜에서 무슨 이야기를 할지 구상하며, 노란 메모지에 장에 대한 생각을 정리한다.

6:50 AM

컨퍼런스 콜이 진행 중이다. RA가 자료를 열심히 준비했는지 내용이 꽤 흥미로워 보인다. 아까 받은 메일 중에 D자동차 회사의 2/4분기 예상 실적에 관한 얘기가 나오자 얼른 그에 대한 리서치 부서의 의견을 물어보았다. 이렇게 자연스럽게 보고서를 리뷰하고, 세계 증시도 같이 체크하고, 오늘의 투자의견에 대한 아이디어들을 공유한다. 컨퍼런스 콜이 끝난 후에는 회의했던 내용들을 쭉 정리하고 또 8시에 있을 홍콩 본사와의 미팅에서 할 얘기들을 생각해본다.

8:00 AM

회사 내의 아침 미팅이 끝난 후 8시에는 홍콩 본사와 전화 미팅을 한다. 이 미팅의 내용은 방금 회사 내에서 했던 것과 동일한 내용으로 구성된다. 다만, 한국의 증시와 금일 특별 사항에 대하여 요약 발표를 덧붙여서 요약해준다.

8:30 AM

아침에 있었던 두 건의 회의내용을 바탕으로 시장 시작 전에 고객들에게 큰 뉴스나 주목할 만한 주식 등에 관해서 전화를 한다. 처음 입사했을 때는 이런 통화가 그렇게 어색할 수가 없었는데 하루 종일 전화를 주고받다 보니 이제는 나보다 경력이 10년이나 많은 임원급들과도 농담을 나누게 되었다. 어느덧 든든한 고객이 되어준 자산운용사의 포트폴리오 매니저와 오늘 주식시장의 예상에 대해서 얘기했다.

10:15 Am

틈틈이 시간을 내어 아침에 답장을 못했던 이메일을 작성한다. 중간에 고객들로부터 수시로 문의전화가 빗발친다. 장 중에 나오는 뉴스나 리서치에서 주는 정보 등등을 짧게 코멘트로 달아 답장을 보내주기도 한다.

12:10 Pm

오후 1시에 있을 런던 콜을 준비해야 한다. 어제, 그리고 오늘 있었던 사항을 영어로 준비해서 미리 보내 달라고 한 후, 일단 아침에 홍콩 모닝콜 때 썼던 자료를 취합하여 만든다. 점심 식사는 어머니께서 싸주신 샌드위치로 해결하였다.

1:00 Pm

런던 콜을 시작한다. 런던 장의 시작이 보통 1시에 이루어지기 때문에 이때를 전후해서 홍콩에 모닝콜을 했던 내용과 현재까지의 장중 상황을 요약하여, 유럽에 있는 특별 고객 혹은 런던의 주식 세일즈 부서에 알려준다.

4:00 Pm

매일 정기적으로 고객들에게 보내는 메일 내용을 작성한다. 그 내용은 오늘 장을 보면서 내가 생각한 것들, 접한 정보들을 정리한 것으로, 한두 페이지로 고객들에게 발송한다. 최대한 읽는 사람들이 봤을 때 쉽게 이해할 수 있는 구조와 문장으로 구성하려고 노력한다.

7:00 Pm

고객과 저녁 약속이 있다. 우리 회사의 리서치 애널리스트를 직접 만나보고 싶다고 하여 자리를 마련한 것이다. 아마도 내일은 이 고객과 함께 관심 기업들을 돌아다니게 될 것 같다.

세일즈 트레이더의 하루 일과

6:00 AM

세일즈 트레이더의 출근시간은 빠른 편이다. 아침잠이 많은 나로서는 정말 힘든 일이다. 하지만 졸린 것도 잠시, 일을 시작하게 되면 그 긴장감으로 인해 잠은 온데간데없다. 이러한 긴장감이 드는 순간, 나는 기분이 좋아진다. 올림픽 100m 달리기 선수가 스타트할 때의 기분이랄까? 스트레스는 즐기라고 있는 것이다.

6:40 AM

회사에 출근해서 역시 제일 먼저 하는 일은 뉴스 체크다. 먼저 〈이데일리〉의 실시간 속보 창을 열어 놓는다. 이는 퇴근하기 전까지는 항상 켜놓고 수시로 체크를 한다. 그리고 이어서 지난 밤사이 미국과 유럽 증시에 대한 뉴스를 확인한다. 이후에는 리서치 콜을 들으면서 오늘 주목할 만한 사건과 기업에 대해서 메모를 한다. 오늘 하루도 무척 금방 지나갈 것 같다.

7:30 AM

주식 리서치 미팅이 끝나고 시장 개시 전에 미리 주문받은 내역을 정리한다. 이러한 주문들은 주로 밤사이 미국 등지에서 직접 들어온 주문이다. 이러한 외국인 투자자들의 주문 현황을 보면 그날 증시의 대강의 흐름을 짐작할 수 있다. 오늘은 A건설 기업에 대한 매도주문이 쇄도를 했다. 이 사실을 자산운용사의 트레이더와의 모닝 콜에서 언급해주기 위해 기록해 놓았다. 별표를 2개나 해둔다. 혹시 잊어버릴 수 있기 때문이다.

8:00 AM

벌써 2년째 고객인 자산운용사의 트레이더에게 전화를 걸었다. 전화를 받자마자 농담을 하며 나를 즐겁게 해준다. 상대 트레이더가 어제 본 영화에 대한 이야기를 한다. 자세한 이야기는 나중에 듣기로 하고 건설주의 팔자 주문이 늘고 있는 것에 대해 코멘트해준다. "최근의 유동성 악화로 부도 위험을 겪는 건설회사가 많다는 뉴스 때문에 팔자주문이 늘고 있습니다. 반면에 금융주와 보험주 섹터 쪽에서 사자주문이 많습니다." 마지막으로 미국 주식시장에 상장되어 거래되는 우리나라 주식(ADR)의 성과를 체크한다. 어제 미국시장의 주식들은 대체적으로 상승했는데 반해, 국내 A기업의 주식은 크게 하락했다. 지금 원인을 파악 중이며, 오늘 코스피시장에서 A기업의 매수는 재고하라고 알려준다.

8:30 Am

통화가 끝난 후 이번에는 자산운용사의 트레이더들에게 세일즈 콜을 건다. 주목하고 있던 이번 C사의 자사주 재매입에 관하여 업데이트된 뉴스를 요약해준다. 또한 미국 연방준비위원회의 금리 인하 전망에 대하여 전달한다. 나머지 고객들에게 장이 시작되기 전까지 이러한 전화를 몇 통 더 걸어서 장 전망에 대해서 얘기해야겠다.

9:00 Am

코스피시장이 개장했다. 장 시작부터 10시까지는 말 그대로 전쟁터다. 초반에 밤새 들어온 주문이 처리되기 때문에 거래규모가 상당하다. 때문에 장 초반에 주가 변화를 민감하게 관찰하여야 한다. 또한 이 시간대에는 기업에서 뉴스가 많이 나오므로 고객들에게 전화를 하는 동시에 트레이드를 진행한다. 이때는 옆자리에 있는 트레이더에게 말 한마디 건네는 것조차 실례가 될 수 있다. 그만큼 모두가 긴장하고, 민감한 때다. 물론 옆에 있는 동료에게 말을 걸 수 있는 시간조차 허락되지 않지만 말이다. 오전 9시부터 10시까지는 시간이 그야말로 초고속으로 흐른다.

11:30 Am

저번 달에 들어온 막내 인턴이 딜링 룸을 돌면서 배달된 점심을 나눠준다. "또 이 샌드위치야?" 하고 불평을 해보지만 "단체 주문이라…"는 대답에 주섬주섬 샌드위치를 먹는다. 인턴의 주요 평가 포인트 중에 하나는 아마도 점심을 얼마나 맛있는 것을, 얼마나 신속하게 사와서 우리들에게 즐거움을 줄 수 있느냐에 달렸다고 해도 과언이 아니다. 하찮은 일이라고 생각할 수 있지만, 결국 우리도 인턴의 고객이다. 고객을 만족시키지 못하면 이 시장에서는 패자다. 인턴이 만약 이 생각을 안다면 분명 정규직 제안을 받을 가능성이 높아질 것이다. 거래 시간 중에는 정말 특별한 일이 있지 않는 한은 자기 자리를 벗어나지 않는다. 잠깐 시간을 내어 재빨리 하루 장의 중간 점검 코멘트를 정리해서 고객들에게 발송했다.

12:30 Pm

점심시간이 되면 주문량이 줄어든다. 우리를 제외한 대부분의 거래 장에 있는 고객들은 점심

을 먹으러 가기 때문이다. 잠깐 한가한 때를 이용하여 자산운용사의 트레이더와 실없는 농담
도 몇 마디씩 나눈다. 그것도 잠시, 고객 중 한 자산운용사의 트레이더가 대량 매매(Block
trading)를 문의해왔다. B텔레콤의 주식 20만 주를 매수하고 싶다는 것이다. 동료 세일즈 트
레이더들에게 매도 주문자가 있는지 확인하고, 블룸버그에서의 매도주문 현황을 확인한다.
외국 기관에서의 매도 주문을 확인하고, 매도자와 매수자 사이 딜을 성사시켰다.

2:15 PM

장 마감하기 한 시간 전인 오후 2시부터 3시까지는 다시 분주해진다. 장이 마감되기 이전에
플로우(Flow)를 바탕으로 마지막 거래를 하려고 주문량이 다시 폭주하기 때문이다. 오후 2시
53분. 한참 막바지 주문을 받아서 처리하고 있는데 전화벨이 울린다. 이 시간에 전화하는 것
은 정말 매너 빵점인 사람이다. 크게 욕을 해주고 싶었지만 홍콩 프랍 트레이딩 데스크의 트
레이더에게 온 전화라 목소리만은 반갑게 인사를 건다. 주문량도 많지 않으면서 요구하는 사
항과 질문은 제일 많다. "I'll call you back"을 외치고, 재빠르게 딜러와 얘기하며 들어온
주문을 모두 소화했다.

3:05 PM

장이 끝난 후, 장중에 12시에 주문이 들어온 대량 매매 건을 처리했다. 거래 규모가 너무 큰
경우, 장내에서 처리하면 주가 변동이 심하기 때문에 장외에서 처리하고 싶어하는 경우가 있
다. 오늘 시장에서 도출된 거래량 가중평균 가격을 기준가로 주문을 체결했다.

3:30 PM

모든 거래를 마친 후에는 하루의 장시를 총괄하는 마켓 코멘트를 써서 고객들에게 발송한다.
오늘은 D자동차의 실적 발표가 있었다. 세일즈 트레이더는 실적에 대한 근본적인 평가보다
는 컨센서스 및 기대치보다 '좋았다 혹은 나빴다' 정도의 수준에서 고객 트레이더들에게 이
야기해 준다.

4:20 PM

백 오피스(Back office)에서 오늘 처리한 주문에 대해서 확인 전화가 온다. 오늘 거래량이
이렇게 많았나 하고 놀랄 때가 많다. 모두 정상 처리되었음을 확인하고 나니 온 몸에 긴장이

풀리기 시작한다. 너무 지쳐서 몸에 진이 다 빠질 정도다. 다만 마음 한편에는 하루가 끝났음을 느끼면 안도의 기쁨이 맴돈다.

5:00 pm

고객과의 별다른 약속이 없거나 특별히 더 처리할 일이 없으면 세일즈 트레이더의 퇴근은 보통 5시에서 6시 사이에 이루어진다. 빨리 집에 가서 쉬고픈 마음이다. 오늘은 그간 밀린 드라마나 보면서 쉬어야겠다.

* 주식 세일즈 & 트레이딩의 업무에 대한 이해를 돕기 위해 실제 인터뷰를 기반으로 재구성한 시나리오이다.

제이피모간 _ 파생상품 전문가 인터뷰

$+$ Phil Jeon

Liability Management &
Rates Sales
J.P.Morgan Chase Bank,
Seoul Branch

"J.P.Morgan is strong in the times of crisis."

:: How did I prepare for IB?

As an engineering major with an interest in derivative securities, I sought to challenge myself by delving into financial engineering. Upon completion of my undergraduate studies, I went onto acquire masters in business administration and that is when I decided to consider the fixed income division of IB as my career goal. I soon learned that the jobs of a trader and salesman were very different, although they dealt with the same securities. My preference leaned towards trade as I enjoyed working as a team rather than on my own. For this reason, I set my career goal towards a sales role in fixed income and was offered full time position from J.P.Morgan after an internship. Becoming an I-banker was an achievement in itself, but becoming a part of the sales team was even more fulfilling.

:: What is my role and what was my greatest achievement here?

I am currently working as a member of the fixed income division normally addressed as FX. My key responsibilities revolve around the management and sales of derivatives. As a junior, I work more as an executor than a marketer. My job is to make contracts as soon as possible and to complete deals by relaying them to traders. I have recently started on relations, and mainly deal with hedging FX or interest rate risk of corporate and asset management. In times of such volatility in the foreign exchange markets, we need to take extra caution in serving our clients due to the greater risk involved. Staying alert and up-to-date with the news is critical.

The most rewarding part of this job is in the broadening of professional network and insight. Above all, working at J.P.Morgan has provided me with the opportunities to work with bright individuals who constantly invigorate me. In addition, I have gained a fair amount of insight of the market. I have begun to understand the relationship between interest rates, bonds and equity markets, which has helped improve the accuracy of my market predictions as well as my understanding of financial products.

:: **What kinds of knowledge & skills should you know in advance to join IB?**
- Fast learning: In the real world, the market is changing at an unprecedented rate and client needs are evolving quickly. In order to stay one step ahead in providing clients with products satisfying their needs, one must be a fast learner. Through this, one should be able to rationalize market behaviors and assess them from diverse perspectives.

- Fundamentals(Math & Economics): To understand derivative securities of fixed income, one should have a firm foundation in differential and integral calculus and macroeconomics. All derivative securities are based on equity and bonds, so one should be well aware of the correlation among the economic cycle' equity' bonds. In the interview, one will generally be asked of the basic concepts rather than the technical ones. For example, the interviewer might ask how to price ELS, or for the basic concepts underlying pricing methods. A solid understanding of mathematical and economic concepts is, without doubt, an advantage.

* 〈부록〉에서 한글번역본을 확인할 수 있다.

채권 세일즈 & 트레이딩 부서_Fixed Income Sales & Trading

채권 세일즈 & 트레이딩 부서는 채권, 이자율, 외환, 파생상품 등이 거래되는 시장에서 거래가 이루어질 수 있도록 시장 조성자(Market Maker) 역할을 수행한다. 이 많은 역할들을 수행하기 위해 채권 세일즈 & 트레이딩 부서 이외에 세부 부서로 스트럭처링, 채권 리서치, 전략 부서가 존재한다. 세일즈 부서는 고객들로부터의 거래의 주문을 담당하며 트레이딩 부서에서는 이를 시장에서 직접 실행하는 역할을 맡고 있다. 트레이딩은 거래의 성격에 따라 플로우(Flow) 트레이딩과 프랍(Prop) 트레이딩으로 나뉜다. 세일즈 부서는 고객과 트레이더를 논리적으로 설득할 수 있는 의사소통 능력과 대인관계 능력을 지닌 인재를 필요로 한다. 한편 트레이딩 부서는 정확하고 신속한 판단력과 배짱을 갖춘 재원을 선호한다.

1. 업무 소개

채권 세일즈 & 트레이딩(Fixed Income Sales & Trading) 부서는 채권 유통시장(Secondary Market)[2] 에서 채권 매수자와 매도자를 포괄하는 시장조성자(Market Maker) 역할을 한다. 채권 부서에서 다루는 상품으로는 국채, 회사채, 국채선물, 외환, 스왑(swap) 등이 있다. 채권 세일즈 & 트레이딩 부서는 세일즈, 트레이딩, 스트럭처링, 채권 리서치, 전략(Strategy) 부서 등의 세부 부서들로 구성된다(DCM 부서가 IBD가 아니라 채권 부서에 포함되는 경우도 있다).

---

2. 채권 유통시장 : 주식과 채권시장은 발행시장(Primary Market), 유통시장(Secondary Market)으로 나눌 수 있다.

1) 세일즈

채권 세일즈 업무

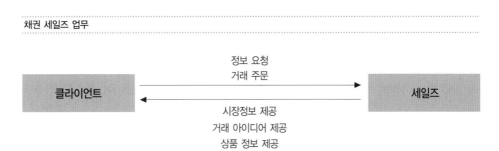

채권 세일즈 부서는 고객을 상대로 채권 영업을 하는 부서다. 주된 업무는 고객의 거래 주문을 받아서 채권 트레이딩 부서로 넘기며, 거래를 성사시키는 역할을 한다. 채권 트레이딩 부서는 고객과 직접적인 접촉은 거의 없다. 채권 세일즈가 고객과 지속적으로 접촉을 하면서 플로우 트레이딩(Flow Trading)[3]의 거래상대방(Counterparty)으로서의 역할을 한다. 채권 세일즈가 거래를 많이 얻어내면 거래량이 증가함에 따라 시장조성(Market Making)이 용이해지고, 그에 따른 수익도 늘게 된다. 그러므로 채권 세일즈는 많은 거래를 얻어내기 위해서 자신만의 고객들을 확보해야 한다.

그러기 위해서는 고객들에게 유익하고 다양한 정보 · 거래 아이디어 제공, 고객과 엔터테인먼트 활동의 공유 등 다각적으로 그들의 마음을 사로잡기 위해 노력을 기울여야 한다. 고객 입장에서 단순한 거래는 어느 채권 세일즈에게 주문을 해도 거의 비슷한 결과가 나오기 때문에 자신에게 좋은 정보를 제공해 주고 우호적인 관계를 맺고 있는 채권 세일즈를 통해 거래를 하게 된다. 그러므로 세일즈는 고객과의 관계가 가장 중요한 자산이다.

- - - - - - - - - -

3. 플로우 트레이딩 : 고객의 주문을 받아 수행하는 트레이딩.

자신의 고객과 좋은 관계를 지속하기 위해 그들이 원하는 조건으로 거래가 가능하도록 노력한다. 예를 들어 고객이 특정 가격으로 특정 수량의 채권을 매입하고 싶다는 거래 조건을 제시하였지만, 트레이딩 부서에서는 그 조건으로는 거래를 하지 않겠다는 의견을 낼 수 있다. 그러면 세일즈는 고객이 원하는 조건으로 거래가 성사되도록 트레이더와 협상할 수 있다. 또는 고객의 조건이 현실적으로 어려운 것이라면 고객에게 거래조건을 바꾸도록 설득할 수도 있다. 이런 식으로 세일즈는 고객과 트레이더 사이에서 협상을 통해 거래를 성사시킨다.

채권 부서에 대해 세부적으로 분류를 하면 다음의 표와 같다.

은행·증권에 따른 채권 세일즈의 업무 분류

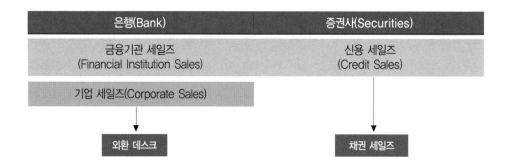

· 금융기관 세일즈: ① 채권 세일즈(국채, 회사채, 채권 펀드)

② 외환, 금리 관련 파생상품 세일즈(스왑, 옵션, 구조화 채권)

· 기업 세일즈: 외환, 금리, 원자재 관련 파생상품 세일즈(현물·선물환, 옵션, 스왑)

투자은행 내의 은행(Bank)에서는 채권과 관련하여 금융기관 세일즈(Financial Institution Sales)와 기업 세일즈(Corporate Sales)의 업무를 수행한다. 그리고 증권(Securities)에서는 신용 세일즈(Credit)의 업무를 수행한다. 금융기관 세일즈는 주로 이자율(Interest Rate) 관련 상품을 취급하고 기업 세일즈는 주로 외환(FX) 관련 상품을 취급하는 업무이다. 그리고 신용 세일즈는 기업의 신용(Credit)과 관련된 상품을 다룬다. 회사마다 다르지만, 금융기관 세일즈와 신용 세일즈를 묶어서 채권 세일즈라고 지칭하는 경우가 많다. 기업 세일즈는 외환 데스크(FX Desk)에서 업무를 수행하는 경우가 많다.

금융기관 세일즈 vs 기업 세일즈

금융기관 세일즈는 금융기관을 대상으로 영업을 하는 것을 말한다. 은행, 연기금, 보험회사, 자산운용사로 대표되는 금융기관은 매우 큰 규모의 자산을 보유하고 있는데, 각각의 특성에 맞게 최적의 포트폴리오를 구축하는 것이 중요하다. 금융기관 세일즈는 금융기관이 이러한 목적을 달성할 수 있도록 다양한 상품을 소개·판매하는 역할을 한다.

이에 반해 기업 세일즈는 외환 데스크(FX Desk)에서 담당하며 일반 기업을 대상으로 영업을 하는 것을 말한다. 기업은 고유의 영업활동을 영위하면서, 환위험(FX Risk), 이자율 리스크(Interest Rate Risk), 신용 리스크(Credit Risk) 등의 재무위험에 지속적으로 노출되어 있다. 이를 최소화하기 위해 기업 세일즈는 이러한 위험을 분석하고, 이를 헤지(Hedge)를 위한 최적의 솔루션과 상품을 제공한다. 즉, 기업의 재무, 자금부서와 긴밀하게 의사소통하면서 리스크 관리를 돕고, 또 그에 따른 다양한 거래를 성사시킨다.

2) 트레이딩

채권 트레이딩 부서는 거래를 직접 실행하는 업무를 한다. 세일즈가 항상 고객을 상대한다면 트레이더는 항상 세일즈를 상대한다. 채권 트레이딩에는 두 가지의 종류가 있다.

플로우 트레이딩

플로우 트레이딩(Flow Trading)은 세일즈가 고객으로부터 받아온 거래를 실행하는 업무를 말한다. 이것은 채권시장에서 시장조성자 역할을 하는 것으로 투자은행의 고유 업무 중 하나다.

고객이 금융기관인 경우, 그들은 채권이나 외환 운용을 통해 수익을 얻으려 한다. 금융기관은 자신들이 원하는 가격과 수량의 채권 혹은 외환을 사기 위해 세일즈에 거래 주문을 낸다. 그러면 세일즈는 금융기관의 거래 조건을 트레이더에게 전달해준다. 그후 트레이더는 금융기관의 거래 조건을 판단하여 그것이 적절하면 거래를 실행하고, 그렇지 않다면 세일즈와 거래 조건을 다시 조율한다.

고객이 일반기업인 경우, 금융기관과 조금 다르다. 만약 조선업을 하는 기업의 경우 그들은 해외에서 수주를 받아 선박을 판매하게 된다. 선박을 판매할 때 들어오는 현금흐름은 보통 장기간에 걸쳐 분할 납입하게 되는데, 이때 환위험이 생기게 된다. 1억 달러어치 수주를 5년에 걸쳐 2,000만 달러씩 받기로 계약을 했다면 향후 5년간의 현금흐름에는 환위험이 생기게 되는 것이다. 계약 당시 1달러에 1,000원이었는데 원화 강세가 지속되어 1달러에 900원으로 환율이 내려갔다면, 1,000억 원짜리 수주가 900억 원이 되어 100억 원의 손해를 볼 것이기 때문이다. 기업은 이러한 환

플로우 트레이딩의 예 – 조선산업

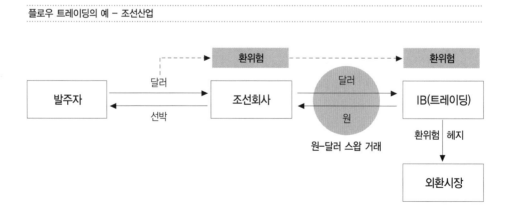

위험을 헤지하기 위해 IB(투자은행)와 외환·스왑거래를 하게 된다. 트레이딩은 이 외환거래를 통해 발생한 리스크를 시장에서 바로 헤지한다.

프랍 트레이딩

프랍 트레이딩(Prop Trading)은 자기소유 유가증권거래(Proprietary Trading)의 줄임말로, 회사 자본을 이용해 고유의 계정을 가지고 이익을 창출할 수 있는 FICC(채권, 외환, 원자재) 관련 상품에 대해 다양한 거래를 하는 것을 말한다.

트레이더들은 계속되는 거래를 통해 시장에 대한 경험과 노하우를 쌓고, 이를 바탕으로 트레이더들은 그들의 통찰력과 예측력·정보력을 가지고 수익이 발생될 것으로 예상되는 분야에 대해 다양한 방법으로 거래를 한다. 간단한 예를 들면, 앞으로 금리가 떨어질 것이라고 예상되면 채권을 대량으로 사둔다. 금리가 떨어지면 채권가격이 오르기 때문이다. 그들의 예측이 맞다면 엄청난 이익을 얻지만 예측이 어긋난다면 막대한 손해를 초래할 수도 있다. 외환과 원자재의 경우도 이와 유사한 방식으로 프랍 트레이딩이 실행된다. 가격 방향성 예측을 바탕으로 한 단순한 현물 거래에서부터 변동성(Volatility)을 활용한 옵션 거래에 이르기까지 트레이딩의 수단은 매우 다양하다.

3) 스트럭처링

스트럭처링(Structuring) 부서는 채권, 이자율, 외환, 원자재 등 기존 상품들을 대상으로 금융공학 기법을 이용하여 파생상품을 설계하는 일을 한다. 이들은 트레이더, 세일즈와의 커뮤니케이션을 통해 새로운 상품을 창출하고, 세일즈를 통해서 판매한다. 스트럭처링 부서의 주요 업무는 상품 아이디어 창출, 구조 설계 및 가격 측정(Pricing), 세일즈와 트레이더 간의 거래 연결 등을 들 수 있다.

이들은 구조 설계 및 가격 측정에 필요한 수리적·분석적 능력(Quantitative-

Analytical Skills)뿐만 아니라, 각 부서와의 긴밀한 협력업무에 필요한 커뮤니케이션 능력(Communication Skill)과 설득력도 가지고 있어야 한다. 스트럭처링 부서에는 업무 특성상 이공계, 금융공학 전공자들이 상당부분 포진되어 있다.

4) 리서치

채권 리서치 부서는 거시경제와 FICC 상품에 대한 보고서를 작성하는 일을 한다. 주식 리서치 부서와 마찬가지로 국가, 산업별로 애널리스트의 담당 분야가 결정되어 있는 경우도 있고, 경제, 외환, 채권, 이자율, 원자재와 같이 특정 분야별로 담당 전문가들이 구성되어 보고서를 발간하는 경우도 있다.

5) 전략

리서치 부서는 펀더멘탈한 성격의 보고서를 발간하는 데 비해, 전략 부서(Strategy)는 실질적으로 사용할 수 있는 투자전략을 연구하는 부서다. 전략 부서는 리서치와 그 밖의 다양한 정보들을 기반으로 실제 시장에서 이익을 창출할 수 있는 방법을 고안해낸다. 전략 부서에서 일하는 사람은 스트레티지스트(Strategist)라고 불린다.

2. 비즈니스 모델

채권 세일즈와 트레이딩 부서의 비즈니스 모델은 차이를 보인다.

1) 세일즈

세일즈의 비즈니스 모델은 트레이더에게 수익창출의 기회를 제공함으로써 트레이더로부터 보상을 받는 형태다. 세일즈는 직접적으로 수익을 창출하는 것은 아니다. 그러나 풍부한 고객 정보를 바탕으로 고객에게서 받은 거래 주문을 트레이더에

게 전달하여 트레이더가 수익을 창출할 수 있도록 돕는다. 트레이더가 거래 실행을 통해 얻은 경제적 이익은 그 거래를 전달해 준 세일즈와 공유하게 된다. 이때 이익 공유에 대한 가이드라인은 회사마다 다르다.

2) 트레이딩

플로우 트레이딩

플로우 트레이딩(Flow Trading)의 수익창출은 비드-오퍼 스프레드(Bid-offer Spread)를 통해 이루어진다. 채권이나 외환, 원자재 등의 거래를 원하는 고객으로부터 상품을 싸게 사서 시장에서 비싸게 팔거나, 반대로 시장에서 싸게 사서 고객에게 비싸게 팔 때 그 차익을 얻는 것이다.

프랍 트레이딩

프랍 트레이딩(Prop Trading)은 트레이더가 자신의 고유 계정을 가지고 본인의 의 사결정 하에 거래를 하는 방식이기 때문에 트레이더의 통찰력과 예측력이 적중하는 경우에 수익을 얻을 수 있다. 예를 들어, 달러화의 강세가 예상된다면 달러화를 많이 사두거나 달러선물을 통해서 이익을 얻을 수 있고, 약세가 예상된다면 반대 포지션을 취함으로써 이익을 얻을 수 있다.

3. 타 부서와의 관계

채권 부서와 이해관계가 있는 주체들에는 세일즈, 트레이딩, 스트럭처링, 고객 등이 있다. 이 주체들 간의 역학 관계에 대하여 좀 더 세부적으로 알아보자.

채권 부서 내에서 각 부서 간의 관계

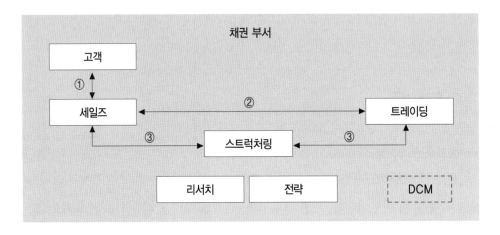

1) 세일즈 - 고객

세일즈와 고객은 앞서 언급했듯이 매우 밀접한 관계를 맺고 있다. 세일즈는 고객과 항상 대면하면서 함께 식사도 하며, 다양한 요청사항을 해결해 주기도 하고 다양한 거래정보도 제공해야 하는 등 최전선에 배치되어 있다고 할 수 있다. 고객은 세일즈에게 매도·매수거래 주문을 하고 세일즈는 고객에게 시장과 거래에 관한 정보를 제공한다. 고객에게 제공하는 정보는 상대가치투자(Relative Value Trading) 기회, 차익거래(Arbitrage) 기회, 새로운 상품군과 새로운 시장에 대한 정보 등이 있다. 이렇듯 이 관계는 서로 끊임없는 상호작용이 이루어진다.

2) 세일즈 - 트레이딩

세일즈는 트레이더에게 고객정보, 시장정보, 그리고 고객으로부터 받은 거래를 제공한다. 트레이더는 세일즈에게 상품가격, 상품정보, 시장 동향 및 예측을 제공한다. 트레이더는 세일즈로부터 받은 거래가 적절하다고 생각이 되면 거래를 실행하고, 그렇지 않다면 세일즈와 의견을 나눈다. 거래가 여의치 않을 경우 진행 흐름을 반대로 거슬러 올라가면서 각 주체별로 거래 수정을 위한 설득의 과정을 겪는다.

3) 세일즈 - 스트럭처링 - 트레이딩

고객이 요청한 거래 중에서 상품을 구조화해야 하는 경우가 생길 때 세일즈는 그것을 스트럭처링 부서와 협의한다. 스트럭처링 부서는 세일즈, 트레이더와의 유기적인 커뮤니케이션을 통해 고객과 시장의 요구를 가장 잘 충족시킬 수 있는 상품을 만들어낸다. 구조와 상품이 정해져 있지 않고 제한적이지 않기 때문에 세일즈와의 끊임없는 대화를 통해 고객의 요구를 효과적으로 반영해야 한다. 그리고 트레이더와의 대화를 통해 시장상황을 체크하고, 최적의 구조를 설계하는 것이 중요하다.

4) 거미줄처럼 얽힌 트레이더 - 세일즈 - 고객

세일즈는 거래를 시장에서 직접 실행(Execution)하지 않고 트레이더와 고객 사이에서 그들을 효율적으로 연결시켜주는 역할을 한다. 한 명의 세일즈에게는 수많은 트레이더가 연결되어 있고, 또한 수많은 고객이 연결되어 있다. 그리고 한 명의 트레이더에게도 수많은 세일즈가 연결되어 있다. 트레이더는 플로우 트레이딩 과정에서 세일즈와 함께 시장조성자의 역할을 한다.

트레이더와 세일즈가 거미줄처럼 엮여 있는 이유는 각각의 트레이더와 세일즈가 주로 다루는 상품이 다르기 때문이다. 고객이 고수익채권(High yield bond)을 거래하고 싶으면 그것을 주로 다루는 트레이더와 접할 것이고, 국채를 거래하고 싶으면 그것을 다루는 트레이더를 찾을 것이다. 세일즈도 채권, 외환, 원자재 등의 다양한 상품 중에서 주로 다루는 상품이 정해져 있는 경우가 많다. 그래서 고객은 자신이 원하는 상품을 다루는 세일즈를 찾아서 거래를 하게 된다. 트레이더는 고객으로부터 거래를 받으면 자신이 직접 보유하여 프랍 포지션을 가져가거나, 시장에서 이를 헤지해 스프레드를 남긴다.

4. 성공 요소

1) 세일즈

"뛰어난 고객관리 능력, 의사소통 능력, 거래하는 상품에 대한 이해 능력을 갖춘 인재가 채권 세일즈로서 성공할 수 있다."

앞서 이야기했듯이, 채권 세일즈는 영업은 결국 고객을 상대하는 업무이기 때문에 고객과 지속적이고 우호적인 관계를 유지하는 것이 가장 큰 성공 요소다. 뛰어난 고객관리 능력을 바탕으로 고객들에게 지속적으로 거래를 얻어내는 세일즈가 바로 인정받는다.

이러한 고객관리를 잘 하기 위해서는 뛰어난 의사소통 능력이 필요하다. 외부적으로 고객뿐만 아니라 내부적으로 트레이더나 다른 관련 부서들과 의사소통을 해야 하는 경우가 종종 생기게 된다. 이런 경우에 뛰어난 의사소통 능력을 가지고 있으면 자신의 뜻을 관철시킬 수 있도록 상대방을 설득할 수 있게 된다.

채권 세일즈는 고객에게 상품에 대한 정보를 제공하는 업무를 담당한다. 그러므로 시장에서 거래되는 채권, 외환, 원자재 등의 상품에 대한 깊은 이해가 필요하다. 각각의 상품의 특성과 장단점을 파악하고 있어야 고객에게 좋은 정보를 제공할 수 있다.

2) 트레이딩

"집중력, 거래에 대한 결단력, 시장에 대한 거시적인 이해, 내부인적관계 관리 능력을 통해 채권 트레이더로서 성공할 수 있다."

채권 트레이더는 자신이 담당하고 있는 시장이 열려있는 동안에는 엄청난 집중력이 필요하다. 시장은 시시각각 변동하기 때문에 적절한 거래 시점을 포착하려면 수많은 모니터에 집중을 해야 한다. 그리고 브로커가 거래에 대해 원하는 가격을 제시하면 바로 거래를 해야 하기 때문에 그곳에도 집중해야 한다.

그리고 트레이더는 매수와 매도 결정을 확실히 할 줄 아는 것이 중요하다. 계속적으로 변하는 시장의 상황에서 적절한 시점을 선택하여 결단력 있게 거래를 하는 능력은 트레이더의 필수 능력이다. 결국 트레이더는 거래를 실행해서 이익을 내는 업무를 하기 때문이다. 그리고 자신의 계정으로 직접 거래를 실행하므로 시장에 대한 깊은 이해를 바탕으로 시장의 움직임에 대해 어느 정도 예측할 수 있는 통찰력이 필요하다.

트레이더는 내부적으로 세일즈나 기타 이해관계자들과 접촉할 일이 많다. 그러므로 이러한 내부관계자들과의 관계를 원만하게 유지하는 것도 매우 중요하다.

5. 진로

1) 채권 세일즈 & 트레이딩 부서 들어가기

채권 세일즈 & 트레이딩으로 진입하기 위해서는 증권사, 은행과 같은 금융기관에서 채권, 외환, 원자재 등 관련 상품에 대한 업무를 담당했던 경력이 있으면 유리하다. 그리고 일반 기업에서 관련 상품을 다룬 경험을 가진 사람도 진입하기 용이하다. 왜냐하면 관련 업무를 이미 체험한 사람을 선호하는 것은 자명한 사실이기 때문이다.

그리고 학부·석사 졸업생들 중에서는 재무, 금융공학(Financial Engineering) 등 관련 학문에 대한 지식을 갖췄거나 그에 대한 학위가 있으면 진입하기에 유리하다. 채권 부서에서 다루는 상품들은 파생상품과 같이 그 구조가 난해하므로 전문적인 지식을 갖추어야만 빠른 이해가 가능하다. 그러므로 다른 전공을 가진 졸업자들보다 미리 관련 지식에 대해 준비한 사람들이 진입하는 경우가 많다.

최근 금융권 진출에 대한 관심이 커지면서 금융전문대학원으로 진학하려는 사람들이 많아지고, 학부에서는 금융공학 관련 수업이 인기가 높아지고 있다. 이러한 상황은 전문적인 지식을 쌓아서, 채권 부서와 같은 진입 장벽이 높은 업종을 목표로 하는 사람들이 증가하고 있는 것을 반영한다.

2) 이후 진로

채권 세일즈에서 일하는 사람들이 다음 단계로 갈 수 있는 곳은 금융기관의 거의 모든 세일즈 부서가 해당된다고 할 수 있다. 세일즈는 영업 업무를 하기 때문에 자신이 이미 쌓아둔 인맥과 노하우를 다른 분야의 세일즈 부서에서도 활용할 수 있다. 채권 세일즈 부서에서 향후에 진출할 수 있는 다른 세일즈 분야는 헤지펀드 세일즈, 주식 세일즈 등이 있다.

트레이더는 업무를 하면서 시장에 대한 거시적인 안목을 키울 수 있기 때문에 다양한 분야로 이직을 하는 경우가 생긴다. 그리고 트레이더는 세일즈 부서로 옮기는 사례가 있지만, 세일즈는 트레이딩으로 옮기는 경우가 많지 않고 세일즈 관련 일을 계속한다는 특징이 있다. 왜냐하면 세일즈는 고객과의 지속적인 관계를 유지하는 것이 가장 중요한 일이기 때문이다.

최근 외국계 금융기관의 채권 세일즈 & 트레이딩 부서에서 오랜 업무 경험을 한 사람들이 최근 국내 금융기관의 관리자급으로 옮기는 사례도 늘고 있다. 외국계 금융기관에서의 경험은 국내 금융기관에서 큰 도움이 될 수 있기 때문이다. 그리고 국내 금융기관이 외국계 금융기관을 벤치마크하려는 시도의 일환으로 관리자급으로의 이직이 이루어지기도 한다.

세일즈에서 MBA에 지원하는 경우는 그렇게 많지 않다. 트레이딩 역시 그 수가 적다고 볼 수 있다. 세일즈 & 트레이딩은 철저한 성과주의이기 때문이다. 개인별, 팀별 성과가 일별로 수치화되고, 이는 곧 성과급에 연동된다. MBA 학위를 취득한다고 해도 본인의 성과가 눈에 띄게 오른다는 보장이 없기 때문에 MBA의 필요성을 못 느끼는 경우가 많다.

채권 세일즈 & 트레이딩 부서의 하루 일과

채권 세일즈의 하루 일과

8:00 AM

출근 전쟁 끝에 회사에 도착한다. 아침식사는 회사에서 커피와 도넛으로 해결한다. 아침식사를 하면서 사내 이메일, 뉴스 등을 통해 전날 밤 미국, 유럽의 채권·주식시장 동향을 파악한다. 그리고 전일 국내 채권·스왑·외환시황을 정리하여 주목할 만한 리서치와 함께 시장 코멘트(Market Commentary)를 작성하여 고객에게 보낸다.

8:30 AM

바로 이어 아시아 전체 채권 부서의 컨퍼런스 콜이 30분간 진행된다. 여기에는 세일즈, 트레이딩, 스트럭처링, 홍콩의 리서치 부서 모두 참석하여 시장상황, 새로운 세일즈, 트레이딩 아이디어에 관한 의견을 서로 나눈다. 최근 각국의 잇따른 금리인하로 인해 채권시장의 상황이 매우 불안하고 변동성이 크다는 의견이 대세를 이룬다. 이런 상황에서 어떤 상품이 가장 매력적일 수 있는지 트레이더와 의견을 교류한다.

9:00 AM

채권·스왑·외환시장이 열린다. 이 시간부터 세일즈의 핵심 업무가 시작된다. 우선 고객에게 전화를 걸어 시장상황과 상품에 대한 설명을 하면서 신규거래를 추천하거나 고객의 새로운 요구, 피드백을 바탕으로 새로운 상품을 설계한다. 오늘은 기업고객에 전화를 걸어 어제 제공했던 외환 옵션 아이디어에 대한 추가적인 설명을 하고, 피드백을 구한다.

10:00 AM

뉴욕에 있는 자산담보부증권(CDO, Collateralized Debt Obligation) 운용사로부터 최근 신용경색 상황에 대한 업데이트, 향후 전략을 듣기 위해 이미 예정되어 있었던 컨퍼런스 콜을 진행한다. 여기에는 홍콩의 CDO 스트럭처링 부서, 한국의 투자자들이 함께 참여하여 정보를 얻고 서로 의견을 나눈다.

11:00 AM

상품 판매를 위해 몇 주 전부터 지속적으로 설득해왔던 금융기관 고객이 달러화 스왑 커브

(USD Swap Curve)에 연동된 구조화 채권(Structured Note)에 투자하기로 최종 결정했다. 장기간 노력의 결과가 좋게 나와서 기분이 매우 좋다. 승리감에 취할 새도 없이 거래 세부내역에 대해 다시 한 번 꼼꼼하게 확인하고 트레이더에게 전화를 걸어 최종가격을 받아 거래를 성사시킨다.

12:00 Pm

점심시간이 되었다. 세일즈는 고객들과 식사를 함께 하는 경우가 많다. 고객과의 관계를 지속시키는 데 식사만큼 좋은 자리가 없기 때문이다. 오늘은 기업고객과 점심을 먹으면서 최근의 외환시장에 대한 이야기를 나눌 예정이다. 외환 관련 상품에 대한 좋은 아이디어를 제공한다면 이 기업고객은 나와 거래를 할 가능성이 높다. 예감이 좋다.

1:00 Pm

점심식사를 마치고 돌아와서, 아침에 고객으로부터 전화로 요청받았던 베트남 관련 투자정보를 찾는다. 경제, 환율에 대한 리서치를 요약하여 베트남에 투자하고 있는 기업고객에 이메일을 보낸다. 아직은 이 기업고객이 거래를 하지 않을 것 같지만, 꾸준히 정보를 제공한다면 다음에 나를 통해 거래를 할 것이다.

3:00 Pm

드디어 장이 마감되었다. 장 시간은 고작 6시간이지만 언제나 그 이상으로 길게 느껴지는 것은 왜일까. 장은 마감됐지만 아직 업무가 끝난 것은 아니다. 이제는 1시간 뒤로 약속된 투자자와의 미팅에 참석할 준비를 한다. 미팅에 필요한 CDO·CLO상품 피치 북(Pitch Book) 작성을 완료하고, 시니어 세일즈와 함께 미팅에 참석한다.

5:00 Pm

슬슬 하루를 정리하려는 찰나, 한 기업고객이 런던 시간에 발행한 유로화 채권을 헤지하기 위해 유로화-달러화 통화스왑(EUR-USD Cross Currency Swap)을 1시간 안에 체결할 것이라고 연락이 왔다. 매우 급하게 요청했기 때문에 서둘러서 홍콩의 스트럭처링 데스크와 런던의 스왑 트레이더에게 전화를 걸어 곧 있을 트레이드를 준비시킨다.

7:00 PM

세일즈 부서는 장이 열렸을 때는 눈코 뜰 새 없이 바쁘지만 장이 마감되면 비교적 한가해져 특별한 경우 제외하고는 대략적으로 오후 7~8시쯤 퇴근할 수 있다. 그러나 고객의 애로사항을 듣고, 최근 관심사를 파악하고, 지속적인 관계를 유지하기 위해 거의 매일 고객과 저녁식사를 한다. 오늘도 고객과의 저녁식사가 약속되어 있다. 나의 발걸음은 근처의 일식당으로 향한다.

채권 트레이더의 하루 일과

7:30 AM

트레이더의 출근길은 전장에 나가는 군인과 다를 바 없다. 오늘의 전쟁을 잘 치르기 위해 굳은 마음가짐으로 출근한다. 데스크에 도착하자마자 밤사이에 바뀐 미국시장의 상황을 살펴보고 요즘 시장에 영향을 주고 있는 유가나 환율 등에 대해서 체크한다. 시장에 큰 영향을 주는 요인은 때마다 달라지기 때문에 잘 살펴보아야 한다. 요즘 시장에 가장 큰 영향을 주는 것은 환율이기 때문에 그것에 중점을 두고 살펴본다. 그런 후 시장 전체 상황을 점검하고 오늘 하루 어떤 식으로 거래를 해야 하는지 생각을 정리한다. 그리고 장 시작 전에 거래에 대한 리스크를 예상해본다. 거래 전에 리스크를 체크하는 것은 큰 손실을 예방하는 좋은 방법이기 때문이다. 그러고 나서 장 시작하기 전에 아시아 채권 부서 전체가 참여하는 모닝 콜에 참여해 여러 부서들의 의견을 듣는다.

9:00 AM

장이 열렸다. 아니, 전쟁이 시작되었다. 트레이딩 플로어의 수십 개 전화기가 동시에 울린다. 거래주문을 하기 위해 오는 전화가 대부분. 여기저기서 고함소리가 들리고 분초를 다투는 거래 타이밍을 맞추기 위해 트레이더들은 온 신경을 수많은 모니터에 쏟는다. 그리고 트레이더 자신이 거래하고 싶은 상품이 있는지, 없는지를 확인하기 위해 시시각각 브로커 박스를 통해 들려오는 거래가격(Quote)에 귀를 기울인다.

10:00 AM

세일즈로부터 전화가 와서 자신의 고객이 한국 국채를 매입하는 거래를 원한다고 이야기한다. 내가 생각했을 때 가장 적절한 수준의 가격을 세일즈에게 제시한다. 그러나 세일즈는 그의 고객이 더 낮은 가격을 원한다고 한다. 얼마간의 협상 끝에 적정수준에서 합의를 보고 거래를 실행한다. 전체적인 시장상황에서 만족할 만한 가격은 아니었지만 나쁘지 않은 거래였다.

11:00 AM

지난 번에 세일즈와 상품 아이디어에 대해서 이야기를 나누다가 환율 관련 파생상품을 추천했었는데, 그 세일즈의 고객이 그 상품을 거래하겠다는 의사를 전달해왔다고 한다. 바로 홍콩의 스트럭처링 부서에 연락해서 현재 시장 상황을 반영한 적정 가격을 업데이트해준다. 그리고 세일즈에게 연락해서 이번 거래에 대한 가격 및 성사 여부에 대해 논의한다.

12:00 PM

슬슬 배가 고파진다. 트레이더는 보통 식사를 데스크에서 해결한다. 옆자리에서 도와주고 있는 인턴에게 점심식사 주문을 부탁한다. 이제 이 주변의 모든 테이크아웃 음식은 10번씩 먹어본 것 같다. 데스크에서 식사를 하면서도 끊임없이 걸려오는 전화에 신경을 기울이고, 뉴스와 시장상황 변동을 놓치지 않기 위해 모니터에서 눈을 떼지 않는다.

1:00 PM

요즘 뉴스와 시황을 전체적으로 분석했을 때 조만간 금융통화위원회에서 금리인하를 할 것 같은 예감이 든다. 나의 예측력을 믿고 예상되는 변화가 발생했을 때 큰 수익을 얻을 수 있는 채권 및 파생상품에 투자하기로 결정한다. 손실에 대한 리스크가 존재하기는 하지만 트레이더로서 자신의 판단력을 믿고 배짱 있게 행동하는 것이 얼마나 중요한지 나는 알고 있다. 나는 내 능력을 믿는다.

3:00 PM

드디어 오늘의 전쟁이 임시 휴전되었다. 긴장감이 한 순간에 풀리면서 스트레스와 피로가 한꺼번에 몰려온다. 실행한 거래를 북(Book)에 기록한다. 다행히도 큰 손실은 없었고 일정 정도 수익이 난 하루였다. 그리고 아침에 예측해 본 리스크가 실제로 맞았는지 체크한다. 리스크 측정이 잘못되었을 경우 엄청난 손해를 볼 수 있기 때문에 이 작업은 매우 중요하다. 그리고 오늘 하루 동안의 시장 상황들을 정리한다.

6:00 pm

이제 퇴근할 시간이다. 트레이더들은 타 부서 사람들보다 퇴근시간이 빠르고 규칙적인 편이다. 왜냐하면 거의 모든 업무가 장이 열린 시간에 이루어지기 때문이다. 그렇다고 이 직업이 편하다고는 생각하지 않는다. 장 중에는 그 누구보다 스트레스를 많이 받기 때문이다. 그래서 판단력이 빠르고 배짱이 두둑하며 긴장감을 즐길 줄 아는 사람들이 트레이더에 적합하다.

10:00pm

트레이더는 퇴근을 일찍 하지만 퇴근 후에도 자신이 담당하고 있는 상품과 관련된 뉴스에 관심을 놓을 수가 없다. 퇴근할 때쯤 런던시장이 개장하고, 우리 시간으로 밤이 어두워지면 미국시장이 개장한다. 외환과 같은 경우 브로커를 통해 새벽에도 장외거래를 종종 하게 된다. 해외 동향을 체크하며 내일의 시장변화를 머릿속으로 예측해 보며 하루를 마무리 짓는다.

* 채권 세일즈 & 트레이딩 부서의 업무에 대한 이해를 돕기 위해 실제 인터뷰를 기반으로 재구성한 시나리오이다.

제이피모간 _ 채권영업 전문가 인터뷰

$+$ Ryul Jin

Credit & Rates Markets
J.P.Morgan Securities Ltd.,
Seoul Branch

"J.P.Morgan has provided me with the stage to realize my dream, and I pride J.P.Morgan."

:: How did I prepare for IB?

I first started my finance career at one of the domestic security firms; however, I eventually came across several limitations. I did not have enough self-development opportunities, nor was I able to get promoted despite my expertise and potential. My opinions were rarely considered and I was expected to take the back seat and merely follow orders of my seniors. I was not able to find a job that satisfied my thirst for challenge.

While I was looking for a job with growth opportunities, one of my acquaintances introduced me to a foreign IB. After gaining work experience in fixed income sales for a few years, I moved to J.P.Morgan.

:: What is my role and what was my greatest achievement here?

I am currently dealing with fixed income sales. My job is to make markets by connecting clients and traders. Fixed income can be classified into structured bonds and cash bonds; I deal with the cash bonds. I mainly work with the central bank, commercial banks, insurance firms, domestic securities firms, and pension funds etc.

One of the most valuable lessons I have learned from J.P.Morgan is reputation management. J.P.Morgan is deeply committed in reputation management, so we build long-term relationships with our clients even if it should yield less in the short-term. Reputation earned through such practice is the firm's most valuable asset and it also helps me in numerous ways. To me, J.P.Morgan is attractive in that it has a strong presence in times of such turbulent financial distress. This is due to the firm's fundamentals based on its outstanding reputation.

:: What kinds of knowledge & skills should you know in advance to join IB?

· Having the Sense: Being sensible is the key to becoming successful in the sales division. Maintaining long-term relationships and understanding the needs of clients requires sensible actions. There is no manual on how to verify what my client needs or how to search for information that the client requested. It is something that must be self-taught and in order to do so, one must have good instincts. In addition, fixed income is extremely sensitive to the changes in the market so, thus, having good instincts about the market is critical.

· Finance: One must have an understanding of finance, especially bonds. It will be easier to learn if one has basic financial knowledge. An advanced level of financial knowledge is not mandatory but fundamental concepts must be covered.

· Macroeconomics: Bond prices fluctuate according to the changes in the market. Therefore, the study of macroeconomics is preferred to gain a strong grasp of market movements. In terms of fixed income sales, it is imperative to verify drivers of market change, and to do so one must have macroeconomic knowledge.

* 〈부록〉에서 한글번역본을 확인할 수 있다.

+ Ethan Cho

Fixed Income Trading
Morgan Stanley, Seoul Branch

"Humane work environment comes across my mind when I think of Morgan Stanley."

:: **How did I prepare for IB?**

As an undergraduate, my major was business administration, but I enjoyed fiddling with figures rather than writing papers. For that reason, I searched for jobs that dealt with numbers, and working in the finance industry seemed to be the most befitting choice for me. To achieve that goal, I thought that gearing myself to become an accountant would be the most apt, sensible course of action because finance stems from accounting. I prepared for the CPA exam and passed, and eventually joined an accounting firm.

When I worked for the accounting firm, I was located to the FAS(Financial Advisory Service) Department and our department was in charge of M&A consulting. After learning priceless lessons through numerous M&A processes, I wanted to work at an IB; an accounting firm can be a leading financial advisor of a M&A but IB usually supervises most of the large scale M&A deals and the accounting firm serves as a supporter. Aiming to learn more about M&A, I moved to an IBD of a global IB.

Moving to the international IB provided me the opportunity to join Morgan Stanley. Even though I worked at a different department in the international IB, I was involved in regular IB industry affairs. I now believe that such experience has helped me in relocating myself to Morgan Stanley. I am currently satiated with the "work-life" that I have in Fixed Income Trading Department of Morgan Stanley, and I can say for sure that my co-workers are warm-hearted and also have "human-quality" sufficient as to create a friendly environment to work within.

:: What is my role and what was my greatest achievement here?

My work here is to manage foreign exchange dealings. Among numerous tasks of foreign exchange dealings, I take charge of both flow trading and prop trading. Flow trading refers to trading with people who are willing to buy and sell foreign exchange. After completing the deal with a client, the risk resulting from the deal must always be hedged. Prop trading refers to trading foreign exchange based on personal judgments using the book. I deal with KRW/USD spot exchange and forward exchange.

One of the greatest moments, ever since I worked in Morgan Stanley, was when I earned huge sums of capital based on my own judgment through prop trading. I was watching TV on a national holiday and the President of the European Central Bank made an unexpected speech. After listening to the speech I was able to predict the movement of the Euro and how such movement would affect the USD. I acted accordingly to my estimations: as time passed, the USD moved in accordance with my expectation, a winning presence of jack pot! It was not an usual incident for one to appreciate oftentimes, but making a decision on your own and being liable for your ultimate decision is handsomely attractive enough to keep one in this business.

:: **What kinds of knowledge & skills should you know in advance to join IB?**

· Numerical Skills: Computative ability is one of the most prominent skills that a trader should have. A trader's job is to accurately analyze the changes in numbers in real time and carry out transactions. Such characteristic of the job makes this sort of ability as a prerequisite to become an objective trader. Furthermore, even an insignificant numerical error can result in an enormous amount of monetary loss, so one's ability to analyze figures can never be overemphasized.

· Stress Management Skills: A trader should never lose focus during the operating hours of stock market, which is from 9 a.m. to 3 p.m., because he is responsible for carrying out high-risk transactions. A trader may be stressed out during the operating hours, but he must try to withstand the pressure and retain composure since tension usually increases the likelihood of making mistakes. In sum, a trader should be equipped with the skills to manage stress and enjoy the tension.

· Macroeconomic Knowledge: One should have interest in economy since FICC is correlated to the general economy. Especially, since the prices are dependent on macroeconomical factors, one should not to miss an opportunity to make a profitable deal if he instinctively finds the link between macro economy and FICC. To enhance one's competency, one must be always keeping tabs on the articles and editorials in business journals and letters.

* 〈부록〉에서 한글번역본을 확인할 수 있다.

자산운용사_Asset Management

자산운용사는 고객의 자산을 위탁받아 운용 및 관리하는 역할을 수행한다. 자산의 투자는 셀 사이드의 정보, 자산운용사의 자체적인 리서치와 투자전략 등을 고려하여 여러 상품군(주식, 채권, 부동산, 원자재 등)에 걸쳐 이루어진다. 이러한 일련의 투자 과정은 고객의 유형에 따라 차이를 보인다. 고객의 유형은 개인과 기관투자자로 분류가 가능하다. 각 고객의 유형에 따른 자산운용사 업무의 특징을 이해하도록 한다. 자산운용업은 개인의 투자에 대한 판단력과 통찰력에 의해 수익이 좌우되므로 이러한 역량을 갖춘 사람들이 도전해 볼만한 분야다.

1. 업무 소개

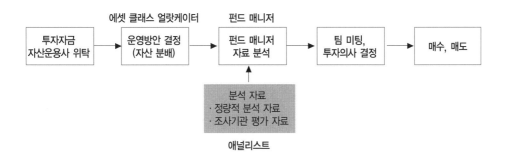

자산운용사의 조직 구성은 역할에 따라 에셋 클래스 얼랏케이터(Asset Class Allocator), 펀드 매니저, 애널리스트, 고객 매니저 등 크게 4가지로 분류할 수 있다.

에셋 클래스 얼랏케이터는 자산운용사에서 가장 중요한 역할 중 하나로서 운용

자금을 여러 상품군 중 각각 어떤 비중으로 투자할지 결정한다. 펀드 매니저는 보통 지역이나 상품군에 따라 전문성을 가지며 규모가 큰 펀드의 경우 여러 명의 펀드 매니저들이 있어 각각 고유의 지역과 섹터 등을 담당하게 된다. 애널리스트들은 각 상품군과 관련된 미시적·거시적 분석을 통해 펀드 매니저에게 투자 관련 조언을 하는 역할을 맡는다. 마지막으로 고객 매니저는 기관 투자자들에게 마케팅 활동을 하며 고객과 펀드 매니저를 연결시켜 주는 업무를 담당한다. 이와 같은 조직 구성원들의 역할이 유기적으로 작용하는 투자의사결정 구조를 갖는다.

자산운용사에서 하는 일은 결국 고객의 자산을 수탁받아서 이를 투자하여 수익을 발생시키는 것이다. 하지만 이러한 과정과 상세 내용은 고객의 유형에 따라서 조금씩 달라진다. 고객의 유형은 크게 개인 투자자와 기관 투자자, 두 가지의 범주로 나누어 볼 수 있다. 개인 투자자의 경우에는 그 수가 너무 많고, 광범위하기 때문에 1:1 영업과 마케팅은 불가능하다. 이 문제를 해결하기 위해 개인 고객을 대상으로 한 경우는 주로 증권회사나 은행 등의 채널을 통해 영업과 마케팅을 한다. 즉, 은행과 증권사에서 자산운용사가 제공하는 자산 운용 상품을 대신 팔아주는 것이다.

이와 같이 자산운용사에서 제공된 펀드를 개인 고객이 은행이나 증권사를 통해 가입하면, 자산운용사는 이를 운용하여 수익률을 발생시키고 그에 대한 대가로 운용수수료를 취하게 된다. 개인 투자자를 대상으로 한 상품의 경우에는 일반적으로 다음과 같은 운영 프로세스를 거치게 된다.

주식, 채권 등 상품군에 따라 다소 차이를 보이지만 일반적으로 개인 투자자를 상대로 한 자산운용사는 위의 프로세스를 거쳐 운용되고 있다. 주식과 채권 등의 투자 비중이 결정되면 펀드 매니저가 상품의 특성에 맞춰 외부 조사기관의 자료(IB의 리서치 또는 세일즈 & 트레이드) 및 자체 분석을 통해 투자 가능한 주식 및 채권을 평가한다. 가령, 채권의 경우 장기 시장의 전망과 수급 상황을 고려하여 펀드의 듀레이션과 섹터 비중 등을 평가하게 된다. 이를 바탕으로 팀 미팅을 통해 투자의사 결

자산운용사의 업무 내용

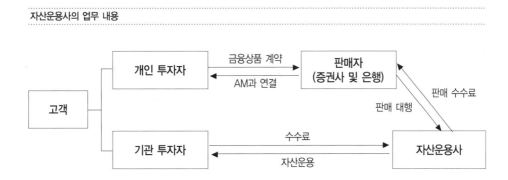

정을 내린 후, 저가 매수 등의 기회를 활용하여 시장 대비 초과수익 달성을 목표로 한다.

기관투자자에는 크게 연금 및 보험사, 은행, 기업 등이 있다. 국내 국민연금의 경우, 세계적으로도 그 규모가 상당하기 때문에 자산운용사의 큰 고객 중 하나다. 기관 투자자의 경우, 직접 트레이딩을 해서 자산을 투자 및 운용하는 경우도 있다. 하지만 그 규모가 상당하고 모든 종류의 투자를 담당할 수 없기 때문에 자산운용사에게 아웃소싱하는 경우도 많다. 기관은 개인 투자자와 달리 내부의 투자정책이 정해져 있는 경우가 대부분이다. 따라서 자산운용사에서는 개인 투자자들을 상대할 때처럼 금융상품(펀드)을 판매하는 것이 아니라 기관 투자자의 요구에 맞추어서 상품을 제안한다.

2. 비즈니스 모델

자산운용사의 비즈니스 모델은 기본적으로 수수료가 기반이 된다. 개인 투자자의 경우, 투자에 대한 주도권을 자산운용사 쪽에서 가지고 있다. 자산운용사에서 금융 상품을 미리 만들어 놓고 개인 투자자들에게 판매하기 때문이다. 개인 투자자들은 다수이기 때문에게 일일이 맞춤 상품을 제공하는 것은 불가능하다. 개인 투자자에게 제공되는 상품은 주식형, 채권형과 원자재, 부동산 등 그 종류가 다양하다.

반면에 기관 투자자는 펀딩 규모가 크기 때문에 별도의 계정에서 관리를 해주는 것이 보통이다. 이 계정을 '별도 계정(Segregate Account)' 이라 한다. 앞에서 언급했듯이 이런 투자자들은 내부의 투자 원칙이 있다. 자산운용사는 이러한 원칙에 따라 최대한 맞춤 투자를 제공해야 한다. '리스크 수준은 이 정도, 기대 수익률은 이 정도' 로 정해져 있는 이들의 원칙에 맞추어서 포트폴리오를 구성한다. 기관 투자자들에게 제안을 해서 받아들여질 경우, 그들의 자산을 운용해주는 것이다. 기관 투자자 쪽은 개인 투자자들의 상품 종류에 헤지펀드가 추가된다. 아직까지 헤지펀드 투자는 기관 투자자에게 한정되어 있기 때문이다.

3. 타 부서와의 관계

자산운용사는 크게 투자 부서와 세일즈 부서로 나눌 수 있다.

자산운용사와 타 부서와의 관계

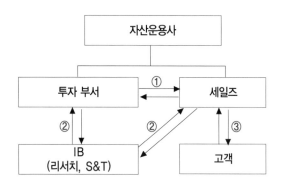

1) 투자 - 세일즈

투자 부서는 세일즈 부서에서 고객들의 자산을 위탁받아 오면 이를 운용한다. 세일즈 부서가 고객들의 욕구(예상수익률 및 리스크)를 파악해오면, 투자 부서에서 모델 포트폴리오를 만든다. 세일즈 부서는 이 모델을 가지고 고객을 재방문하여 영업을 하게 된다. 세일즈는 고객과 투자 사이의 접점에 있다. 이 둘의 관계에서는 세일즈가 투자 외의 모든 일을 하기 때문에 더 제너럴리스트라고 할 수 있다.

2) 투자 & 세일즈 - IB(리서치, S&T)

앞에서 언급했듯이, 국내 자산운용사는 모든 분야의 투자 대상을 커버할 수 없기 때문에 셀 사이드(Sell Side)인 투자은행에서 많은 투자 정보를 받아 선택적으로 활용한다. 투자은행 중에서 자산운용사에게 투자정보를 제공하게 되는 부서는 리서치, 세일즈 & 트레이딩 부서다.

3) 세일즈 - 고객

자산운용사의 세일즈 부서와 고객 간의 관계는 IB(셀 사이드)의 경우와 크게 다르지 않다. 세일즈 부서의 업무는 투자 부서에서 만든 모델 포트폴리오와 셀 사이드에서 오는 수많은 투자정보에 자신의 의견을 덧붙여서 고객들에게 더 매력적이고 논리적으로 설득하는 것이다. 그러므로 고객과의 지속적인 관계 관리가 중요시되고, 즉흥적이고 난해한 질문 및 요청에도 잘 대처할 수 있어야 한다. 투자자들의 욕구를 앞서 파악하고, 이들의 욕구에 맞는 상품을 제안하는 것 또한 필요하다.

4. 성공 요소

"투자 안에 대한 판단력과 통찰력, 그리고 장기적인 관점을 통해 자산 운용부서에서 성공할 수 있다."

자산운용사에서 성공하기 위해서는 수없이 많이 전송된 투자 의견과 보고서 중에서 최적의 리스크와 보상을 얻을 수 있는 투자 안을 찾아낼 수 있어야 한다. 이를 위해서는 정확한 판단력이 필요하다. '어느 것이 좋다더라' 등의 분위기에 휩쓸려서는 자산운용사에서 성공할 수 없다. 자신만의 시각을 갖고 수많은 선택 중에서 최고의 투자 안을 찾는 노력과 능력이 중요하다.

또한 자산운용사는 셀 사이드에서 보낸 수많은 투자 의견 및 권유를 받는다. 이러한 수많은 정보들 중에서 최고의 투자 안을 재빠르게 찾을 수 있고, 핵심을 이해할 수 있는 통찰력 또한 중요한 성공 요소로 꼽을 수 있다.

자산운용사의 투자는 투자은행에서의 일상적인 거래보다 상대적으로 긴 타임 프레임을 가지고 투자를 하게 된다. 타임 프레임이 투자은행의 투자에 비해 길기 때문에 단기적인 변동 요소들뿐만 아니라, 장기적인 요소들을 염두에 두고 장기적인 관점에서 업무에 임해야 한다. 또한 장기적인 관점을 바탕으로 고객들이 일임한 자산을 투자함으로써 고객들의 신뢰를 획득할 수 있다.

5. 진로

1) 투자 부서

자산운용사 투자 부서의 경우 경력사원들이 전체 구성원의 대부분을 차지한다. 고객의 돈을 운용하는 일이기 때문에, 자산운용 경력이 풍부한 베테랑들을 선호하는 경향이 강하다. 또한 이전에 증권사에서 리서치했던 사람들이 많이 들어오기도 한다. 그중에서도 주식 리서치 업무를 담당했던 인원들이 많다.

드물게는 산업 일선의 경험이 많은 사람들이 오기도 한다. 이들은 전문성을 인정받았거나, MBA에서 학위를 수여하고 오는 경우다. 채권 투자 부서의 경우에는 생명보험회사에서 오는 케이스도 있다. 보험사는 자산운용사에게 돈을 맡기는 고객이기도 하지만 자금을 직접 운용을 하기도 한다. 그러므로 보험사에서 직접 채권을 운용했던 사람들이라면 자산운용사에 입사하여 능력을 발휘할 수도 있다.

아직까지 자산운용업 종사자의 절대적인 수는 매우 적은 편이지만, 시장이 점점 커지고 있는 추세로 그 수가 조금씩 늘어나고 있다. 그러므로 경력사원과 더불어 신입들에게도 기회도 조금 늘어날 것으로 전망된다.

향후 커리어를 보면, 자산운용사는 바이-사이드에 위치하고 있기 때문에 다른 위치로 이직하는 경우가 투자은행처럼 많지는 않다. 투자 부서의 채권 부서에 있었다면 은행에 있는 채권 딜러로 이직이 가능하다. 채권시장에 대한 통찰력을 가질 수 있으므로, 은행권의 채권 딜러로서도 강점을 가질 수 있기 때문이다.

자산운용사에서 헤지펀드로 이직하는 경우도 있다. 헤지펀드와 자산운용사의 가장 큰 차이점은 바로 리스크를 감내하는 정도에 있다. 자산운용사의 운용자금은 기본적으로 고객의 돈이기 때문에 아무리 유망한 분야나 상품이 있다고 해도 투자 비율을 크게 수정하여 그쪽에 대량 투자하는 것이 불가능하다. 반면에 헤지펀드는 그런 점이 가능하다. 자산운용사에 비해 연봉 수준이 조금 더 높기 때문에 리스크를 즐기는 사람들은 헤지펀드로 이직하는 경우도 있다.

2) 세일즈 부서

세일즈 부서는 투자 부서에 비해서 신입의 채용 비율이 높다. 물론 경력직 사원들도 많지만, 학부나 석사를 졸업하고 바로 입사하는 신입 사원의 비율 또한 높은 편이다.

반면 경력직 사원들은 보통 증권사에서 세일즈나 마케팅을 해본 사람이 많다. 기존의 업무를 통해서 세일즈 능력과 네트워크가 검증된 확실한 인원이기 때문이다. 기존 세일즈 경력의 출신들은 주식과 채권 등 다양한 세일즈 부서에서 일한 사람들이 해당 분야로 들어오게 된다. 또한 자산운용사 내의 투자 팀에 있다가 세일즈로 커리어를 바꿀 수도 있다. 투자 부서에서 커리어를 전환한 경우에는 이전에 직접 상품을 설계한 경험이 있기 때문에, 이러한 이점을 살려서 새로운 관점으로 고객에게 영업이 가능하다.

세일즈 부서는 투자 부서에 비하여 상대적으로 제너럴리스트적인 측면이 강해 투자 부서보다 향후 커리어에 있어 선택의 폭이 더 넓다고 할 수 있다. 먼저 세일즈 부서에 들어오는 경로와 마찬가지로 향후 증권사 세일즈 쪽으로 경력을 가질 수 있다. 세일즈 부서에서의 고객 관리 능력과 업무 경력이 검증된다면, 채용하고자 하는 증권사에서 가장 믿을 만한 판단 기준이 될 수 있기 때문이다.

반대로 자산운용사의 고객사인 보험사, 연기금 등으로 이직하거나 헤지펀드를 향후 커리어로 고려할 수 있다. 세일즈라는 업무 특성상 일을 하다 보면, 고객사들과의 접촉이 많아지기 마련이다. 이들과의 업무 중에서 자신의 능력을 발휘하여 인정을 받는다면, 고객사들에서 먼저 자리를 제안하거나 자신이 지원했을 때 큰 도움이 될 수 있다.

자산운용사 세일즈 부서의 하루 일과

8:00 Am

출근은 보통 8시를 전후로 해서 이루어진다. 하룻밤 사이 쌓인 이메일과 보고서에서 주요 포인트를 체크하고 이슈별로 정리를 한다. 각자 전날의 유럽 및 미국 시장정보를 정리한 후, 투자 부서원들이 모여 간략하게 담당섹터에 대해 브리핑·코멘트를 하며 정보를 교류하고 의견들을 취합하여 금일 시장 대응에 대해 논의한다.

8:40 Am

장이 시작되기 전에 담당 포트폴리오를 점검한다. 약관이나 법규 등의 규정사항은 잘 지켜지고 있는지, 전날 운용결과는 어떤지, 고객의 설정과 환매 등으로 인한 자금의 유·출입 상황은 어떤지, 하우스 뷰(House View)의 변경사항은 없었는지 파악하여, 오늘의 운용계획을 세운다. 이와 함께 실시간으로 셀 사이드 및 여러 유관기관으로부터 전송되는 각종 정보를 토대로 투자 의사결정을 내리고 주문을 낸다. 트레이더는 장중 최적 가격과 공정 거래의 원칙에 입각하여 트레이딩한다. 은행, 증권사, 선물사 등의 세일즈 트레이더와 거래한다. 인포맥스, 체크, 블룸버그, 마켓포인트 등의 정보단말기와 이메일, 메신저 등을 통해 실시간 정보를 업데이트받고, 시장 동향을 관찰하며 거래한다.

9:20 Am

수시로 마케팅 부서에서 제안서나 정기 보고서 관련 자료 요청이 온다. 시간이 허락하는 범위 안에서 자료를 신속히 제공한다.

12:00 Pm

보통 점심식사는 사무실에서 샌드위치로 해결하는 경우가 많다. 하지만 오늘은 조금 여유가 있어 동료들과 가까운 식당에서 식사도 하고, 커피도 한 잔 할 수 있었다.

3:45 Pm

한국 장이 마감되면, 그날의 성과를 점검한다. 이와 함께 오늘의 시장 움직임과 마켓 뷰, 마케팅 부서로부터 전달받은 고객의 설정과 환매 등으로 인한 자금의 유·출입 등을 토대로 익일의 운용계획을 세운다. 셀 사이드로부터 오는 각종 보고서를 점검하고, 애널리스트 등과 만남을 통해 시장 정보를 제공받는다.

5:00 pm

고객과 미팅이 있어서 오늘은 마케팅 부서와 함께 연기금사를 직접 방문했다. 실제로 운용 중인 계정에 대해서 현재 포트폴리오 상황과 시장 상황, 성과 등을 설명해주고, 요구하는 사항들을 메모하여 회사로 돌아왔다.

6:30 pm

고객의 요구사항들을 다음 날 회의에서 논의하기 위해 중요 이슈별로 정리한다. 내일 회의 자료 정리를 마친 후, 또 다시 활기찬 내일을 기약하며 퇴근한다. 언제나 내 손에 많은 고객들의 자산이 달려 있음에 큰 책임감과 자부심을 느낀다.

*자산운용사 세일즈 부서의 업무에 대한 이해를 돕기 위해 실제 인터뷰를 기반으로 재구성한 시나리오이다.

+김소연
콜롬비아 MBA
서울대학교 통계학과 졸업
미래에셋 자산운용 인턴

:: 해외 MBA 학생으로서 국내 금융권 인턴을 어떻게 준비하셨습니까?

사실 MBA에 가기 이전에는 금융권이란 곳에 대해 막연한 환상만 가지고 있었습니다. 비교적 어린 나이에 몇 번의 인턴 경험만으로 컬럼비아에 입학하게 되어 과연 내가 무엇을 배워 어느 방향으로 나가야 하는지도 모르던 찰나였습니다. 학교 과정을 통해 만나게 된 투자은행, 자산운용사, 각종 헤지펀드, 사모펀드 분야 경력을 가진 사람들은 제게 많은 정보와 도전을 주었고, 이들의 영향을 받아 저는 재무 과목을 위주로 수강하였습니다.

컬럼비아는 뉴욕에 있다는 지리적 이점 덕에 현업에 계셨던 분들이 와서 수업을 하는 경우가 많습니다. 이러한 이유로, 실제 업무 경험이 없음에도 불구하고 많은 지식을 쌓을 수 있었습니다. 가치평가 등 실무 위주의 과제들이 매 시간 쏟아지고, 투자은행 출신 학생들과 같은 조가 되어 수업을 하다 보면, 회사에서 트레이닝을 받는 것과 흡사한 수준의 경험을 하게 됩니다. 또한 컬럼비아에서는 마케팅 전략 등의 수업도 재무적 관점에서 접근하는 것을 중요시 여깁니다. 이는 기업이 의사결정을 내릴 때, 현재와 미래의 현금흐름과 산업평균, 기업의 이익률 등을 고려해야 하기 때문입니다. 이러한 수업들의 특징으로 말미암아 다양한 관점에서 현상을 바라보는 '금융권이 원하는 인재다운 덕목들'을 기를 수 있었습니다.

:: 인턴으로서 무슨 업무를 담당하셨습니까? 이를 통해 무엇을 배울 수 있었습니까?

재무 관련 공부를 하며 부동산 금융(Real Estate Finance)이 제 마음을 사로잡았고, 미래에셋 여름 인턴이 결정되고 부서를 정할 때 맵스의 부동산 펀드 팀을 선택했습니다. 실제 현업에서는 제가 곁눈질하며 배웠던 각종 임대료 수입, 공실률, 배당금 지급 구조 등을 계산하여 가치평가를 하고 협상을 통해 딜을 수주하는 역할을 하고 있었습니다. 또한 딜 마감을 위한 법률적 절차 검토 업무는 제가 평소 접해볼 수 없던 경험이었습니다. 인턴을 할 당시, 우리 팀에서는 샌프란시스코에서 구입한 씨티그룹 빌딩의 딜 마감과 브라질 등지의 물건 검토가 한창 진행 중이었습니다. 바쁘신 와중에도 딜의 전반적인 진행과정을 잘 설명해주시고 많이 가르쳐주신 덕분에, 펀드를 이용한 부동산 해외 투자가 어떻게 이루어지는지, 이때 가장 중요한 것이 세금 구조를 짜는 것이라는 등의 새로운 사실들을 많이 알 수 있었습니다.

이처럼 부동산 해외 투자 팀에서 인턴을 하고, 홍콩 · 상해 지사 또한 방문하며, 숨가쁘게 성장하는 도시 내 건물들의 시세, 렌트비, 펀드 등을 통한 소유 구조, 임대 · 임차인 등의 기본적인 정보를 훤히 꿰뚫는 지경에 도달할 수 있었습니다. 이와 더불어, 인턴 경험으로 인해 건물 하나하나의 이야기, 나아가 도시가 흥망성쇠의 역사를 거치며 변화하는 권력과 자본의 흐름에도 귀 기울일 수 있을 정도로 제 자신이 성장할 수 있어서 기뻤습니다. 나아가 상해 미래에셋 지사 부지 매입부터 시공 용도 설정 등의 과정을 직접적으로 듣고 보면서, 유형의 자산에 펀드를 설정하여 수익을 내는 구조와 자산운용 전반에 큰 흥미를 느끼게 되어 여름의 인턴은 제게 무척이나 값진 시간이었습니다.

또한 부동산 쪽에 있으면서 이전에는 통 볼 수 없었던 업계 사람들을 알게 된 것은 그 무엇과도 바꿀 수 없는 중요한 자산입니다. 홍콩에서 부동산 리서치 회사 CBRE에서 인턴을 하시는 분, 상해에서 존스 랭 라살(Jones Lang Lasalle)에서 일하는 후배 등과 이야기를 나누며, 홍콩 등지에서 예측하는 한국의 오피스 시장의 향후 전망을 듣고 한국의 시장 보고서와 다름에 놀랐던 기억이 있습니다. 반년이 지난 지금 약간은 비관적이었던 홍콩에서의 전망이 맞아 들어가는 것을 보고 다시금 안타까워하면서도, 부동산 시장을 볼 때 고려해야 할 거시적 요소들이 많다는 것과 통찰력의 중요성을 또 한 번 깨닫게 되었습니다.

:: 해외 MBA 경력은 해외·국내 금융권 진출에 어떤 이점이 있습니까?

제가 이전에 금융권에 대한 경험이 전혀 없었음에도 불구하고 시장이 돌아가는 이치와 현상을 깊이는 아니더라도 어느 정도 이해할 수 있었던 까닭은 온전히 컬럼비아 MBA를 하면서 만났던 많은 사람들의 도움과 체계적인 수업들, 그리고 이후 인턴 시절 때 저를 가르쳐 주셨던 많은 분들의 시간 덕분입니다. 제가 매력적이라 느꼈던 이 길을 가기를 선택한, 이 책을 읽게 될 누군가에게도 그런 행운이 함께하기를 기도합니다.

자기자본투자 부서_Principal Investment (PI)

자기자본투자 부서는 자사가 보유하고 있는 자본을 이용하여 인수합병(M&A), 부동산, 주식, 채권 등에 직접투자를 하는 역할을 수행한다. 이는 투자은행이 중개수수료를 통해 수익을 창출하는 전통적인 운용 방식의 한계를 보완하는 것이라고 할 수 있다. 자기자본투자의 대상은 매우 다양하기 때문에 이를 선정하는 고정된 틀은 없다. 하지만 일반적으로 거시상황 분석, 산업의 매력도, 기업의 가치평가 과정을 통해 투자 대상을 선정한다. 자기자본투자 부서에서는 투자 대상 선정을 위한 분석역량이 절대적으로 중요하다. 그러므로 산업·기업 분석에 두각을 나타내는 경우라면 자기자본투자 부서에 지원을 고려해 볼 수 있다.

1. 업무 소개

자기자본투자(PI, Principal Investment)란 투자은행 및 증권사들이 자사가 보유하고 있거나 조달한 재원을 이용하여 주식, 채권, 부동산, M&A 등에 직접 투자하여 수익을 창출하는 방식을 말한다.

보통 투자은행은 자금을 조달하려는 주체와 자금을 투자하려는 주체를 중개하면서 수수료를 받는 것이 가장 기본적인 비즈니스 모델이다. 그러나 이러한 방식으로는 높은 수익창출에 한계가 있다. 그래서 투자은행들은 금융산업에서의 전문성과 경험을 바탕으로 자기자본을 투자하여 수익을 창출하기 시작하였는데, 그것이 바로 자기자본투자인 것이다.

자기자본투자는 자기자본을 바탕으로 투자하는 방식이기 때문에 대부분의 투자가 보수적인 성격을 띠는 경우가 많다. 기업마다 다르겠지만 보통 3~5년의 장기적인 투자기간(Investment Horizon)을 가지고 투자를 한다.

자기자본투자는 골드만삭스가 1983년에 일부 주식에 장기적인 투자를 하게 되면서부터 시작되었다고 할 수 있다. 그 당시 투자은행들은 주식·채권 중개 업무에 치중하고 있었고, 투자를 하더라도 주식의 경우에는 단기적으로 투자하는 경향이 높았다. 그런데 골드만삭스는 다른 투자은행들과는 다르게 자기자본을 가지고 주식에 장기 투자하여 높은 수익을 얻었고 이것이 자기자본투자가 본격적으로 시작된 계기가 되었다. 골드만삭스는 1991년에 PIA(Principal Investment Area) 부서를 설립해 자기자본뿐만 아니라 투자자들을 모집하여 공동펀드 형태로 PIA를 운영하여 주식과 채권 이외에 다양한 분야에까지 투자영역을 확대해왔다. 최근까지 골드만삭스 PIA가 얻어내고 있는 수익은 골드만삭스 전체 수익의 상당 부분을 차지하고 있으며, 그로 인해 타 투자은행의 자기자본투자 부서의 벤치마킹 대상이 되고 있다.

1) 투자 대상

자기자본투자 부서가 투자하는 분야에는 큰 제약이 없다. 왜냐하면 고유계정을 가지고 수익을 얻을 수 있는 모든 곳에 투자를 하기 때문이다. 일반적으로 자기자본투자가 투자하는 분야는 주식, 채권, 부동산, M&A, IPO, 프로젝트 파이낸싱(Project Financing), 펀드 등으로 매우 다양하다.

Q&A | 자기자본투자(PI)의 자기자본이란 무엇인가요?

자기자본투자를 일컬을 때 사용되는 '자기자본' 이라는 용어는, 대차대조표의 대변에 있는 자기자본(Shareholder's Equity)을 의미하는 것이 아니다. 여기서 자기자본의 의미는 투자자(투자은행, 증권사 등)가 주체적으로 운용할 수 있는 자기책임 하의 자금을 의미한다. 이러한 자기자본에는 기존에 보유하고 있던 현금과 회사채를 발행하여 조달한 자금, 차입금 등이 있다.

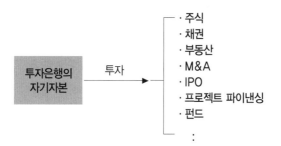

맥쿼리의 경우, 자기자본투자에 있어서 사회간접자본(SOC) 분야에까지 투자영역을 확장하여 높은 수익을 내고 있는 것으로 유명하다. 맥쿼리는 공항, 도로, 통신시설 등의 인프라에 프로젝트 파이낸싱 형태로 장기간 투자를 통해 큰 성공을 거두고 있다.

외국에서는 시드니 공항, 로마 공항 등의 지분을 인수하여 큰 수익을 냈고, 국내에서는 광주 제2순환도로, 인천국제공항 고속도로, 천안-논산 고속도로, 서울-춘천 고속도로, 인천대교, 백양터널 등 민자도로와 교량, 터널 등에 투자하여 큰 수익을 내고 있다. 특히, 프로젝트 파이낸싱 형태로 사회간접자본에 투자를 한 경우에는 정부가 일정 정도의 수익을 보장하기 때문에 장기적으로 안정적인 수익원으로서 투자 포트폴리오의 리스크를 낮추는 역할을 할 수 있다.

2) 투자 대상 선정

투자 대상을 선정하는 방법은 다양하다. 시장상황이 항상 역동적으로 변하기 때문에 투자 대상을 선정하는 방법에는 고정된 틀이 존재하지 않는다. 그러나 투자 대상을 선정하는 주체를 기준으로 보았을 때, 직접 투자 대상을 포착하는 경우와 외부의 투자 제안을 받아서 그것을 검토하여 결정하는 경우로 나눌 수 있다. 예를 들어 M&A와 같은 대형 딜의 경우, 자기자본투자 자체적으로 이 기회를 포착하여 참여할 수도 있고(전자의 경우), 이미 이 딜에 관심이 있는 투자자가 투자은행의 자기자본투자 부서에 공동투자를 제안할 수 있다(후자의 경우).

위의 두 경우 모두 기본적으로 필요한 것은 해당 산업과 투자 대상에 대한 리서치다. 리서치 업무는 자사의 리서치 부서에서 지속적으로 수행하고 있는업무다. 그러나 이러한 리서치를 바탕으로 한 보고서는 대체로 펀더멘탈(Fundamental)한 성격을 가지고 있다. 그렇기 때문에 자기자본투자 부서는 이 보고서를 참조하는 정도로 활용하고, 자체적으로 리서치를 수행하여 좀 더 세밀한 정보를 얻어낸다.

자체 리서치 시 큰 그림을 보고 나서 세부적인 부분을 살펴보는 하향식(Top-down) 방식으로 조사가 이루어지는 경우가 많다. 다음 표는 하향식 방식의 투자 대상 선정 과정을 나타내고 있다.

하향식 방식을 이용한 투자 대상 선정은 거시적인 분석을 통해 시장기회를 포착하여 투자 대상 산업을 선정하는 것에서부터 시작된다. 이어 선정된 산업에 대해 분

국내 증권사의 PI 사례

증권사	투자 대상	투자액
굿모닝신한증권	· 태안 골프장 개발사업 · 부산 센텀시티 개발	· 460억 원 (11% 수익 달성) · 400억 원 (12% 수익 달성)
우리투자증권	· 대한통운 교환사채	· 500억 원
대우증권	· 시흥시 죽율동 아파트 개발사업 · 국내 골프장 건설 · 말레이시아 유연탄광	· 200억 원 · 350억 원 (연 36.6% 수익 달성) · 700만 달러
한국투자증권	· 금호산업 CLN · 신한지주 상환우선주 및 전환우선주	· 3,000억 원 · 2,700억 원
현대증권	· 국내 상장사 간 M&A(재무적 투자자) · 국내 PEF	· 109억 원 · 200억 원

출처 : '한국형 IB가 살 길이다(2부-3), 틈새시장을 노려라', 〈서울경제〉(2008년 8월 10일)

투자 대상 선정 과정

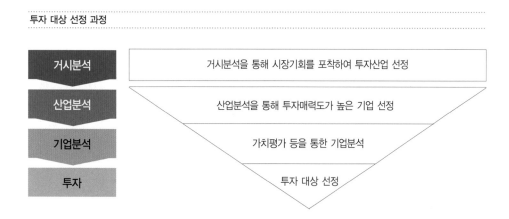

거시분석	거시분석을 통해 시장기회를 포착하여 투자산업 선정
산업분석	산업분석을 통해 투자매력도가 높은 기업 선정
기업분석	가치평가 등을 통한 기업분석
투자	투자 대상 선정

석하여 매력도가 높은 기업을 선정하고, 선정된 기업에 대해서 가치평가(Valuation) 등의 방법을 사용해 기업분석을 수행한다. 이러한 과정을 거쳐서 최종적으로 투자 대상을 선정하게 된다.

| 알아두기 | PI vs 프랍 트레이딩(Prop Trading)

자기자본투자 부서가 주식이나 채권 투자를 한다면, 주식 트레이딩과 채권 트레이딩 부서에서 하는 프랍 트레이딩과 무슨 차이가 있을까?

· **공통점**
투자자본의 성격 : 자기자본투자와 프랍 트레이딩 모두 투자자가 소유하고 있거나 조달한 자본을 가지고 투자하는 형태다.

· **차이점**
투자 대상 : 자기자본투자는 투자 대상에 대한 제한이 없다. 주식·채권뿐만 아니라 M&A, 부동산, 프로젝트 파이낸싱 등 매우 광범위하다. 그러나 프랍 트레이딩의 경우에는 투자 대상이 주식과 채권 등에 한정된다.
투자기간 : 자기자본투자는 투자기간이 매우 긴 편이다. 약 2년에서 5년 정도의 기간을 예상하고 투자를 한다. 그러나 프랍 트레이딩은 투자기간이 자기자본투자에 비해 짧은 편이다.

2. 비즈니스 모델

자기자본투자의 수익창출구조는 매우 간단하다. 적절한 대상을 선정하여 투자를 한 후 그 투자수익을 얻는 것이다. 주식·채권·부동산 투자의 경우는 투자규모를 제외하고는 개인이 투자하여 수익을 얻는 경우와 유사하다.

M&A 지분 투자를 한 경우, 대부분 재무적 투자자(FI)로 참여하기 때문에 대상기업의 가치가 상승했을 때 투자 지분만큼 그 이익을 챙기는 것이 이익창출모델이다. 상장기업의 M&A에 투자한 경우를 가정해보자. A회사가 B회사를 M&A하려고 하는데 전체 필요한 자본 1조 원 중 5,000억 원만 보유하고 있고 나머지 5,000억 원은 다른 투자 주체를 참여시켜서 딜을 성사시키려고 한다. 5,000억 원 중 2,500억 원은 국민연금이 투자에 참여했고 나머지 2,500억 원은 투자은행의 자기자본투자가 투자에 참여했다. M&A 성사 후 B회사의 2배로 뛰었다면 자기자본투자는 주가상승 분의 25%의 이익을 가져가고 나머지 주체들도 투자지분만큼 이익을 얻는다.

비상장회사의 경우 M&A 후 IPO(기업공개)를 통해 투자지분만큼 이익을 얻을 수 있다. 또는 사모펀드(Buy Out Fund)들이 하는 방법과 같이 인수 후 해당 기업을 매력적으로 바꿔 놓은 후 매각하는 방법으로도 이익을 얻을 수 있다. 이 상황에서 보통 자기자본투자는 사모펀드와 달리 제1대주주(전략적 투자자)로서 인수한 회사의 경영에는 참여하는 것이 아니라, 제2대 또는 제3대주주(재무적 투자자)로서 재무적 투자수익을 얻는다.

3. 타 부서와의 관계

자기자본투자 부서는 다음 표에서 보여주는 것과 같이 다른 주체들과 유기적이고 지속적인 관계를 가지지 않는 경우가 많다.

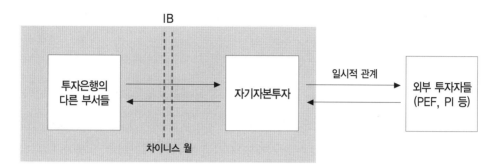

대부분의 투자은행에서는 자기자본투자 부서와 타 부서 사이에는 장벽(Chinese Wall)이 존재하기 때문에 부서 간 교류가 없다. 그러므로 자기자본투자 부서는 타 부서와 유기적으로 연결되어 업무를 수행하지 않는다. 자기자본투자 부서는 사모펀드와 마찬가지로 시장에서 하나의 바이 사이드로서 독립적으로 리서치와 투자 업무를 수행한다. 따라서 타 부서와의 관계는 거의 없다고 봐도 무방할 것이다.

투자은행을 벗어나면, 자기자본투자 부서는 외부 투자자들(사모펀드, 타 투자은행의 자기자본투자, 연기금 등)과 관계를 맺을 수 있다. 보통 M&A 시 거대자금이 필요하기 때문에 단독투자형태보다 공동투자형태로 M&A가 진행되는 경우가 많다. 이 상황에서 자기자본투자 부서는 다른 외부투자자들과 공동으로 투자하여 일시적으로 M&A와 관련해서 업무의 연관관계를 가질 수 있다.

4. 성공 요소

"효율적이고 신속한 업무처리 능력, 거시적 시각, 분석력을 가진 인재가 자기자본투자 부서에서 성공할 수 있다."

자기자본투자 부서에서는 늦게까지 남아서 일하는 것을 미덕이라고 여기지 않는다. 정해진 기한 안에 주어진 업무를 신속하게 끝내는 것을 더 중요하게 생각한다. 그리고 자기자본투자 부서 내 투자 의사결정은 매우 빠르게 이루어지기 때문에 더욱 효율적이고 신속한 업무처리 능력이 강조된다.

그리고 적절한 투자 대상을 선정하는 작업은 자기자본투자 부서에서 핵심적인 업무다. 이러한 업무를 성공적으로 수행하기 위해서는 경제와 산업의 큰 그림을 보는 능력이 필요하다. 시장을 보는 거시적인 시각을 통해서 시장의 변동성이나 투자 대상의 가치제고 가능성을 판단하여 투자 대상을 선정해야 한다.

또한 투자 대상을 선정하는 과정에서 시장기회의 포착, 산업분석, 기업분석 등의 작업이 이루어진다. 이러한 작업을 성공적으로 수행하기 위해서는 기본적으로 철저한 분석능력이 요구된다.

5. 진로

1) PI 부서 들어가기

M&A 중심의 투자를 하는 자기자본투자 부서는 M&A 분야의 복잡한 특성 때문에 다양한 능력을 가진 인재들이 필요하다. 크게 보았을 때 투자 업무에 대한 능력, M&A 업무에 대한 경험을 요구하는 경우가 많다.

기본적으로 자기자본투자 부서는 바이 사이드로서 투자가 주요 업무이므로 다른 바이 사이드에서의 업무 경험이 있는 사람들을 선호한다. 대표적으로 자기자본투자와 유사한 업무를 수행하는 바이 사이드인 사모펀드 출신의 인재들이 진입할 수 있다.

M&A 업무를 수행하기 위해 회계법인 FAS(Financial Advisory Service) 부서에서 M&A 자문 업무를 담당했던 사람을 선호한다. 그리고 컨설팅 회사에서 M&A 관련 업무를 수행한 컨설턴트 또한 선호 대상이다. 투자 대상을 선정하는 과정에 있어서 어떤 산업, 어떤 기업이 성장할 가능성이 있고 투자할 가치가 있는지 판단하고, 흐름을 읽을 줄 아는 능력이 필요하다. 컨설턴트들은 이러한 분석적인 능력에서 비교적 뛰어나기 때문에 자기자본투자 부서에서 필요로 한다.

2) 이후 진로

자기자본투자 부서의 경험을 쌓고 나서 갈 수 있는 곳에는 우선 사모펀드가 있다. 자기자본투자 부서에서 수행했던 투자 대상 선별 및 산업 · 기업 분석 업무의 경험을 최대한 살릴 수 있기 때문이다. 그리고 같은 바이 사이드의 입장에서 투자 업무의 유사성이 존재하므로 사모펀드에서 그 업무 경험을 발휘할 수 있다. 결국 자기자본투자 부서나 사모펀드는 하는 일이 거의 유사하므로 양자로의 진입과 진출이 비교적 유리한 편이다.

자기자본투자 부서에서 쌓은 투자업무 능력을 타 금융기관의 투자 담당이나 대기업 투자 담당으로 이직하여 발휘하기도 한다. 결국, 투자 업무의 경험은 그것을 수행하고 있는 다른 기관에서 동일하게 활용할 수 있다는 뜻이다.

자기자본투자 업무를 더 잘하기 위해서 꼭 MBA에 진출할 필요는 없다. MBA에서 보내는 시간 동안 실전에서 경험을 쌓는 것이 업무를 수행하는 데 있어서 더 도움이 될 것이기 때문이다. MBA는 장기적인 시각에서 인적 네트워크를 쌓을 수 있는 기회라는 측면에서 보았을 때 좋은 선택일 수 있다. 하지만 자기자본투자 부서의 업무만 두고 보았을 때는 큰 의미가 없는 것이 사실이다.

+ 장의식
카네기 멜론대학교
텝퍼 비즈니스스쿨
모간스탠리 · 에이비엔암로 인턴

:: 해외 대학 유학생으로서 한국에서 투자은행 인턴을 하게 된 계기와
준비과정을 말씀해 주세요.

지금 같은 불경기에는 해당되지 않는 사항이겠지만, 당시에는 젊은 나이에 목돈을 버는 투자은행
가에 대한 환상이 있었습니다. 그리고 재무, 투자를 잘 익혀두면 훗날 어떤 회사에 들어가도 저를 필
요로 하리라는 믿음이 있었습니다. 결국 모든 회사의 근본적인 목표는 영업, 투자를 통한 수익의 극
대화이기 때문에 재무, 투자 등 금융관련 지식이 있다면 경쟁력이 있는 인재가 되리라 생각했습니다.
또한 《Monkey Business》, 《Liar's Poker》와 같은 관련 서적을 통해 알아본 투자은행 업무를 직접
수행해보고 싶은 욕심도 생겼습니다.

국내 투자은행은 정사원, 인턴을 공채를 통해 채용하는 일이 드문 걸로 알고 있었습니다. 저 또한
금융권에 계시는 지인을 통해 공석이 있는 회사를 알아보고, 이력서와 커버레터를 제출한 후 인터뷰
를 하였습니다. 인터뷰를 준비하기 위해서는 정·재계, 금융권의 중요한 이슈를 파악하는 것이 도움
이 됩니다. 면접은 질문에 대답만 하는 자리가 아니고 지원하는 포지션에 대한 관심과 욕심을 표현하

는 기회이기에 당연히 지원하는 회사의 업무내용, 관련기사, 재무상태도 파악하는 것이 좋습니다.

:: 인턴으로서 무슨 업무를 담당하셨습니까? 이를 통해 무엇을 배울 수 있었습니까?

모간스탠리 한국지사의 글로벌 캐피털 마켓(Global Capital Market)이라는 부서에서 일했습니다. 다른 회사에서는 채권자본 시장으로도 알려진 부서인데, 간략히 말하자면 기업들이 다양한 조건의 채권을 통해 자본을 늘리도록 유도하는 일을 합니다. 이를 위해서는 새로운 고객 유치를 위한 다양한 리서치, 분석이 필요하고 투자를 원하는 기업과 꾸준한 커뮤니케이션이 필요합니다. 또한 기존 고객들을 위한 신용등급관리, 업계동향 안내 등 다양한 서비스를 겸하고 있습니다. 국내의 미국계 회사에 근무하면 업무특성상 번역을 할 일이 빈번합니다. 재무, 회계, 경제 용어를 미리 한글과 영어로 익혀 놓으면 업무에 많은 도움이 됩니다. 저도 유학생활을 통해 영어에 나름 자신이 있었지만 다양한 전문 용어 구사, 프로페셔널한 글 작성, 의사소통에 어려움이 있었고 인턴쉽을 통해 많이 배웠습니다. 인턴을 하며 배운 가장 중요한 점은 팀워크와 개인역량의 향상을 위해 노력하는 자세라고 생각합니다. 팀원 모두 많은 양의 업무를 수행하기 때문에 적극적으로 배우려고 배운 지식을 활용하려는 자세를 가져야 하며 다른 사람의 도움에 의지해서는 안 됩니다.

:: 해외 대학생으로서 한국 금융권 취업과 외국 금융권 취업에 각각 어떤 장단점이 있습니까?

한국 금융기업에서 일해본 적은 없습니다만, 제가 한국의 외국 금융권에서 일하면서 아쉬웠던 점이 있다면 직원의 숫자가 매우 적어서 그런지 체계적인 교육을 받기가 힘듭니다. 외국계 회사의 본사나 한국의 금융기관에서는 수 주에서 수 개월 동안 트레이닝을 받는 것으로 알고 있는데, 한국의 미국계 회사에서는 일에 필요한 간략한 설명을 듣고 실무에 곧장 투입되기 때문에 사전지식이 부족할 경우 어려움을 겪을 수 있습니다. 반면 외국계 회사의 장점은 신입사원 기간부터 한국회사에 비해 고액의 연봉을 받으며, 다양하고 방대한 업무를 수행하여 더 많은 지식을 단기간에 습득할 수 있다는 것입니다. 또한 능력이 인정되면 비교적 이른 기간 안에 결정권을 갖고 일할 수 있으므로 일을 통해 느끼는 성취감과 보람이 클 수 있습니다. 다만, 어느 직종이나 해당되는 사항이지만, 일이 적성에 맞지 않는 경우 과도한 업무, 책임감에 따르는 부담감 등을 이기지 못하고 이직하는 경우도 빈번히 있는 걸로 알고 있습니다. 자신이 왜 이 일을 하고 싶은지, 이 진로를 택함으로써 장기적으로 목표하는 바가 무엇인지를 인지하는 것이 중요하다고 생각합니다.

사모펀드_Private Equity Fund(PEF)

사모펀드는 비공개적으로 소수의 투자자를 모집하여 자금을 조달한 후, 주로 기업 인수·합병(M&A)에 투자하여 높은 수익을 창출하는 역할을 수행한다. 사모펀드의 구성원은 펀드를 운용하면서 무한책임을 지는 운용사(GP, General Partner)와 자금을 투자하면서 유한책임을 지는 투자자(LP, Limited Partner)로 이루어진다. 사모펀드는 적절한 투자 대상의 선정을 위해서 시장분석, 산업분석, 기업분석 등을 수행한다. 그 후, 선정된 기업의 인수합병에 전략적·재무적 투자자로 참여하며, 기업의 가치제고 이후 매각을 통해 수익을 창출한다. 사모펀드에서 성공하기 위해서는 시장에 대한 안목과 적절한 투자 시점을 파악하는 능력이 필요하다. 이러한 역량을 갖춘 사람이라면 사모펀드에 도전해 볼 만하다.

1. 업무 소개

　사모펀드(PEF, Private Equity Fund)는 사모투자 전문회사로, 운용사가 비공개적으로 투자자들을 모집하여 그들로부터 장기자금을 조달한 다음, 저평가 기업 등에 투자를 하여 고수익을 추구하는 펀드를 의미한다. PEF는 조달된 자금을 적절하게 투자하기 위해서 기업 및 금융시장에 대한 분석을 하고, 이를 바탕으로 상대적으로 저평가되어 있는 기업을 찾아낸다. 이후, 대상기업에 재무적 투자자 및 전략적 투자자로 자금을 투자해서 장기간에 걸쳐 기업의 가치를 상승시키고, 이를 재매각하여 수익을 창출한다.

　PEF의 주요 투자 대상은 기업이나, 특별히 한정되지 않고 부동산이나 기타 장기 투자자산 등에도 투자가 이루어진다. 헤지펀드도 자금을 사적으로 모은다는 점에서 PEF와 비슷하지만, 통상 파생상품 등에 투자를 하여 단기적 수익을 추구한다는 투

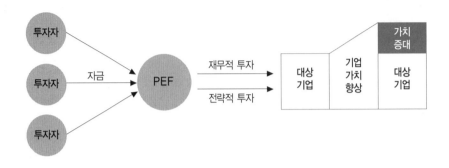

자성향 면에서 다르다.

지금부터 사모펀드의 업무를 단계별로 펀드 설립과 자금조달(Fund Raising), 투자 대상 선정, 인수, 가치제고의 순서로 살펴보겠다.

1) 펀드의 설립과 자금조달

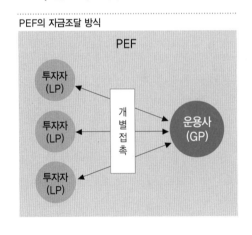

PEF의 자금조달 방식

사모펀드는 일반적으로 투자전문운용사(GP, General Partner)가 비공개적으로 투자자(LP, Limited Partner)들을 모집하여 설립한다. 사모펀드는 국내법상 50인 이상을 대상으로 한 신문이나 방송광고를 통한 홍보를 할 수 없도록 되어 있다. 따라서 운용사는 투자자들에게 개별적으로 접촉하여 맨 투 맨 형식으로 홍보를 하게 된다.

펀드 설립과 자금조달 업무는 증권사의 IR 업무와 유사하며, 사모펀드 내에 IR 전담부서가 따로 구성되어 이 일을 담당하는 경우도 있다. 운용사가 LP를 모집하는

과정에서 잠재적 투자자들에게 설립하려는 펀드에 대해서 설명하고 그들이 투자하
도록 설득한다. 운용사는 해당 펀드의 성격, 투자 대상, 예상수익률, 현재보유자금
등의 정보를 알려주어서 해당 펀드가 매력적이라는 것을 홍보한다. 이 과정에서 가
장 중요하게 여겨지는 것은 해당 펀드를 운용하는 운용사가 이전 펀드에서 기록했
던 성과(Track Record)다. 사모펀드는 장기간 투자이므로 수익률을 예측하기가 어려
워 투자자들은 운용사의 과거 성과를 바탕으로 예상수익률을 가늠하게 된다.

2) 투자 대상 선정

투자 대상 선정 과정

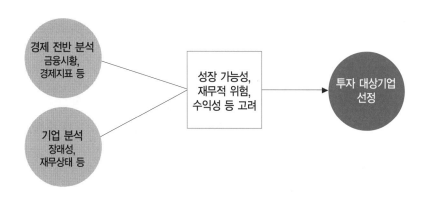

  사모펀드의 가장 중요한 업무들 중 하나가 투자 대상을 선정하는 것이다. 사모
펀드는 보통 대상기업에 직접 투자하는 방식을 취하고, 그 기업에 대해 장기간에 걸
쳐서 투자를 진행하기 때문에 투자 대상을 신중하게 선정해야 한다. 운용사는 투자
대상을 물색할 때 경제 전반에 대한 분석과 각 개별기업에 대한 분석 등 크게 2가지
측면에서 분석을 하게 된다.

  운용사는 경제 전반에 대한 분석을 위해 금융시장 동향 파악을 한다. 예를 들면,

각 금융시장의 주가추이를 파악하거나 환율, GDP, CPI 등의 거시경제지표들을 이용하여 경제 전반에 대해 분석하고, 이를 바탕으로 유망 산업을 발굴해낸다. 각 개별 기업에 대해서는 영업력과 기술력, 재무 안정성 등을 평가하고 추가적으로 잠재력 등을 파악하여 투자할 만한 대상인지 파악한다.

투자 대상

사모펀드가 주로 투자하는 대상기업은 크게 저평가 기업, 구조조정 기업, 벤처 기업, 자금부족 기업 4가지가 있다. 추가적으로 부동산과 같은 기타 자산에 투자하기도 한다. 다만, 우리 나라 사모펀드의 경우 부동산 투자가 제한되어 있다.

먼저 저평가된 기업부터 살펴보자. 현금흐름이 안정적이고 산업 내에서 군건한 위치를 차지하고 있으며 앞으로 건실한 성장을 할 것으로 예상되나, 주가가 동종산업 평균에 비해 저평가되어 있는 기업의 경우 사모펀드의 투자 대상이 된다. 사모펀드는 이러한 저평가된 기업에 재무적 투자자로서 지분을 획득하여 주식매매차익이나 배당수익 등 장기적으로 안정적인 수익을 목표로 한다. 이는 사모펀드의 투자 포트폴리오 중 비교적 안정적인 수익원에 해당한다.

다음은 구조조정을 통해 가치제고를 하려는 기업이다.

사모펀드는 대상기업의 경영권을 행사할 수 있는 정도의 지분을 인수하여 다소 공격적인 구조조정을 시행함으로써 기업가치를 향상시킨다. 구조조정이란 경영진 교체, 인원감축, 사업부 축소 또는 확대 등 기존 기업의 비효율적인 구조를 개선시킴으로써 장기적으로 기업의 가치를 높이고자 하는 활동을 뜻한다. 부실기업이 주로 해당되는데, 위험한 투자 대상에 속하기 때문에 선정과정에 있어서 매우 신중한 판단이 요구된다. 론스타(Lone Star)의 외환은행 인수, 뉴브리지 캐피털(New Bridge Capital)의 제일은행 인수, 우리 제1호 사모펀드의 ㈜우방 인수 등이 부실기업 투자 사례에 해당한다.

벤처 기업에는 상장되지 않았거나 상장된 지 얼마 지나지 않은 기업으로 장래성이 유망한 기업이 여기에 해당한다. 사모펀드는 이러한 벤처기업의 성장가능성을 보고 투자하게 된다.

일시적 자금부족 기업은 기술력이 우수하고 잠재력이 있으나, 일시적인 자금부족으로 인해 어려움을 겪는 기업을 말한다. 현금 유동성만 확보해준다면, 장기적으로 수입을 낼 수 있는 기업이기 때문에 사모펀드는 여기에 투자하여 향후 수익을 도모한다. 기업 입장에서는 투자된 자금을 바탕으로 보다 안정적인 영업활동을 할 수 있다.

마지막으로 부동산을 살펴보자.

기업 외에도 사모펀드는 기업의 구조조정 과정에서 매물로 나온 부동산에 투자해 이익을 내기도 한다. 보통 이런 경우에 매물로 나오는 부동산은 비교적 낮은 가격이 책정되기 때문에 좋은 투자 대상이 될 수 있다. 론스타의 스타타워, 동양증권 사옥, SKC 사옥 매입 등이 대표적인 사례다.

투자 방법

앞서 살펴본 다양한 투자 대상들 중 적절한 투자 대상이 물색되면, 본격적으로 투자가 진행된다. 이때 특수목적회사(SPC)를 통한 투자 방법이 주로 사용된다. 이 방법은 사모펀드가 기업을 인수하는 방법으로, 사모펀드가 주주 또는 사원의 자격으로 설립한 명목회사(Paper Company)인 특수목적회사(SPC, Special Purpose Company)를 통하는 것이다. 이 방법은 직접 투자에 따른 위험의 분담, 여러 사모펀드가 공동으로 SPC를 설립했을 경우 자금조달이 용이해진다는 점, 해외투자 시 해외 SPC를 설립하면 투자를 원활히 할 수 있다는 점 등 다양한 장점을 가지고 있다.

기업의 성장단계별 투자 성향

일반적으로 사모펀드는 기업의 성장단계별로 상이한 투자성향을 보인다. 각 단계별 투자성향을 알아보자.

도입기

기업이 제품의 아이디어를 상용화하여 시장에 출시하기 위한 도입기 단계에서는 사업을 시작하기 위한 초기자금이 필요하다. 이에 필요한 자금을 조달하는 방법 중 하나로 엔젤 투자(Angel Investment)가 있다. 엔젤 투자는 개인이나 소규모의 그룹이 개인 자금을 동원하여 기업에게 종자돈을 제공하고 반대급부로 전환사채 등을 얻는 투자방식을 의미한다. 엔젤펀드와 사모펀드의 큰 차이점 중 하나는 자금조달의 성격이다. 엔젤펀드는 개인의 자금을 조달한 반면, 사모펀드의 경우 비공개적으

기업의 성장단계별 투자 성향

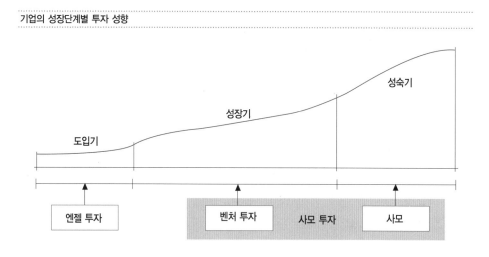

로 투자자들을 모집하여 자금을 조달한다. 이러한 특징들로 인해 엔젤펀드는 사모 펀드의 일종으로 보기 어렵다.

성장기

벤처 캐피탈 펀드는 벤처투자조합을 통해 조성된 자금을 활용하여 성장 혹은 확장 단계에 있는 기업의 주식, 주식연계증권을 인수하여 성장에 필요한 자본을 공급한다. 벤처 캐피탈이 투자하는 기업들의 대부분은 역사가 짧고 불안정한 경우가 많다. 따라서 벤처 캐피탈은 고위험 고수익 모델의 형태를 띠며 투자 기업의 경영의사 결정에 큰 영향력을 행사하는 경우도 있다.

성숙기

성숙기에 시행하는 투자 형태 중 가장 대표적인 것은 바이 아웃 펀드(Buy Out Fund)다. 이 형태는 성장기에 비해 좀 더 안정적인 기업들 중 성장 정체상태이거나 비효율적인 기업의 경영권을 인수하여 기업가치제고 후, 재매각을 통해 차익을 얻는 것을 목표로 한다. 기업가치제고는 재무구조 개선, 구조조정 혹은 합병 등을 통해 실행할 수 있다.

3) 인수 업무

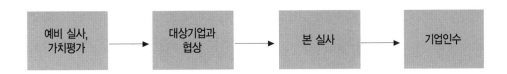

투자 대상기업이 정해지면, 본격적으로 기업 인수과정에 돌입한다.

첫째로, 투자 대상기업에 대한 예비 실사를 하는데, 이 과정은 대상기업의 가치 평가를 정확하게 하기 위한 기반을 다지는 업무를 하는 것이다. 사모펀드는 대상기업에 대한 현장 정보를 파악하고, 그 기업을 인수를 하는 것이 전략적으로 적합한

지 검토를 한다. 검토 결과를 바탕으로 적절한 가치평가(Valuation) 모델을 만들어 가치평가 업무를 수행한다.

둘째, 사모펀드는 도출된 기업가치를 바탕으로 인수가격을 산정하여 대상기업에 제시한 후, 대상기업과 함께 인수가격 및 조건 등에 관한 협상을 하여 기본제안서를 작성한다. 셋째, 가계약을 체결하고 보증금을 납부한 뒤, 본 실사 과정에 들어가게 되는데, 예비 실사 과정에서의 기업 가치평가를 바탕으로 최종 인수가를 결정한다. 마지막으로 본 계약을 체결하고, 인수대금을 납부하면 기업 인수 과정이 끝나게 된다.

4) 가치제고 업무

기업 가치제고 방법

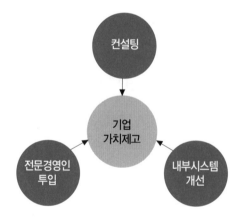

인수가 완료되면, 사모펀드는 인수 기업의 주가를 높여 향후에 차익을 내기 위해 지속적이고 체계적인 가치제고 과정을 하게 된다. 해당 기업의 가치를 높이기 위해 사모펀드는 컨설팅 작업을 통해 문제점을 진단하여 해결하기도 하고, 직접 경영에 참여하기도 한다. 사모펀드의 운용사가 금융기관인 경우에는 기업경영 자체에 많은 경험이 없기 때문에, 외부에서 전문경영인을 영입하는 경우가 많다. 특정 산업에 특화되어 대상기업을 직접 경영하기도 하는데, '블랙스톤'의 경우 통신·보건 분야의 기업에 중점적으로 진출하고 있다. 또한 경영에 참여할 때, 인사개편이나 물적·인적 통합을 통하여 비효율적인 내부시스템을 개선하기도 한다.

2. 비즈니스 모델

사모펀드는 다음과 같은 방법을 통해 투자자금을 회수함으로써, 최종적으로 수익을 창출한다.

PEF의 수익창출 과정

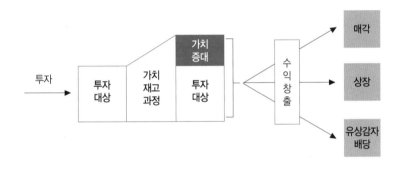

1) 매각

인수기업의 가치를 향상시킨 후 보유하고 있는 지분을 전부 매각하는 방식으로 투자자금 회수 및 가치상승만큼의 이익을 볼 수 있다. 보통 해당 기업에 대한 M&A를 하고자 하는 다른 기업에 매각하거나, 이것이 여의치 않을 경우 다른 사모펀드에 매각할 수 있다. '뉴브리지 캐피털'이 제일은행을 인수하여 스탠다드차타드에 매각한 경우가 전자의 경우에 해당한다.

2) 상장

비상장기업을 인수했거나 상장기업을 인수하여 구조조정 등의 활동을 원활하게 하기 위해 상장폐지를 한 경우, 사모펀드는 인수기업의 상장을 통해 이익을 낼 수 있다. 이는 매각과 같이 지분의 전부를 특정 제3자에게 처분하는 것이 아니라 지분의 일부를 일반투자자들에게 처분함으로써 이익을 내는 방법이다. 이 방법을 사용하면 잔여 지분을 통해서 차후에 추가적인 이익실현이 가능하다. 그러나 상장하는 과정에서 매우 복잡한 절차를 거치게 되는 번거로움이 있다.

3) 유상감자 및 배당

사모펀드가 경영권을 인수한 후 유상감자를 실시함으로써 투자자금을 조기에 회수할 수 있다. BIH(Baltic Investment Holdings)가 브릿지증권을 인수하여 유상감자를 통해 약 2,200억 원의 투자자금을 대부분 회수한 예가 이에 해당한다. 또한 지속적으로 배당을 받음으로써 안정적인 수익을 꾸준히 얻을 수 있다.

3. 타 부서와의 관계

사모펀드는 하나의 부서라기보다는 독립적인 회사의 형태를 띠기 때문에 여기서는 사모펀드 자체의 내부관계에 초점을 맞춰서 살펴보겠다.

사모펀드는 펀드를 운용하는 무한책임사원(GP)과 투자자로서 자금만 투자하는 유한책임사원(LP)으로 구성된다.

GP는 펀드를 조성하는 주체인 펀드 운용사(Private Equity Firm)로 펀드의 설립부터 운용, 기업의 인수·합병, 인수기업의 경영 및 가치제고, 매각 등 모든 업무를 담당하게 된다. GP는 펀드에 투자한 지분만큼의 투자수익과 운용수수료를 얻게 되지만, 펀드의 손실이 발생했을 경우 무한책임을 지게 된다.

LP는 펀드에 투자를 한 투자자들로 펀드의 수익이 발생하면 투자지분만큼 이익을 얻고 손실이 발생하면 투자지분만큼 손실을 보는 유한책임을 지게 된다. LP는 펀드 운용에 직접적으로 참여하지는 않지만, 펀드의 운용 상황에 대한 정보를 GP에 요청할 수 있고 투자의사 결정과정에 어느 정도 참여할 수 있다.

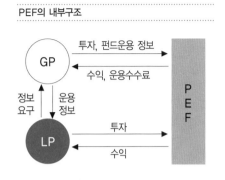

PEF의 내부구조

합자회사 형태를 가지는 사모펀드는 GP, LP 간에 계약을 통한 다양한 형태의 이익과 책임 분배가 가능하며, 상호 간의 이해관계를 조정하기가 용이하다. 그리고 GP가 무한책임을 지기 때문에 펀드 성과에 대해 공시하거나 외부로부터 회계감사를 받을 필요가 없다. 따라서 사모펀드는 통상적으로 운용이 매우 자유로운 편에 속한다.

4. 성공 요소

"사모펀드에서 성공적인 커리어를 쌓으려면 시장에 대한 거시적 시각, 분석 능력, 산업에 대한 전문성이 필요하다."

적절한 투자 대상을 선정하기 위해서는 거시경제 전반적인 흐름을 볼 수 있는 능력이 필요하다. 큰 흐름을 보았을 때 어떤 투자 대상이 미래에 수익을 가져다 줄 것인지를 판단해야 하기 때문이다. 그리고 시장이 변화하고 있는 상황에 대해 시시각각 파악할 수 있어야 적절한 투자시점을 파악할 수 있다. 세부적으로 투자 대상선정 과정에서 거시경제 분석, 산업분석, 기업분석 등의 업무를 수행해야 한다. 이 과정에서 뛰어난 분석 능력이 요구된다.

또한 투자 대상선정 과정이나 가치제고 과정에서 투자 대상기업이 속한 산업에 대한 전문성을 가진 사람이 필요하다. 투자 대상기업이 속한 산업에 대한 지식이 없는 경우에는 타당한 분석 작업을 할 수 없다. 이러한 어려움을 해결하기 위해 해당 산업에서 오랫동안 업무경험을 가진 사람들을 영입하는 경우가 발생한다. 그리고 가치제고과정에서 해당 산업의 전문성을 가진 사람들은 해당 기업의 경영진으로 투입되기도 한다.

5. 진로

1) PEF 들어가기

사모펀드에 진입하는 단계의 사람들 중 학부생의 비율은 매우 작다. 사모펀드는 자금운용을 하는 입장이기 때문에 자산운용사와 마찬가지로 자산운용 경험이 거의 없는 학부생에게는 기회가 많지 않다. 일반적으로 3년 이상의 인수·합병 관련 경험이 있는 사람을 선호한다. 예를 들자면, 인수 기업의 재무상태를 파악하고 조사하는 회계사, 전략을 설계하는 컨설턴트, 법률적 문제를 검토하는 변호사 등은 인수·합병 관련 경험을 가지고 있다고 할 수 있다.

셀 사이드에서 인수·합병 관련 업무를 많이 경험하는 부서인 IBD에서도 많이 진입한다. 종종 같은 바이 사이드인 다른 자산운용사나 사모펀드, 자기자본투자 부서에서 이직을 하기도 한다. 그리고 해당 사모펀드가 특정 기업을 매수하기로 결정했거나 결정단계에 있을 때, 그 기업이 속한 산업에서 많은 경험이 있는 사람들을 영입하기도 한다. 이러한 사람들은 투자 대상기업을 선정하는 과정에서 조언을 해주거나 인수기업의 경영진으로 투입된다.

2) 이후 진로

사모펀드는 금융산업에서 '갑'에 해당하는 바이 사이드의 입장이다. 일반적으로 바이 사이드는 셀 사이드보다 유리한 위치에 있으므로 생활이 상대적으로 좋은 편이다. 그렇기 때문에 사모펀드는 금융권에서 종사하는 사람들의 최종 목표가 되는 경우가 많다. 그러므로 사모펀드 내에서 커리어를 시작하면 그것을 지속해나가는 경우가 많다.

다른 바이 사이드로 이직을 하기도 한다. 바이 사이드로서 사모펀드에서 일한 경험을 그대로 살릴 수 있기 때문이다. 다른 바이 사이드의 예로는 대표적으로 타 사모펀드, 헤지펀드, 연기금, 자산운용사 등이 있을 수 있다.

예외적으로 셀 사이드 쪽으로 가는 경우도 있다. 이런 경우는 좋은 조건을 제시받거나, 셀 사이드의 시니어, 혹은 그 이상의 레벨로 진출하는 경우를 들 수 있다. 바이 사이드에서의 경험이 셀 사이드에서도 유용하게 사용될 수 있기 때문에 이러한 진출의 가능성이 존재하는 것이다.

＋ 정재원

연세대 경영대학 졸업
피치 레이팅스 · 미래에셋 자산운용 ·
모간스탠리 인턴

:: 투자은행 인턴을 하기 위해 어떤 준비를 하셨습니까?

인턴을 하기 위한 준비 과정은 따로 없었습니다. 하지만 예전부터 저는 사회생활을 금융권에서 시작하기를 원했고 이를 위하여 평소에 다음과 같은 노력을 했습니다.

첫째, 금융의 기본인 재무와 회계에 대한 준비입니다. 재무 분야의 기본을 위하여 투자론, 기업재무, 기업가치평가, 부동산 금융투자 등의 수업을 성실히 수강하고, 미국 공인 회계사 시험을 준비하여 합격했습니다. 어린 시절 외국에서 자라며 익힌 영어에 대한 강점이 있었기에 금융 관련 공부에만 전력을 다할 수 있었습니다.

둘째, 주식, 선물, 환, 원자재 등에 있어 직접 투자 경험을 쌓았습니다. 특히 주식에 관심이 많아 관련 분야 서적과 각종 공시, 분석보고서를 참고하며 철저히 기본적 분석 자료에 기반한 투자를 했습니다. 또한 함께 공부하는 친구들과 기업들의 공장과 IR 팀을 방문하여 학문과 현실 간의 거리를 좁혔습니다. 이는 투자가 단순히 책상에서의 글 장난이 아니며, 세상에서 일어나는 실제이기 때문에 매우 중요합니다.

셋째, 선배들과의 지속적인 교류를 통하여 증권업계에 대한 정보를 얻었습니다. 실제 증권업계 다양한 부서에서 어떤 일을 하는지, 그리고 앞으로 어떤 부서의 일이 저에게 적합할지에 관하여 선배 전문가들의 견해를 들을 수 있었습니다. 특히 모의 인터뷰를 보며 인터뷰 지도를 받은 것이 큰 도움이 되었습니다.

:: 인턴으로서 어떤 업무를 담당하셨습니까? 이를 통해 무엇을 배울 수 있었습니까?

제가 일한 곳은 외국계 투자은행의 기업 금융부서(IBD) 입니다. 저의 주 업무는 1~5년 차 애널리스트와 선배사원들을 보조하는 일이었습니다. 간단한 리서치부터 모든 정보, 방법 그리고 창의성을 발휘해야 해결 가능한 난해한 조사 업무까지 다양한 역할을 수행했습니다. 또한 리서치 결과물들을 정해진 형식에 맞추어 실무 발표자료를 만들었으며 가치평가 모델 및 M&A관련 모델을 직접 만드는 기회도 가졌습니다. 진행 중인 M&A 프로젝트의 실사 현장에 직접 투입되어 고객들을 상대로 일하는 것은 다른 곳에서 얻기 어려운 소중한 경험이었습니다.

이곳에서 배운 점은 크게 두 가지로 첫째는 강도 높은 업무 속에서도 마지막까지 웃으며 성공적으로 업무를 수행하는 법입니다. 성공적인 업무 수행은 일을 받았을 때 일이 가진 본질적 목적에 집중하여 정확한 결과물을 적시에 전달하는 것입니다. 그 결과 업무 효율이 크게 상승하였고 주변 선배 사원들로부터 신임을 얻을 수 있었습니다.

둘째, 직무와 관련하여 살아있는 배움을 얻을 수 있었습니다. 리서치 활동을 통해 다양한 회사들에 대하여 깊이 공부하였고 업무와 교육을 통하여 직·간접적으로 M&A과정을 체험할 수 있었습니다. 그리고 엑셀, 파워포인트와 같은 오피스 툴을 많이 사용하면서 전문적인 자료를 만드는 법을 배웠습니다.

:: 인턴으로서 부서 내에서 인정받기 위한 방법은 무엇이라고 생각하십니까?

인턴의 주요 고객은 일을 맡기는 선배 사원들입니다. 그 분들이 업무보조 요청을 했을 때 어떠한 의도로 일을 맡겼는가에 대하여 생각하며 정확한 결과물을 약속된 시간까지 전달하는 것이 중요합니다. 그러기 위해선 상호 간에 막힘 없는 의사소통과 스스로의 철저한 시간 관리가 필요합니다. 그리고 기업 금융부서에서는 특히 3~4명이 한 번에 요청을 하는 경우가 종종 있는데, 이때 자신의 역량에 대해 냉정하고 객관적인 판단이 선행되어야 합니다. 그리고 언제까지 결과물을 드릴 수 있는가에 대해 과장 없이 말씀 드리고 그 약속을 반드시 지켜야 합니다. 처음부터 이런 식으로 신뢰를 쌓아 회사 분들과 좋은 관계를 구축하면 서로 간의 믿음을 바탕으로 한 더욱 효율적인 의사소통이 가능해집니다. 이 원활한 의사소통 및 업무 적응이 가져오는 능력향상은 다시 업무 수행에 큰 도움이 되어 선순환을 불러옵니다. 그렇게 인턴기간이 끝날 때쯤 어느덧 주변 분들과의 두터운 신뢰관계가 형성되었음을 느낄 수 있었습니다.

Step
02

실전 지식 연습하기

Knowledge in Practice

Step 02 실전 지식 연습하기

금융업에 종사하기 위해서는 회계, 재무(밸류에이션), 경제에 대한 지식은 기본이라고 할 수 있다. 학교에서 배운 이론적인 배경을 바탕으로 본 '실전 지식 연습하기' 에서는 실무에서 경험할 수 있는 실전 지식들을 배워보고 연습하도록 한다. 실무뿐만 아니라, 금융 인터뷰 시 기본적인 문제부터 심층적인 회계, 재무, 경제 문제를 답할 수 있도록 구성되어 있으므로, 실전 지식에 대해 "왜, 어떻게"란 질문을 던지며 학습을 하도록 한다.

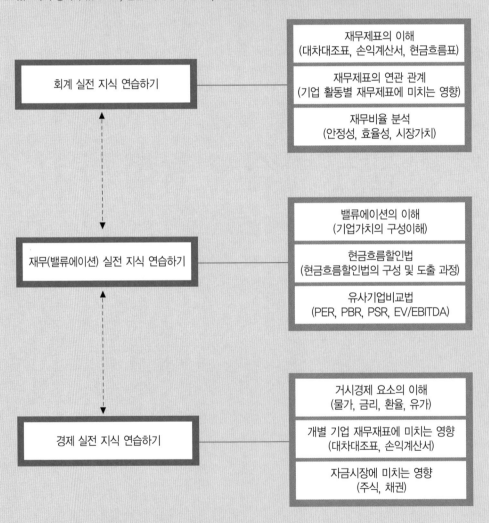

회계 실전 지식 연습하기
- 재무제표의 이해
  (대차대조표, 손익계산서, 현금흐름표)
- 재무제표의 연관 관계
  (기업 활동별 재무제표에 미치는 영향)
- 재무비율 분석
  (안정성, 효율성, 시장가치)

재무(밸류에이션) 실전 지식 연습하기
- 밸류에이션의 이해
  (기업가치의 구성이해)
- 현금흐름할인법
  (현금흐름할인법의 구성 및 도출 과정)
- 유사기업비교법
  (PER, PBR, PSR, EV/EBITDA)

경제 실전 지식 연습하기
- 거시경제 요소의 이해
  (물가, 금리, 환율, 유가)
- 개별 기업 재무재표에 미치는 영향
  (대차대조표, 손익계산서)
- 자금시장에 미치는 영향
  (주식, 채권)

회계_Accountings

· 재무제표들 간의 연관 관계 & 재무비율 분석
∨상황에 따른 대차대조표, 손익계산서, 현금흐름표 상의 분개 방법 이해
∨계정항목별 상호 연계성의 파악
∨기업의 안정성, 효율성 그리고 시장가치 판단에 있어 활용되는 재무비율에 대한 이해
∨각 재무비율 공식의 활용

1. 재무제표의 개요

재무제표를 이용하는 것은 대부분의 금융관련 업무에서 가장 기본이 되는 일이다. 그러므로 기본적인 회계 지식은 필수로 갖추고 있어야 한다. 기업 가치 평가에 필요한 지표를 알고, 지표 간의 관계를 이해하며 그것을 목적에 따라 활용하는 것이 가장 중요하다고 할 수 있다. 다음 세 가지의 재무제표는 기업의 재무적인 현황 및 상태를 파악함에 있어 기본적인 정보를 제공해주는 역할을 한다.

1) 대차대조표(Balance Sheet)

어떤 기업의 특정 시점(보통 회계 기간 마감 시점)에 있어서의 재무 상태를 나타낸다. 기업의 경제적 수익의 원천인 '자산' 과, 그 자산의 원천인 '부채' 와 '자본' 으로 구성되어 있다.

2) 손익계산서(Income Statement)

특정 기간(회계 기간 1년, 1분기 등)에 걸친 영업활동의 결과를 나타내는 재무제표다. 수익과 비용은 얼마나 발생했고 결과적으로 당기순이익은 얼마가 되었는지 등 수익성을 확인할 수 있다.

3) 현금흐름표(Statement of Cash Flows)

대차대조표와 손익계산서에 나타나지 않는 정보인 실제 현금의 유입과 유출에 관한 정보를 나타낸다. 현금흐름은 크게 영업활동, 투자활동, 재무활동으로 나뉜다. 아래의 도식은 4가지의 재무제표를 시간의 흐름상에서 배치한 것이다. 기초와

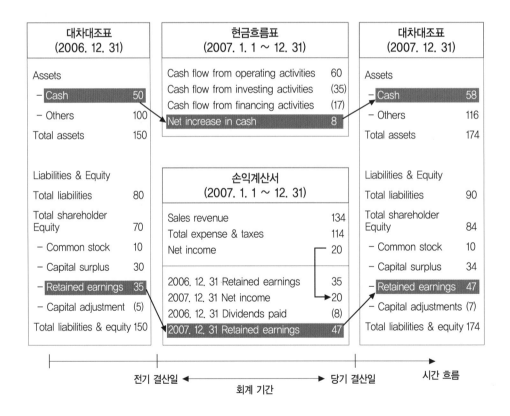

| 알아두기 | **전자공시시스템**

· **한국**

우리나라에는 코스피 종목 700여 개, 코스닥 종목 1,000여 개를 합쳐 모두 1,700여 개 가량의 주식이 거래되고 있다. 이들 기업들은 3개월에 한 번씩 분기보고서를, 6개월에 한 번씩 반기 보고서를, 1년에 한 번씩 연간 사업보고서를 제출해야 한다.

이들의 보고서를 찾아볼 수 있는 곳이 바로 전자공시시스템(http://dart.fss.or.kr)이다. 이 사이트에서는 기업 공개 종목 1,700여 곳 외에 자산 규모 70억 원 이상인 비상장 기업의 재무제표도 검색할 수 있다.

분기	1/4분기 (1~3월)	2/4분기 (4~6월)	3/4분기 (7~9월)	4/4분기 (10~12월)	연간 (1~12월)
어닝시즌	3. 31 ~ 5. 15	6. 30 ~ 8. 15	9. 30 ~ 11. 15	12. 31 ~ 2. 15	1. 1 ~ 3. 31
발표 보고서	분기 보고서	반기 보고서	분기 보고서	분기 보고서	사업 보고서

· **미국**

미국의 경우에는 연방증권감독위원회(SEC)가 운영하는 전자공시 사이트 에드거(Edgar)를 운영하고 있다. 〈http://www.sec.gov/edgar/searchedgar/companysearch.html〉에 가면 여러 가지 재무제표들을 볼 수 있다.

10-K(연례 사업보고서)

우리나라의 사업보고서에 해당하며 전문투자자들이 선호하는 재무제표다. 미국의 모든 공개 기업은 회계연도 마감 후 90일 전까지 10-K를 에드거에 제출해야 한다.

10-Q(분기 보고서)

미국 기업들이 분기별로 제출하는 보고서다. 분기가 끝난 후 45일 전까지 제출해야 한다. 10-K와 마찬가지로 대차대조표, 손익계산서, 현금흐름표, 주석 및 경영진의 회의록이 기록돼 있지만 포괄성이 떨어진다.

8-K(수시 보고서)

대주주가 바뀌었다든가 대규모 증자를 했다든가 하는 임시적인 사건이 발생했을 때 제출해야 하는 문서다. 사건이 발생하고 나서 5일 내에 증권감독위원회에 제출해야 한다.

기말 대차대조표, 손익계산서, 현금흐름표 등 4가지 재무제표는 서로 맞아 떨어져야 하는데 회계학에서는 이를 맞추는 과정을 '일치' 라고 부른다.

투자 은행에서 기본적으로 요구하는 회계 지식은 바로 이러한 재무제표간의 관계를 명확히 이해하고, 특정 사건이 각 계정에서 어떻게 연동될 것인지를 이해하는 수준이다. 또한 인터뷰에 대비하여 주요 계정의 영어 명칭도 필수적으로 암기해 놓도록 한다.

2. 재무제표의 이해

1) 대차대조표

대차대조표의 구성

대차대조표(Balance Sheet)는 기업의 자산, 부채, 자본을 특정 시점에 측정해 기록한 표다. 대차대조표는 차변에 자산을, 대변에 자본 및 부채를 기재한다. 자산은 기업자금의 구체적인 운용형태를 나타내고, 부채 및 자본은 원천 형태를 나타낸다. 대차대조표는 기업자금을 운영과 원천의 양면에서 파악한 계산서이므로 자산합계액과 부채 및 자본의 합계액이 일치한다. 이 때문에 영어로 밸런스 시트라 불린다.

자산

자산(Asset)은 기업이 과거의 거래 혹은 경제적 사건의 결과로 얻게 된, 예상되는 미래의 경제적 효익을 뜻한다. 쉽게 표현하자면 '기업의 경제적 활동의 원천'인 것이다. 자산은 크게 유동자산과 비유동자산으로 나눌 수 있는데, 유동자산에는 현금을 포함하여 비교적 단기간 내(1년 기준)에 현금화가 가능하거나 또는 정상적인 경영활동에서 소멸될 자원들이 포함된다.

비유동자산에는 장기 보유 목적의 투자유가증권, 투자부동산 등의 투자자산, 기계 설비 등의 유형자산, 특허권 등의 무형자산과 기타 비유동자산이 포함된다.

부채

부채(Liabilities) 항목은 기업의 채무를 나타낸다. 이는 채권자들이 기업의 자산에 대해 갖고 있는 청구권이기 때문에 채권자들의 이해관계를 반영하고 있는 항목이다. 자산과 마찬가지로 유동부채와 비유동부채로 나뉜다. 이 둘은 상환기간 1년을 기준으로 나뉜다.

자본

자본(Equity) 항목은 회사의 순가치를 나타낸다. 순가치란 자산에서 부채를 감한 값이다. 부채가 채권자들의 청구권이었다면 자본은 주주들의 청구권인 셈이다. 즉, 주주들의 이해관계를 반영하고 있는 것이 바로 자본 항목이다. 자본금 계정에는 대표적으로 자본잉여금, 자본조정, 이익잉여금 등이 있다.

Q&A | IFRS 도입 – 대차대조표 및 연결대차대조표의 명칭과 구성이 변경되다?

2009년 1월 1일 이후 최초로 시작되는 사업연도부터 대차대조표는 재무상태표(Statement of financial position)로 명칭이 바뀌었다. 기존의 K-GAAP에서는 재무제표의 표준양식을 제공하고, 소분류까지 구체적으로 예시하고 있는 반면, 새로 도입된 K-IFRS에서는 재무상태표 본문에 구분표시해야 하는 최소의 항목만을 제시하고 있다. 재무제표의 명칭과 구성만 바뀌었을 뿐, 제공하는 정보가 동일하므로 대차대조표와 재무상태표는 혼용되고 있다. (본 책에서는 '재무상태표'라는 용어 대신 기존의 '대차대조표'라는 용어를 계속 사용함)

대차대조표

자 산(Assets)	부 채(Liabilities)
1. 유동자산(Current Assets)	1. 유동부채(Current Liabilities)
(1) 당좌자산(Quick Assets)	단기차입금(Short-term Borrowings)
현금(Cash)	매입채무(Accounts Payable)
매출채권(Accounts Receivable)	2. 비유동부채(Long-term Liabilities)
(-)대손충당금(Allowance for Doubtful Accounts)	사채(Debentures)
(2) 재고자산(Inventories)	신주인수권부사채(Debentures with Preemptive Right)
제품(Finished Goods)	전환사채(Convertible Debentures)
원재료(Raw Materials)	장기차입금(Long-term Borrowings)
2. 비유동자산(Non-Current Assets)	부채총계 Total Liabilities
(1) 투자자산(Investments)	
투자부동산(Investment Real Estate)	자 본(Stockholders Equity)
기계장치(Machinery)	1. 자본금(Capital Stock)
(-)감가상각누계액(Accumulated Depreciation)	보통주(Common Stock)
장기투자증권(Long-term Investment Securities)	우선주(Preferred Stock)
(2) 유형자산(PP&E)	2. 자본잉여금(Capital Surplus)
토지(Land)	주식발행초과금(Paid-in Capital in Excess of Par)
(3) 무형자산(Intangible Assets)	3. 자본조정(Capital Adjustments)
영업권(Good Will)	(-)자기주식(Treasury Stock)
개발비(Development Cost)	4. 이익잉여금(Retained Earnings)
(4) 기타비유동자산(Other Non-Current Assets)	자본총계 Total Stockholders' Liabilities
자산총계(Total Assets)	부채 및 자본총계(Total Liabilities and Equity)

Q&A | 대차대조표를 볼 때 유의할 점은 무엇인가요?

대차대조표를 볼 때는 해당 기업의 큰 그림을 그리는 것을 가장 먼저 유념해야 한다. 우선 차변은 자산의 용도다. 기업의 자산을 어떤 용도로 보유하고 있는지를 보여준다. 그리고 대변은 자산의 출처다. 이는 대차대조표의 자산 중 외부에서 조달한 부채가 얼마인지, 주주에게서 출자 받은 자기자본이 얼마인지를 보여준다.

앞에서 언급했듯이 자산합계액과 부채 및 자본의 합계액은 일치해야 한다. 이를 회계학에서는 대차평균의 원리(Principle of Equilibrium)라고 한다.

자산(Asset) = 부채(Liabilities) + 자본(Equity)

자산의 용도 = 자산의 출처

이를 통해 대차대조표를 분석할 때, 각 요소들을 개별적으로 분석하는 작업에 선행하여 전체적으로 자산의 용도와 자산의 출처가 어떻게 구분되는지 큰 그림을 잡고 시작할 수 있다.

2) 손익계산서

손익계산서(Income Statement)란 일정기간 동안 기업의 경영활동 성과를 표시하는 회계보고서로 대차대조표와 더불어 주된 기업재무제표 중 하나다. 손익계산서는 기업의 성과를 발생 원인별로 보고함으로써 일정기간 동안의 기업의 수익 창출력에 관한 정보를 제공한다. 즉, 손익계산서는 일정기간 동안의 회계실체 순자산의 변동 원인을 보고하는 기본재무제표이며, 또한 일정기간 동안의 영업활동흐름을 나타내는 동태적 보고서다.

손익계산서는 수익과 수익을 획득하기 위해 지출된 비용을 대응시킴으로써 기업의 당기 경영활동에 대한 성과를 측정할 수 있을 뿐만 아니라, '정상적인 생산활동에서 자기자본의 총증감액'과, '영업활동에 부수되는 기타 활동에서 총증감액', 그리고 '비경상적인 사유들로부터 발생한 총증감액'을 명확히 구분 표시함으로써 진정한 기간손익과 기간경영성과를 나타낼 수 있다.

또한, 손익계산서는 기업의 이익창출능력에 관한 정보를 제공해 주며, 미래순이익흐름을 예측하는 데 유용한 정보를 제공하기도 한다. 또한 기업 내부적으로 경영계획이나 배당정책을 수립하는 데 중요한 자료로 이용되며, 과세소득의 기초자료로도 이용된다.

손익계산서 항목

| 매출액 |
| (−)매출원가 |
| 매출총이익 |
| (−)판관비 |
| 영업이익 |
| (−)영업 외 수익 · 비용 |
| 계속사업이익 |
| (−)특별이익 · 손실(이자비용) |
| 법인세차감전순이익 |
| (−)법인세 |
| 당기순이익 |

사내유보금   배당금

손익계산서의 맨 위 칸을 보면 매출액(Sales)이 나와 있고 맨 아래 칸에는 당기순이익(Net Income)이 나온다. 그리고 매출액과 당기순이익 사이에 단계적으로 매출총이익, 영업이익, 계속사업이익, 법인세차감전순이익이 나온다. 결국 손익계산서는 기업이 제품이나 서비스를 팔아서 모두 얼마의 매출액을 올렸는데 기업 활동에서 발생한 여러 가지 비용들을 차감했더니 최종적으로 얼마가 남았다는 것을 보여주는 재무제표다.

Q&A │ IFRS 도입 – 포괄손익계산서는 무엇인가?

포괄손익계산서는 일정기간 동안의 주주와의 자본거래를 제외한 모든 거래나 사건에서 인식한 자본의 변동을 기록하는 재무제표를 의미한다. 기존의 K-GAAP에서는 손익계산서를 재무제표의 하나로 보고 포괄손익계산서는 주석으로 공시하도록 하고 있다. 반면, K-IFRS에서는 단일 포괄손익계산서를 작성하거나 손익계산서와 포괄손익계산서를 주석이 아닌 본문에 함께 작성하도록 하고 있다.

구성 및 용어

손익계산서	
매출액(Sales)	980,000
매출원가(Cost of Goods Sold)	− 626,000
매출총이익(Gross Margin)	354,000
판매비와 일반관리비(SG&A)	− 187,000
영업이익(Operating Income)	167,000
영업외수익−영업외비용(Operating Profit & Expenses)	− 40,000
계속사업이익(Ordinary Income)	127,000
특별이익−특별손실(Extraordinary Gain & Loss)	− 43,000
법인세차감전순이익(EBT)	84,000
법인세비용(Taxes)	− 32,000
당기순이익(Net Income)	52,000
주당순이익(EPS, 총 발행주식 수: 1,000주)	52

Q&A | 판관비에는 어떤 것들이 있나요?

판매비와 관리비(Selling General & Administrative Expense)는 상품과 제품 및 용역의 판매활동 또는 기업의 전반적인 관리유지를 위해 회사가 부담하는 비용이다. 대표적인 판관비 계정을 몇 가지 소개하면 아래와 같다.

· 급여(Salaries Expenses)
· 연구비(Research Expenses)
· 임차료(Rental Expenses)
· 광고선전비(Advertising Expenses)
· 대손상각비(Bad Debt Expenses)[5]
· 감가상각비(Depreciation Expenses)

---

5. 대손상각비 : 거래처의 파산·행방불명 등의 사유로 채권이 회수 불능하게 된 경우의 회수불능 채권액의 손실 비용을 말한다. 이에 대한 차감적 계정으로 대손충당금을 사용한다.

3) 현금흐름표

앞서 제시된 대차대조표와 손익계산서에서는 발생주의 원칙에 따라 실제 현금의 유입과 유출에 상관없이, 거래가 일어나는 시점의 정보를 전달하기 때문에 기업의 현금흐름을 파악하기가 어렵다. 이런 점을 보완하기 위해 사용하는 것이 현금흐름표(Statement of Cash Flows)다.

현금흐름표는 일정기간 동안 해당기업의 현금이 어떻게 발생하고 사용되는지 나타내는 표로서 기간별 현금의 유입과 유출 내용을 표시한다. 그럼으로써 구체적으로 어떤 활동을 통해 얼마만큼 조달되었으며, 어떤 활동을 위해 사용되었는지 그리고 그 결과 현금이 얼마나 증가 또는 감소되었는지 보여준다. 이를 통해 향후 발생할 위험이 있는 기업 자금의 과부족 현상도 미리 파악할 수 있다. 현금으로 인식되는 것으로는, 현금을 비롯해 3개월 내에 현금으로 바꿀 수 있는 요구불예금과 어음 등이 있다.

영업활동으로 인한 현금흐름을 보고하는 형태에 따라 직접법과 간접법으로 구분될 수 있다. 직접법이란 현금을 수반하여 발생한 수익 또는 비용항목을 총액으로 표시하되, 현금유입액은 원천별로, 현금유출액은 용도별로 분류하여 표시하는 방법을 말한다. 간접법은 손익계산서상의 당기순이익에서 현금의 유출과 유입을 수반하지 않는 항목, 미래·과거의 영업활동의 이연 또는 조기계상, 투자활동과 재무활동으로 인한 수익·비용 및 영업활동과 관련된 자산·부채의 증감을 조정하여 현금흐름을 산출하는 방식이다. 영업활동으로 인한 현금흐름을 보고하는 형태에 따라 직접법인지 간접법인지로 구분된다. 현금흐름표 작성에 있어서 직접법과 간접법의 차이는 영업활동으로 인한 현금흐름을 계산하는 방법에만 존재하며, 투자활동 및 재무활동으로 인한 현금흐름 계산에는 차이가 없다.

	직접법	간접법
원칙	발생주의	현금주의
도출 방법	① 영업활동으로 인한 현금 증가 항목 계산 ② 영업활동으로 인한 현금 감소 항목 계산 ③ ①에서 ②를 차감	① 영업현금과 관련 없는 손익 제거 ② 영업활동과 관련된 자산·부채의 순증감 액을 가감
장점	·정보의 유용성 높음	·작성 과정 간편
단점	·작성 과정 복잡 ·발생주의 손익계산서와 혼동 ·추가적 비용 소요	·정보의 유용성 떨어짐 (현금흐름의 순액만을 알 수 있음)

현금흐름표(Statement of Cash Flows) - 직접법

Ⅰ. 영업활동으로 인한 현금흐름(Cash flow from operating activities)	529
+ 매출 등 수익활동으로부터의 유입액	912
– 매입에 대한 유출액	(334)
– 기타비용 유출액	(49)
Ⅱ. 투자활동으로 인한 현금흐름(Cash flow from investing activities)	(584)
+ 투자활동으로 인한 현금 유입액	410
– 투자활동으로 인한 현금 유출액	(994)
Ⅲ. 재무활동으로 인한 현금흐름(Cash flow from financing activities)	(13)
+ 재무활동으로 인한 현금 유입액	44
– 재무활동으로 인한 현금 유출액	(57)
현금의 증가(감소)(Net increase in cash and cash equivalents)	(68)
기초의 현금	123
기말의 현금	55

위와 같이 직접법에 의한 현금흐름표를 작성하기 위해서는 손익계산서의 수익과 비용에 이와 관련된 특정 자산과 부채를 일대일로 대응시켜 영업활동으로 인한 현금흐름을 계산하는 방법과, 기업의 회계장부로부터 직접 중요한 수익·비용 항목의 현금유입액과 유출액을 계산하는 방법이 있다.

간접법은 아래에서 볼 수 있듯이, 손익계산서 상의 당기순이익을 현금주의로 전

현금흐름표(Statement of Cash Flows) - 간접법

I. 영업 활동으로 인한 현금흐름(Cash flow from operating activities)	529
당기순이익	516
+ 현금의 유출이 없는 비용 등의 가산	163
– 현금의 유입이 없는 수익 등의 차감	(38)
영업활동으로 인한 자산 부채의 변동	(112)
II. 투자활동으로 인한 현금흐름(Cash flow from investing activities)	(584)
+ 투자활동으로 인한 현금 유입액	410
– 투자활동으로 인한 현금 유출액	(994)
III. 재무활동으로 인한 현금흐름(Cash flow from financing activities)	(13)
+ 재무활동으로 인한 현금 유입액	44
– 재무활동으로 인한 현금 유출액	(57)
현금의 증가(감소)(Net increase in cash and cash equivalents)	(68)
기초의 현금	123
기말의 현금	55

환하여 영업활동으로 인한 현금흐름을 조정하는 방법이다. 당기순이익에 현금의 유출이 없는 비용(감가상각비 등)을 가산하고 현금의 유입이 없는 수익(사채상환이익 등)을 차감하여 작성한다. 여기에 영업 활동으로 인한 자산·부채의 변동(재고자산, 매출채권, 매입채무 등의)을 반영하여 현금흐름을 구하게 된다. 간접법으로 작성할 시에 각 현금흐름 분류에 들어가는 항목은 아래와 같다.

영업활동으로 인한 현금흐름

정상적인 기업의 경우 영업활동에서 충분하게 창출된 현금을 이용하여 주주에게 배당하거나 부채를 상환하고, 또 노후화된 유형자산을 대체하거나 추가 투자함으로써 미래의 수요에 대비한 성장의 토대를 마련할 수 있게 된다.

영업 현금흐름은 구매, 생산, 판매로 이어지는 기업의 본원적 수입창출 활동에서

기업의 경영활동	현금흐름	
	유 입	유 출
영업활동 ·제품의 생산과 상품·용역의 구매 및 판매 ·투자 및 재무활동에 속하지 않는 모든 거래	·제품 등의 판매에 따른 현금유입 ·이자수익과 배당금수익 ·기타영업활동으로 인한 현금유입	·매입처에 지급한 현금 ·종업원에 대한 지출액 ·이자지급액 ·법인세지급액(유형자산 처분에 따른 특별부가세는 제외) ·기타 영업활동으로 인한 현금지출액
투자활동 ·현금의 대여와 회수 ·유가증권, 투자자산, 유형자산 등의 취득·처분 활동 ·영업활동과 관련이 없는 자산의 증가·감소 거래	·유가증권(현금등가물 제외)의 처분 ·대여금의 회수 ·투자자산의 처분 ·유형자산의 처분	·유가증권(현금등가물 제외)의 취득 ·대여금의 발생 ·투자자산의 취득 ·유형자산의 취득 ·무형자산의 취득 ·이연자산의 발생
재무활동 ·현금의 차입 및 상환 ·신주발행이나 배당금 지급 ·영업활동과 관련이 없는 부채 및 자본의 증가·감소 거래	·장단기 차입금의 차입 ·사채 발행 ·주식의 발행(유상증자) ·자기주식의 매각	·장단기 차입금의 상환 ·사채의 상환 ·배당금의 지급 ·유상감자 ·자기주식의 취득 ·신주발행비, 사채발행비 발생

창출된 현금흐름으로, 일반적으로 (+)가 되어야 좋다. 영업 현금 흐름이 (−)인 경우의 기업은 외부자금에 의존해서 부족분을 보충하면서 영업을 계속하게 되는데 이런 현상이 개선되지 않고 지속되는 경우 심각한 재무적 위험에 직면할 수 있다. 특히 여러 해 동안 (−)의 현금흐름을 보이고 있는 기업은 만성적인 자금난에 처해 있는 상태로 해석할 수 있다.

투자활동으로 인한 현금흐름

투자활동으로 인한 현금흐름은 여유자금의 운용 상태를 나타낸다. 기계나 시설 투자를 많이 하는 경우는 (−)일 것이고, 설비자산을 매각하는 경우에는 (+)일 것이다. 투자활동으로 인한 현금흐름은 단지 (+), (−) 부호와 숫자만으로 좋고 나쁨을 판단하기가 힘들다. 단순한 숫자의 증감보다는 투자 항목을 보는 것이 중요하기 때문이다. 어떤 곳에 어느 규모로 투자 활동을 했는지를 확인하여 기업의 투자가 어느 단계에 있는지 확인할 수 있다. 또한 투자활동으로 인한 현금 흐름은 영업활동으로 인한 현금흐름과 같이 몇 년간의 연속적인 흐름을 보는 것이 중요하다.

재무활동으로 인한 현금흐름

재무활동으로 인한 현금흐름은 영업활동과 투자활동에서 여유자금을 창출시킨 기업의 경우 이 여유자금을 어떻게 활용하고 있는지, 또는 영업활동과 투자활동에 부족자금이 발생한 기업의 경우 이 부족자금을 어떻게 조달해서 보충하고 있는지를 알 수 있게 해준다.

(+)라면 차입이나 증자 등으로 자금을 조달한 경우이고, (−)라면 잉여현금으로 차입금을 상환한 경우라고 볼 수 있다. 물론 기업의 성장기에는 외부자금에 의존해서 설비투자자금을 조달할 수밖에 없지만 투자를 계속 재무현금흐름에만 의존하는 것은 심각한 재무적 위험을 초래할 수 있다. 차입금에 의존할 경우 기업의 재무구

조가 악화되어 기업의 안정성이 흔들릴 것이며, 증자에 의한 자금조달의 경우는 안정성에는 문제가 없겠지만 주주에 대한 자기자본이익률 저하나 기업 통제 면에서 문제(주식소유비율의 저하로 인한 경영권 약화)가 발생할 가능성이 있다.

현금흐름표 분석을 통해 현재 기업의 전반적인 상황과 예상 실적을 분석해 볼 수 있다. 아래의 표는 대표적인 현금흐름 패턴을 분석하여 기업의 상황을 예측해 본 것이다.

	우량기업	성장기업
영업, 투자, 재무현금흐름	영업(+), 투자(−), 재무(−)	영업(+), 투자(−), 재무(+)
현금흐름 분석	영업활동을 통해 창출한 현금으로 투자활동을 증가시키고, 부채 또한 상환해 나가고 있는 상황.	영업활동을 통한 현금으로 투자를 증설하고 있지만, 내부자금으로는 부족하여 외부의 자금을 차입하는 상황.
예상 실적	영업현금흐름 창출 능력이 우수하고, 장기적인 투자활동과 부채 상환으로 이자비용이 감소하고 있으므로 장기적인 전망 밝음.	만약 매출이 해마다 증가하고 있다면, 장기적으로 성장할 가능성이 높음.

	재활노력기업	위험기업
영업, 투자, 재무현금흐름	영업(−), 투자(−), 재무(+)	영업(−), 투자(+), 재무(+)
현금흐름 분석	영업활동으로 인한 현금창출은 (−)이지만, 투자활동은 지속하고 있음. 이러한 투자를 유지하기 위하여 재무활동을 통해 외부로부터 현금을 유입하는 상황.	영업활동으로 현금을 창출하지 못하고 있으며, 투자된 설비시설을 처분하면서 동시에 외부로부터 현금을 유입 받아서 기업 상태를 유지하고 있는 경우.
예상 실적	차후에 턴어라운드하거나 더욱 재무상태가 악화되어 파산하거나 둘 중 하나의 결말을 맞게 될 것으로 예상.	이러한 재무 상태가 지속된다면, 회사가 정리 절차에 있다고 파악할 수 있음.

3. 재무제표의 분석 틀

1) 가치평가 측면

기업의 가치를 측정하는 데 있어 그 시작은 해당 기업의 현금흐름을 파악하는 것이다. 이러한 현금흐름은 경영활동의 결과를 반영하는 것이다. 기업 경영활동의 결과를 압축적으로 표현해 놓은 것이 재무제표이므로 기업가치평가를 위한 현금흐름 측정에는 기본적으로 재무제표가 활용된다.

차변의 유동자산과 대변의 유동부채의 차액은 생산과 판매를 위한 순운전자본에 해당한다. 차변의 고정자산은 생산과 영업을 위한 시설자금으로 간주할 수 있다. 이들 순운전자본과 시설자금의 합계액을 기업의 투하자본이라고 한다. 이 부분은 기업에 투하된 자본이 어떻게 쓰이고 있는지를 볼 수 있는 자금의 운용정보 측면이라고 할 수 있다. 기업에 필요한 이러한 자금을 금융시장으로부터 조달해야 하는데, 크게 자기자본(주식)과 타인자본(채권)을 통해 이루어진다. 이러한 기업의 재무활동을 볼 수 있는 부분이 바로 자금의 조달정보 측면이다.

다음으로는 손익계산서도 대차대조표와 마찬가지로 크게 두 부분으로 구분할 수 있다. 먼저 기업활동의 성과창출, 즉 부가가치 창출수준을 알려주는 부분인데 이는 영업이익으로 표현된다. 두 번째 부분은 성과배분정보 부분으로 부가가치 창출을 가능하게 해준 주체들에게 수익이 배분되는 정보를 포함한 곳이다. 여기에는 채권자(이자), 정부(세금), 주주(배당금)가 속하게 된다.

위와 같이 대차대조표와 손익계산서를 각 부분별로 나눈 후에, 가치평가를 위해 현금흐름에 대한 정보를 도출해보자. 현금흐름은 크게 현금의 유입과 현금의 유출로 나눌 수 있다. 현금의 유입은 생산과 판매라는 기업의 경영활동에 대한 대가를 의미하며, 현금 유출은 경영 활동에 투하된 투자자금으로 볼 수 있다. 이러한 현금흐름 역시 재무제표를 통해 파악해볼 수 있다.

먼저 가장 대표적인 재무제표인 대차대조표와 손익계산서를 기업의 경영활동과 연관지어 살펴보도록 하겠다. 대차대조표는 생산을 위한 투자활동과 그에 소요되는 투자자금의 조달활동에 관한 정보를 제공한다.

다음 표는 앞에서 설명되었던 대차대조표와 손익계산서 구조를 바탕으로 현금 흐름을 추정한 모형이다. 대차대조표에서 투하자본을 통해 기업 본연의 활동을 하는 데 소요된 자금을 추적할 수 있다.

투하자본은 앞서 언급한 대로 '고정자산 + 순운전자본'으로 정의된다. 손익계산서로는 기업의 영업활동을 통한 현금흐름의 유입을 알 수 있다. 최종적으로 기업이

운용 및 조달활동 내역

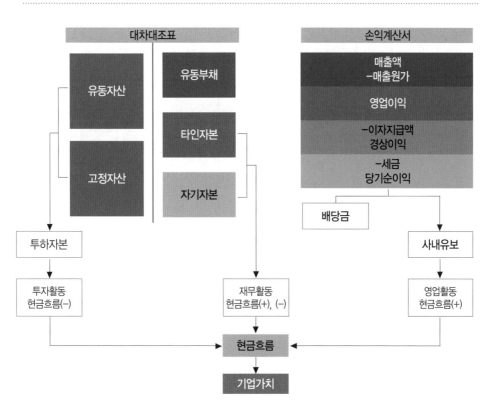

당기순이익을 창출하여 이중에서 사내 유보되는 만큼 계속 현금이 유입되는 것이다. 또한 타인자본과 자기자본으로 재무활동을 통한 현금흐름의 유·출입 정보를 파악할 수 있다. 이러한 일련의 관점으로 재무제표를 보는 인식을 가지면, 기업가치를 평가함에 있어 훨씬 쉽게 접근할 수 있을 것이다.

2) 성과배분 측면

기업은 사업활동에 필요한 투자자금을 주주(Share Holder)와 채권자(Debt Holders)로부터 조달하여 운전자본과 고정설비자산 등에 투자하게 된다. 이를 이용해서 얻은 이익은 투자에 대한 대가로 주주와 채권자들에게 다시 배분된다. 여기서 정부(Government)는 기업에 직접적으로 투자한 주체는 아니지만, 기업에 대한 간접적인 지원으로 인해 기업 성과의 일부분을 법인세비용으로 배분 받게 된다. 지금부터 어떤 단계에서 어떤 주체에게 성과 배분이 이루어지는지 재무제표를 바탕으로 살펴볼 것이다.

기업은 주주와 채권자로부터 자금을 조달, 투자하여 이익을 창출한다. 이러한 사업자산에 대한 투자성과로 창출되는 현금흐름을 다시 채권자와 주주에게 배분하게 된다. 그러므로 일정기간에 자산으로부터 창출된 현금흐름은 채권자와 주주에게 지급될 순현금흐름의 합과 일치하게 된다.

$$\text{자산으로부터 창출된 현금흐름} = \frac{\text{채권자에게 지급되는 현금}}{+\text{주주에게 지급되는 현금}}$$

손익계산서를 보면 배분되는 성과를 좀 더 명확하게 알 수 있다.

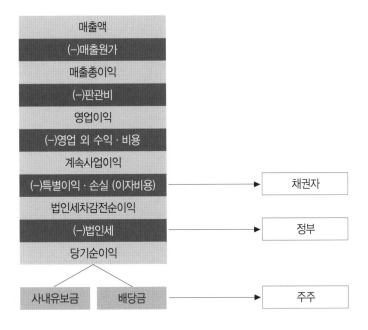

손익계산서 항목에서 보면, 성과 배분의 3가지 주체를 명확히 알 수 있다. 채권자들은 투자의 배분으로 이자비용, 정부는 법인세 그리고 주주는 배당금을 받게 되는 것이다. 이러한 손익계산서의 흐름을 따라가보면, 손익계산서 각 항목의 이익이 대변하는 주체를 알 수 있게 된다.

예를 들어 당기순이익은 법인세비용과 이자비용이 차감된 후의 이익이다. 즉, 당기순이익의 이해당사자는 주주에 한정되는 것이다. 반면에 EBITDA(Earnings Before Interest, Tax, Depreciation and Amortization)는 성과의 배분이 이루어지기 이전의 이익이다. 즉, EBITDA는 주주와 채권자 그리고 정부까지 모두의 이해관계가 포함되어 있는 것이다.

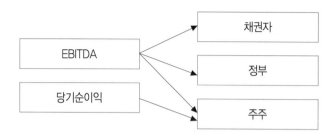

이를 도식화하면 위와 같이 나타낼 수 있다. 당기순이익으로 회사가치를 평가한다면, 이는 주주의 관점에서만 유효한 의미를 가진다. 반면에 EBITDA를 사용해서 회사의 가치를 평가한다면 이는 모든 주체의 이해관계를 포함하게 된다. 그러므로 필요(관계된 주체)에 따라서 이를 구분해 사용할 필요가 있다.

4. 재무제표들 간 연관 관계

기업의 활동에 따른 재무제표 항목의 변화를 이해하는 것은 매우 중요하다. 각 재무제표 항목의 변동을 파악함에 따라 재무비율의 변화까지 계산할 수 있다. 재무비율은 기업의 유동성, 안정성, 효율성, 시장가치 등의 평가를 돕는 지표이므로 기업의 전반적인 매력도를 평가하는 데 있어 중요한 요소다. 기업의 유동성은 단기채무 지급능력의 측정을 의미하며 안정성은 기업의 부채의존도를 나타낸다. 효율성은 기업이 보유하고 있는 자산을 얼마만큼 효율적으로 이용하는지를 의미하며, 시장가치는 주식시장에서의 기업 가치를 보여준다. 다음의 표를 통해 활동별 재무제표의 변화 및 재무비율에 대해 자세히 알아보자.

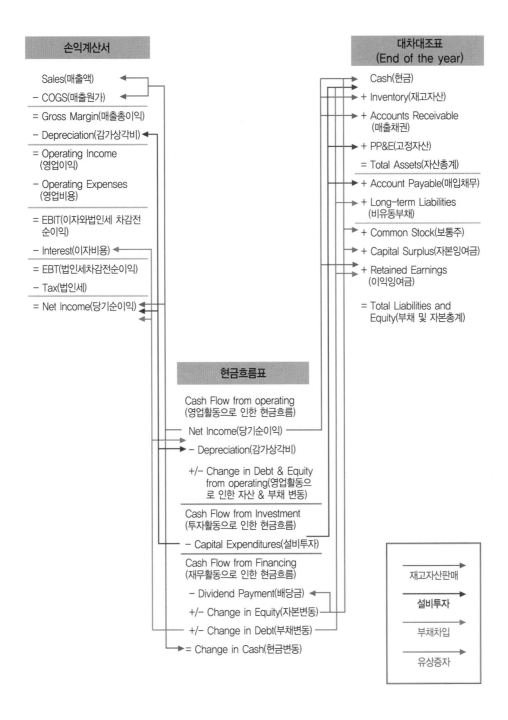

손익계산서

Sales(매출액)
− COGS(매출원가)
= Gross Margin(매출총이익)
− Depreciation(감가상각비)
= Operating Income
(영업이익)
− Operating Expenses
(영업비용)
= EBIT(이자와법인세 차감전
순이익)
− Interest(이자비용)
= EBT(법인세차감전순이익)
− Tax(법인세)
= Net Income(당기순이익)

대차대조표
(End of the year)

Cash(현금)
+ Inventory(재고자산)
+ Accounts Receivable
(매출채권)
+ PP&E(고정자산)
= Total Assets(자산총계)
+ Account Payable(매입채무)
+ Long-term Liabilities
(비유동부채)
+ Common Stock(보통주)
+ Capital Surplus(자본잉여금)
+ Retained Earnings
(이익잉여금)
= Total Liabilities and
Equity(부채 및 자본총계)

현금흐름표

Cash Flow from operating
(영업활동으로 인한 현금흐름)
Net Income(당기순이익)
− Depreciation(감가상각비)
+/− Change in Debt & Equity
from operating(영업활동으
로 인한 자산 & 부채 변동)
Cash Flow from Investment
(투자활동으로 인한 현금흐름)
− Capital Expenditures(설비투자)
Cash Flow from Financing
(재무활동으로 인한 현금흐름)
− Dividend Payment(배당금)
+/− Change in Equity(자본변동)
+/− Change in Debt(부채변동)
= Change in Cash(현금변동)

재고자산판매
설비투자
부채차입
유상증자

회계　189

	재무비율	정의
유동성	유동비율 (Current Ratio)	기업의 유동성을 나타내는 지표로 단기 채무를 상환할 수 있는 능력을 의미한다. 지표값이 1을 넘는 경우 상환능력이 있다고 본다.
유동성	당좌비율 (Quick Ratio)	기업의 단기 유동성을 나타내는 지표로 유동자산을 활용하여 부채를 상환할 수 있는 능력을 평가한다. 당좌비율은 계산할 때 유동자산에서 재고자산을 제외한 값을 이용한다. 재고자산의 현금화가 쉽지 않기 때문인데 이로 인해 당좌비율이 유동비율보다 보수적인 지표라는 평가를 받는다.
안정성	부채비율 (Debt Ratio)	기업의 자산대비 부채비율을 나타낸다. 이 지표를 통해 기업의 차입정도를 알 수 있으며 잠재적 리스크 수준도 파악이 가능하다. 부채비율을 통해 기업의 자본구조도 알 수 있다. 부채비율이 1을 넘는 경우 타인자본의 비중이 높음을 의미하며 반대로 1보다 낮을 경우 자기자본의 비중이 상대적으로 높음을 나타낸다.
효율성	재고자산회전율 (Inventory Turnover Rate)	재고자산이 현금으로 변화되는 속도를 나타낸다. 재고자산회전율이 높을수록 기업이 양호한 상태이다. 반대로 낮은 재고자산회전율은 재고자산의 과잉투자를 의미하며 기업의 수익성 저하로 이어진다.
효율성	재고자산회전기간 (Inventory Turnover Period)	재고자산을 판매하는 데 필요한 기간을 의미하며 짧을수록 기업의 효율성이 높은 것으로 본다.
효율성	매출채권회수율 (Accounts Receivable Turnover)	매출채권을 회수하는 비율을 의미하며 이 비율이 높을수록 기업 경영의 효율성이 높다고 본다. 매출채권회수율이 높은 경우, 대부분의 결제가 현금 위주로 이루어지거나 매출채권 회수가 효율적으로 이루어지고 있음을 의미한다.
효율성	총자산회전율 (Total Assets Turnover)	기업이 자산을 얼마나 효과적으로 이용하고 있는가를 측정하는 비율로 기업의 총자산이 1년에 몇 번이나 회전하였는지를 나타낸다. 높은 총자산회전율은 자산의 효율적 이용을 의미하며 비율이 낮은 경우 기업이 비효율적인 투자를 하고 있음을 나타낸다.
수익성	자기자본이익률 (Return on Equity)	경영자가 기업에 투자된 자본을 사용하여 이익을 어느 정도 올리고 있는지를 나타내는 지표로 투자의 효율성 측정에 사용된다. 높은 자기자본이익률은 자본의 효율적 사용을 의미하며 보통 높은 주가 형성으로 이어진다.
시장가치	주당순이익 (Earnings Per Share)	주식평가에 있어 가장 대표적 지표 중 하나로 주당순이익이 높다는 것은 경영실적이 양호함을 의미하며 주가에 긍정적인 영향을 준다.
시장가치	주가수익비율 (Price/Earnings Ratio)	주가수익비율은 주식 1주가 1년 동안 벌어들인 수익에 비해 얼마나 높게 팔리는지를 나타낸다. 주가수익비율이 높은 경우 이익에 비해 주가가 높게 평가되었음을 의미하며 낮을 경우 주가가 낮게 평가되었음을 나타낸다.

1) 영업활동(재고자산 판매)

재무제표 간 영향

재고자산을 판매하게 되면 현금흐름표 상에는 영업으로 인한 현금흐름이 증가하게 될 것이다. 이는 손익계산서 상에서 매출액과 매출원가의 증가로 이어진다. 일반적으로 마진이 (+)이므로, 매출원가의 상승분보다는 매출액의 상승분이 크기 때문에 당기순이익은 증가하게 될 것이다.

이것이 대차대조표에 반영되면 차변에서는 현금과 매출채권이 늘어나게 되고, 반면 재고자산은 줄어들게 된다. 또한 손익계산서 상의 당기순이익 증가분은 이익잉여금의 증가로 이어진다.

비율 분석

이러한 변동이 비율 분석에는 어떻게 영향을 주는지 살펴보자. 기존에 보유하고 있던 재고자산을 판매하게 되면 대차대조표 계정의 현금이나 매출채권은 늘어나고 재고자산은 줄어들게 된다. 손익계산서에서는 매출액과 매출원가가 모두 늘어나게 되고 따라서 재고자산회전율은 높아지게 된다. 재고자산회전율이 높아지면 재고자산회전기간은 단축된다.

차변		대변	
현금 Cash (B/S)	XXX	매출 Sales (I/S)	XXX
매출원가 COGS (I/S)	XXX	재고자산 Inventory (B/S)	XXX

재무제표 분석	대차대조표	손익계산서	현금흐름표
재고자산 판매 (→)	Cash ↑ Accounts Receivable ↑ Retained Earnings ↑ Inventory ↓	Sales ↑ COGS ↑ NI ↑	NI ↑ Change in Cash ↑

※ 판매가격이 재고자산보다 비싸다. 즉, 현금 〉재고자산

재무비율 분석		분석	결과
유동성	유동비율 (Current Ratio)	Current Assets ↑	상승
		Current Liabilities	
	당좌비율 (Quick Ratio)	(Current Assets ↑ − Inventory ↓)	상승
		Current Liabilities	
안정성	부채비율 (Debt Ratio)	Total Debt	하락
		Total Assets ↑	
효율성	재고자산회전율 (Inventory Turnover Rate)	COGS ↑	상승
		Avg. Inventory ↓	
	재고자산회전기간 (Inventory Turnover Period)	365	하락
		Inventory Turnover Rate ↑	
	매출채권회수율(Accounts receivable turnover)	Sales ↑	상승
		Avg. Accounts Receivable ↑	
	총자산회전율 (Total Assets Turnover)	Sales ↑	상승
		Avg. Total Assets ↑	
수익성	자기자본이익률 (Return on Equity)	NI ↑	상승
		Avg. Shareholder's Equity ↑	
시장 가치	주당순이익 (Earnings Per Share)	(NI ↑ − Dividends on Preferred Stock)	증가
		Avg. Outstanding Shares	
	주가수익비율 (Price/Earnings Ratio)	Stock Price per Share	하락
		EPS ↑	

2) 투자활동(설비투자)

재무제표 간 영향

설비투자는 현금흐름표에서 자본지출로 잡히고, 투자활동으로 인한 현금흐름의 증가를 가져온다. 그리고 설비투자의 결과로 발생된 유형자산 증가로 인해 감가상각비가 증가한다. 또한 유형자산의 증가분만큼 현금의 감소나 매입채무의 증가가 발생한다.

비율 분석

설비투자와 관련된 직접적인 비율 변화는 ROIC(Return on Invested Capital, 투하자본 이익률; EBIT X (1-법인세율)/투하자본)를 통해서 잘 볼 수 있다. 일정기간 동안의 사업에 투자한 자본에서 얼만큼의 수익을 얻었는지를 알려주는 수치이다. 투하자본 이상의 수익을 올려서 이것이 당기순이익 상승에 반영되기 전까지는 ROIC는 하락할 것이다. ROIC 이외의 비율 분석은 다음과 같다.

차변		대변	
유형자산 PP&E (B/S)	XXX	현금 또는 외상매입금 Cash (B/S) or Accounts Payable (B/S)	XXX
감가상각비 Depreciation (B/S, I/S, C/F)	XXX	감가상각누계액 Accumulated Depreciation (B/S)	XXX

재무제표 분석	대차대조표	손익계산서	현금흐름표
설비투자 (→)	PP&E ↑ Accounts Payable ↑ Cash ↓	Depreciation ↑ NI ↓	Capital Expenditures ↑ Depreciation ↑

	재무비율 분석	분석	결과
유동성	유동비율 (Current Ratio)	Current Assets ↓	Cash로 결재 시: CA↓(하락)
		Current Liabilities ↑	A/P로 결재 시: CL↑(하락)
	당좌비율 (Quick Ratio)	(Current Assets ↓ – Inventory)	Cash로 결재 시: CA↓(하락)
		Current Liabilities ↑	A/P로 결재 시: CL↑(하락)
안정성	부채비율 (Debt Ratio)	Total Debt ↑	Cash로 결재 시: TA↓(상승)
		Total Assets ↓	A/P로 결재 시: TD↑(상승)
효율성	총자산회전율 (Total Assets Turnover)	Sales	상승
		Avg. Total Assets ↓	
수익성	자기자본이익률 (Return on Equity)	NI ↓	상승
		Avg. Shareholder's Equity ↓	
시장 가치	주당순이익 (Earnings Per Share)	(NI ↓ – Dividends on Preferred Stock)	하락
		Avg. Outstanding Shares	
	주가수익비율 (Price/Earnings Ratio)	Stock Price per Share	상승
		EPS ↓	

3) 재무활동(부채차입)

재무제표 간 영향

부채차입을 하는 경우, 현금흐름표의 재무활동으로 인한 현금흐름 중 단기차입금 혹은 회사채의 증가로 현금의 증가를 표시한다. 이는 대차대조표에서 현금의 증가분만큼 부채의 증가를 가져온다. 그리고 늘어난 부채에 의하여 손익계산서상의 이자비용은 증가하게 될 것이다. 부채 증가 이외의 다른 계정에는 변화가 없다고 가정하면, 당기순이익은 감소하게 될 것이다. 이는 현금흐름표의 당기순이익과 대차대조표의 이익잉여금 감소를 가져오게 된다.

비율 분석

부채차입을 하는 경우에는 자기자본의 금액만 고정되어 있고, 부채총액이 상승

하며 이 상승분만큼 총 자산도 상승하게 된다. 따라서 부채차입을 하는 경우, 부채
비율은 상승하게 된다. 반면 자기자본비율은 하락하게 된다.

차변		대변	
현금 Cash (B/S)	XXX	장기부채 Long-term Liabilities (B/S)	XXX
이자비용 Interest Expense (I/S)	XXX	현금 혹은 미지급이자비용 Cash (B/S) or Interest Payable (B/S)	XXX

재무제표 분석	대차대조표	손익계산서	현금흐름표
부채차입 (→)	Cash↑ Long-term liabilities↑ Retained earnings↓	Interest↑ NI↓	NI↓ Change in Debt↑

※ 차입은 Long-term이라 가정한다.

재무비율 분석		분석	결과
유동성	유동비율 (Current Ratio)	Current Assets↑ Current Liabilities	상승
	당좌비율 (Quick Ratio)	(Current Assets↑ – Inventory) Current Liabilities	상승
안정성	부채비율 (Debt Ratio)	Total Debt↑ Total Assets↑	상승
효율성	총자산회전율 (Total Assets Turnover)	Sales Avg. Total Assets↑	하락
수익성	자기자본이익률 (Return on Equity)	NI↓ Avg. Shareholder's Equity↓	하락
시장 가치	주당순이익 (Earnings Per Share)	(NI↓ – Dividends on Preferred Stock) Avg. Outstanding Shares	하락
	주가수익비율 (Price/Earnings Ratio)	Stock Price per Share EPS↓	상승

4) 재무활동(유상증자)

재무제표 간 영향

기업이 유상증자를 하게 되면 차입과 마찬가지로 재무활동으로 인한 현금흐름이 증가하게 된다. 이는 대차대조표에서 현금의 증가분만큼 보통주와 자본잉여금의 증가로 표기된다. 그리고 증자 후에도 배당 성향이 일정하다는 가정을 한다면, 배당금은 증가하게 될 것이다. 이는 다음해의 현금흐름표 상에서 배당금의 증가로 볼 수 있다.

비율 분석

기업이 유상증자를 하게 되면 발행주식수 및 자본총계는 모두 증가하게 된다. 이는 주당순이익과 자기자본이익률에 영향을 주게 된다. 유상증자를 통하여 추가적인 수익이 없다는 점을 가정하면, 유상증자 시 주당순이익과 자기자본이익률은 모두 하락한다. 이처럼 유상증자는 단기적으로 기존 주주와 기업 모두에게 단점으로 작용할 수 있다.

차변		대변	
현금 Cash (B/S)	XXX	보통주자본금 Common Stock (B/S)	XXX
		주식발행초과금 Capital Surplus (B/S)	XXX

재무제표 분석	대차대조표	손익계산서	현금흐름표
유상증자 (→)	Cash ↑ Common Stock ↑ Capital Surplus ↑	−	Change in Equity ↑ Dividend Payments ↑

	재무비율 분석	분석	결과
유동성	유동비율 (Current Ratio)	Current Assets ↑	상승
		Current Liabilities	
	당좌비율 (Quick Ratio)	(Current Assets ↑ − Inventory)	상승
		Current Liabilities	
안정성	부채비율 (Debt Ratio)	Total Debt	하락
		Total Assets ↑	
효율성	총자산회전율 (Total Assets Turnover)	Sales	하락
		Avg. Total Assets ↑	
수익성	자기자본이익률 (Return on Equity)	NI	하락
		Avg. Shareholder's Equity ↑	
시장 가치	주당순이익 (Earnings Per Share)	(NI − Dividends on Preferred Stock)	하락
		Avg. Outstanding Shares ↑	
	주가수익비율 (Price/Earnings Ratio)	Stock Price per Share	상승
		EPS ↓	

Q&A | 유상증자는 항상 부정적인 결과를 가져오나요?

유상증자를 시행하면 기존 주주들은 주당순이익이 감소되며, 기업의 입장에서는 자기자본이익률 (ROE)이 감소되는 부정적인 결과를 갖게 된다. 또한 내부자금이나 부채차입보다 높은 자본비용이 요구된다.

하지만 모든 경우에서 유상증자가 부정적인 면만 가지고 있는 것은 아니다. 기업의 내재가치와 현재 주가 간에 괴리가 있다면 유상증자가 고려되어야 한다. 예를 들어, 현재 주가가 현재 기업의 내재가치 보다 저평가되어 있다면, 주식을 발행하는 것이 적정주가 수준을 찾아가는 데 도움이 될 수 있다. 또 한 현재의 지분구조가 개편되어야 하는 경우에도 유상증자를 통해서 재무구조에 변화를 줄 수 있다.

금융권 진출 · 활동을 위한 자격증

+ 최일 CFA

서울대학교 졸업
이패스 코리아 부소장

:: 금융권 취직에 도움이 되는 자격증은 어떤 것이 있나요?

최근 대학생들은 취직을 위해 '스펙'을 높이려 노력하고 있습니다. 가장 많은 이들이 활용하는 방법 중 하나는 관련 분야의 자격증 취득입니다. 하지만 금융권과 관련된 자격증은 종류도 다양하고 투자해야 하는 비용과 시간도 만만치 않습니다. AICPA, CFA, FRM 등을 비롯해 많은 자격증이 있는데 과연 이것들이 필요한지에 대해 많은 사람들이 고민하는 모습을 볼 수 있습니다. 결론부터 말하자면, 있다면 당연히 좋다고 할 수 있습니다.

위의 자격증들이 없다고 하여 금융권 진출이 불가능한 것은 아니지만 있다면 취업시 강점으로 작용함은 너무도 자명한 사실입니다. 주요 금융관련 자격증들은 다음과 같은 특징을 가지고 있습니다.

• CFA

금융 관련 자격증 중 최근 들어 가장 각광받고 있는 자격증은 CFA입니다. CFA는 Chartered Financial Analyst의 약자로써 공인재무분석사를 의미합니다. CFA 시험의 목적은 주식, 채권, 부동산, 선물, 옵션 등의 투자와 포트폴리오 관리, 기업 및 산업분석에 관련된 분야에 종사하는 전문가를 양성하는 데 있으며 윤리의식에 대한 강도 높은 평가도 포함돼 있습니다. 그러므로 CFA를 취득한 사람은 국제적으로 재무분석에 관한 전문적인 능력을 인정받은 것으로 간주돼 애널리스트, 펀드매니저뿐만 아니라 기업으로도 진출하고 있습니다. 다국적 기업이나 외국계 금융기관뿐만 아니라 국내 금융, 증권, 보험사들은 채용 시 CFA를 우대하는 등 자격증 획득이 곧 양질의 고용을 의미하기 때문에 응시자들이 늘어나는 추세를 보이고 있습니다. 아래의 표를 통해 CFA 소지자와 비소지자의 평균 연봉 차이를 볼 수 있습니다.

CFA 자격증 소지자와 비소지자 평균연봉 비교(2004~2005년)

전체 평균 연봉	일본	캐나다	홍콩	싱가포르	영국	미국
CFA 소지자	$163,199	$104,792	$115,380	$82,228	$224,564	$180,000
CFA 비소지자	$148,799	$83,431	$77,945	$59,691	$188,859	$116,000
Δ(%)	9%	20%	32%	27%	16%	35%

CFA 자격증 소지재(10년 경력) 평균연봉(2004~2005년)

전체 평균 연봉	일본	캐나다	홍콩	싱가포르	영국	미국
2005 평균 연봉	$124,799	$100,762	$140,761	$133,697	$187,920	$147,000
2004 평균 성과급	$33,600	$40,305	$51,280	$54,819	$93,960	$54,000
전체 평균 연봉	$167,999	$169,281	$211,530	$182,120	$319,464	$240,000
상위 10%	$403,198	$503,812	$618,100	$603,009	$1,033,560	$754,500

앞의 두 표에서 알 수 있듯이 금융권에서는 CFA 자격증 소지 여부에 따라 대우 측면에서 많은 차이를 보입니다. 특히, 외국계 금융회사들이 진출하고 금융개방화가 전면적으로 이루어지고 있는 현 시점에서 국제적으로 공인된 CFA 자격 보유자라는 것은 본인의 전문성을 나타낼 수 있는 척도 중 하나가 될 수 있을 것입니다.

CFA는 레벨 1, 2, 3으로 나뉩니다. 레벨 1은 객관식으로 다양한 분야에 걸쳐 많은 문제가 출제됩니다. 고난이도의 영어를 요구하지 않으나 문항수가 많으므로 영어에 익숙하면 상대적으로 유리합니다. 특히, 윤리와 회계 과목이 비교적 큰 비중을 차지하는데 회계 과목의 경우 미국 방식의 특징에 익숙해야 합니다.

레벨 2와 3에서는 과목별로 심화된 문제가 출제되기 때문에 충분한 이해가 수반되어야 합니다. 주관식 문제가 있어 영작 능력이 필요하지만 정답의 핵심만 제시하면 되기 때문에 문법이나 단어 선택에 크게 구애를 받지 않아도 됩니다.

• FRM

FRM(Financial Risk Manager)은 재무위험관리사를 의미합니다. FRM은 급변하는 금융시장의 환경변화에 대해 조직 및 개인의 의사결정에 도움을 줄 수 있는 금융위험관리 전문가입니다. 또한 자본시장 전반에 걸친 지식 및 시장 분석능력을 갖춘 독자적인 의사결정 가능자를 말하기도 합니다.

FRM이 하는 일은 각 금융기관과 기업체의 각종 금융위험을 예측, 측정하여 적절한 대비책을 강구하는 일입니다. 시시각각 변화하는 환율이나 파생상품 등 금융환경의 변동성이 증대됨에 따라 각종 재무위험을 과학적으로 관리할 수 있는 FRM의 수요가 급격히 증가하는 추세입니다. FRM은 세계적으로 은행, 투자은행 등의 금융기관을 비롯, 국제적 비즈니스를 기반으로 하는 다국적 기업 및 각종 금융감독기관 등에서 활동합니다. 다음 표를 통해 FRM이 진출할 수 있는 대표적인 진로들에 대해 알아볼 수 있습니다.

CFA와 FRM은 자격증 취득 과정이 실무업무에 초점이 맞추어져 있어 금융권에서 바라는 인재상과 부합합니다. 또한 금융권에서 인재를 뽑는 기준이 지원자의 실무능력에 의해 좌우되기 때문에 금융관련 자격증은 지원자의 경쟁력을 한층 업그레이드시켜줄 수 있는 대안입니다.

FRM의 진출 가능한 진로

진로	역할
금융기관	금융기관들은 다양한 종류의 금융위험에 노출되어 있다. FRM은 최일선의 딜러들이 겪는 다양한 종류의 금융위험을 효과적으로 관리함으로써 궁극적으로 금융기관 전체의 금융위험을 관리할 수 있다.
감독기관	금융기관을 규제하기 위해서는 금융위기를 대비해 최소 요구자본을 적립금으로 유지하는 것이 요구된다. 해외의 경우 은행감독을 담당하는 바젤 위원회, 미국 연방준비은행, 유럽공동체의 감독기관들은 FRM의 핵심인 VaR를 위험도 측정을 위한 지표로 활용함에 동의하였다. 따라서 FRM은 금융감독 업무를 효과적으로 이끌 수 있다.
비금융기관	다국적 기업은 현금 유입과 유출이 여러 통화로 되어 있으므로 환율변화에 민감하다. 따라서 FRM은 이러한 비 금융기관에서의 금융위험을 효과적으로 분석하여, 헤징정책 수립의 기반을 제시한다.
펀드매니징	FRM은 투자에서 생기는 금융위험을 적절히 통제하기 위하여 VaR를 비롯한 계량적 금융위험 관리를 통하여 보다 안정적인 투자를 가능하게 한다.

이패스 코리아 소개

이패스 코리아(Epasskorea)는 2003년 설립된 금융교육서비스 제공 기업이다. 국제재무분석사(CFA), 국제금융위험관리사(FRM) 과정을 시작으로 AICPA, CMA 과정 등 국제금융 자격증 서비스와 국내 은행, 증권, 보험, 세무, 회계 등 국내 금융 교육 과정 서비스를 제공하고 있으며 또한 공무원, 부동산, 경영일반 등으로 교육 서비스 영역을 확대해 나가고 있다. 또한 국내 유수의 금융사를 대상으로 우수한 금융교육 프로그램 운영과 컨설팅을 통하여 선진금융 전문인력을 양성함으로써 국내기업의 국제경쟁력 강화를 통한 금융강국 건설에 이바지하고 있다.

재무(밸류에이션)_Valuation

밸류에이션은 금융권에 진출하기 위해서 필수적으로 알아야 하는 지식이다. 밸류에이션을 이해하기 위해서는 기업가치의 개념과 밸류에이션 방법에 대해서 알아야 한다. 우선 기업가치는 영업가치와 비영업자산가치의 합, 또는 주주가치와 채권자가치의 합으로 나타낼 수 있다. 이러한 두 가지 차원에 대한 이해와 각 구성요소의 도출방법에 대해서 알아보도록 한다. 밸류에이션 방법 중 가장 핵심적인 방법은 현금흐름할인법과 유사기업비교법이다. 현금흐름할인법은 잉여현금흐름, 가중평균자본비용, 목표자본구조의 구성요소들로 이루어져 있다. 현금흐름할인법을 이해하기 위해서 각 구성요소들의 의미와 도출방법에 대해 알아보도록 한다. 마지막으로 유사기업비교법 사용 시 비교대상기업의 선정 과정에서 유의해야 할 사항, 각 배수들의 장단점과 특징 등에 대해서도 알아보도록 한다.

· 밸류에이션의 이해와 방법
∨기업가치의 두 가지 차원에 대한 이해
∨세 가지 주요 밸류에이션 방법의 이해

· 현금흐름할인법
∨현금흐름할인법의 이해
∨예측기간 설정 시 고려해야 할 사항 파악
∨잉여현금흐름의 의미와 계산 방법, 구성요소들에 대한 파악
∨잉여현금흐름을 구성하는 요소들(NOPLAT, 비현금비용, 자본적 지출, 순운전자본의 증감액)의 출처에 대한 이해
∨잉여현금흐름 계산 시 각각의 요소들을 가산하거나 차감하는 이유에 대한 이해
∨잔여가치를 구하는 두 가지 방법 이해
∨잔여가치 산정 시 영구성장모형의 주의점 이해
∨가중평균자본비용(WACC) 구성요소들의 파악
∨목표자본구조를 선정할 때 고려해야 할 사항에 대한 파악
∨타인자본비용을 구하는 방법 이해
∨CAPM을 이용한 자기자본비용 산출 방법 이해 및 구성요소 산출 방법

· 유사기업비교법
∨비교대상기업 선정 시 고려 사항 파악
∨평가대상기업 밸류에이션에 필요한 배수 선정 시의 주의점 파악
∨각 배수들의 특징 파악 및 밸류에이션에 대한 적용
∨기업가치(Enterprise Value)를 구하는 방법 및 구성 요소의 이해

1. 밸류에이션의 개요

　밸류에이션이란 주식, 기업, 부동산 등 다양한 대상의 적정 가치를 구하는 방법을 가리킨다. 여기서는 기업과 주식의 적정가치를 평가하는 과정으로서의 밸류에이션에 대해서 논하기로 하겠다. 기업과 주식 가치를 구하는 밸류에이션은 M&A, 구조조정, 자산매각, 주식투자, IPO 등의 활동에서 핵심적으로 사용되는 업무 중 하나다.

　그렇다면 구하고자 하는 기업의 가치란 과연 무엇일까? 기업가치는 두 가지 측면에서 분석할 수 있다.

　한 가지는 기업의 영업활동에 초점을 두어 기업가치를 영업가치와 비영업자산가치의 합으로 보는 측면이다. 영업가치는 기업의 주된 영업활동으로부터 나오는 미래현금흐름의 현재가치로서, 현금흐름할인법(DCF)을 통해 구할 수 있다. 비영업가치는 기업의 영업활동과 관련이 없는 자산(비영업용 부동산 등)의 시장가치로 구할 수 있다.

　다른 한 가지는 기업가치에 대한 청구권과 자본구조에 초점을 두어, 기업가치를 주주가치와 채권자가치로 보는 측면이다. 주주가치는 주식가치와 동일한 뜻으로, 전체 기업가치 중 주주에게 돌아갈 몫을 의미한다. 주주가치는 기업가치를 구한 후 채권자가치를 차감하여 구하는 방법과, 주가 배수(Price Multiple)를 통해 곧바로 구하는 방법 등을 통해 도출할 수 있다. 채권자가치는 부채가치와 동일한 뜻으로, 전체 기업가치 중 채권자에게 돌아갈 몫을 의미한다. 이러한 채권자가치는 현재 보유하고 있는 부채의 시장가치 또는 부채의 미래현금흐름의 현재가치로 구할 수 있다.

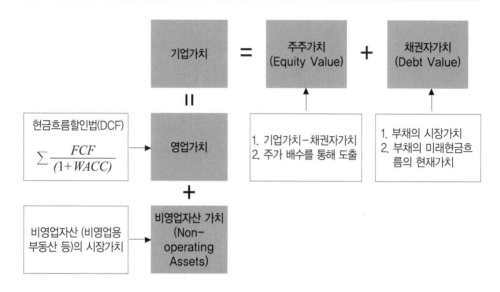

구성 요소	정의	도출 방법
기업가치	기업 전체가치	1. DCF 활용 → 영업가치 + 비영업자산 가치 2. 배수(Multiple) 활용 → 주주가치 + 채권자가치
영업가치	영업활동에서 발생하는 현금흐름의 현재가치	DCF를 통해 구한 미래잉여현금흐름의 현재가치
비영업 자산가치	영업활동과 관련이 없는 자산의 가치	비영업용 부동산 등
주주가치	자기자본가치 전체 기업가치 중 주주의 몫으로 돌아가는 가치	1. DCF를 활용하여 기업가치 도출 후 → 기업가치 − 채권자가치 2. EV 배수를 활용하여 EV 도출 후 → EV − Net Debt 3. 주가 배수를 활용하여 주가 도출 후 → 주가 x 발행주식수
채권자가치	부채가치 전체 기업가치 중 채권자의 몫으로 돌아가는 가치	1. 부채의 시장가치 2. 부채의 미래현금흐름의 현재가치

2. 밸류에이션의 방법

밸류에이션의 방법은 다양하게 있으나 자주 쓰는 방법들을 몇 가지로 요약하면 크게 현금흐름할인법(Discounted Cash Flow Analysis), 유사기업비교법(Comparable Company Analysis or Trading Comps Analysis), 유사거래비교법(Comparable Transaction Analysis or Transaction Comps Analysis) 이렇게 3가지를 들수 있다.

현금흐름할인법은 미래의 현금흐름을 추정하여 적절한 할인율을 구한 후 현재가치로 할인하여 기업의 가치를 산정하는 방식이다. 유사기업비교법은 비교대상기업을 선정하여 그 기업에서 적절한 배수를 구한 후 평가대상기업의 밸류에이션에 사용하는 방법이다. 유사거래비교법은 과거에 성사된 M&A거래들 중 비교가능한 M&A거래를 선정하여 적절한 배수를 구한 후 평가대상기업의 밸류에이션에 사용하는 방법이다.

유사거래비교법은 가치평가 시 경영권 프리미엄(Control Premium)을 반영한다는 장점이 있지만, 비교가능한 M&A거래를 찾기가 힘들고 정보의 접근성에 문제가 있으며 M&A거래 성사 당시의 시장상황에 영향을 많이 받는다는 단점이 있다. 그래서 실무에서는 현금흐름할인법과 유사기업비교법을 가장 많이 사용한다.

이들도 각기 단점을 가지고 있지만, 현금흐름할인법의 경우에는 외부환경의 영향에 덜 민감하고 기업 자체의 역량으로 기업가치를 평가하기 때문에 유용하다. 그리고 많은 요소들을 고려해야 하기 때문에 평가과정에서 유용한 정보를 얻어낼 수 있다. 유사기업비교법은 비교대상기업을 잘 선정하기만 하면 현금흐름할인법보다 훨씬 간단하게 기업가치를 평가할 수 있다. 그러므로 이 두 가지 밸류에이션 방법에 대해서 잘 알고 있다면 실무에서 업무를 수행하는 데 유용할 것이다.

	현금흐름할인법	유사기업비교법	유사거래비교법
장점	· 외부환경에 덜 민감함 · 가치평가과정에서 수많은 유용한 정보를 얻어낼 수 있음 · 기업 자체의 역량으로 가치를 평가	· 간편함 · 정보에의 접근성이 높음	· 간편함 · 경영권 프리미엄이 반영됨
단점	· 가치평가과정에서 많은 변수들에 대한 가정이 필요함	· 완벽하게 비교가능한 기업을 찾기 어려움	· 비교가능거래를 찾기 힘듦 · 정보의 접근성에 제한이 있을 수 있음 · 시장상황에 민감함

3. 현금흐름할인법

현금흐름할인법(DCF, Discounted Cash Flow Analysis)이란 영업활동으로 인해 발생되는 미래의 예상현금흐름을 적절한 할인율로 할인하여 구한 현재가치를 기업의 영업가치로 보는 방법이다. 이 방법은 기업의 가치가 과거의 경영성과나 현재의 외부환경요인에 의해서 결정되는 것이 아니라 기업의 미래 현금흐름 창출 역량에 의해 결정된다는 측면에서 매우 우수한 가치평가방법으로 인정되고 있다. 그러나 현금흐름할인법의 가장 중요한 요소인 '미래의 현금흐름'과 '적절한 할인율(자본비용)'은 가정에 의해 추정해야 하므로 정확성에 한계가 있을 수 있다. 그렇기 때문에 현금흐름할인법에 의해 평가된 가치는 절대적인 가치가 아니라 이용가능한 정보와 적절한 가정을 통한 추정가치라는 것을 명심해야 한다.

1) 현금흐름할인법의 기본 개념 및 가정

현금흐름할인법을 본격적으로 살펴보기에 앞서, 두 가지 기본적인 개념과 가정에 대해서 알고 있어야 한다. 현금흐름을 '할인한다'라는 개념을 이해하기 위해서는 우선 화폐의 시간가치(TVM, Time Value of Money)에 대해서 알아야 한다. 또한 '미래의 현금흐름을 어디까지 구할 것인가'에 대해 확실히 하기 위해서는 기업의 존속기간 및 현금흐름 예측기간의 가정에 대해서 알고 있어야 한다.

화폐의 시간가치

$$현재가치 = \frac{미래가치}{(1+ 할인율)^n}$$
$$미래가치 = 현재가치 \times (1+ 할인율)^n$$

현금흐름할인법은 화폐의 시간가치(TVM, Time Value of Money)의 개념을 기초로 한다. 화폐의 시간가치란 현재의 1원이 미래의 1원보다 가치가 높다는 것을 의미한다. 그 첫 번째 이유는 물가가 상승하여 오늘 1원으로 살 수 있는 것을 내일은 살 수 없는 상황이 발생하기 때문이다. 두 번째 이유는 투자 기회의 존재인데, 오늘 1원을 투자하면 내일은 1원보다 더 큰 가치가 될 수 있는 기회가 있다는 것이다. 이러한 다양한 요소들을 고려해서 화폐의 기회비용을 구했을 때 그것이 바로 할인율(Discount Rate)이 된다. 이 할인율을 이용하면 화폐의 현재가치와 미래가치를 구할 수 있다.

기업의 존속기간 및 예측기간의 가정

현금흐름할인법을 통해 기업가치를 추정하기 전에 기업의 존속기간에 대한 가정을 살펴보아야 한다. 현금흐름할인법은 '계속기업의 가정'을 사용함으로써 가치평가의 대상 기업이 청산기업이 아니라 영구히 계속된다고 가정하고 있다. 그렇다면 이론적으로는 매년 잉여현금흐름(FCF, Free Cash Flow)을 구하여 각각을 적절한 할인율로 할인하는 방식을 써서 기업가치를 구해야 하는데, 여기서 잉여현금흐름을 무한대로 구해야 한다는 어려움이 발생하게 된다. 그래서 현실적이고 신뢰성이 높은 예측기간(Planning Period)을 설정하여 그 기간 동안의 잉여현금흐름을 구하고 그 이후의 현금흐름은 잔여가치(Terminal Value or Continuing Value)로 설정하여 구하는 방식을 사용한다. 여기서 예측가능기간은 보통 5~10년 정도 설정한다.

....
현금흐름할인법의 전체적 구조
....

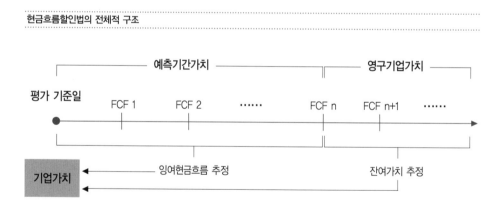

2) 현금흐름할인법 Equation & Factors

$$Value = \sum_{n=1}^{\infty} \frac{FCF_n}{(1+DiscountRate)^n} = \sum_{n=1}^{T} \frac{FCF_n}{(1+DiscountRate)^n} + \frac{TV_T}{(1+DiscountRate)^T}$$

구성 요소	정의	도출 방법
FCF	예측기간 동안의 잉여현금흐름(Free Cash Flow)	미래현금흐름을 추정하여 추정재무제표 작성 → FCF의 구성요소 도출
TV	예측기간 이후의 잔여가치(Terminal Value)	영구성장모형 혹은 배수 접근법을 사용하여 도출
Discount Rate	미래현금흐름을 할인하기 위한 적절한 할인율	WACC을 사용
T	예측기간(Planning Period)	현금흐름의 정상화를 고려. 보통 5~10년

위의 공식은 현금흐름할인법을 이용하여 기업가치를 구하는 공식이다. 공식에 따르면 기업가치는 예상잉여현금흐름(Expected FCF)을 적절한 할인율(Discount Rate)

Q&A | 예측기간은 어떻게 설정하나요?

예측기간은 현금흐름이 정상화(Normalize)될 때까지의 기간으로 설정해야 한다. 현금흐름이 정상화 된다는 의미는 현금흐름이 영구적으로 일정한 성장률로 증가한다는 가정을 적용해도 무리가 없게 된다는 뜻이다. 그러나 현금흐름이 안정적으로 유지될 것이라는 예측도 하나의 가정에 불과하다. 그 래서 너무 짧은 예측기간은 높은 현금흐름의 변동성을 초래할 가능성이 있어 신뢰성이 떨어지지만, 너무 긴 예측기간을 잡는 것도 현금흐름 추정의 정확성이 떨어진다. 그러므로 여러 가지 사항들을 고려하여 상식적인 수준에서 현금흐름이 어느 정도 안정화 단계에 접어드는 기간을 예측기간으로 잡는 것이 좋다. 고려해야 할 사항으로는 제품 수명주기(Product Life Cycle), 제품 생산기계의 경 제적 내용연수, 산업의 성장주기 등이 있다. 실무에서는 예측기간을 보통 5~10년 정도로 잡는 것이 일반적이다.

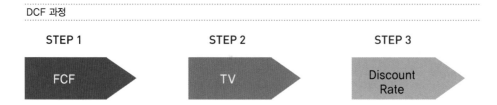

DCF 과정

STEP 1   STEP 2   STEP 3

FCF   TV   Discount Rate

로 할인한 값들의 합으로 표현할 수 있다. 여기서 예상잉여현금흐름은 다시 예측기간 동안의 잉여현금흐름과 잔여가치(TV)로 나뉜다. 그리고 할인율은 가중평균자본비용(WACC, Weighted Average Cost of Capital)을 사용한다. 즉, 현금흐름할인법을 수행하기 위해 필요한 자료는 예측기간의 잉여현금흐름, 잔여가치, 할인율(WACC)이다.

현금흐름할인법의 첫 번째 단계는 예측기간의 잉여현금흐름을 구하는 것이다. 잉여현금흐름은 추정재무제표를 작성하는 과정에서 그 구성요소들을 찾아낼 수 있다. 두 번째 단계는 예측기간 이후의 잔여가치를 구하는 것이다. 이것을 구하는 방법에는 영구성장모형(Perpetuity Growth Model)과 배수 접근법(Multiple Method)의 두 가지 방법이 있다. 세 번째 단계는 할인율을 구하는 것인데, 할인율로는 주로 WACC를 이용하며, 목표자본구조(D/E), 타인자본비용, 자기자본비용을 구하여 계산할 수 있다.

3) STEP 1 잉여현금흐름의 결정

잉여현금흐름이란 기업이 영업활동을 유지 또는 확대하면서도 자유롭게 사용가능한 현금으로, 영업활동에서 생기는 현금흐름에서 사업 유지 및 확장을 위한 투자활동 현금흐름을 차감한 금액을 뜻한다. 잉여현금흐름은 세후영업이익(NOPLAT)에 비현금비용을 더하고 순운전자본 증감액을 가감한 후, 유형자산 투자금액(자본적 지출)을 차감하여 구한다

Free Cash Flow = <u>NOPLAT + Non-Cash Expense</u> - <u>Changes in Net Working Capital - CAPEX</u>

↓ **영업활동흐름** ↓ **투자활동현금흐름**

구성 요소	정의	도출 방법
NOPLAT	세후영업이익(Net Operating Profit Less Adjusted Tax)	I/S의 EBIT와 법인세율을 바탕으로 EBIT×(1-t)의 공식을 적용함
Non-Cash Expense	감가상각비와 무형자산상각비와 같은 비현금비용	**현금흐름표**의 비현금비용 관련 계정에서 도출
Changes in Net Working Capital	순운전자본 증감액	B/S의 수치를 바탕으로 함 당기 NWC − 전기 NWC NWC = (CA − Cash) − (CL − Interest bearing debt)
CAPEX	자본적 지출(Capital Expenditure)	**현금흐름표**의 '유형자산의 취득' 계정에서 도출

잉여현금흐름의 도출 과정 및 출처

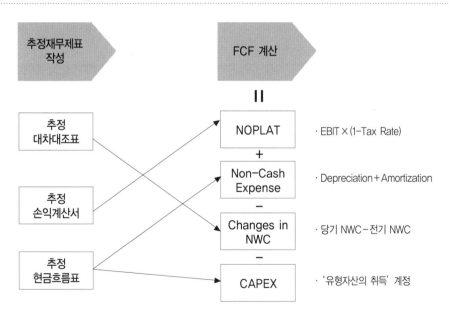

잉여현금흐름을 추정하기 위해서는 예측가능기간에 해당하는 추정재무제표를 작성해야 한다. 추정재무제표를 작성하려면 '매출 추정', '비용 및 투자비 추정', '순운전자본 변동 추정' 등의 과정이 필요하다. 이러한 과정을 거쳐서 추정재무제표를 작성하여 잉여현금흐름 계산에 필요한 구성 요소들을 도출해 낸다.

세후영업이익(NOPLAT)은 추정손익계산서의 영업이익(EBIT)에서 법인세를 차감하여 구할 수 있고 비현금비용(Non-Cash Expense)은 추정현금흐름표에서 감가상각비(Depreciation)와 무형자산상각비(Amortization) 등의 비현금비용 증감 계정을 통해 구할 수 있다. 순운전자본의 증감액(Changes in Net Working Capital)은 추정대차대조표에서 (유동자산-현금) - (유동부채-이자성부채)의 식을 통해 구할 수 있고, 자본적 지출(CAPEX)은 추정현금흐름표에서 '유형자산의 취득' 계정을 통해 구할 수 있다.

세후영업이익

$$NOPLAT = EBIT \times (1\text{-}Tax\ Rate)$$

구성 요소	정의	도출 방법
EBIT	영업이익(Earnings Before Int. & Tax)	Sales − COGS − SG&A
Tax Rate	법인세율	해당 국가의 법인세율 적용

세후영업이익(NOPLAT)은 영업이익(Operating Profit, or EBIT)에서 법인세를 차감한 값이다. 차감하는 법인세는 일반적으로 손익계산서에서의 법인세와 다르다. 손익계산서에서는 영업이익에서 이자를 차감하고 난 다음에 법인세를 계산하기 때문이다. 영업이익에서 이자를 차감하지 않고 바로 법인세율을 곱해주면 손익계산서의

법인세 금액과 달라진다. 그렇기 때문에 NOPLAT 계산 시에 차감되는 법인세를 조정세액(Adjusted Taxes)라고 부른다.

비현금비용

비현금비용(Non-Cash Expense)이란, 감가상각비와 무형자산상각비와 같이 재무제표 상에서는 비용으로 처리되지만 실제 현금지출이 없는 비용이다.

순운전자본의 증감액

순운전자본(Net Working Capital)이란 기업의 영업활동이 원활하게 돌아가도록 유동성을 공급해주는 자금을 의미한다. 보통 유동자산에서 유동부채를 차감한 수치를 두고 순운전자본이라고 하는데, 더 정확한 수치를 구하기 위해서는 유동자산과 유동부채 중 영업활동과정에서 발생하지 않는 항목들을 차감해주어야 한다. 이 항목들은 현금 및 현금등가물과 이자성 부채가 대표적이다. 순운전자본의 증감액은 당기 순운전자본에서 전기 순운전자본을 차감하면 구할 수 있다.

$$\text{Net Working Capital} = (\text{CA} - \text{Cash \& Cash Equivalents})$$
$$- (\text{CL} - \text{Interest Bearing Debt in CL})$$

구성 요소	정의	도출 방법
CA	유동자산(Current Assets)	대차대조표의 자산항목 매출채권, 재고자산 등
CL	유동부채(Current Liabilities)	대차대조표의 부채항목 매입채무 등
Cash & Cash Equivalents	현금 및 현금등가물	대차대조표의 유동자산 항목
Interest Bearing Debt in CL	유동부채에 포함된 이자성부채	대차대조표의 유동부채 항목

잉여현금흐름은 기업이 영업활동을 유지 또는 확대하면서도 자유롭게 사용 가능한 현금으로, 영업활동에서 발생한 순수한 현금흐름이다. 즉, 영업활동과 관련된 모든 비용을 차감하고 실제로 지출되지 않은 현금을 더하여 실제로 손에 쥘 수 있는 현금흐름을 뜻한다. 그러므로 잉여현금흐름은 회사의 회계적 이익이 아니라 영업활동으로 인해 발생하는 실제 현금흐름을 측정하는 수치이기 때문에 기업가치를 평가하는 데 있어 다른 수치들(Net Income, EBIT, EBITDA 등)보다 유용하다.

· 잉여현금흐름 계산 시 왜 세후영업이익을 사용하나요?

현금흐름할인법을 통해 구하려는 기업가치(V)는 자기자본가치(E)와 타인자본가치(D)의 합(V = E + D)이다. 그리고 세후영업이익은 원가, 비용, 세금을 차감한 후 주주와 채권자의 몫만 남은 수치이다. 그러므로 이는 기업가치를 구하는 데 적합하다.

· 비현금비용은 어디서 구할 수 있나요?

대표적인 비현금비용인 감가상각비는 손익계산서의 판매비와 관리비로 보고되거나, 매출원가의 일부로서 제조원가에 포함된다. 예를 들면, 제조기업의 경우 공장이나 기계장치 등 제조활동과 직접적인 관련이 있는 것의 감가상각비는 제조원가로 포함되지만, 제조활동과 직접적인 관련이 없는 본사 건물, 비품 등에 대한 감가상각비는 판매비와 관리비에 포함된다. 그렇기 때문에 손익계산서에 나타나는 감가상각비는 정확한 수치가 아니라고 할 수 있다. 왜냐하면 손익계산서에는 판매비와 관리비 항목에만 감가상각비가 기록되어 있고 매출원가(제조원가)에는 따로 감가상각비 항목이 없기 때문이다. 이 두 종류의 감가상각비를 모두 나타내는 항목은 바로 현금흐름표의 감가상각비 항목이다. 그러므로 비현금비용은 현금흐름표의 수치를 사용하는 것이 정확한 방법이다.

감가상각비의 흐름

· 왜 잉여현금흐름 계산 시 비현금비용을 더해주나요?

비현금비용은 감가상각비, 무형자산상각비와 같이 실제로 지출된 현금비용이 아니라 회계원칙에 따른 비용이다. 그러므로 현금주의의 개념인 잉여현금흐름을 계산하는 데 있어서 실제로 지출된 현금이 아니므로 더해주어야 한다.

· 왜 잉여현금흐름 계산 시 순운전자본의 증감액을 반영해주어야 하나요?

운전자본에 묶여 있는 자금은 유동성 공급에만 사용되고 다른 목적으로 사용될 수 없기 때문에 현금흐름에 영향을 준다. 그러므로 실질적으로 운전자본의 증가는 현금의 유출이고 운전자본의 감소는 현금의 유입을 의미하게 되므로 잉여현금흐름 계산 시 증감분을 반영해주어야 한다.

· 자본적 지출은 어떻게 구하나요?

실무적으로 자본적 지출은 평가대상기업의 사업계획서에서 자본적 투자계획에 대한 정보를 얻어야 추정할 수 있다. 이러한 정보를 바탕으로 만든 추정현금흐름표에서 '유형자산의 취득' 계정이 바로 자본적 지출의 수치다.

· 왜 자본적 지출을 차감해야 하나요?

자본적 지출은 '영업활동에 이용되는' 유형자산에 대한 투자금액이기 때문에 영업을 위한 실질적인 현금유출이므로 잉여현금흐름 계산과정에서 차감해 주어야 한다.

자본적 지출

자본적 지출(CAPEX, Capital Expenditure)은 영업활동에 이용되는 유형자산에 대한 구매비용 및 유지비용을 뜻한다.

4) STEP 2 잔여가치의 결정

잔여가치(Terminal Value, or Continuing Value)란 사업의 예측기간이 끝난 이후에 기업이 동 사업으로부터 계속 얻을 것으로 추정되는 경제적 가치의 크기라고 정의할 수 있다. 잔여가치를 구하는 대표적인 방법에는 두 가지가 있다.

영구성장모형(Perpetuity Growth Model)

이 방법은 잉여현금흐름이 예측기간 이후에 일정한 성장률로 성장해 간다는 가정을 바탕에 두고 있다. 그리고 가치평가 대상 기업이 영속적으로 존재할 것이라는 계속기업의 가정 역시 바탕에 두고 있다. 그래서 이 방법은 평가대상기업이 이미 성숙기에 접어들었거나, 예측기간 이후 성숙기에 접어들 것으로 예상되는 경우에 사용된다.

잔여가치의 계산방법은 예측기간 말의 잉여현금흐름에 '1+성장률'을 곱한 값에 '자본비용-성장률'을 나누어 주면 된다. 여기서 자본비용은 WACC를 쓴다. 이 모델에서는 성장률을 구하는 과정이 매우 조심스럽게 이루어져야 한다. 왜냐하면 성장률의 크기에 따라서 잔여가치의 크기가 좌우되기 때문이다.

영구성장률(Terminal Growth Rate)을 구할 때에는 동종기업들의 성장률, 대상기업이 사업을 영위하고 있는 지역의 GDP 성장률, 사업의 성숙도, 과거의 성장률 추세, 예측기간 동안의 평균 성장률, 물가상승률(Inflation) 등을 종합적으로 고려하여 산출해야 한다. 사양산업의 경우에는 성장률을 제로(0)로 가정하기도 한다.

$$TV = \frac{FCF_t \times (1+GrowthRate)}{WACC - GrowthRate}$$

구성 요소	정의	도출 방법
FCF_t	t기간(예측기간 말)의 잉여현금흐름	추정재무제표를 토대로 도출
Growth Rate	t기간 이후에 적용되는 잉여현금흐름의 안정적인 영구성장률	동종기업의 성장률, 과거의 성장률 추세 등 여러 요소를 고려해서 결정
WACC	가중평균자본비용(Weighted Average Cost of Capital)	자기자본비용, 타인자본비용, 목표자본구조, 법인세 등의 요소들을 고려하여 계산

배수 접근법 (Multiple Method)

이 방법은 기업이 예측기간 말에 청산(매각)된다는 가정을 바탕에 두고 있다. 이 방법을 이용하여 잔여가치를 구하려면 우선 비교대상기업을 선정해야 한다(비교대상기업의 선정은 유사기업비교법 파트에서 설명). 선정된 비교대상기업으로부터 예측기간 말의 적절한 배수를 선정하여 평가대상기업의 수치와 곱해주면 계산된다. 실무에서는 PER, PSR, PBR, EV/EBITDA 등의 배수 중에서 전통적으로 PER가 많이 사용되어 왔지만, 최근에는 EV/EBITDA가 자주 사용된다.

$$\text{Terminal Value} = \begin{cases} \text{Earnings} \times \text{PER} \\ \text{Sales} \times \text{PSR} \\ \text{Book Value of Equity} \times \text{PBR} \\ \text{EBITDA} \times \text{EV/EBITDA} \end{cases}$$

| 알아두기 | 잔여가치 산정 시 주의해야 할 사항

· 잔여가치 산정의 중요성

현금흐름할인법을 이용하여 가치평가를 하는 경우, 잔여가치 비중이 전체 현금흐름 중에서 매우 큰 부분을 차지하는 경우가 많다. 그러므로 잔여가치를 산정하는 작업은 매우 신중하게 이루어져야 한다.

· 예측기간 말 현금흐름의 신뢰성

잔여가치는 예측기간 말 현금흐름을 바탕으로 산정되기 때문에 그 현금흐름의 신뢰성과 정확성이 정확한 잔여가치 산정의 중요한 요소다.

· 성장률 산정의 주관성

영구성장모형 사용 시, 성장률을 추정하는 과정이 매우 중요하다. 그러나 고려해야 할 요소가 너무 많고 여러 가지 상황에 따라 달라질 수 있기 때문에 객관적인 성장률 결정이 매우 힘들다. 그러므로 성장률 결정에 대한 주관성은 배제할 수 없으며, 가치평가 시 이 사실을 고려해야 한다.

5) STEP 3 할인율의 결정

현금흐름할인법의 핵심은 미래현금흐름 예상과 할인율의 결정이다. 현금흐름의 예상은 앞의 잉여현금흐름(FCF) 추정 단계에서 알아보았고 이제는 할인율의 결정에 대해서 이야기해 보겠다.

자본비용(Cost of Capital)은 미래현금흐름의 현재가치를 구하기 위해 나누어주는 수치다. 자본비용은 크게 두 가지로 나뉘는데, 채권자의 요구수익률을 타인자본비용이라고 하고 주주의 요구수익률을 자기자본비용이라고 한다. 현금흐름할인법은 미래의 예상 잉여현금흐름을 할인하여 현재가치를 구하는 방법이므로 자기자본비용과 타인자본비용이 모두 포함된 가중평균자본비용(WACC, Weighted Average Cost of Capital)을 할인율로 사용한다.

WACC은 자기자본비용과 타인자본비용을 기업가치대비 자기자본비율과 타인자본비율로 곱하여 계산한다. 이 때 기업가치와 자기자본가치, 타인자본가치는 장부가치가 아닌 시장가치이다. 즉, WACC은 각 자금조달자의 자본비용을 각각의 시장가치를 가중치로 하여 평균한 것이다.

$$WACC = k_e \frac{E}{V} + k_d \frac{D}{V}(1-t) = k_e \frac{1}{1+D/E} + k_d \frac{D/E}{1+D/E}(1-t)$$

구성 요소	정의	도출 방법
Ke	자기자본비용(Cost of Equity)	CAPM을 사용하여 도출
Kd	타인자본비용(Cost of Debt)	YTM Risk free Rate + Credit Spread
V	기업가치(Value, 시장가치)	부채가치 + 자기자본가치
D/E	목표자본구조(Debt to Equity Ratio)	부채가치와 자기자본가치는 시장가치를 사용함. 목표자본구조의 선정
T	법인세율(Corporate Tax Rate)	해당 국가의 법인세율

목표자본구조(D/E)

WACC를 구하기 위해서는 목표자본구조(Target D/E)를 구해야 한다. 미래의 현금흐름을 추정하는 경우에 각 예측기간 연도마다 추정된 잉여현금흐름의 수치가 다르다. 그러나 WACC의 경우에는 하나의 수치를 구해서 매년 동일하게 적용한다. 매년마다 각각 다른 할인율을 적용하는 것이 이상적일 수 있으나, 현실적으로 미래의 요구수익률을 예측한다는 것은 거의 불가능하기 때문에 일정한 WACC를 적용하게 된다. 이 결과, 평가기준일에 구해진 WACC에 반영된 자본구조는 해당 기업의 미래에 계속 동일하게 적용되는 목표자본구조가 되는 것이다.

타인자본비용

타인자본비용이란 기업이 부채를 통해 자금을 조달할 때 채권자가 요구하는 수익률을 말하는데 이것은 부채에 대한 이자율로 생각할 수 있다. 부채로 자금을 조달하는 방법에는 금융기관으로부터의 차입, 채권발행 등이 있다. 타인자본 종류별로 각각 타인자본비용을 구하여 타인자본의 시장가치에 따라 가중평균하면 전체 타인자본비용을 구할 수 있다. 규모가 작은 기업의 경우, 부채를 통해 자본을 조달하는 과정에서 채권의 발행이 힘들기 때문에 차입금을 사용하게 된다. 단기차입금의 경우에는 차입 시 책정한 약정이자율이 바로 타인자본비용이다. 장기차입금의 경우에는 시간이 지남에 따라 시장이자율이 변하기 때문에 시장이자율이 바로 타인자본비용이다. 이들 차입금에 대한 자본비용을 가중평균하면 전체 타인자본비용이 된다.

채권에 대한 자본비용은 평가대상기업의 채권이 시장에서 거래되고 있는 경우와 평가대상기업의 채권이 시장에서 거래되고 있지 않은 경우가 있다. 평가대상기업의 채권이 시장에서 거래되고 있는 경우는 이미 발행된 평가대상기업 회사채의 만기수익률(YTM)을 계산하여 타인자본비용으로 이용할 수 있다. 또는 발행된 채권의 시장수익률인 무위험수익률과 신용스프레드의 합으로도 구할 수 있다.

$$Bond\ Price = \sum_{n=1}^{T} \frac{Coupon}{(1+YTM)^n} + \frac{FaceValue}{(1+YTM)^T}$$

구성 요소	정의	도출 방법
YTM	만기수익률(Yield to Maturity), 채권을 만기까지 보유했을 때의 수익률	위의 공식에서 유일한 미지수 시행착오법(Trial and Error), 재무계산기 또는 엑셀로 도출
Bond Price	채권의 현재 시장가격	채권평가 사이트에서 확인 가능
Face Value	만기에 지급되는 채권의 액면가	채권평가 사이트에서 확인 가능
Coupon	채권의 이자지급(Coupon Payment)	채권 액면가 x 이표이자율 채권평가 사이트에서 확인 가능
T	채권의 만기	채권평가 사이트에서 확인 가능

$$Cost\ of\ Debt = Risk\ Free\ Rate + Credit\ Spread$$

구성 요소	정의	도출 방법
Risk Free Rate	무위험수익률, 부도위험이 없는 자산의 수익률	미국 국채, 한국 국고채 등 부도위험이 거의 없는 자산의 수익률 밸류에이션의 예측기간과 만기가 같아야 함 블룸버그를 이용하면 쉽게 찾을 수 있음
Credit Spread	신용 스프레드(Default Spread) 부도위험에 따른 프리미엄	신용평가기관의 평가자료를 기초로 함

평가대상기업의 채권이 시장에서 거래되고 있지 않은 경우는 평가대상기업과 채권신용등급이 동일한 비교대상기업을 선정하여 그 기업이 발행한 채권의 만기수익률이나 시장수익률(무위험수익률+신용스프레드)을 타인자본비용으로 사용한다.

자기자본비용

자기자본비용은 주식을 발행하는 방법을 통해 자금을 조달할 때 지급해야 하는 비용을 말한다. 자기자본비용은 타인자본비용과는 다르게 지급해야 할 비용이 정해 져 있지 않아서 추정하기가 매우 힘들다. 경영성과가 많이 나는 경우에는 큰 금액을 지급해야 하고 성과가 좋지 않은 경우에는 아예 지급하지 않아도 되기 때문이다.

자기자본비용을 추정하는 방법에는 CAPM(자본자산가격결정모형), APM(차익거래 가격결정모형), DDM(배당평가모형)을 이용하는 방법이 있다. 이 중에서 실무에서 가 장 많이 쓰이는 방법인 CAPM을 살펴보겠다.

$$E(R_i) = R_f + \beta_i \underbrace{(E(R_m) - R_f)}_{\text{시장위험프리미엄}}$$

구성 요소	정의	도출 방법
E(Ri)	주식 i의 기대수익률 i기업의 자기자본비용	· CAPM을 이용하여 도출
βi	주식 i의 베타 시장 움직임에 대한 민감도	· 상장기업: 회귀분석을 통해 도출 · 비상장기업: 비교대상기업들의 베타를 평균하여 도출 · 블룸버그를 이용하면 쉽게 찾을 수 있음
Rf	무위험수익률	· 미국 국채, 한국 국채 등 부도위험이 거의 없는 자산의 수익률 · 밸류에이션의 예측기간과 만기가 같아야 함 · 블룸버그를 이용하면 쉽게 찾을 수 있음
E(Rm)	기대시장수익률	· 일정기간 동안의 시장평균수익률 · 주가지수의 평균수익률 · 블룸버그를 이용하면 쉽게 찾을 수 있음

CAPM은 자산의 위험 정도에 따라 그 자산의 기대수익률이 어떻게 결정되는지 보여주는 이론이다. CAPM은 앞의 식과 같이 베타와 시장위험프리미엄을 곱한 값에 무위험수익률을 더한 값이 그 주식 또는 주식포트폴리오의 기대수익률이고, 이는

곧 기업의 자기자본비용을 나타낸다.

여기서 베타란 주식 또는 주식 포트폴리오의 수익률이 시장수익률과 얼마나 연관되어 움직이는가를 나타내는 척도다. 즉, 시장의 움직임에 대한 주식의 민감도를 나타낸다고 할 수 있다. 베타는 주식의 체계적 위험(Systematic Risk)을 나타내는 척도로 자기자본비용을 추정하는 데 매우 중요한 역할을 한다. 다음 표는 베타 값의 범위에 따른 베타의 의미를 나타낸다.

범위에 따른 베타의 의미

베타의 범위	베타의 의미
$\beta < 0$	해당 주식이 시장의 움직임과 부(−)의 관계를 가지는 경우
$\beta = 0$	해당 주식이 시장의 움직임과 전혀 관계 없는 경우
$0 < \beta < 1$	해당 주식이 시장의 움직임과 정(+)의 관계를 가지며 변동성이 낮은 경우
$\beta = 1$	시장 포트폴리오의 베타
$\beta > 1$	해당 주식이 시장의 움직임과 정(+)의 관계를 가지며 변동성이 높은 경우

상장기업 베타를 구하는 방법

평가대상기업이 상장되어 있는 경우에는, 일정기간 동안 그 기업 주식의 수익률과 시장의 수익률을 구하여 회귀분석을 실행하면 베타를 구할 수 있다. 그러나 실제로 이러한 작업을 수행하는 것보다, 다양한 주식 관련 인터넷 사이트나 증권사 리포트 등을 통해서 해당기업의 베타를 쉽게 알아낼 수 있다.

1. 평가대상기업의 Levered 베타(β_L)를 구한다.
2. Levered 베타를 이용하여 평가대상기업의 Unlevered 베타(β_U)를 계산한다.

$$\beta_U = \beta_L / [1 + \underline{(Debt/Equity)} \times (1-Tax\ rate)]$$
현재자본구조

3. 계산된 Unlevered 베타에 목표자본구조를 적용하여 Levered 베타를 구한다.

$$\beta_L = \beta_u \times [1 + \underbrace{(\text{Debt/Equity})}_{\text{목표자본구조}} \times (1-\text{Tax rate})]$$

비상장기업 베타를 구하는 방법

평가대상기업이 상장되어 있지 않은 경우에는 그 기업 주식의 수익률을 알 수 없기 때문에 다른 방법을 사용하여 베타를 구해야 한다. 그 방법은 다수의 상장된 비교대상기업들을 선정하여 그들의 베타를 기본 자료로 활용하는 것이다.

1. 다수의 비교대상기업들의 Levered 베타(β_L)를 구한다.

2. 비교대상기업들의 Unlevered 베타(β_u)를 계산한다.

$$\beta_u = \beta_L \ / \ [1 + \underbrace{(\text{Debt/Equity})}_{\text{비교대상기업의 자본구조}} \times (1-\text{Tax rate})]$$

3. 계산된 Unlevered 베타들을 평균하면 평가대상기업의 Unlevered 베타가 된다.

4. 평가대상기업의 Unlevered 베타에 목표자본구조를 적용하여 Levered 베타를 구한다.

$$\beta_L = \beta_u \times [1 + \underbrace{(\text{Debt/Equity})}_{\text{목표자본구조}} \times (1-\text{Tax rate})]$$

무위험수익률(Risk Free Rate)은 채무불이행 위험(Default Risk)이 없는 자산의 수익률을 뜻한다. 그러나 현실적으로 채무불이행 위험이 없는 자산은 존재하지 않는다. 그렇기 때문에 일반적으로 무위험수익률로 부도위험이 가장 낮다고 생각되는 국채의 수익률이 사용된다. 미국의 경우 미국 재무성 채권(US Treasury Bills)의 수익률을 사용하고 우리나라의 경우는 국고채 수익률을 사용하는 경우가 많다. 이론적으로, 가치평가 시 설정한 예측기간과 듀레이션이 일치하는 무위험자산의 수익률을 사용해야 한다.

시장위험프리미엄(= 시장포트폴리오의 기대수익률 - 무위험수익률)은 과거 시장포트폴리오의 기대수익률에서 무위험자산의 평균수익률을 차감한 값이다. 이는 시장

잉여현금흐름은 세후영업이익(NOPLAT)을 바탕으로 두고 있는데, 세후영업이익은 매출액에서 매출원가와 판관비를 차감하고 정부의 몫인 법인세를 차감한 수치이다. 청구권을 가진 남은 이해당사자는 채권자와 주주이다. 그렇기 때문에 자기자본비용과 타인자본비용을 적절한 가중치로 함께 할인하는 WACC를 사용하여 잉여현금흐름을 할인해야 적정한 현재가치가 산정된다.

· 왜 D와 E는 시장가치를 사용해야 하나요?
밸류에이션(Valuation)은 공정한 가치를 구하는 것이 목표이다. 그런데 일반적으로 장부가치와 시장가치 중 시장가치가 공정한 가치에 가깝기 때문에 시장가치를 사용한다. 그리고 자기자본과 타인자본을 조달할 때 각 자금조달자들은 시장가치를 기준으로 요구수익률을 산정하기 때문이다. 예를 들어 자기자본을 조달할 때 유상증자를 통해서 한다면, 장부가치가 아니라 시장가치를 기준으로 자금이 조달된다.

· 자기자본비용과 타인자본비용 중 어느 것이 더 높은가요?
보통 자기자본비용이 더 높다. 자기자본은 기업가치 중 타인자본을 상환한 후 나머지 몫에 대해 청구권(Residual Claim)이 있으므로, 타인자본을 상환하고 남은 몫이 적거나 없을 경우 자기자본의 상환은 불가능하다. 이 말은 즉 자기자본은 타인자본보다 더 높은 리스크를 부담한다는 뜻이다. 이러한 이유에서 일반적으로 자기자본투자자의 요구수익률(Required Rate of Return)이 더 높고 따라서 자기자본비용이 타인자본비용보다 더 높다.

자기자본비용과 타인자본비용의 결정 원리

청구권 순서	위험도	자본비용
1. 채권자	Low	Low
2. 우선주 주주		
3. 보통주 주주	High	High

· 목표자본구조는 어떻게 구하나요?
목표자본구조를 선정하는 공식은 정해져 있지 않고 여러 가지 요소를 고려하여 종합적으로 결정하게 된다. 산업 평균자본구조나 비교가능기업들의 평균자본구조를 고려한다. 그리고 평가대상기업의 현재목표자본구조도 고려한다. 만약, 평가대상기업이 장기적인 자본조달계획을 가지고 있다면 자본구조에 영향을 줄 수 있으므로 목표자본구조 선정에 반영시켜야 한다. 통상적으로 목표자본구조 설정 시의 고려사항들은 ① 해당기업의 자본구조에 대한 목표치, ② 동종산업의 자본구조, ③ 현재 기업의 자본구조 순서로 반영된다.

만약, WACC가 가치평가에 미치는 영향이 상당히 크거나 자본구조의 변동성이 큰 경우에는 매 기간 서로 다른 목표자본구조를 설정하여 다수의 WACC를 추정하여 가치평가에 사용해야 한다.

포트폴리오가 무위험자산보다 더 많이 가진 위험에 대해서 주어진 추가적인 프리미엄이라는 뜻이다.

4. 유사기업비교법

유사기업비교법(Comparable Company Analysis, Trading Comps Analysis)은 배수(Multiple)를 이용한 가치평가방법으로, 상장된 비교대상기업들(Peer Group)을 선정한 후 그 기업들에서 뽑아낸 다양한 배수들을 사용하여 평가대상기업의 가치를 평가하는 방식으로 이루어진다. 이렇게 평가된 가치는 정확한 가치가 아니라 적정한 가치의 '범위'를 나타낸다고 할 수 있다. 이 범위를 참고해 현금흐름할인법으로 산정된 가치가 적정한 범위 내에 있는지 판단할 수 있다. 그리고 배수를 통한 평가는 그 간편성으로 인해 단순히 고평가 혹은 저평가되어 있는지 쉽게 알아볼 수 있다.

1) 비교대상기업의 선정

유사기업비교법을 통한 밸류에이션의 첫 단계는 비교대상기업(Peer Group)들을 선정하는 작업이다. 적절한 비교대상기업 그룹을 선정하는 것은 배수의 질을 높이기 위한 매우 중요한 과정이다. 그러므로 다양한 선택 기준을 고려하여 신중하게 선정해야 한다. 실무에서 비교대상기업들을 선정할 때는 동종산업 내의 기업들 중에서 아래에 주어진 기준들을 전체적으로 만족시키는 기업들로 선정한다.

· 사업 특징 : 업종, 제품, 제품믹스, 고객층, 시장의 지리적 위치 등
· 영업 특징 : 수익의 크기(매출액, EBITDA, 당기순이익), 수익성(ROE, EBITDA/Sales 등)
· 재무 특징 : 부채비율, 이자보상비율 등
· 기타 : 베타, 예상성장률 등

2) 적절한 배수의 선정

기업의 전체가치를 평가할 때는 기업가치(EV) 배수를 사용해야 하고 기업의 자기자본가치만을 평가할 때는 주가 배수를 사용하여야 한다.

$$\text{Firm Value} = \underline{\text{Enterprise Value (EV)}} = \underline{\text{Equity Value}} + \text{Net Debt}$$
$$\qquad\qquad\qquad\quad\text{EV 배수}\qquad\qquad\quad\text{주가 배수}$$

기업가치의 이해

기업가치(EV, Enterprise Value)란 기업전체의 경제적 가치를 나타내는 용어로, 자기자본가치(Equity Value)와 순부채(Net Debt)의 합으로 이루어져 있다.

$$\text{Enterprise Value (EV)} = \text{Equity Value} + \text{Net Debt}$$

자기자본가치(Equity Value)란 현재 시장에서 거래되고 있는 주식의 가치를 모두 합한 값을 뜻한다.

순부채(Net Debt)는 부채가치, 소수주주지분, 우선주가치, 현금 및 현금등가물로 나뉘 살펴볼 수 있다.

구성 요소	정의	도출 방법
Enterprise Value	기업가치, 기업의 경제적 가치	자기자본가치 + 순부채가치
Equity Value	자기자본가치	1. DCF 활용하여 기업가치 도출 후 → 기업가치 – 채권자가치 2. 주가 배수를 활용하여 주가 도출 후 → 주가 × 발행주식수(보통주) 3. 현재 주가 × 발행주식수(보통주)
Net Debt	순부채가치	부채가치 + 우선주가치 + 소수주주지분 – 현금 및 현금등가물

부채가치(Debt Value)는 부채가치는 이자를 수반한 부채(Interest Bearing Debt)의 가치를 뜻한다. 이자를 수반한 부채 이외에 일반 상거래의 결과로 발생하는 매입채무나 미지급금, 예수금 등은 해당하지 않는다.

소수주주지분(Minority Interest)은 연결회계를 사용할 때 자본계정의 한 항목으로서, 연결대상 자회사의 외부소수지분(50% 미만)을 의미한다. 해당 자회사의 이익의 일부는 해당 소수지분보유 주주들의 몫으로서, 연결재무제표 상에서는 실질적으로 부채의 성격을 갖게 되기 때문에 순부채 계산 시 더해주어야 한다.

우선주가치(Preferred Equity)는 부채의 성격을 강하게 띠고 있다. 왜냐하면 청구권의 우선순위가 보통주보다 높고, 일정한 배당이 약속되어 있기 때문이다. 우리나라를 제외한 국가들은 우선주를 실질적으로 부채로 간주하고 있는 경우가 많다. 그러므로 순부채 계산 시 더해주어야 한다.

현금 및 현금등가물(Cash and Cash-equivalents)에서 현금과 현금성자산은 부채를 상환하는 데 언제나 사용될 수 있으므로 순부채 계산 시 차감해준다.

주가 배수

주가 배수는 가격(Price), 즉 주식의 가치를 평가하는 데 사용된다. 주식의 가치란 기업의 자본가치(Equity Value)를 평가하는 것으로, 기업의 전체가치를 평가하는 것과 혼동하면 안된다.

PER(Price Earning Ratio, or P/E Ratio)는 보통주의 시장가격을 주당순이익으로 나눈 비율이다. 다른 계산방법으로는 시가총액을 당기순이익으로 나눈 값으로 구할 수 있다. PER는 기업가치를 결정하는 배수로 이용되거나 주가의 적정성 여부를 판단하는 기준으로 활용된다.

PER는 주당순이익과 주가가 비례관계를 보인다는 가정 하에서 이용되는 비율로서, 주로 주식시장 전체의 PER나 산업평균 PER와 비교하여 해당기업의 주식이 저평가 혹은 고평가되어 있다고 간편하게 평가하는 데 많이 사용된다.

공식	방식 1 : 주가(Price per Share) / 주당순이익(Earnings Per Share) 방식 2 : 시가총액(Market Capitalization) / 당기순이익(Net Income)
장점	1. 기업의 수익성을 잘 반영한다.
단점	1. 당기순손실이 발생하게 되면 적용시킬 수 없다. 2. 매년마다 당기순이익의 변동폭이 크면 적용시키기 힘들다.

PBR(Price to Book Ratio, or P/B Ratio)은 개별기업 주식의 시장가격을 자기자본의 주당장부가치로 나눈 비율이다. 다른 계산방법으로는 시가총액을 자본의 장부가치로 나눈 값으로 구할 수 있다. PBR은 장부상의 가치와 시장에서 평가되는 가치를 비교한 것이다. PBR을 통한 분석은 장부가치와 시장가치 간에 괴리가 있음을 전제로

공식	방식 1 : 주가(Price per share) / 자기자본의 주당장부가치(Book Value of Equity per share) 방식 2 : 시가총액(Market Capitalization) / 자기자본의 장부가치(Book Value of Equity)
장점	1. 자기자본의 장부가치가 0보다 낮은 경우가 거의 없기 때문에 광범위하게 적용가능하다. 2. 장부가치는 쉽게 변하지 않으므로 PBR은 안정적인 비율이다.
단점	1. 비교대상기업과 회계원칙이 다를 경우 PBR을 통한 비교는 무의미해질 수 있다. 2. 고부가가치 산업에는 장부가치의 의미가 적으므로 PBR을 적용하는 데 무리가 있다. 3. 기업은 영업을 통해 수익을 내는 것이 목적인데 장부가치는 기업의 수익가치를 반영하지 못한다.

하여 장부가치보다 낮은 주가를 가진 주식은 저평가되어 있고 장부가치보다 높은 주가를 가진 주식은 고평가되어 있을 가능성이 높다고 분석한다.

　PBR은 일반적으로 유동성 자산을 많이 보유하고 있는 기업을 평가할 때 유용하다. 왜냐하면 유동성 자산은 장부가치가 시장가치를 비교적 잘 반영하고 있기 때문이다. 그래서 주로 유동성 자산을 많이 보유한 투자회사, 보험사, 은행 등의 금융기관을 평가하는 방법으로 활용된다.

　PSR(Price Sales Ratio)은 주가를 기업의 외형적인 성과지표인 주당매출액으로 나눈 것이다. 다른 계산방법으로는 시가총액을 매출액으로 나눈 값으로 구할 수 있다. PSR은 주가가 주당매출액의 몇 배가 되는지 나타내는 모형이다. PSR을 통한 분석은 기업가치가 매출액과 비례관계를 보인다고 가정하고 있다.

공식	1. 주가(Price per share) / 주당매출액(Sales per share) 2. 시가총액(Market Capitalization) / 매출액(Sales)
장점	1. 당기순이익이나 자기자본가치가 거의 없는 신생기업이나 벤처기업의 가치평가에 사용될 수 있다. 왜냐하면 매출액은 0보다 낮을 가능성이 거의 없기 때문이다. 2. 매출액은 회계기준에 따라 쉽게 변하지 않기 때문에 당기순이익보다 임의적 조작의 가능성이 낮다. 3. 매출액은 경기변동에 민감하지 않기 때문에 PER보다 신뢰성이 높다.
단점	1. 매출액은 투하된 비용을 고려하지 않았으므로 수익성을 나타내주지 못한다. 매출액이 같더라도 투하된 비용이 다르면 매출총이익률(Return on Sales)이 달라지기 때문에 수익성이 달라지는데, 매출액은 그것은 반영하지 못한다. 2. PSR의 분자인 주가는 주주가치를 반영하고, 분모인 매출액은 전체가치를 반영하기 때문에 개념적으로 모호한 배수다. 배수는 분자와 분모가 반영하는 가치가 동일해야 한다.

EV 배수 - EV/Sales, EV/EBITDA, EV/EBIT

　EV 배수는 EV, 즉 기업가치를 평가하는 데 사용된다. EV 배수를 통하여 주식의 가치를 구하려면 EV를 구한 다음 순부채가치(Net Debt)를 차감하면 된다. EV 배수에는 규모를 나타내는 지표인 EV/Sales, 수익성을 나타내는 지표인 EV/EBIT, 그리고 현금흐름을 가장 잘 보여주는 지표인 EV/EBITDA가 있다. 이 중 실무에서 가장 많이 쓰이는 비율은 EV/EBITDA이다.

EV/EBITDA는 EV 배수들 중에서 현금흐름에 중점을 두고 있는 비율이다. EBITDA는 영업이익(EBIT)에 비현금비용을 가산한 수치로, 기업가치에 영향을 주는 것은 EBIT가 아니라 영업으로 인해 발생된 실질적인 현금흐름이라는 의미를 지니고 있다. 그러므로 현금흐름에 중점을 두고 가치평가를 하는 경우에 유용하게 사용될 수 있는 비율이 EV/EBITDA이다.

공식	EV/EBITDA
특징	1. EV와 EBITDA는 기업의 자본구조를 반영하고 있기 때문에 자본구조가 다른 기업 간의 비교에도 사용할 수 있다. 2. EBITDA는 외부환경 변화에 비교적 자유롭다. 감가상각비와 무형자산상각비 등은 회계기준의 변화에 민감하다. 그리고 이자는 자본구조에 민감하고 세율은 세법의 변화에 민감하다. EBITDA는 이들을 차감하기 전 수치이기 때문에 이러한 외부환경의 변화에 영향을 받지 않는다. 3. 비교대상기업과 평가대상기업의 회계기준이 달라서 비현금비용에 차이가 있을 때 EBITDA를 사용하면 이러한 차이를 해소시켜준다.

Q&A | 배수를 구할 때 주의할 점은 무엇인가요?

평가대상기업의 가치에 가장 큰 영향을 주는 요소가 무엇인지 알아내야 한다. 평가대상기업의 가치를 결정하는 핵심가치동인(Key Value Driver)을 바탕으로 배수를 선정하여 가치평가를 하면 비교적 의미 있는 가치평가결과가 나오게 된다. 핵심가치동인의 예를 들면 인터넷 기업의 경우에는 방문자 수, 회원 수 등이 해당될 수 있을 것이고, 케이블TV 기업의 경우에는 가입자 수가 해당될 것이다.

배수를 구할 때 기초가 되는 자료의 변동성을 고려해야 한다. 예를 들어, 당기순이익의 경우 매년 크게 변동될 수 있다. 그러므로 한 개 연도의 당기순이익을 기준으로 배수를 계산한다면 대표성과 적절성이 상실된다. 이 경우, 5~10년 등의 적절한 기간 동안의 평균 당기순이익을 사용하여 배수를 구한다면 변동성의 영향을 최소화할 수 있다. 이렇게 당기순이익을 일정기간 동안 평균하면 그 수치가 정상화되고, 그 수치를 바탕으로 구한 배수 또한 정상화된다.

다른 주의할 사항으로는 배수를 구성하는 분모와 분자가 나타내는 가치가 같아야 한다는 것이다. 예를 들어 EBITDA는 기업전체가치를 나타내므로 EV와 대응되어야 하고(EV/EBITDA), 순이익(Net Income)은 주주가치를 나타내므로 주가와 대응되어야 한다(PER).

밸류에이션 심층 이해하기

+ 진정주
연세대 경영대학 졸업
전 UBS 주식 리서치

:: 밸류에이션에 대해서 더 자세하게 공부하고 싶습니다. 시중에 밸류에이션 책들이 많은데 그중에서 꼭 읽어야 할 책이 있다면 추천해 주세요.

맥킨지 앤 컴퍼니가 쓴《Valuation: Measuring and Managing the Value of Companies》는 밸류에이션의 바이블로 꼽히는 책입니다. 이 책은 전 세계에서 약 37만 5,000부가 팔린 월드베스트셀러입니다. 전 세계 투자은행, 사모펀드, 전략 컨설팅 펌 등의 기업과, 하버드, MIT, 와튼, 예일, 인시아드 등 세계 유수의 대학에서 밸류에이션 교재로 사용되고 있습니다. 저는 학창시절 밸류에이션을 공부할 때 이 책의 도움을 많이 받았습니다. 밸류에이션은 기업의 가치, 즉 밸류에 대한 근본적인 이해를 한 뒤 방법론으로 공부 영역을 넓혀가야 합니다. 이 책은 밸류의 의미에 대하여 매우 자세하게 알려주고 있어, 저는 이 책을 통해 밸류에 대한 기초를 닦은 후 밸류에이션의 큰 그림을 볼 수 있었습니다. 이 책의 다른 장점은 실무에도 큰 도움이 된다는 것인데, 실무를 하고 있는 저도 이 책을 참고할 때가 있습니다. 과거 성과 분석, 미래 성과 예측, 현금흐름 추정, 자본비용 추정 등 현금흐름할 인법에 대한 전반적인 내용을 다루며, 배수(Multiple)를 이용한 밸류에이션 방법도 다룹니다. 또한 가치평가뿐만 아니라, 가치를 어떻게 높일 수 있는가에 대한 내용도 다룹니다. 이러한 내용들은 학생들이 기초를 넘어 여러 분야로 응용할 수 있는 밸류에이션 실력을 기르게 해줄 것입니다.

경제_Economics

경제상황은 금융시장에 직접적인 영향을 미치므로 금융권에 종사하기 위해서는 경제 전반에 대해이해하고 있어야 한다. 경제는 거시경제 요소들의 영향을 받는다. 대표적인 거시경제 요소들에는 물가, 금리, 환율, 유가 등이 있다. 경제가 금융시장에 미치는 영향을 이해하기 위해서는 거시경제 요소들에 대한 이해가 전제되어야 하며 요소들 간의 상호 연관관계를 파악해야 한다. 이를 바탕으로 각 요소들이 기업에 미치는 영향을 재무제표를 통해 확인 할 수 있다. 이와 더불어 거시경제 요소의 변화가 주식 및 채권 시장에는 어떠한 형태로 나타나는지 설명할 수 있도록 한다.

· 거시경제 요소의 이해(물가, 금리, 환율, 원자재)
∨물가의 의미 및 대표물가지수의 이해
∨공금리와 실세금리의 의미 및 대표금리의 종류 파악
∨환율과 통화 가치의 개념/환율 시세표의 해석
∨원유의 종류 및 원유가 시세 동향의 이해
∨물가, 금리, 환율, 유가 요소 간의 상호관계 이해

· 거시경제 요소가 개별 기업에 미치는 영향
∨물가, 금리, 환율, 유가가 개별 기업들에게 미치는 영향을 재무제표를 통해 파악

· 거시경제 요소가 자금시장(주식, 채권)에 미치는 영향
∨경기국면, 물가, 금리, 환율, 원자재(원유)가 자본(주식)에 미치는 영향과 그에 따른 주가변화의 이해
∨부채(채권)에 직, 간접적으로 영향을 주는 거시 경제 요소의 구분 및 영향 과정의 이해

1. 거시경제 요소의 이해 및 개별 기업에 미치는 영향

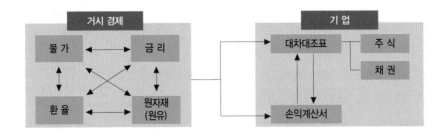

1) 물가

모든 상품은 그 가치에 따라 가격이 매겨진다. 이러한 개별 상품의 가격을 한데 묶어 평균을 낸 값을 물가라고 한다. 물가는 상품의 수요와 공급에 따라 시장에서 자연스럽게 정해진다. 개별 상품의 가격은 오르는지 내리는지 비교적 쉽게 알 수 있지만 물가는 여러 상품의 가격을 종합, 평균을 낸 값이므로 그 값을 구하는 것은 쉬운 일이 아니다. 그래서 그 용도에 맞는 '물가지수'를 사용한다. 물가지수에는 세 가지가 있다. 첫 번째는 일반 가계 소비자들이 소비하는 상품가격을 종합해 평균을 낸 값을 기준으로 산정하는 소비자물가지수(CPI, Consumer Price Index)다. 두 번째는 국내 시장에서 기업 간에 대량으로 거래하는 상품의 판매 가격을 종합한 평균치, 즉 공장도 가격을 기준으로 산정하는 생산자물가지수(PPI, Producer Price Index)다. 마지막 세 번째는 수출이나 수입하는 상품들의 가격을 종합해 평균을 낸 값을 기준으로 산출하는 수출입물가지수(Import and Export Price Index)다. 아래의 표는 세 가지의 대표적인 지수의 주요 특징들을 서술한 것이다.

	소비자물가지수	생산자물가지수	수출입물가지수
작성기관	통계청	한국은행	한국은행
조사주기	1회 / 월	1회 / 월	1회 / 월
작성목적	· 일반가계가 소비하는 상품의 가격변동 측정 · 가계수지, 국민소득계정 등 다른 경제지표의 디플레이터로 사용 · 노사 간 임금조정 기초자료	· 출하단계에서 기업 간 대량 거래되는 상품의 가격변동 측정 · 경제분석 및 정책수립의 기초자료로 제공 · 구매 및 판매계약	· 수출입상품의 가격변동이 국내 물가에 미치는 영향 측정 · 수출채산성 변동이나 수입원가부담의 측정 · 가격 측면의 교역조건 분석
조사대상 품목 수	489개의 상품 및 서비스를 식료품, 의복 · 신발, 보건의료 등 12가지로 세분하여 조사	923개의 상품 및 서비스로 분류하여 생산자판매 가격조사	수출 211개, 수입 234개(2005년 기준)품목으로 수출입상품 및 서비스 가격조사

타 거시경제 요소와의 상관관계

환율, 경기 VS 물가

	물가 방향	세부 내용
환율	환율 상승 → 물가 상승	수입상품의 상대적 가격 상승 및 수입원재료 가격 상승으로 인한 생산비 증가 → 상품 평균가 상승
경기	경기 호조 → 물가 상승	경기 호조 → 수요 및 생산비 증가 → 물가 상승

실전 케이스 분석

김악덕 씨가 운영하는 비누회사는 최근 물가의 상승으로 인해 매출원가와 영업비용의 동반 상승이 불가피하게 되었다. 이에 김 사장은 매출원가와 영업비용의 상승폭에 비해 제품의 가격을 더욱 큰 폭으로 상향 조정하여, 당기순이익의 증가를 가져올 수 있었다(이 때의 물가 상승에 대하여 금리 및 세율에는 변동이 없다고 가정하자). 당기순이익의 증가는 기말 이익잉여금의 증가로 연결되고, 이 증가분만큼은 매출로 인한 현금과 매출채권의 상승분과 일치하게 된다.

한편 김 사장이 물가 상승에도 제품의 가격을 올리지 않고, 매출원가 계산 방식으로 후입선출법(LIFO)을 사용하고 있으며, 재고 구입량이 재고 판매량을 상회한다고 가정해보자. 그러면 판매되는 재고의 가격이 점점 증가하기 때문에 매출원가의 증가로 연결될 것이다. 이는 당기순이익의 감소를 초래할 것이고 결국 이익잉여금이 감소한다. 또한 대차대조표의 차변에서는 재고 가격의 상승분만큼 현금 하락을 유발하게 된다.

물가 상승이 기업에 미치는 영향

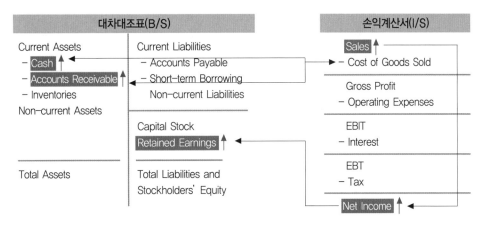

매출 상승	→ Cash 및 Account Receivable 상승
	→ Net Income 상승 → Retained Earnings 상승

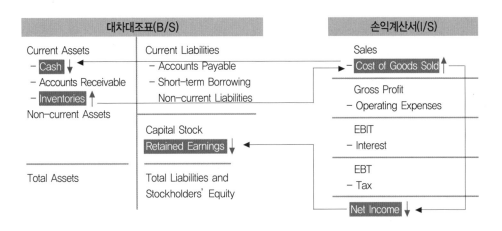

재고자산 증가	→ 현금 하락
	→ 매출원가 상승 → 당기순이익 하락 → 이익잉여금 하락

소비자물가지수는 통계청이 작성하고, 생산자물가지수와 수출·수입물가지수는 한국은행에서 정기적으로 조사해 발표한다. 이들의 수치는 모두 국가통계포탈에서 쉽게 확인할 수 있다.

국가통계포털(http://www.kosis.kr)은 여러 국가기관에서 조사한 통계 데이터베이스를 통합하여 제공하고 있는 곳이다. 물가 관련 정보뿐만 아니라 인구, 산업 등 주제별, 기관별로 통계 자료를 간편하게 검색할 수 있다.

스태그플레이션이란 무엇인가요?

최근 전 세계적으로 스태그플레이션이 발생한다는 말을 자주 접하게 된다. 물가와 관련해서 현재 가장 이슈가 되고 있는 스태그플레이션 현상은 무엇이고, 왜 발생하는 것인지 알아보도록 하자.

스태그플레이션이란 경기침체를 뜻하는 스태그네이션(Stagnation)과 인플레이션(Inflation)의 합성어로, 경제불황 속에서 물가상승이 동시에 발생하는 것을 의미한다. 고전적인 경제 논리에서는 물가와 경기의 변동이 반비례하는 것이 불문율이었다. 예를 들어, 경기가 과도하게 침체되면 중앙은행을 통한 금리 인하 등 경기부양책을 실시하여 경기 전반적으로 투자 활성화를 유도하였다. 이런 경우 어느 정도의 물가 인상은 불가피하다. 하지만 더 이상 이러한 논리가 적용되지 않고 물가 인상과 경기침체가 동시에 일어나는 경우가 바로 스태그플레이션이다.

스태그플레이션은 생산이 줄어들면서 물가가 상승하게 되면서 발생한다. 기업의 생산성이 떨어지면 기업은 같은 가격에 더 적게 생산하려 하기 때문에 공급이 줄어들어 가격은 올라가고 생산량은 감소하게 된다. 다음으로 생산비 측면을 보면, 생산비의 상승 시 동일한 생산량에서도 이전보다 많은 비용이 들게 되므로 총공급곡선이 위로 움직인다. 이는 필요한 요소(원자재, 임금 등)의 가격이 상승할 경우, 기업은 같은 양을 생산할 때 더 많은 비용을 지불하게 되기 때문이다. 이러한 공급곡선의 상향 이동은 환율과 유가의 움직임에 따라 발생하게 되는 경우가 많다. 특히 해외 요인에 상당히 민감하게 반응할 수밖에 없는 '소규모 개방 경제'인 우리나라 입장에서는 이러한 위험에 항상 노출되어 있다고 할 수 있다.

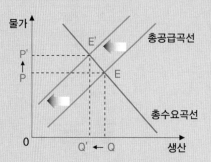

경기침체 시 물가는 하락하지만 원자재 등 핵심상품의 가격이 급등한다. 이러한 총공급 충격이 발생하면, 경기 하락과 물가상승이 동시에 유발되는 스태그플레이션이 발생한다.

2) 금리

금리에는 다양한 종류가 존재한다. 예금금리, 우대금리, 단기·장기금리 등 여러 가지 기준으로 나누어 볼 수 있다.

공금리와 실세금리로 나누어 설명을 하면, 공금리란 금융 당국이 금리가 갑자기 큰 폭으로 변하는 것을 막기 위해 정해놓은 금리이다. 이 금리를 통해서 자금 시장의 금리를 규제하게 되므로 규제금리 혹은 정책금리라고 불린다.

2009년 현재 한국은행이 시중은행에 돈을 빌려줄 때 적용하는 정책금리로는 RP(Repurchase Agreements, 환매조건부채권) 7일물 금리를 사용한다. RP란 금융기관이 일정 기간이 지난 후에 일정한 가격으로 도로 사들인다는 조건으로 판매하는 채권이다. RP금리가 정책금리로 시행된 것은 2008년 3월부터다. 이전의 정책금리로 사용되었던 콜금리는 단기자금 수급 사정에 관계없이 목표수준에서 거의 고정되는 문제점이 있었다. 따라서 이러한 문제점을 해결하기 위하여 정책금리를 RP금리로 바꾸게 되었다.

금융통화위원회 위원들의 협의를 통해 정책금리가 결정되면, 금융주체들은 통화안정증권이나 국채를 사고팔아서 목표치 금리에 도달하도록 시중 자금을 조정(공개시장조작제도)한다. 예를 들면, 경기과열로 물가가 상승할 가능성이 있으면 RP금리를 높여 시중 자금을 흡수하여 금리를 높여 경기를 안정시킨다.

실세금리는 중앙은행이나 정부기관이 아닌 민간 금융 기업이 적용하는 금리다. 대출금리, 예금금리 등이 모두 이에 속한다. 대표적으로 사용되는 금리로는 양도성 예금증서(CD)금리를 들 수 있다. CD금리는 은행이 단기운영자금을 마련하기 위하여 발행하는 양도성 예금증권의 발행금리를 말한다. CD는 언제든지 만기 전에 매매가 가능한 환금성이 높은 단기 고수익 상품이다. 그렇기 때문에 CD금리는 예금수신 이자율보다 더 민감하게 변화한다. 이러한 CD금리에 시중은행들이 마진 금리를 붙여서 대출금리가 결정된다. 즉, CD금리가 여신금리의 기준점이 되는 것이다.

금리 수준은 끊임없이 변하므로 어느 시점에서든 실세금리를 정확히 현재 연 몇 %라고 말할 수는 없다. 그래서 편의상 몇 가지 금융상품 금리를 시중 실세금리의 대표 지표로 쓴다. 국내 금융시장에서의 대표 지표로 쓰이는 금융상품은 CD, 3년 만기 회사채(회사채 3년 선물)와 3년 만기 국고채다.

금리를 올리고 내리는 것은 결국 자금의 수급에 따라 결정된다. 자금의 수요가 공급보다 많으면 오르고, 자금의 공급이 수요보다 많으면 금리가 떨어진다. 이 과정에 영향을 미치는 요소들에는 기업의 자금 수요와 경기 · 물가 전망, 저축률 등이 있는데 이 중에서 기업의 자금 수요가 가장 큰 영향을 미친다.

Q&A | 어제의 금리는 어디서 확인할 수 있나요?

금융 관련 업무 및 직종 인터뷰 질문 시, 경제 분야에 대한 관심 정도를 판단하기 위해 아는 금리의 종류를 물어본 후, 어제 마감된 시점의 금리가 몇 %인지 물어보는 경우가 있다. 꾸준하게 뉴스를 보거나, 경제신문을 확인한다면 쉽게 대답할 수 있을 것이다.

하지만 그런 경우가 아니어도 매일경제의 금융센터(http://money.mk.co.kr)를 참고하면 된다. 금융센터 메인화면에서 '오늘의 경제지표'를 확인하면, 환율, CD금리, 회사채 · 국고채의 금리를 한 눈에 확인할 수 있다.

타 거시경제 요소와의 상관관계

경기 전망, 물가 VS 금리

	금리 방향	세부 내용
경기 전망	경기 전망 낙관 → 금리 상승	경기 전망 낙관 → 기업들의 투자 확대 → 자금 수요 증가 → 은행권 자금 부족 → 금리 인상
물가	물가 상승 예상 → 금리 상승	피셔방정식: 명목이자율 = 실질이자율 + 예상 인플레이션 ↑

실전 케이스 분석

금리 상승이 기업에 미치는 영향

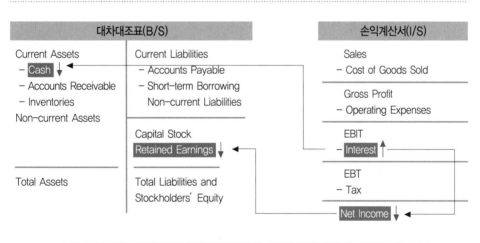

이자비용 상승	→ 현금 감소
	→ 당기순이익 감소 → 이익잉여금 감소

금리 상승이 손익계산서 상에서 매출원가나 영업비용에 영향을 주지 않고 오직 이자비용의 상승만 초래한다고 가정하면, 당기순이익은 감소하게 될 것이다. 연말의 대차대조표에서 다른 계정의 조건이 변하지 않는다면 이는 이익잉여금의 감소로

연결될 것이다. 이자비용에 대한 지출이 증대된 만큼 현금을 더 많이 지불한 것이므로 차변에서는 이익잉여금의 감소분만큼 현금이 감소하게 된다.

3) 환율

환율이란 서로 다른 통화 간의 교환비율을 의미한다. 외환의 종류는 다양하지만 일반적으로 환율을 말할 때 미 달러화와 원화와의 교환비율을 가리킨다. 우리나라에서는 미 달러가 기축통화(Key Currency)로 세계 각국이 외환을 포함한 상품과 서비스의 국제거래에서 주된 통화로 쓰이고 각국 통화 간 교환비율의 기준으로 삼는

Q&A | BIS자기자본비율이란 무엇인가요?

금융기관에 예금을 하는 것을 불안해하여 꺼리는 상황을 '신용 불안'이라고 한다. 신용 불안이 발생하면 자국의 국내 금융은 물론, 그 국가와 거래하는 해외 금융 또한 도미노처럼 연속적인 타격을 입게 된다. 이러한 국제 신용 혼란과 금융기관의 연쇄 부실화를 예방하기 위한 방법으로 1992년에 국제결제은행(BIS)에서 발표한 것이 바로 'BIS자기자본비율'이다.

국제결제은행은 평소 회원국의 은행들이 투자나 대출 등의 부실위험자산 금액의 일정 비율 이상으로 자기자본 금액을 보유하고 있도록 권고한다. 이 때 사용되는 기준인 'BIS자기자본비율'은 국제 수준에서 은행의 건전성을 판단하는 지표로 활용된다. 1992년에 채택되었던 'BIS자기자본 비율'의 식은 '자기자본/위험성가중자산 × 100'으로 구할 수 있다. 국제결제은행의 권고 수준은 8%이다. 즉, 은행의 자기자본비율이 최소한 8% 수준은 넘어야 최소한의 신용도가 지켜진다는 것이다. 2004년에 BIS비율의 평가기준을 더욱 세분화한 '신BIS비율(바젤2)'가 채택되었다.

'신BIS비율'에서는 기존의 모든 은행에 일률적으로 적용되어온 100% 위험가중치를 외부 신용평가 기관이 평가한 신용등급에 따라 위험가중치를 차등 적용하는 '표준방법'과 은행 자체의 내부 신용 평가 모형을 활용해 위험가중치를 산정하는 '내부등급법'으로 구분하여 계산한다. 내부등급법을 사용하면 신용등급을 일괄 적용하는 표준등급법보다 위험가중치가 낮게 산정돼 BIS비율을 높이는 효과가 있다. 우리나라에서는 2009년 말까지 바젤1과 바젤2의 기준을 혼용하여 사용하고, 2010년부터는 바젤2의 기준을 의무적으로 모두 도입하기로 결정했다.

화폐다.

외화에 대한 원화의 환율이 내리면 외화 한 단위를 사는 데 필요한 원화의 총액이 적어진다. 이를 원화 가치의 상승이라고한다. 외화에 대한 원화환율이 오르면 외화 한 단위를 사는 데 필요한 원화의 총액이 증가하고 원화는 그만큼 외화에 비해 가치가 하락한 것이다. 이는 원화 가치의 하락라고 한다. 즉, 원화의 대외가치는 환율과 반대로 움직인다.

외환이 매매되는 곳을 통칭해서 외환시장이라고 하는데 이는 특정 장소가 아닌 외환이 거래되는 모든 장소를 말한다. 환율은 세계 도처에서 다양한 수준으로 시세가 형성된다. 수많은 외환시장 가운데서도 뉴욕, 런던, 도쿄 등지의 외환시장이 환율 시세를 형성할 때의 기준 시장 역할을 하고 있다.

환율이 주요 외환시장에서 각국 통화의 수급에 따라 자유롭게 정해질 수 있는 제도를 '변동환율제도'라고 하는데 우리나라뿐만 아니라 대부분의 국가들이 채택하고 있다. 반면에 중국, 홍콩은 국가에서 기준환율을 일정수준에 고정시키고, 유지하여 이를 모든 경제 주체가 따르도록 하는 '고정환율제'를 운영하고 있다. 특히, 중국의 경우에는 지금까지도 미국과 위안화의 평가절상문제로 단순히 경제적인 이익을 떠나서, 외교·정치적인 문제로까지 확장되어 큰 파장을 불러일으키고 있다.

각종 신문사 사이트나 통계청 사이트를 보면 원화당 각국의 환율을 쉽게 확인할 수 있다. 조금씩의 차이가 있지만 보통 아래와 같은 조회 화면을 볼 수 있다. 크게 매매기준율을 중심으로 살 때, 팔 때의 환율과 환가료율로 나누어 볼 수 있다.

1) 매매기준율

전날 외국환중개회사를 통해 거래된 미 달러화의 거래량과 거래환율을 가중평균하여 산출한 시중평균환율이다. 우리나라의 경우 미 달러화에 대한 원화의 매매기준율이 기준환율이며, 엔화, 유로화 등 미 달러화 이외의 기타통화에 원화환율은 국제금융시장에서 형성된 해당 외화의 대미 달러화의 교환율을 이용하여 간접적으로 산출하고 있다. 이렇게 간접적으로 계산된 환율을 원화에 대한 재정환율이라 하며, 이를 계산하기 위해 사용된 미 달러화와 해당 국가 원화의 환율을 크로스레이트(Cross rate)라고 한다.

◎ 환율 조회

통화명	현찰 사실때	현찰 파실때	매매 기준율	환가료율	미화 환산율
미국 USD	1,432.64	1,383.36	1,408.00	4.7775	1.0000
유럽연합 EUR	1,805.79	1,735.33	1,770.56	7.2530	1.2580
일본 JPY 100	1,471.64	1,421.02	1,446.33	4.2312	1.0270
중국위안화 CNY	220.79	196.04	206.35	0.0000	0.1470
홍콩 HKD	185.29	178.07	181.68	4.5250	0.1290
대만 TWD	46.43	41.33	42.60	0.0000	0.0300
영국 GBP	2,117.41	2,034.79	2,076.10	7.0962	1.4750
캐나다 CAD	1,161.36	1,116.04	1,138.70	6.4600	0.8090
스위스 CHF	1,198.67	1,151.91	1,175.29	4.5666	0.8350
스웨덴 SEK	180.53	171.73	176.13	7.7950	0.1250
호주 AUD	929.67	893.41	911.54	9.1375	0.6470
뉴질랜드 NZD	793.82	762.86	778.34	9.7250	0.5590

2) 매매 가격

외화를 사거나 팔고자 하여 금융기관을 방문한다면, 매매기준율에 수수료가 적용되어 가격이 결정된다. 살 때는 매매기준율보다 높은 가격으로, 팔 때는 매매기준율보다 낮은 가격으로 팔 수 있다. 이러한 수수료는 기관마다, 환전하려는 고객마다 적용되는 기준이 다르기 때문에 다소 차이가 있을 수 있다.

3) 환가료율

어음이나 수표 등을 환전 할 경우에는 환가료율이 적용된다. 환가료율을 간단히 말하면 은행이 어음 등을 매입할 때 해당 적용하는 일종의 이자비율이다. 실제로 어음 등이 해당 국가를 통해서 상환되기 위해서, 외국의상대 은행에서 확인하고 승인이 이루어져 매입은행에 송금이 이루어지기까지는 일정한 기간이 소요된다. 이 기간 동안 발생하는 이자를 고객으로부터 징수하게 되는데, 이 때 부담하게 되는 이자분의 비율을 환가료율이라 한다.

타 거시경제 요소와의 상관관계

환율 VS 금리

환율이 움직일 때 금리가 움직이는 방향

	금리 방향	세부 내용
환율	환율 하락 예상 → 금리 하락	원화 가치 상승 예상 → 원화 상품의 상대적 수익성 상승 → 국내 채권 등의 수요 증가 → 초과 수요 발생 → 채권금리 하락 → 실세금리 하락

금리가 움직일 때 환율이 움직이는 방향

	환율 방향	세부 내용
금리	금리 상승 → 환율 하락	국내 금리 상승 → 국내로 자본 유입(국내 채권수요 증가) → 해외자본의 환전으로 원화 수요 증가 → 환율 하락(원화 가치 상승)

실전 케이스 분석

환율 상승이 기업에 미치는 영향

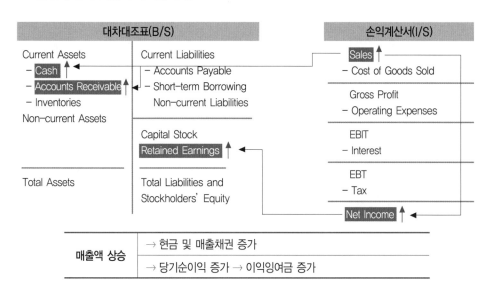

매출액 상승	→ 현금 및 매출채권 증가
	→ 당기순이익 증가 → 이익잉여금 증가

중국에서 원자재를 수입하여 미국으로 공산품을 수출하는 Y가전업체가 있다고 하자. 달러당 환율이 상승하게 되면(여기서의 환율 변화는 달러 자체의 변동 요소로 인한 변화로 위안화당 환율에는 변화가 없다고 가정) 똑같은 생산량과 가격으로 미국에 납품해도 매출액이 증대된다. 환율 상승이 이자비용에 영향을 주지 않는다고 가정하면, 이는 당기순이익의 증대로 이어질 것이다. 이는 당기말에는 이익잉여금의 증가로 대차대조표에 표시될 것이고, 자산 측면에서 보면 수출의 대가로 받는 현금과 매출채권이 증가하게 될 것이다.

그런데 환율 상승 시에 매출액이 상승뿐만 아니라 고려해야 할 요소가 하나 더 있다. 바로 국내 기업이 보유한 외환 및 외국의 채권과 국내 기업이 해외에서 발행

Q&A | 위안화 평가절상과 환율이 국제 수지에 미치는 영향은 무엇인가요?

달러 대 위안화의 환율이 10위안이라고 가정해보자. 중국 수출 기업이 8위안을 들여 상품을 만들어서 미국에 1달러에 수출했다. 대금 1달러를 환전하면 10위안을 얻을 수 있으므로 2위안이 이익이다. 그런데 달러 대비 위안화 환율이 달러당 9위안으로 내렸다고 가정해보자. 다른 요소들의 변동이 없다면, 위안화의 가치가 1위안만큼 절상된 셈이다.

앞의 상황과 똑같은 조건으로 수출이 이루어졌다면 중국 기업은 2위안의 이익이 1위안으로 줄어든 것이다. 즉, 위안화의 가치가 상승하면 중국기업의 수출이 불리해지게 된다. 상품 품질이 높아진 것도 아니지만 판매 가격을 높일 수밖에 없는 상황에 놓이게 되고, 이는 미국 기업이나 타 국가 기업에 비하여 상대적으로 불리할 수밖에 없다. 반대로 중국의 상품을 수입하는 미국 입장에서 보면, 단기적으로는 대중 수입 억제의 효과를 볼 수 있다. 미국의 국제수지 상, 대중 무역 적자가 심각한 상황에서 적자 폭 증가의 악화를 막으면서, 급속도로 성장하고 있는 중국을 견제하기 위해서 미국으로서는 위안화 절상이 필연적이었던 것이다.

이는 위안화와 달러에만 적용되는 것이 아니라 모든 나라의 화폐 가치에 적용된다. 즉, 국 원화의 환율이 하락하면(환율 변동 외의 다른 조건에는 변화가 없다는 가정하에) 자국 화폐의 가치는 그만큼 절상되고 수출은 불리해지게 된다. 반대로 달러 대 자국 화폐의 환율이 상승하면 자국 화폐는 그만큼 가치가 절하되고, 자국 기업의 수출은 유리해진다.

한 채권이다. 위의 경우들을 환율의 변화와 함께 표로 정리하면 다음과 같다.

	보유 중인 외환 및 외국의 채권(자산)	해외에서 발행한 자사의 채권(부채)
환율 상승 시	영업 외 수익 발생 (외환차익 및 외화환산이익)	영업 외 비용 발생 (사채상환손실)
환율 하락 시	영업 외 비용 발생 (외환차손 및 외화환산차손)	영업 외 수익 발생 (사채상환이익)

위에서 예로 들었던 Y가전의 경우에는 보유 중인 외환이나 외국의 채권이 없고, 미국 채권시장에서 발행한 채권(부채)만 보유하고 있다고 가정했을 때, 환율이 상승 하면 대차대조표 및 손익계산서에 나타나는 변화는 다음과 같다.

사채상환손실로 인하여 영업 외 비용이 발생하면 당기순이익은 줄어들 것이 다. 다른 모든 계정의 조건이 동일하다면 이는 연말에 이익잉여금의 감소로 연결 이 된다.

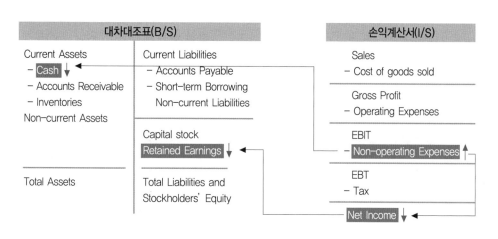

영업외 비용 증가	→ 현금 감소
	→ 당기순이익 감소 → 이익잉여금 감소

이익잉여금의 감소분만큼 현금을 더 지불한 것이므로 대차대조표의 차변에서는 현금이 줄어들게 된다.

4) 원자재(원유)

원자재는 각종 산업에 광범위하게 쓰이는 필수 요소다. 특히 원유는 거의 모든 제조업 기업의 제품 생산 과정에서 직·간접적으로 사용되는 주요 에너지원이다. 그래서 원유가격의 변동이 경제 전반에 미치는 영향은 다른 어떤 요소보다 파급효과가 크다. 특히 우리나라와 같이 원자재 생산량이 적어 수입 비중이 대부분을 차지하는 경우에는 그 영향이 더욱 크다.

국제 원유가를 구성하는 3대 유종에는 중동의 두바이유, 북해산 브렌트유, 서부텍사스유가 있다. 3대 유종이 국제 원유시장의 기준 유종으로 자리잡은 이유는 생산량이 많고, 특정 생산자가 생산을 독점하지 않아 가격 형성 과정이 투명하기 때문이다. 아래 표는 3대 유종의 특징들을 정리해본 것이다.

두바이유는 보통 한국 시간으로 오후 6시 무렵에 현물가격이 결정되기 때문에 각각 오전 2시 30분과 4시 30분경에 가격이 결정되는 브렌트유와 텍사스유에 비해

	두바이유(Dubai)	브렌트유(Brent)	서부텍사스유(WTI)
품질	유량함량이 적고 상대적으로 질이 떨어짐	황의 함량이 서부텍사스유보다 높고 두바이유보다 낮음	황의 함량이 낮아 상대적으로 품질 우수
가격	3대 유종 중 가장 가격이 낮음	두바이유 기준 2~3달러 정도 높음	두바이유 기준 5달러 정도 높음
주요 거래 시장	중동과 싱가포르에서 현물거래	런던의 국제석유거래소(IPE)에서 선물거래	미국의 뉴욕상업거래소(NYMEX)에서 선물거래
주수급 지역	아시아	유럽, 아프리카	미국 및 아메리카

하루 늦게 가격이 반영된다. 이로 인해 가격하락과 상승이 두 원유와 다르게 나타나기도 한다.

　한국은 원유 수입의 78%를 중동 지역에서 수입하기 때문에 두바이유의 가격이 국내 경제에 미치는 영향은 아주 크다. 더욱이 중동 지역은 정치 · 외교 · 종교적 갈등으로 인한 분쟁이 그치지 않아 국제 원유가격에 많은 영향을 미친다. 국제유가에 대한 가격 및 수급정보는 한국석유공사 석유정보망(http://www. petronet.co.kr)에서 실시간으로 확인 가능하다.

타 거시경제 요소와의 상관관계
원유 가격 VS 물가, 금리

	물가 방향	세부 내용
원유 가격	원유가 상승 → 물가 상승, 금리 상승	원유가 상승 → 제품의 직 · 간접적 생산비 증가 → 평균 상품 가격 증가 → 물가 상승 → 금리 상승

　원유 관련 제품 가격이 오르면 원유와 직접 상관이 없는 다른 수많은 상품도 꼬리를 물고 값이 뛰게 된다. 제품의 생산 비용 측면에서 부담이 증가되기 때문이다. 우리나라의 경우 두바이유의 배럴당 1달러가 오르면 물가는 0.15% 포인트가 상승한다고 한다. 이는 우리나라 기업의 에너지 탄성치(생산1단위 증가에 필요한 추가 에너지)가 선진국의 2~3배에 달하기 때문이다.

실전 케이스 분석

원자재 가격의 상승이 기업에 미치는 영향

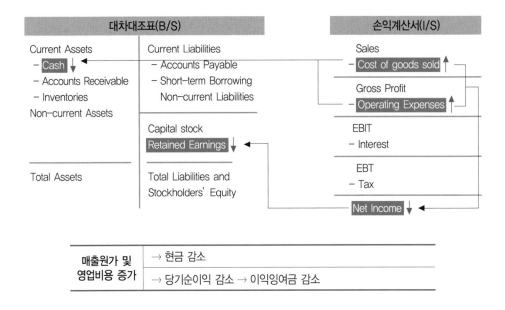

매출원가 및 영업비용 증가	→ 현금 감소
	→ 당기순이익 감소 → 이익잉여금 감소

일반적인 제조업체의 경우, 원자재의 가격이 상승하면 이는 매출원가의 상승을 유발시킬 것이다. 또한 원유가격이 상승하면 이는 매출원가뿐만 아니라 유통비 등이 증가하여 영업비용까지 동반 상승하게 된다. 다른 조건이 동일하다면 당기순이익이 줄어들어, 결산일 대차대조표의 이익잉여금이 감소한다. 매출원가와 영업비용은 현금계정에서 더 많이 지출될 것이므로 이익잉여금의 감소분만큼 현금이 감소하게 된다.

2. 거시경제 요소가 자금시장에 미치는 영향

1) 주식

경기 국면과 주식의 상관관계

경기 국면	주가 전망
경기 상승기 : 기업의 투자와 매출 증가	주가 상승
경기 하강기 : 기업의 투자와 매출 감소	주가 하락

주가는 보통 '경기선행지수'로 분류되어 경기 국면보다 선행하는 성질을 가지고 있다. 경기 상승 시에는 기업의 매출이 증가하기 때문에 주식의 가격은 상승하게 되고, 투자활동 또한 활발해지면서 미래의 주가 전망도 긍정적인 평가를 받게 된다. 반대로 주가 하락은 경기 하강을 의미하는 것일 수 있다. 이를 종합해 보면, 경기 상황과 주식 가격과의 관계는 정의 관계라고 할 수 있다.

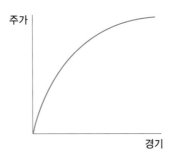

타 거시경제 요소와의 상관관계

물가 VS 주식

물가의 동향	주가 전망
물가의 완만한 상승 시 실물자산의 명목가치 상승 → 기업수지 개선 및 기업의 자산가치 증대	주가 상승
물가의 급격한 상승 시 저축 위축 및 실물 자산 선호 → 금리 상승	주가 하락

물가와 주식의 관계는 물가 상승 폭에 따라서 영향은 정반대일 수 있다. 먼저 물가가 완만하게 상승한다면 기업의 실물자산의 명목가치가 상승하기 때문에 호재로 받아들일 수 있다. 하지만 물가가 급격히 상승할 때에는 오히려 금리 상승을 동반하여 주가에 악영향을 끼칠 수 있다. 즉, 물가는 주가와 정의 관계와 역의 관계 모두 성립 될 수 있다.

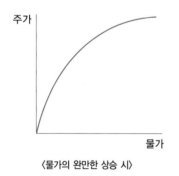

〈물가의 완만한 상승 시〉

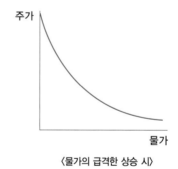

〈물가의 급격한 상승 시〉

금리 VS 주식

금리의 동향	주가 전망
금리 상승 → 주식 평가 시의 할인율 상승 채권 수요 증가, 주식 수요 감소	주가 하락
금리 하락 → 주식 평가 시의 할인율 하락 채권 수요 감소, 주식 수요 증가	주가 상승

주가와 금리와의 관계는 할인율의 측면으로 생각해볼 수 있다. 주가는 장차 기업이 벌어들일 수 있다고 예상되는 수익 흐름의 현재가치로 정의된다. 이러한 수익 흐름을 현재가치로 할인하는데 적용되는 것이 바로 금리이다. 금리가 높다는 것은 할인율이 높다는 것을 의미하기 때문에 그만큼 미래가치는 낮아질 수밖에 없고, 주가에 미치는 영향은 부정적이다.

주가와 금리와의 관계는 수요·공급 법칙을 생각하면 쉽게 이해할 수 있다. 만약 금리가 상승한다면 채권의 금리 또한 상승하게 될 것이다. 주식의 수익률이 고정되어 있다고 가정하면, 주식시장의 자본이 유출되어 상대적으로 수익률이 상승된 채권으로 투자자금이 이동할 것이다. 주식시장에서는 초과 공급이 발생하게 되고 곧 주가의 하락을 동반하게 된다. 금리가 하락할 때에는 정반대의 경우로 주가가 상승하게 된다. 즉, 주가와 금리는 역의 관계가 성립한다.

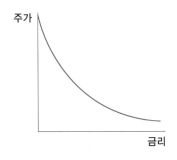

환율 VS 주식

환율의 동향	주가 전망
환율 상승(원화가치 하락) 추세 ·수출증가, 수입감소 → 기업수익 호전, 유동성 증가 ·환손실로 외국인 투자자금 유출	주가 상승 주가 하락
환율 하락(원화가치 상승) 추세 ·수출감소, 수입증가 → 기업수익 악화, 유동성 감소 ·환이익으로 외국인 투자자금 유입	주가 하락 주가 상승

환율 또한 물가와 마찬가지로 단순히 주식과 정 혹은 역의 관계에 있다고 설명하기 힘들다. 먼저 환율이 인상되어 원화가치가 하락한 경우를 보자.

수출은 증가하고 수입은 감소하기 때문에 이는 주가에 긍정적 영향을 미친다(이때 기업의 생산은 내수 보다는 수출이 차지하는 비중이 큰 기업이라고 가정한다). 하지만 증권시장에서 외국인 투자자들은 환손실로 인한 수익률 악화의 피해를 보게 된다. 이는 외국인 투자자들이 한국 주식시장에서 투자자금을 회수하여 다른 국가로 투자를 하게 되는, 즉 국내 증권시장에서 외국 자본이 이탈되는 직접적인 원인으로 작용한다(현재 환율이 높은 상황에서, 앞으로 환율 하락 예상은 없다고 가정한다). 이러한 과정은 주식시장에 부정적 영향을 미치게 된다. 이를 종합해보면, 환율과 주가의 관계는 관점의 주체에 따라 정의 관계 및 역의 관계가 모두 성립 된다고 볼 수 있다.

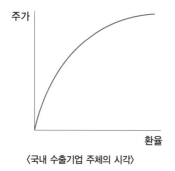

〈국내 수출기업 주체의 시각〉

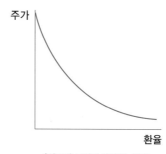

〈외국인 투자자 주체의 시각〉

유가 VS 주식

유가의 동향	주가 전망
유가 상승 시 : 경상수지 악화, 원가 상승 → 기업실적 악화	주가 하락
유가 하락 시 : 경상수지 호전, 원가 하락 → 기업실적 호전	주가 상승

유가가 상승한다면 우리나라의 입장에서는 경상수지 악화 및 생산 원가를 상승시키는 악재로 다가오게 된다. 단기적으로 수혜를 입는 정유사나 석유 원자재 가공 산업 등을 제외하면 자연스럽게 다른 기업들은 실적이 악화될 것이다. 반면에 유가가 하락하게 된다면 기업의 입장에서는 절로 원가 절감 효과를 볼 수 있기 때문에 기업 성과에 긍정적인 영향을 미치게 된다. 때문에 주가와 유가의 관계는 역의 관계가 성립된다.

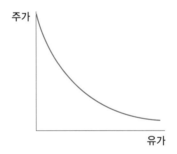

2) 채권

채권의 가격 및 수익률에 직접적으로 영향을 미치는 경제적 요소는 바로 금리다. 채권 수익률과 채권 가격이 반비례 하듯이, 금리와 채권 가격 또한 반비례 한다. 금리에 영향을 주어서 채권의 가격 및 수익률에 간접적으로 영향을 미치는 경제적 요소들에는 앞에서 살펴본 물가, 환율, 유가 등이 있다.

영향	경제 요인	채권의 동향
직접적	금리	금리 상승 → 채권 현금흐름의 현재가치 하락 → 채권 가격 하락
		금리 하락 → 채권 현금흐름의 현재가치 상승 → 채권 가격 상승
간접적	물가	물가 상승 → 수요 증가 및 은행권 자금 부족 → 금리 상승 및 채권가격 하락
	환율	원화가치 하락 예상(환율 상승 기대) → 원화 상품의 상대적 수익성 둔화 → 국내 채권 수요가 외국 채권으로 이동 → 국내 채권의 초과 공급 발생 → 금리 상승 및 가격 하락
		원화가치 상승 예상(환율 하락 기대) → 원화 상품의 상대적 수익성 상승 → 국내 채권 수요 증가 → 국내 채권의 초과 수요 발생 → 금리 하락 및 가격 상승
	유가	원유가 상승 → 제품의 직·간접적 생산비 증가 → 평균 상품가격 증가 → 물가 상승 → 금리 상승 및 채권 가격 하락

* 간접적 영향(물가, 환율, 유가)의 동향 부분은 일반적으로 예측할 수 있는 부분이고, 다른 요소 및 상황이 개입된다면 반드시 위와 같은 순서로 진행되는 것은 아님.

직접적 요인(금리)과 채권의 상관관계

채권의 가격은 금리와 발행 조건에 의해 결정된다. 채권의 발행 조건은 채권가격 결정에 영향을 미치는 요인이기는 하지만, 채권 발행 당시 이미 정해진 조건들이기 때문에 가격 변동을 일으키지는 않는다. 따라서 금리가 채권가격 결정과 변동에 있어 가장 중요한 영향을 주는 요인이 된다.

먼저 금리가 상승하면, 채권의 예상 현금흐름의 현재가치가 하락하게 된다. 아래의 채권가격결정 메커니즘을 보면 이와 같은 과정이 쉽게 해결될 수 있다. 액면가가 F, 만기 n년인 무이표채의 가격 P와 만기수익률(금리) y의 관계는 다음과 같다.

$$P = F \times (1+y)^{-n}$$

이 식을 보면 수익률과 채권 가격이 역의 관계에 있는 것을 알 수 있다. 이는 정기적인 액면이자가 있는 경우에도 성립된다. 즉, 금리와 채권의 가격에는 역의 관계가 성립한다.

간접적 요인(물가, 환율, 유가)과 채권의 상관관계

위에서 언급한 것처럼 물가, 환율, 유가는 채권에 직접적으로 영향을 미치는 요소는 아니다. 이들은 채권의 가격에 직접적으로 영향을 미치는 금리에 영향을 주어 간접적으로 채권 가격에 영향을 미치게 된다. 때문에 이들 요인이 채권가격과 직접적으로 '정의 관계' 또는 '역의 관계'에 있다고 설명하기 힘들다. 하지만 각 요소들이 영향을 줄 수 있는 범위까지를 잘 파악하고 있을 필요는 있다. 물가, 환율, 유가가 금리에 영향을 미치는 프로세스는 '거시경제 요소의 이해 및 개별 기업에 미치는 영향'을 참고하기 바란다.

+ 김재열

KB 국민은행 연구소 소장
재정경제부 금융허브추진위원회
금융인력분과 위원

:: 금융권에 종사하기 위해 필요한 일반적인 경제학의 주요 이론들과 흐름
에 대해서 이해하기 위해 읽을 만한 책을 좀 추천해주세요.

알기 쉽고 재미있게 주요 경제이론들에 대해 풀어 써놓은 책으로는
《유쾌한 경제학》을 들 수 있습니다. 이 책은 《죽은 경제학자의 살아있
는 아이디어》로 유명한 토드 부크홀츠의 후속작입니다. 전편이 아담
스미스, 리카르도, 케인즈 등의 경제학자들과 그들의 경제 사상에 대
해 다루었다면, 이 책은 현실적인 경제에 대해 실제 사례들을 위주로
다룬 책이라고 할 수 있습니다. 이해하기 쉽고 재미있게 서술되어있
으며, 실무에서나 경제학의 기본을 이해하기 위해 꼭 필요한 주요 경
제이론과 현상들에 대해서 빠짐없이 서술되어있는 좋은 책입니다.

:: 한 단계 높은 수준의 경제학 관련 서적을 읽고 싶습니다. 어떠한 것들
이 있을까요?

경제학은 사회과학이므로 이론에 따른 실제 사례들과 이에 대한
설명들이 많은 책이 좋습니다. 그런 책들 중에서도, 폴 크루그먼 교수
의 《경제학의 향연》을 추천합니다. 폴 크루그먼 교수는 2005년에 미
국의 부동산 버블 붕괴를 예견해 화제가 되었고, 2008년에는 노벨
경제학상을 수상했습니다. 《경제학의 향연》은 1970년대부터 1990년
대까지의 미국의 경제 사례들을 중심으로 경제사상과 정치의 상호작
용과 이것이 어떻게 전개되었는지에 대해서 크루그먼 교수만의 독특
하지만 명쾌한 시각으로 보여주는 책입니다.

Step
03

케이스 스터디

Case Study

Step 03 | 케이스 스터디

금융업을 이해하기 위해서는 실제 현업에서 일해 보는 것이 최상의 방법이다. 하지만 실제 경험을 하지 못 한다면, 현업의 사례를 학습해 봄으로써 본인이 희망하는 부서에 대한 이해를 넓힐 수 있다. 책 서두의 북 맵(Book Map)을 통해 본인의 관심 부서에 해당하는 내용을 반드시 읽도록 한다.

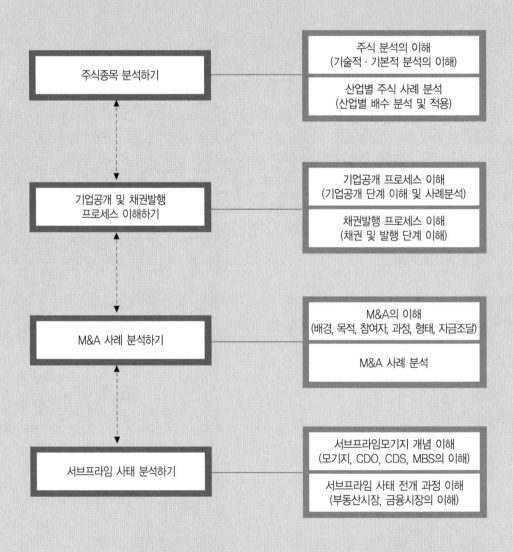

주식종목 분석하기	주식 분석의 이해 (기술적 · 기본적 분석의 이해)
	산업별 주식 사례 분석 (산업별 배수 분석 및 적용)
기업공개 및 채권발행 프로세스 이해하기	기업공개 프로세스 이해 (기업공개 단계 이해 및 사례분석)
	채권발행 프로세스 이해 (채권 및 발행 단계 이해)
M&A 사례 분석하기	M&A의 이해 (배경, 목적, 참여자, 과정, 형태, 자금조달)
	M&A 사례 분석
서브프라임 사태 분석하기	서브프라임모기지 개념 이해 (모기지, CDO, CDS, MBS의 이해)
	서브프라임 사태 전개 과정 이해 (부동산시장, 금융시장의 이해)

주식종목 분석_Accountings

주식종목 분석 방법은 주식 리서치 업무 수행에 있어 필수적인 지식이다. 주식 분석 방법은 크게 기본적, 기술적 분석으로 나눌 수 있는데 특히, 기술적 분석 방법 중 차트, 추세선, 이동평균선, 거래량 등의 개념과 특징을 이해 해야 한다. 이를 바탕으로 포스코와 현대중공업의 케이스를 통해 실제 적용 사례를 확인할 수 있다. 이와 더불어 주식 분석에 있어 중요 요소인 배수(Multiple)들은 산업에 따라 중요도가 약간씩 다르다. 자동차, 은행, 조선산업의 사례를 통해 각각 분야에서 중요하게 여기는 배수들을 확인하고 그 이유에 대해서도 알아보도록 한다.

· 주식 분석의 방법론
∨기본적, 기술적 분석의 차이점 이해
∨산업별로 차별화된 접근법의 이해

· 기술적 분석
∨봉, 추세선, 이동평균선, 거래량 분석의 개념 이해
∨각 기술적 분석 방법의 특징 이해
∨실제 사례를 통한 기술적 분석 방법의 적용

· 산업별 주식 분석
∨산업별(자동차, 은행, 조선)특징 분석
∨사례를 통한 각 산업별 배수 분석 및 적용

1. 주식 분석의 방법론 소개

주식의 가치를 파악하여 투자수익률을 측정하고, 이를 투자에 연결하는 분석 및 예측활동의 총체를 주식분석이라고 한다. 주식분석 방법은 크게 기본적 분석 (Fundamental Analysis)과 기술적 분석(Technical Analysis)으로 나누어볼 수 있다.

먼저 기본적 분석이란 증권의 내재가치를 파악하여 시장가격과 비교함으로써, 적절한 투자 전략을 구사하는 분석 방법이다. 기업의 내재적 가치와 주가는 같이 움

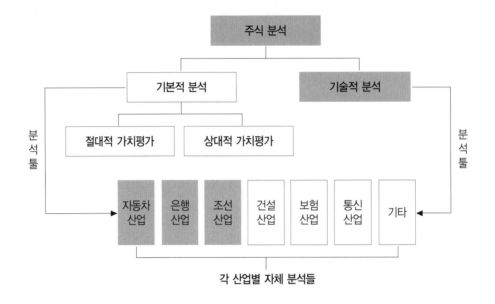

직인다는 사실에 초점을 두고, 기업의 본질가치인 이윤창출능력을 파악하는 것이다. 기본적 분석은 다시 평가 대상 기업의 수가 단수인지 다수인지에 따라 '절대적 가치평가' 와 '상대적 가치평가' 로 나눌 수 있다. 현금흐름할인법(DCF)으로 대표되는 '절대적 가치평가' 와 재무제표상에서 파악할 수 있는 주요 배수들을 산업 전체와 산업 내의 타기업들과 비교 평가하는 '상대적 가치평가' 는 이미 앞에서 자세하게 살펴보았다.

기술적 분석이란 증권가격이나 거래량의 추세와 패턴을 분석함으로써 특정한 투자전략을 구사하는 분석 방법이다. 증권가격 및 거래량에 관한 과거의 추세와 패턴을 관찰함으로써 미래의 증권가격 변동의 방향성과 신호를 포착하여 그에 부합하는 투자전략을 선택하게 된다.

또한 특정 기업의 주식을 분석할 때는 그 기업이 속한 각 산업에 대한 분석도 수반되어야 한다. 각 산업 고유의 특징적인 성격을 배제하고는 특정 기업의 주식을 효과적으로 분석하기란 거의 불가능하기 때문이다. 여기에서는 위의 도식에서 파란색 박스로 채워져 있는 부분을 다루게 될 것이다. 먼저 기술적 분석을 알아보고, 후에 산업별 주식 분석을 자동차, 은행, 조선 산업을 통해서 점검해보도록 한다.

2. 기술적 분석

1) 차트 분석이란?

기술적 분석이란 기본적인 투자가치의 변동요인과 관계없이 과거 일정기간의 주가와 거래량 및 이들로부터 도출된 지표들을 통해 분석함으로써 미래의 시장변동 또는 가격변동을 예측하는 기법이다. 주가의 매매시점을 파악할 수 있도록 과거의 시대흐름과 그 패턴을 파악해서 정형화하고, 이를 분석하여 향후 주가를 예측하는 데 그 목적이 있다. 주가 그래프의 기본적인 속성 3가지를 근거로 주가의 방향성과 변곡점을 찾아내는 것이다.

첫 번째는 추세 계속성이다. 이는 그래프가 새로운 변화가 나타날 때까지 진행하던 방향을 계속 유지한다는 속성이다. 두 번째는 반복성으로, 도표상의 주가 모형은 반복하려는 속성이 있다는 의미다. 마지막은 기업가치의 회귀성이다. 이는 주가에도 어느 정도의 구심력이 있다는 속성이다. 예를 들면, 이동평균선에서 너무 멀어진 주가가 구심력에 의해 이동평균선으로 회귀하려는 것을 들 수 있다. 다음의 표는 기술적 분석에서 활용되는 분석 도구를 간략하게 정리한 것이다.

기술적 분석 활용 지표 정리(1)

	봉차트	추세선
정 의	고가와 저가를 수직선으로 연결하고 시가와 종가를 박스로 표시한 봉을 연결한 차트	특정기간 동안의 시장가격 변동방향을 표시한 선
특 징	월·주별 봉차트를 활용 장기추세 파악 가능 일별 봉차트를 활용 매매 시기 결정 가능	추세선의 길이가 길수록 신뢰도가 높음 추세선의 기울기는 매수·매도의 강도 의미
분석도구	갭 분석, 적삼병&흑삼병	추세 패턴, 지지선&저항선, 견인 효과, 거래량
모형 예시		

2) 봉차트의 이해

주식시장의 그래프를 이해하기 위해서는 그래프의 기본 요소라고 할 수 있는 봉차트의 이해가 수반되어야 한다. 봉차트는 일정기간 동안의 시가(시작가격), 고가(최고가격), 저가(최저가격), 종가(마감가격)를 수직의 막대모양에 나타낸 차트다. 우리나라에서 사용하는 방식은 일본식 도표 표기 방식으로 주가가 상승한 날은 붉은색으로, 떨어진 날은 흑색 또는 청색으로 그린다.

기술적 분석 활용 지표 정리(2)

	이동평균선	거래량 분석
정 의	주가의 흐름 파악을 위해 일정기간의 평균 가격을 연결시킨 선	특정기간 동안의 거래량의 변동을 표시한 선
특 징	중·장기 이동평균선으로 주가의 대세적인 추세 파악 가능	거래량의 변화를 통해 주가의 방향 예측
분석도구	방향성, 배열도, 크로스	추세 패턴, 지지선&저항선, 견인 효과, 거래량
모형 예시	〈정배열 상태〉 5일선 / 20일선 / 60일선 / 120일선 〈크로스 분석〉 60일선 / 120일선 / 골든크로스 / 데드크로스	〈거래량 그래프〉 〈OBV 분석〉

봉차트를 보면서 주가를 예측하고 매수·매도 타이밍을 잡는 것이 기술적 분석에서 매우 중요하다. 봉차트를 일반적으로 기본유형, 상승반전패턴, 상승지속패턴, 하락반전패턴, 하락지속패턴으로 나누어서 유형화 시켜놓은 자료들이 많지만 여기서는 갭 분석과, 적삼병 & 흑삼병을 중심으로 살펴볼 것이다.

갭 분석

갭(Gap)은 연속하는 두 개의 봉에서 하나의 봉의 저점이 다른 봉의 고점보다 높은 것을 말한다. 갭은 매도세나 매수세의 균형이 어느 한쪽으로 급격히 치우쳐 급락 혹은 급등하는 경우에 나타난다. 상승갭은 돌발호재로 인한 강한 매수세 발생 시 나타나며 보통 매수 신호로 해석한다. 하락갭은 돌발악재 등으로 매도세가 강해지면 발생하며 매도 포지션을 취하는 것이 일반적이다.

적삼병 & 흑삼병

적삼병은 주가가 3일 연속 상승하는 경우를 말하며 매수세가 매우 강한 상태이므로 추후 상승세가 유지될 것으로 예측할 수 있다. 보통 3일 연속 상승 후, 하루 하락하는 경우가 있는데 이때가 매수 기회다. 반면 흑삼병은 주가가 3일 연속 하락하는 경우를 말하며 매도세가 강하므로 향후 하락세가 지속될 것으로 판단할 수 있다. 이 경우에도 3일 연속 하락 후, 하루 반등이 발생하기도 하는데 이를 매도 타이밍으로 잡아야 한다.

3) 추세선의 활용

추세선은 주가의 흐름을 반영한 선으로 주가가 일정 기간 동안 같은 방향으로 움직이려는 경향을 알아보기 쉽게 직선으로 나타낸 것을 말한다. 주가가 파동을 치면서 고점과 저점은 끊임없이 새로 형성되게 된다. 이러한 고점과 저점들 중 의미 있는 지점을 연결한 직선이 바로 추세선이다. 주가가 상승할 때 저점을 연결한 것이 상승추세선이 되고, 반대로 주가가 하락할 때 가격 하락을 지지해주는 저점을 연결한 것이 지지선이 된다. 주가가 하락할 때 고점을 연결한 선이 하락추세선이라고 하며, 주가가 상승할 때마다 저항을 받고 내려오는 고점들을 연결한 것을 저항선이라고 한다.

추세선을 이용하여 매매판단을 하는 대표적인 방법은 다음과 같다.

추세를 이용한 매매판단

데이 트레이더(Day Trader)는 추세가 상승하기 시작하는 시점에 매수를 취하고 추세가 반전하는 시점에서 매도를 취하면 가장 큰 수익률을 올릴 수 있다. 예를 들면, 확실한 상승추세일 때는 매입 혹은 보유를 하고 하락추세일 때는 매도 또는 매입 보류를 취해야 한다.

지지선과 저항선을 이용한 매매판단

주가가 지지선까지 내려오면 매수하고, 주가가 저항선까지 올라가면 매도한다. 그러나 지지선이 무너지거나 저항선이 돌파 된다면 반대의 포지션을 취하여 각각 매도와 매수 포지션을 취한다.

견인(되돌림) 효과를 이용한 매매판단

견인 효과란 주가가 추세를 벗어나 방향 전환을 나타낸 경우에 원래 진행하던 방향으로 되돌아가려는 성질을 말한다. 이러한 습성을 이용하여 매도 및 매수를 판단할 수 있다.

거래량을 이용한 매매판단

추세선을 거래량 추이와 함께 판단한다면, 더욱 탁월한 효과를 볼 수 있다. 추세선 방향과 같은 방향으로 거래량이 증가하면 추세를 확인하는 것이고, 추세선과 반대로 거래량이 움직이면 이는 추세반전을 예고한다고 볼 수 있다. 주의할 점은 거래물량이 적은 종목, 특히 소형주들은 진폭이 크므로 추세선의 분별이 큰 의미를 갖지 못할 때가 있다. 그렇기 때문에 추세선 분석은 거래물량이 많은 종합지수나 대형주일수록 정확도가 높은 편이다.

4) 이동 평균선

이동 평균선은 시장추세 예측을 위해 가장 널리 사용되는 지표 중 하나로, 특정 기간 동안의 주가 흐름을 관찰할 수 있도록 평균화하여 그래프로 표시한 것이다. 이동 평균선은 기간에 따라 크게 단기, 중기, 장기로 분류할 수 있다. 주가 움직임에 대한 반응은 기간이 짧을수록 빨리 나타나게 된다.

이동 평균선은 평균치를 대표값으로 활용함으로써 일시적인 급등락으로부터 투자자의 혼란을 방지 한다. 하지만 이동 평균선은 실제 주가를 바탕으로 일정 기간의 평균치를 구해야 하는 특성상 시차가 발생한다. 이러한 성질을 후행성이라 한다. 이동 평균선을 활용한 분석방법은 방향성, 배열도, 크로스 분석으로 크게 3가지로 분류할 수 있다.

방향성

주가의 흐름이 방향을 전환할 경우, 단기 → 중기 → 장기 이동 평균선의 순서로 바뀐다. 가령, 주가가 하락세에서 상승세로 전환할 경우 단기, 중기, 장기 이동 평균성의 순서대로 상승하게 되고 상승세에서 하락세로 전환할 경우, 동일한 순서로 하락하게 된다.

배열도

배열도 분석은 크게 정배열과 역배열 두 가지로 분류 할 수 있다. 정배열은 상승추세에서 많이 나타나며 위에서부터 단기, 중기, 장기 이동 평균선 순서대로 배열된 상태다. 역배열은 하락추세에서 나타나며 장기, 중기, 단기 이동 평균선 순서의 배열을 의미한다. 대체적으로 역배열에서 정배열로 전환되는 시점에는 매수를 하고 정배열에서 역배열로 바뀌는 시기에는 매도를 하는 것이 바람직하다.

크로스 분석

크로스 분석에는 골든크로스(Golden Cross)와 데드크로스(Dead Cross)가 있다. 골든크로스는 단기 이동 평균선이 장기 이동 평균선을 아래에서 위로 상향 돌파하는 경우이며 매수신호로 간주한다. 데드크로스는 단기 이동 평균선이 장기 이동 평균선을 위에서 아래로 하향 돌파하는 것을 의미하며 매도신호로 받아들인다.

5) 거래량 분석

주가 추세와 거래량 사이에는 밀접한 연관이 있다. 주가의 상승추세에서는 매수세력이 강해지며 거래량이 증가하고, 하락추세의 경우는 매도세력이 강해지며 거래량이 감소한다. 즉, 거래량이 증가추세로 전환되면 향후 주가상승의 지표로 해석가능하며 이와 반대로 거래량이 하락추세로 바뀌면 주가하락의 신호로 볼 수 있다. 거래량 분석은 이러한 기본적인 원리에 입각하여 거래량을 바탕으로 주가 예측을 하는 기법이다.

이와 관련하여, 주가가 천정권에 진입할수록 거래량은 감소하고 바닥권에 가까워질수록 거래량은 증가 추이를 보이게 된다. 대표적으로 활용되는 거래량 지표로는 OBV, VR 등이 있다.

OBV

OBV(On Balance Volume)는 '거래량은 주가에 선행한다' 는 가정 하에 거래량을 통해 주가를 분석하는 지표로서 아래와 같은 공식을 통해 값을 구할 수 있다.

> **OBV = 전일 대비 주가 상승한 날의 거래량 누계 – 하락한 날의 거래량 누계**

위의 공식에 따라 OBV의 값을 계산할 경우, 거래량이 보통 증가하는 상승장에서는 OBV의 고점이 이전 고점보다 높아진다. 반대로 하락추세에서 거래량이 감소하게 되면 OBV의 저점이 기존의 저점보다 낮아지게 된다. 전자의 경우는 시장이 매집 상태임을 나타내며 'U(Up)'으로 표시하며 후자의 경우, 매도세가 우세한 분산 상태를 의미하며 'D(Down)'으로 나타낸다. 따라서 U마크는 매수신호로 해석하며 D마크는 매도신호로 이해한다.

VR

OBV는 설정일 기준에 따라 차이가 나기 때문에 이 자체만으로 주가 추세 판단이나 과거와의 비교가 어렵다는 단점이 있다. 이를 보완하기 위해 사용하는 VR(Volume Ratio)은 일정기간(보통 20일) 동안 주가상승일 거래량의 합계와 주가하락일 거래량 합계의 비율이다. VR 값은 아래 공식을 사용하여 구할 수 있다.

$$VR = \frac{\text{주가 상승일의 거래량 합계} + \text{변동 없는 날의 거래량 합계} \times 0.5}{\text{주가 하락일의 거래량 합계} + \text{변동 없는 날의 거래량 합계} \times 0.5} \times 100(\%)$$

일반적으로 매수세가 우세할 경우, 상승일의 거래량이 많고 반대로 매도세가 주를 이루는 장에서는 하락일의 거래량이 많다. VR이 450%를 넘어서면 천정권으로 보며 단기과열로 인한 매도신호로 해석한다. VR이 70%를 하회하면 매수신호로 받아들인다.

추세선 & 이동평균선 실제 적용 사례(POSCO 005490)

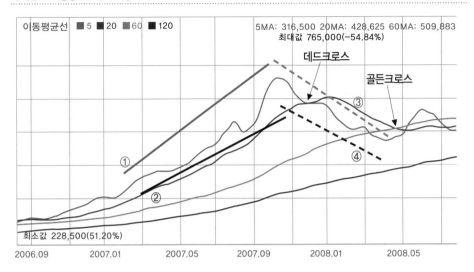

위의 차트에서 상승추세선과 하락추세선 두 개를 그릴 수 있다. ①, ③은 저항선을 나타내며 ②, ④는 지지선을 의미한다. 지지선과 저항선을 활용하여 분석을 할 경우, 2007년 10월경, 주가가 상승 지지선(②)을 하향 돌파하는 형국이므로 매도 포지션을 취해야 한다. 반대로 2008년 4월에는 주가가 하향 저항선(③)을 상향 돌파하고 있으므로 매수 타이밍으로 잡아야 한다. 또한 2007년 초부터 11월경까지 이동 평균선이 정배열 상태이다. 5, 20, 60, 120일 이동 평균선이 차례로 배열되어 있어 상승추세였음을 확인 할 수 있다. 2007년 12월에는 5일선(단기)이 20일선(중기)을 하향 돌파하는 데드크로스가 발생했고 이후 주가가 하락하는 것을 확인 할 수 있다. 반면, 2008년 5월을 보면 5일선이 20일선을 상향 돌파하는 골든크로스가 나타났고 이후 지속적인 상승세가 나타났다.

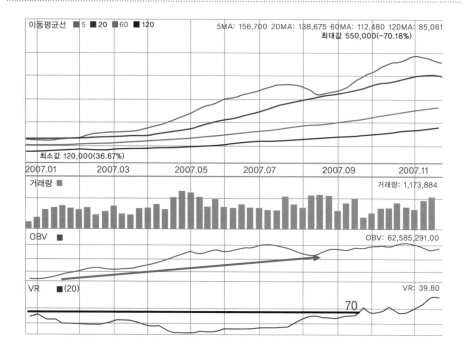

위의 차트에서 2007년 초부터 8월경까지 OBV 지표가 꾸준히 상승한 것을 확인할 수 있다. 기존의 상승 장세에서 꾸준한 OBV 지표의 상승은 매수세력의 매집을 의미하며 추후 상승을 예고한다. VR 지표를 활용하여 분석을 할 경우, VR 값이 70을 하회함으로써 시장에서는 해당 종목이 과대매도 상태라고 인식하는 것으로 볼 수 있다. 그러므로 투자자들은 이를 매수 타이밍으로 활용할 수 있다.

3. 산업별 주식 분석

산업 분석을 하다 보면, 산업별로 고유의 특징이 차별화 되어 있어서 단일한 기준으로는 그 산업에 대해서 효과적으로 설명하기 어렵다는 것을 알 수 있다. 이는 주식 분석에 있어서도 마찬가지다. 시장 위험과 다르게 각 산업의 위험을 규정하는 요소와 그 정도도 모두 제각각이기 마련이다. 여기서는 주요 산업의 특징들을 살펴보고, 주목해야 할 항목 및 수치들을 짚어본다. 그리고 실제로 각 산업 군의 주식 가치를 분석하는데 어떻게 적용할 수 있는지 살펴보기로 한다.

이는 금융 관련 직종의 인터뷰 시에 "관심 있는 주식이 무엇이냐?", "관심 있는 산업이 무엇이고, 어떤 기준으로 그 산업의 주식들에 투자하는가?"에 대한 답을 하는데 있어서, 큰 도움을 받을 수 있을 것이다. 또한 단순히 인터뷰에 대한 모범 답문을 떠나서 각 산업 군의 기업들의 주식 투자 시에 평가할 수 있는 차이점들을 짚어보고, 중점적으로 파악해야 할 부분 또한 되짚어볼 수 있는 기회로 삼을 수 있을 것이다.

1) 자동차 산업

산업의 특징

자동차 산업은 광범위한 소재를 기반으로 다양한 기술의 응용을 통해 각기 다른 공정을 거쳐 생산된 2만여 개의 부품을 조립하여 자동차로 완성하는 대표적인 종합 기계산업이다. 비철금속, 전기전자, 합성수지, 유리, 섬유, 도료 등의 광범위한 소재 산업과 생산설비를 제조하는 기계산업을 기반으로 하고 있으며, 유통단계에서는 할부금융, 자동차판매업, 광고업, 중고차 매매업 등과 긴밀한 관계를 가지고 있다. 또한 이용단계에서도 자동차를 직접 이용하는 운송업뿐만 아니라 정비, 부품 및 용품 판매, 보험, 유류판매, 건설업 등과 폭넓은 연관성을 가지고 있어 전후방산업 연관 효과가 크게 나타나는 산업이다.

2004년 이후 환율하락, 원자재가격 상승 등으로 수익성이 하락한 상태다. 산업 특성상 경기민감도가 높고 가격통제능력이 크지 않아 영업수익성은 제조업 평균 대비 낮게 나타나고 있다.

재무구조 측면에서는 사업 초기 막대한 투하자본이 소요되는 산업 특성상 총자산에서 유형자산이 차지하는 비중이 크며, 국내 대부분의 기업의 경우 구조조정에 따른 출자전환과 영업실적 개선을 바탕으로 부채비율은 100% 내외, 차입금의존도는 20%내외로 제조업평균을 상회하는 비교적 양호한 재무구조를 보유하고 있다. 높은 현금판매 비중 및 부품회사에 대한 교섭력 우위로 운전자금부담이 낮아 제조업 평균 대비 영업현금흐름은 원활한 편이다.

그러나 R&D 및 설비투자 관련 자금부담이 높아 규모가 작은 기업일수록 매년 투자자금의 증감에 따라 잉여현금흐름의 변동성이 높게 나타나고 있다. 유동성 측면에서는 자동차 산업의 경우 경기연동산업으로서 현금흐름의 안정성이 비교적 낮아 보수적인 재무운용 및 대규모 현금 유동성 보유가 필수적으로 요구된다. 대부분의 자동차 기업들의 경우 제조업 평균 대비 높은 유동성을 확보하고 있는 것이 일반적이다.

주목해야 할 수치 및 항목

운영 수익성

운영 수익성 측면을 파악할 수 있는 다양한 배수들이 존재하지만 대표적인 수치로 영업투하자본수익률(ROIC, Return on Invested Capital)을 들 수 있다. 영업투하자본수익률은 영업활동과 관련 없는 자산까지 포함된 전체 자산을 대상으로 한 총자산수익률보다 효과적으로 기업의 운영 수익성을 판단할 수 있다.

영업투하자본수익률(ROIC) = 세후영업수익 / 평균 투하자본

재무구조의 안정성

안정성을 파악할 수 있는 지표에는 대표적으로 부채비율과 차입금의존도가 사용된다. 여기서는 조금 덜 친숙한 지표인 차입금의존도에 대해서 설명할 것이다. 차입금의존도란 총 자산 중 차입금이 차지하는 비중으로 이 수치가 높은 기업은 금융비용에 대한 부담이 큰 관계로 수익 창출력에 부정적인 영향을 주고, 장기적인 자금의 지불능력이 저하되어 재무안정성을 위협받게 된다.

> **차입금의존도 = 총 차입금(장·단기차입금 + 사채) / 총 자산**

현금흐름의 안정성

앞에서 언급했듯이 자동차 산업의 운전자금부담은 전체 산업 평균치보다는 낮지만, 지속적인 R&D 및 설비투자에 대한 부담이 높다. 또한 추가적으로 예기치 않은 상황에서 발생하게 되는 리콜 등의 위험에도 대비해야 한다. 그렇기 때문에 자동차 제조기업들은 적정 수준의 현금창출능력의 유지가 요구된다. 이를 가늠하기 위해 대표적으로 잉여현금흐름(Free Cash Flow)과 잉여현금흐름률로 파악할 수 있다.

> **잉여현금흐름 = EBIT(1−t) + 감가상각비 + (−)투자현금흐름 + (−)운전자본현금흐름**
>
> **잉여현금흐름률 = 잉여현금흐름 / 매출액**

실제 적용 사례(현대차, 기아차)

두 회사의 투하자본수익률을 비교하여 보면, 현대자동차가 2005년부터 2007년까지의 평균 수치가 6~7%대에 위치하고 있지만 기아자동차는 2005년 1%대, 이후에는 음의 값(-)을 가지는 것을 볼 수 있다. 차입금의존도에서도 현대자동차는 3년간

현대차(005380) (단위: %)

	2005. 12.	2006. 12.	2007. 12.
영업투하자본수익률(ROIC)	7.58	6.05	7.82
차입금의존도	19.72	13.49	12.44
잉여현금흐름률	0.02	-4.87	4.36

기아차(000270) (단위: %)

	2005. 12.	2006. 12.	2007. 12.
영업투하자본수익률(ROIC)	1.05	-0.91	-0.37
차입금의존도	30.75	58.50	72.65
잉여현금흐름률	-2.39	-4.36	-3.17

19%대에서 13%대로 하락했지만, 반대로 기아자동차는 30%대에서 58%, 72%로 급격하게 상승한 것으로 보아 재무구조의 안정성에 주의를 기울일 필요가 있다. 마지막으로 잉여현금흐름률을 보면 기아자동차는 3년 연속 음의 값(-)을 가지는 반면, 현대자동차는 각 0.02%, -4.87%, 4.36%로 그 값이 변동되는 것을 알 수 있다. 운영수익성, 재무구조의 안정성, 현금흐름의 적정성 측면에서 현대자동차가 기아자동차보다 안정적인 구조를 가지고 있는 것을 알 수 있다.

2) 은행(Commercial Bank)

산업의 특징

은행업은 정부의 규제와 더불어 정책적 보호를 가장 많이 받는 핵심 기간사업으로 일반 기업으로서의 수익성도 중요하지만, 공공성 또한 강조되는 산업이다. 금융환경 변화에 따른 대형화, 겸업화 및 경기 변동 확대 가능성에 따른 리스크 관리의 중요성이 부각되었다. 그럼에도 불구하고, 성숙기 산업으로서 전체 금융업종을 통틀어 가장 강력한 판매채널을 확보하고 있어 전반적인 수익기반은 상대적으로 안정적인 것으로 평가 된다.

은행업은 금융전문인력의 능력, 수신기반, 브랜드 인지도, 고객과의 유대관계 등의 무형적 자산이 중요하게 부각되는 산업이다. 무형적 자산의 가치창출은 주로 예금업무에서 나타나는데, 이는 은행예금의 자금조달비용이 시중금리보다 낮기 때문에 발생한다. 따라서 요구불예금 등 저원가성 예금의 비중이 높은 은행의 가치가 더 크다고 볼 수 있으며, 저렴한 자금조달비용 등 저원가구조를 보유한 은행이 그렇지 못한 은행과의 가격경쟁에서 승자가 될 가능성이 높다.

또한 은행의 업무는 크게 고유업무, 부수업무 및 겸영업무로 나눌 수 있는데, 현재까지 국내은행의 영업구조상 예금 및 대출로 대별되는 고유업무 비중이 매우 높아 은행업 전반적으로 안정적인 수익기반을 확보하고 있는 편이다. 하지만 최근 들어 세계경제의 성장세가 둔화되면서 은행대출자산 또한 정체 내지 감소할 가능성을 배제할 수 없어 부수업무 및 겸영업무 등을 통한 비이자 수익부문 강화 등의 신규 수익원 발굴이 중요해지고 있다. 또한 자본시장법 도입에 따른 수익구조의 변화는 피할 수 없는 상황에 놓이게 되었다.

주목해야 할 수치 및 항목

자금의 수익성

수익성은 은행의 장기적인 성장을 담보하는 중요한 요소다. 장기에 걸쳐 이익이 지속적이고 충분히 창출되지 않으면 재투자를 통한 성장기반 및 미래의 위기상황에 대비한 완충능력의 확보 등이 어렵게 되어 장기적인 존립기반이 와해될 가능성이 높아진다. 수익성을 평가할 수 있는 가장 기본적인 비율은 총자산수익률(ROA, Return on Asset)이다.

$$총자산수익률(ROA) = (당기순이익 / 총자산) \times 100$$

여신건전성

여신건전성에 대한 분석은 은행업의 현재 실적 및 재무상태에 대한 이해의 수단인 동시에 미래의 실적을 전망하는 주요한 지침이다. 은행대출에는 부실화정도에 따라 5단계(정상, 요주의, 고정, 회수의문, 추정손실)로 나뉜다. 이 중 고정이하로 분류되는 여신의 비율에 따라서 여신의 건전한지 여부가 결정된다. 대출된 자산이 적시에 회수될 수 있는 정도를 판단하는 고정이하여신비율이 바로 가장 기본적인 은행의 여신건전성을 판단하는 지표가 된다.

고정이하여신비율 = (고정 + 회수의문 + 추정손실여선) / 총여신

자본적정성

은행의 경우 예상치 못한 금융시장의 불안정성 등으로 인하여 이익규모의 변동폭이 클 수 있으므로, 이를 완충할 수 있는 자본의 확보 가능 여부인 자본적정성에 주목할 필요가 있다. 앞장에서 설명했듯이, 은행의 자기자본비율을 점검할 수 있는 손쉬운 방법은 '실전 지식 연습하기' 중 '경제편'에서 설명되었던 '신BIS자기자본비율'을 확인하는 것이다.

신BIS자기자본비율 = (자기자본/위험성가중자산) × 각 은행신용등급별 차등위험가중치

Q&A | 고정이하여신비율, BIS자기자본비율 등은 어디서 확인하나요?

대손충당금적립비율, 총여신 및 건전선 분류, BIS기준 자기자본비율은 금융감독원 부속 금융통계정보시스템(http://fisis.fss.or.kr)에 가면 각 시중은행, 지방은행, 특수은행별로 쉽게 확인할 수 있다. 또한 여기서는 은행뿐만 아니라 보험업, 증권회사, 선물 및 자산운용사 등 전 금융권 기업들의 주요 재무현황 및 경영지표를 정리해놓고 계속해서 업데이트 되므로, 언제든지 쉽게 조회 및 확인할 수 있다.

실제 적용 사례

국민은행

	2005. 12.	2006. 12.	2007. 12.
총자산수익률	1.24	1.29	1.34
고정이하여신비율	1.70	1.03	0.74
BIS자기자본비율	12.95	14.17	12.62

신한은행 (단위: %)

	2005. 12.	2006. 12.	2007. 12.
총자산수익률	-	0.96	1.17
고정이하여신비율	-	0.75	0.73
BIS자기자본비율	-	12.01	12.09

총자산수익률을 비교하면 두 기업 모두 점차 높아지는 것을 볼 수 있다. 국민은행의 경우 0.05씩 고르게 상승하고 있는 것이 인상적이다. 반면에 신한은행의 경우 2007년 말에 비교적 대폭 상승하였다. 총자산이 증가하였지만 더 큰 비율로 당기순이익이 증가한데 따른 결과다. 고정이하여신비율의 경우 국민은행은 1.70, 1.03, 0.74로 꾸준히 낮아지고 있는 추세다. 신한은행도 0.75에서 0.73으로 수준으로 고정이하여신비율로만 판단할 경우에는 두 은행의 여신건전성은 우열을 가리기 힘들다. BIS자기자본비율은 2007년 말 현재 두 기업 모두 12%대로 국제결제은행에서 요구하는 최소비율인 8%를 상회하고 있다.

3) 조선산업

산업의 특징

조선산업은 수출기여도가 높은 산업으로 생산성, 품질, 가격 등이 경쟁력의 핵심 요소다. 또한 전통적인 수주산업으로 제품의 주문 주기가 10~15년에 이르며 수주시점과 매출대금 회수시점(인도시점)까지는 1.5~2.5년 내외의 상당한 기간이 소요되므로 환율변동에 대한 리스크가 높다. 이와 더불어, 조선산업은 전방산업인 해운산업과 후방산업인 철강, 기계, 전기전자, 화학 등과의 연관효과가 크다.

재무적 관점에서 조선산업은 전체 산업에 비해 수익성 지표가 다소 저조하고 부채비율이 높은 반면 현금흐름지표가 양호한 특성을 가지고 있다. 저조한 수익성과 높은 부채비율은 주요 원자재인 후판 가격의 급등과 선수금의 비중이 높은 산업특성에 기인한다. 현금흐름지표의 경우 대부분의 투자가 1990년대 중반에 이루어져 설비투자부담이 완화된 점과 감가상각비의 비중이 높다는 점에서 양호한 양상을 보이고 있다.

일반적으로 조선산업의 재무역량은 수익 창출력과 유동성 및 재무적 융통성에 초점을 맞추어 평가한다.

주목해야 할 수치 및 항목

수익 창출력

조선산업은 주요 원자재인 후판의 가격 급등과 환율변동에 따른 리스크로 인해 기타 산업에 비해 수익성이 다소 저조한 편이다. 이를 감안할 때, 조선산업에서 수익창출력은 기업의 가치를 평가할 때 매우 중요한 판단 요소다. 기업의 수익창출 능력을 평가하는 요소로써 자기자본이익률(ROE)을 및 영업 이익률을 활용하여 이를 가늠할 수 있다.

> 자기자본이익률(ROE) = (당기순이익 / 평균 자기자본) X 100
>
> 영업이익률 = (영업이익 / 매출액) X 100

유동성 및 재무 융통성

선주문의 비중이 큰 조선산업의 특성상 유동성이 원활하지 않을 경우, 신규 선박 수주를 받기 어렵다. 이러한 위험을 예방하고, 지속적인 성장을 도모하기 위해서는 조선업체들의 유동성이 전제되어야 한다. 이러한 유동성과 재무 융통성을 평가하기 위해서는 단순한 부채비율을 사용하기보다는 순부채비율을 이용하는 것이 더 효과적이다.

순부채비율 = (순부채 / 총자기자본) X 100
*순부채 = 이자성부채가치 + 우선주가치 + 소수주주지분 − 현금 및 현금등가물

실제 적용 사례

STX조선(067250) (단위: %)

	2005. 12.	2006. 12.	2007. 12.
자기자본이익률(ROE)	−1.59	7.52	21.47
영업이익률	−14.01	1.00	4.45
순부채비율	−	2.6	−15.5

현대중공업(009540) (단위: %)

	2005. 12.	2006. 12.	2007. 12.
자기자본이익률(ROE)	4.87	15.92	31.61
영업이익률	0.88	7.00	11.27
순부채비율	−	−24.3	−62.3

2005~2007년 사이에 두 기업의 자기자본이익률과 영업이익률을 비교해보면, STX조선과 현대중공업 모두 가파른 성장세를 보여주고 있다. 2006년과 2007년은 한국의 조선기업 뿐만 아니라 세계 조선시장은 두 자릿수의 수주량 증가를 기록하

며 급성장하는 시기였다. STX조선의 경우에는 2006년을 기점으로 흑자 전환하였으며, 현대중공업 또한 가파른 성장 곡선을 그렸다. 현대중공업의 사업 분야가 조선뿐만 아니라, 엔진·기계, 플랜트, 건설장비 등에 걸쳐 있어서 두 회사를 단순 비교하기는 힘들지만, 배수비율만으로 비교를 해보면 수익 창출력 측면에서는 현대중공업이 조금 더 양호하다고 평가할 수 있다.

순부채비율을 비교해보면 2007년 기준으로는 두 회사 모두 순부채비율이 (-)수치를 유지하고 있는 것으로 미루어 보아 두 회사 모두 유동성 및 재무 융통성은 우수하다고 평가할 수 있다. 다만 조선산업 전반적으로 순부채비율을 낮게 가져가는 패턴으로 볼 때는 STX조선은 산업 평균에 비해서 상당히 안정적인 수치라고 평가하기는 힘들다.

주식투자 철학 배워보기

╋ 강영화
삼성증권 주식 세일즈 사업부

:: 자산운용, 특히 주식투자의 실제 투자 방법 및 노하우를 다루는 책에
는 무엇이 있습니까?

　월스트리트에서 워렌 버핏과 더불어 전설로 여겨지는 피터 린치(Peter Lynch)가 쓴 《One up on Wall Street》이라는 책을 추천해 주고 싶습니다. 피터 린치는 피델리티의 마젤란 펀드 디렉터로서 활동하며 1977년부터 13년간 연평균 30%의 경이로운 수익률을 거두었습니다. 그는 와튼 스쿨 재학 당시, 학교에서 배우는 주식 투자 방법 등이 실제와 거리가 멀다는 것을 느끼고는 허탈감을 느꼈습니다. 이러한 점에서 《One up on Wall Street》은 학문적인 주식투자 방법이 아니라 자신이 직접 현업에서의 경험을 바탕으로 작성되었다는 것이 강점입니다. 이 책은 주식시장에 대해 전혀 문외한인 사람들도 쉽게 접근할 수 있도록 쉽게 내용이 구성되어 있어 주식투자를 시작하려는 이들에게 입문서 역할을 해줄 것입니다.

　워렌 버핏과 피터 린치는 잠재력이 큰 기업을 일찍 발굴하여 장기

주식종목 분석　283

투자를 한다는 점에서 공통점을 지닙니다. 하지만 워렌 버핏은 소수의 기업에게 집중 투자를 하는 반면 피터 린치는 다양한 종류의 주식에 고루 투자하였습니다. 피터 린치는 유망한 주식을 분류하는 방법으로 주식을 크게 6가지로 나누고 있습니다. 저성장주, 우량주, 고성장주, 경기순환주, 턴어라운드주, 자산주 등입니다. 그의 분류법 및 기타 그의 주식투자 방식에 대해 읽다 보면 자신만의 투자철학을 세우는데 있어 큰 도움이 될 것입니다.

기업공개 & 채권발행 프로세스 _ IPO & Bond _ Issuing Process

기업공개(IPO, Initial Public Offering)와 채권발행 프로세스는 각각 ECM, DCM 부서의 주요 업무다. 두 업무는 기업의 자본 조달 방법이라는 점에서 매우 중요하다. 기업공개는 자기자본을 통한 자본 조달이며 채권발행은 타인자본을 이용한 자금 조성 방법이다. 기업공개의 사례를 통해 실제 적용 사례를 확인하고 발행되는 채권의 분류 체계를 통해 각각의 프로세스에 대한 이해도를 증진시키도록 한다.

· 기업공개 프로세스
∨기업공개 프로세스의 단계별 업무 이해
∨전 세계, 미국 역사상 가장 큰 규모의 기업공개 사례를 통해 프로세스 이해
∨신문기사를 통해 국내 기업공개 주간사위 순위와 공모가 대비 현재 수익률 이해

· 채권발행 프로세스
∨채권발행 프로세스의 단계별 업무 이해
∨채권의 종류와 분류 방법 이해
∨채권 신용등급 기준 이해
∨신문기사를 통해 국내 채권발행 주간사의 순위 확인

1. 기업의 자금조달 방법

기업이 필요한 자금을 조달하는 것을 '금융' 이라고 하며, 이러한 자금조달의 방식에는 자금이 기업내부의 자금인지 외부의 자금인지에 따라서 내부금융과 외부금융으로 나누어 볼 수 있다. 우선, 기업의 기(期)별 이익에서 배당금과 세금 등을 제외한 나머지 자금을 내부적으로 유보하는 것과 고정자산의 감가상각충당금을 합해서 기업 내부에 적립된 자금을 이용하는 것을 내부금융이라고 한다.

반면에, 기업의 이윤과 감가상각충당금처럼 내부적으로 적립되는 자금을 통한 자금조달 외의 외부기관을 통한 모든 자금조달 방식을 외부금융이라고 한다. 이러

한 외부금융은 다시 간접금융과 직접금융으로 나누어 볼 수 있다.

간접금융은 자금을 필요로 하는 차입자와 자금을 공급하는 대출자가 직접적으로 연계되지 않고 금융기관을 통하여 일반으로부터 흡수된 예금을 대출함으로써 자금을 조달하는 방식을 말한다. 은행을 통한 자금의 차입, 리스, 팩터링 등이 간접금융의 가장 대표적인 예이다.

직접금융은 기업이 금융기관의 중개를 거치지 않고, 증권시장에서 주식이나 채권, 어음 등을 발행해서 자금 조달자(투자자)들을 모집해 그들로부터 자금을 직접적으로 조달하는 방식이다. 기업공개나 채권발행 등 ECM과 DCM의 주요 업무들은 직접금융과 관련된 업무들이다.

일찍부터 상거래와 증권시장이 발달한 영국이나 미국에서는 직접금융 방식이 발달했다. 반면에 일본과 독일 등의 후발 산업국에서는 선진국들을 따라잡기 위해서 기업의 활동에 국가가 개입하게 되었다. 대규모 산업단지 조성 등 대형 프로젝트들을 수행하기 위해서 은행을 통한 자금의 차입을 통해 자금조달을 한 것이다. 이러한 역사적 배경이 있기 때문에 후발산업국에서는 간접금융 방식이 발달할 수밖에 없었다.

한국도 마찬가지로 IMF 위기 이전까지는 간접금융 방식이 대부분을 차지했다. 하지만 간접금융 방식은 부채비율을 높여 기업의 재무건전성을 떨어뜨리므로, IMF 위기 이후로 구조조정을 통해 직접금융 방식을 통해 자금을 조달하는 방식으로 바뀌어온 것이 추세다.

이러한 기업의 자금조달 방식 중에, 직접금융 업무를 돕는 ECM 부서와 DCM 부서의 주요 업무인 기업공개와 채권발행 등의 직접금융 업무의 프로세스와 사례들, 그리고 그 밖에 필요한 제반 지식들에 대해서 다루었다.

2. 기업공개 프로세스

기업이 자기자본(주식)을 통해 자금을 조달할 경우 기업공개(IPO)를 하게 된다. 일반적으로 기업공개는 다음의 절차를 통해 시행된다.

사전 준비	· 지정감사인 신청 및 외감법에 의한 외부감사 · 피치(Pitch) 과정을 통해 대표 주간사를 선정하고 계약 체결 · 자문기관과의 용역 제공 범위, IPO일정, 방법 결정 및 구체적이고 종합적인 자문 업무 추진일정 협의 · 유가증권시장 본부와 예비 접촉
IPO 전략수립	· 해당 산업의 추세 분석, 산업에서의 기업 위치, 지배 구조 분석 · 산업 및 기업 분석을 토대로 적정자본금 추정 · 발행회사의 임원과 주간사, 회계법인 중심으로 증권모집 형태를 협의 후 결정
상장 예비심사	· 자문기관과 함께 사업설명서, 영업보고서, 상장예비심사청구서 등 상장에 필요한 서류를 작성, 제출 · 계량적, 비계량적 요건을 심사를 통해 유가증권시장 상장위원회로부터 상장 적정성을 심의 받음
공모	· 상장예비심사 결과를 통보 받으면 유가증권신고서 제출(15일 후 효력발생) · 소규모 및 대규모 기업설명회(IR)를 통해 투자자들의 관심 유도 · 수요예측(Book-Building) 실시하여 공모가격 결정 및 배정 준비 · 대표 주간사와 발행사가 협의하여 공모가격 최종 결정(Pricing)
청약 배정 및 납입	· 대표 주간사 및 기타 증권사에서 청약을 받고 집계 뒤 배정 · 배정 결과에 따른 납입이 이루어져 최종적으로 시장에서 증권거래 가능 · 금융감독위원회에 유가증권발행실적 보고
상장	· 납입일까지 상장신청서 제출 · 상장승인을 통보 받으면 매매거래 개시 및 상장 완료

3. 기업공개 사례 분석(1)

엔씨소프트(NCSOFT)는 한국의 온라인 게임시장을 성장시킨 주역으로, 온라인 게임의 신화로 불리는 '리니지'를 발표한 기업이다.

2000년 당시 엔씨소프트의 회원 수는 200만 명에 달했으며 하루 평균 접속자가 15만 명에 이를 정도로 성공적이었다.

대표 게임인 '리니지'의 인기가 급증하자 늘어난 동시 접속자들에게 원활한 서비스를 제공하기 위해 서버증설이 필요하게 되었다. 이와 더불어 '리니지'에만 편중되어 있는 사업구조와 국내에만 한정된 시장을 다각화하기 위해 신규사업과 해외시장 진출을 모색하는 단계였다.

대규모 서버증설, 신규사업 모색, 해외시장 진출을 실행하기 위해서는 막대한 자본이 요구되었고 이에 필요한 투자자본을 조달하기 위해 기업공개를 결정하게 되었다.

엔씨소프트의 기업공개는 LG투자증권(현 우리투자증권)이 맡았다. LG투자증권은 대표주간사로서 다음 표의 기업공개 프로세스를 거쳐 엔씨소프트를 상장하였다. 각 프로세스의 일정과 단계별 주간사의 역할을 이해하도록 한다.

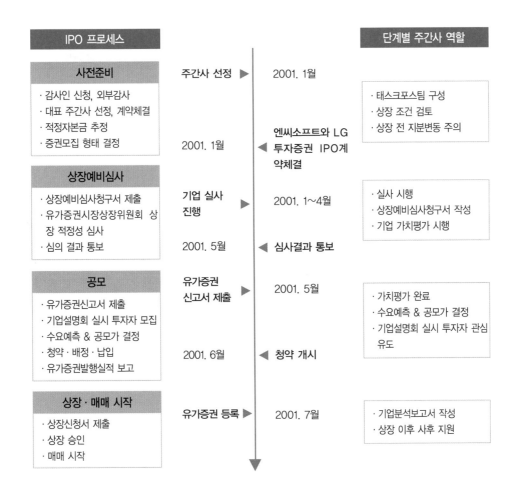

IPO 프로세스			단계별 주간사 역할
사전준비	주간사 선정 ▶	2001. 1월	· 태스크포스팀 구성 · 상장 조건 검토 · 상장 전 지분변동 주의
· 감사인 신청, 외부감사 · 대표 주간사 선정, 계약체결 · 적정자본금 추정 · 증권모집 형태 결정	2001. 1월	◀ 엔씨소프트와 LG 투자증권 IPO계약체결	
상장예비심사	기업 실사 진행 ▶	2001. 1~4월	· 실사 시행 · 상장예비심사청구서 작성 · 기업 가치평가 시행
· 상장예비심사청구서 제출 · 유가증권시장상장위원회 상장 적정성 심사 · 심의 결과 통보	2001. 5월	◀ 심사결과 통보	
공모	유가증권 신고서 제출 ▶	2001. 5월	· 가치평가 완료 · 수요예측 & 공모가 결정 · 기업설명회 실시 투자자 관심 유도
· 유가증권신고서 제출 · 기업설명회 실시 투자자 모집 · 수요예측 & 공모가 결정 · 청약 · 배정 · 납입 · 유가증권발행실적 보고	2001. 6월	◀ 청약 개시	
상장 · 매매 시작	유가증권 등록 ▶	2001. 7월	· 기업분석보고서 작성 · 상장 이후 사후 지원
· 상장신청서 제출 · 상장 승인 · 매매 시작			

1) 기업공개 발행 실적

위와 같은 과정을 통해 엔씨소프트는 공모가 7만 원에 90만 주를 발행하여 총 630억 원을 조달하였다. 기업공개를 통해 발행된 총 90만 주 가운데 55% 가량은 기관 투자자들에게 배정되었고 24% 정도는 일반 투자자에 의해 인수되었다.

최초 청약 및 배정내역(2001년)

	건수	수량	금액(천 원)	비율(%)
우리사주	1	180,000	12,600,000	20
기관투자자	222	495,000	34,650,000	55
일반투자자	32,665	219,690	15,378,300	24.41
제3자 배정	1	5,310	371,700	0.59
총계	32,889	900,000	63,000,000	100

출처 : 금융감독원 전자공시

2) 주간사의 주식가치평가 내역

기업공개를 진행할 경우, 대표 주간사는 적정 공모가를 산정하기 위해 주식가치 평가를 시행한다. LG투자증권은 가치평가를 위해 비교할 대상 기업으로써 CJ인터넷과 비테크놀러지를 선정하였다. 비교대상 기업으로 선정되기 위해서는 우선 비슷한 산업군 혹은 업종이어야 하며 최소 상장 후 3개월이 지난 기업이어야만 한다. 이외에도 금융감독원에서 명시한 심사기준을 충족시켜야만 비교대상 기업으로 선정될 수 있다.

LG투자증권은 CJ인터넷과 비테크놀러지의 1999년, 2000년 반기 환산실적을 바탕으로 평가수치들을 계산하였다. 주식가치평가를 위해 LG투자증권은 PER와 EV/EBITDA를 사용하였는데 각각 14만 942원과 7만 2,125원이라는 결과를 얻었다. LG투자증권은 두 수치의 평균값인 10만 6,534원을 비교가치로 활용하였다.

3) 주간사 역할 및 수익

기업공개 프로세스와 단계별 역할에서 알 수 있듯이, 주간사는 다양한 역할을 수행한다. 주간사인 LG투자증권의 역할은 크게 기업공개 과정 주관과 시장조성으로 분류할 수 있다. 기업공개 과정 주관에는 기업실사, 수요예측, 기업 가치평가, 공모가 결정 등이 포함된다. 또한 기업공개 이후 엔씨소프트의 주식이 원활하게 거래

될 수 있도록 LG투자증권은 보고서 작성, 잔여주식 인수 등 시장조성 역할을 수행한다.

LG투자증권은 엔씨소프트의 기업공개 업무를 수행하고 그 대가로 전체 공모금액의 일정 비율을 수수료로 받는다. 엔씨소프트의 기업공개 계약서에 따르면 수수료율은 2.8%이다. 그러므로 LG투자증권의 수익은 전체 공모금액인 630억 원의 2.8%에 해당하는 17억 6,400만 원이다.

4. 기업공개 사례 분석(2)

1) 역사적 기업공개

전 세계 역사상 가장 큰 규모의 기업공개는 2006년 10월에 이루어진 중국공상은행(ICBC, Industrial and Commercial Bank of China)의 기업공개다. 중국공상은행은 기업공개를 통해 홍콩증시와 상하이증시에 동시에 상장되었다. 이 기업공개를 통해 중국공상은행은 1998년 일본의 통신업체인 NTT도모코가 세운 184억 달러의 기록을 깨며 기업공개 역사상 가장 큰 규모로 기록되었다.

중국공상은행은 기업공개를 통해 홍콩증시에서 140억 달러를 조달했고 상하이증시에서 추가적으로 51억 달러를 조달했다. 또한 주간사들의 초과배정옵션(Overallotment Option)의 행사로 인해 시가총액은 219억 달러로 증가하였다.

상장 첫날 거래 종가는 공모가인 3.07홍콩달러에서 15% 정도 상승한 3.52홍콩달러로 마감하며 강한 상승세를 보여주었다. 블룸버그의 조사자료에 의하면 중국공상은행은 거래 첫날 홍콩증시 기준으로 1,563억 달러를 시장자본화(Market Capitalization)하였고 이로써 제이피모간에 이어 전 세계에서 5번째로 큰 은행으로 부상하였다.

미국 역사상 가장 큰 규모의 기업공개는 2008년 3월 이루어진 비자(VISA)의 기업공개다. 2006년 10월 11일, 비자는 주식시장 상장을 위해 자회사의 일부를 합병하겠다는 계획을 발표했다. 기업공개를 위해 비자는 비자 캐나다, 비자 인터네셔널, 비자 U.S.A.를 합병하여 하나의 기업으로 재구성하였다. 비자의 서유럽 부문은 독자 회사로 분리시켰다.

비자의 기업공개를 위해 총 35개의 투자은행들이 언더라이터(Underwriter)로서 역사상 가장 큰 규모의 프로젝트에 참여하였다. 2007년 10월 3일, 비자는 기업공개를 위한 기업 구조 재편을 완료하여 비자 주식회사(VISA Inc.)를 설립하였다. 기업 구조 재편은 기업공개를 위한 첫 번째 움직임이었다.

2007년 11월 9일, 비자는 100억 달러에 해당하는 기업공개 신청서를 미국 증권거래위원회(U.S. Securities and Exchange Commission)에 제출하고 2008년 3월 18일 기업공개를 단행하였다. 비자는 4억 600만 주를 공모가 44달러에 발행하여 미국 기업공개 역사상 가장 큰 규모인 179억 달러의 자본을 조달했다. 공모가 44달러는 예상가격대였던 37~42달러에서 2달러 더 높은 가격으로 책정됐다.

이틀 후인, 3월 20일 기업공개 언더라이터로 참여하였던 제이피모간, 골드만삭스, 씨티 등은 초과배정옵션을 행사하여 4,060만 주를 추가적으로 인수했다. 이로 인해 비자는 총 191억 달러를 기업공개를 통해 조달하여 미국 역사상 가장 큰 규모의 기업공개로 기록되었다.

국내 기업공개 현황

공모주는 청약을 하더라도 경쟁률이 높기 때문에 배정받기 어렵다. 기관투자자가 아닌 일반투자자의 경우라면 공모주를 배정받기 위해 매우 높은 경쟁률을 뚫어야 하기 때문에 더더욱 쉽지 않다. 대부분의 투자자들이 공모주는 기업공개 이후 상승할 것이라는 통념을 가지고 있기 때문이다.

하지만 기업공개를 통해 발행된 주식들이 항상 상승세를 보이지는 않는다. 2008

년 9월 30일의 종가를 기준으로 최근 기업공개를 한 기업들의 주가 추세를 살펴봄으로써 현재 국내 기업공개 시장의 흐름을 파악할 수 있다.

국내 기업공개 부문에서는 대우증권이 LG이노텍 주간을 맡아 블룸버그 리그테이블 1위에 올랐고, 한

국내 기업공개 주간사 순위

순위	국내기업 기업공개(IPO)	MS(%)
1	대우증권	13.9
2	한국투자증권	13.2
3	동양종금증권	13.1
4	현대증권	13.0
5	교보증권	10.9

출처 : 〈아시아경제〉(2008.10.1)

국투자증권이 총 12건으로 2위를 기록하였다. 또한 2007년 11위에 머물렀던 동양종금증권이 심팩에이앤씨, 코리아에스이 등 총 4건(점유율 13.1%)으로 3위로 급상승했다.

기업공개 당시 공모가 대비 현 주가수익률에서는 HMC투자증권의 주선 하에 2008년 9월 23일 상장한 마이크로컨텍솔류션(공모가 2,000원)이 9월 30일 종가 4,815원으로, 가장 높은 140.8%의 수익률을 거두었다. 2008년 1월 24일 상장한 엔케이가 9월말 기준 83.5% 수익률로 그 뒤를 이었다. 3분기 중 가장 규모가 큰 기업공개를 단행한 LG이노텍도 34.1%의 수익률을 보이며 호조세를 이어갔다.

기업공개 이후 주가 상승을 보인 기업들이 있는 반면 5월 30일 상장한 제이씨 엔터테인먼트의 경우 9월 30일 기준 공모가 대비 71% 하락률을 보였다. 한편, 3분기까지 국내 기업공개 시장 규모는 전년대비 44.59% 급감하여 5년 만에 최저치 수준을 기록하였다. 국내뿐 아니라 글로벌 주식시장 침체로 일본의 기업공개 시장은 지난 2007년 같은 기간 대비 73.64%, 중국은 65.3%, 홍콩 68%, 인도 35.8% 미국 22%의 감소세를 각각 기록하였다.

TOP 5 베스트 & 워스트 공모가 대비 주가수익률(2008년)

순위	기업명	주간사	수익률(%)	기업명	주간사	수익률(%)
1	마이크로컨텍솔루션	HMC	140.8	제이씨엔터네인먼트	삼성	-71
2	엔케이	한투	83.5	세미텍	동양	-70
3	에스맥	한투	45.7	코웰이홀딩스	교보	-69
4	LG이노텍	대우	34.1	테스	하나IB	-64.1
5	삼강엠앤티	우리	32.3	세트렉아이	한투	-57.3

출처 : 〈아시아경제〉(2008.10.1)

5. 채권발행 프로세스

1) 제안

특정 회사가 채권을 발행하기로 계획했을 때 각 투자은행의 DCM 부서에서 발행 조건에 대해 제안(Proposal)을 한다. 이 과정을 통해 '우리를 선택해준다면 이런저런 조건으로 채권을 발행해줄 것이고, 수수료는 얼마 정도로 받겠다' 는 내용을 전달한다. 회사는 여러 투자은행의 DCM 부서에서 제안한 대안 중 가장 매력적인 것을 선택하게 된다. 혹은 반대로 DCM 부서에서 (잠재적) 고객회사에 대한 분석을 바탕으로, 먼저 접근하여 단독적으로 제안하는 경우도 있다. 제안한 대안이 선택되어 (Mandated Mandate, 거래에서 특정 투자 은행을 언더라이터의 자격으로 선택하는 것) 주간사가 선정이 된 후부터 실질적인 업무가 시작된다.

2) 집행

집행(Execution) 단계로 접어들면 채권의 신용 등급을 설정하기 위한 업무를 하기도 하고, IBD 주선 하에 법무법인, 회계법인들의 업무지원을 받는다. 이렇게 해서 적절한 채권의 등급과 만기가 정해지면 해외에서 로드쇼(Roadshow)를 하게 된다. 해외 투자자들에게 추후 발행될 채권을 팔기위해 또 다시 조건을 제안하는 것이다. 이 때 이루어지는 채권의 가격책정(Pricing) 과정에서는 각 투자자들의 주문(가격과 수량)을 고려하고 쿠폰 이자율을 정한다. 참고로 로드쇼가 채권 세일즈 업무의 세일즈 행위와 다른 점은 세일즈 행위가 유통시장이 아니라 발행시장에서 이루어진다는 데 있다.

3) 발행

로드쇼가 종료되고 나서 들어오는 여러 주문을 바탕으로 공식적으로 발행(Issuance)이 이루어진다. 발행을 위해서는 우선 금융감독원에 유가증권신고서를 제출하여 상장신청을 해야한다. 신고서가 효력이 생긴 후에 사채의 청약과 납입 과정을 거치게 된다. 납입까지 완료된 후에는 채권등록을 통해 발행 절차를 마무리 짓게 된다. 발행 이후에는 마무리 과정으로서 고객사에 업무 보고를 프레젠테이션 형식으로 해주게 된다.

6. 채권 종류와 분류 방법

채권을 분류하는 방법에는 발행주체, 이자지급 방법, 발행가액, 상환기간, 원금 상환 방법, 보증유무, 모집 방법 등 여러 가지가 있다. 이 중 가장 많이 사용되는 분류 방법은 발행 주체에 따른 분류, 이자지급 방법에 따른 분류, 모집 방법에 따른 분류다.

1) 발행 주체에 따른 분류

채권은 그 발행 주체에 따라서 국채, 지방채, 특수채, 금융채, 회사채로 나누어볼 수 있다. 발행주체가 국가인 채권을 국채라고 한다. 국채는 중앙정부가 재정정책 등을 목적으로 발행하게 되는데, 국민주택채권 1·2종, 양곡증권, 외국환평형기금채권, 국채관리기금채권, 재정증권, 공공용지보상채권 등이 있다. 특별시, 도, 시, 군 등 지방자치단체가 특수한 목적 하에 필요한 자금을 조달하기 위해 발행하는 채권을 지방채라고 한다. 지하철공채, 지역개발공채, 도로공채, 상수도공채 등이 바로 이러한 지방채다.

전력공사, 전기통신공사 등 특별법에 의해 설립된 기관이 특별법에 의해 발행하는 채권을 특수채라고 한다. 전력공사채권, 전기통신공사채권, 기술개발금융채권 등이 특수채의 예다. 금융기관이 발행하는 채권은 금융채라고 한다. 통안증권(통화안정증권), 산업금융채권, 중소기업채권, 수출입은행금융채권, 그리고 각 일반은행이 발행하는 금융채권 등을 모두 금융채라고 한다.

마지막으로, 상법상 주식회사와 일반 기업이 발행하는 채권을 회사채라고 한다. 이를 다시 보증담보의 유무에 따라 보증사채, 담보부사채, 무보증 일반사채 등으로 구분하기도 한다.

2) 이자지급 방법에 따른 분류

채권의 액면 금액에서 상환하기로 되어있는 날까지 해당 이자를 미리 할인한 금액으로 발행하는 채권을 할인채라고 한다. 통안증권 등 대부분의 금융채는 할인채다. 이자지급 기일 도래 시 지급이자가 이후 이자지급 기간 동안 복리로 재투자되어 만기 상환 시에 원금과 이자를 동시에 지급하는 채권을 복리채라고 한다. 국민주택채권 등 국채의 대부분과 금융채 중 일부가 복리채다.

이표채는 채권의 본체에 이표가 붙어 있어 이자지급 기일에 이를 떼어 이자지급을 받을 수 있는 채권을 말한다. 국내 대부분의 회사채와 금융채 일부가 이표채이고, 현재 국내에서 발행되는 이표채의 대부분은 3개월 이표채다. 마지막으로 거치채는 이자가 일정기간 거치 후에 지급되는 채권이다. 서울도시철도채권이 대표적인 거치채다.

3) 모집 방법에 따른 분류

모집 방법에 따른 분류를 살펴보자. 모집 방법에는 크게 사모와 공모가 있다. 우선 사모는, 채권 발행회사가 몇몇 사람과 채권인도, 인수계약을 맺는 방법을 말한다. 반면에 공모는, 공개적으로 이러한 인도, 인수계약 당사자를 모집하는 방법이다. 공모 방식에는 직접 계약 당사자를 모집하는 직접모집과 간접적으로 계약 당사자를 모집하는 간접모집이 있다.

직접모집은 발행회사가 직접채권투자를 모집하고 그에 따른 모든 사무절차를 이행하는 방식이다. 간접모집방식은 위탁모집, 잔액인수, 총액인수 세 가지로 분류된다. 위탁모집은 수탁기관이 위탁기관의 대리인 또는 자신의 명의로 채권모집행위를 하는 것이다. 채권응모총액이 모집총액에 미달하는 경우에는 발생위험을 발행회사가 부담한다.

잔액인수는 발행을 위탁함과 동시에 매출잔액이 있으면 수탁기관에서 이를 인수하기로 하고 채권을 모집하는 방식이다. 발행기관이 수탁기관이나 인수기관과 인수계약을 맺음으로써 발행기관의 실질적인 채권모집은 끝난 것과 같아진다. 마지막으로 총액 인수는 채권발행총액을 수탁기관 또는 인수단이 일괄해서 그 총액을 인수하는 방법을 뜻한다. 인수단이 인수한 채권의 총액은 적절한 시기에 매출하여 자금회수 및 매매차익을 실현한다.

이 밖에도 발행가액에 따른 분류, 상환기간에 따른 분류, 원금상환 방법에 따른 분류, 보증 유무에 따른 부류, 채권 순위에 따른 분류, 금리변동 여부에 따른 분류 등이 있으며, 수의상환채권, 풋채권, 전환사채 등의 합성채권과 자산담보부채권, 감채기금채권 등의 기타 채권들이 존재한다.

7. 채권의 신용등급 기준

채권에 투자함에 있어 투자자들은 채권의 신용등급을 참고해야 한다. 채권의 신용등급이란 회사채를 발행한 기업의 신용도를 평가한 결과다. 즉, 발행 기업이 파산할 확률과 실제로 파산할 경우 채무상환 능력을 평가한 자료다. 채권의 신용등급을 산정하는 유명한 세계적 기관으로는 스탠더드 앤드 푸어스(Standard & Poor's), 무디스(Moody's), 피치(Fitch) 등이 있다. 아래의 표는 스탠더드 앤드 푸어스(Standard & Poor's)의 채권 신용등급 기준이다.

	등급	정의
투자 등급	AAA	원리금 지급 확실성이 최고 수준
	AA	원리금 지급 확실성이 매우 높음
	A	원리금 지급 확실성 있지만 향후 경영환경에 따라 다소 영향 받음
	BBB	원리금 지급 확실성 있지만 향후 경영환경에 따라 확실성 낮아질 가능성 있음
투기 등급	BB	원리금 지급에 큰 문제는 없으나 향후 안정성 측면에 투기적 요소 내포
	B	원리금 지급 능력 의심 단계
	CCC	원리금 채무불이행 위험 요소 있음
	CC	원리금 채무불이행 확률 높음
	C	원리금 채무불이행 확률 매우 높음
	D	현재 채무불이행 상태

8. 국내 채권발행 현황

증권예탁결제원의 발표에 따르면 2008년 3분기 회사채 발행을 통한 기업의 자금조달 규모가 급증한 것으로 나타났다. 예탁결제원은 기업들의 인수합병과 운영자금 등의 조달을 위한 수요가 증가하며 채권발행 규모가 급증한 것으로 보고 있다. 2008년 1~3분기 기준, 채권 발행실적과 채권발행 주간사 순위를 통해 전반적인 채권발

국내 채권발행 실적 순위

순위	원화표시 회사채	MS(%)	외화표시 국내채권	MS(%)	해외발행채권	MS(%)
1	우리투자증권	13.9	한국투자증권	27.4	HSBC	12.5
2	한국투자증권	13.2	대우증권	17.3	씨티그룹	11.2
3	한국산업은행	13.1	우리투자증권	13.5	도이치은행	11.1
4	KB투자증권	13.0	KB투자증권	9.1	스코틀랜드로얄은행	10.9
5	대우증권	10.9	굿모닝신한증권	8.9	BNP파리바은행	8.8

출처 : 〈아시아경제〉(2008.10.1)

행시장의 흐름을 이해할 수 있다. 위의 표에서 확인할 수 있듯이, 국내 공모시장에서 우리투자증권과 한국투자증권이 각각 원화표시회사채 시장과 외화표시회사채 시장에서 공모 주간사 실적 1위를 기록했다. 블룸버그 리그테이블에 따르면 우리투자증권은 포스코, GS칼텍스, 신한금융지주, LS전선 등 총 55건을 주선해 시장점유율 13.9%로 원화표시회사채 주관순위에서 1위에 올랐다. 2위는 78건의 회사채를 주관한 한국투자증권으로 시장점유율 13.2%를 보였다.

발행규모 측면에서는 2008년 5월 포스코가 발행한 5년 만기 채권 5,000억 원이 가장 컸다. 공모 외화표시회사채는 작년 대비 101.84% 증가했는데 이는 서브프라임 사태 여파로 외화자금의 해외조달이 어려워졌기 때문으로 보인다.

2007년 2분기부터 발행되기 시작했던 국내 기업의 외화표시 국내공모 회사채의 경우 3분기까지 총 58건, 41억 6,000만 달러의 외표채가 발행됐다. 이중 미국 달러화가 27억 9,000만 달러, 일본 엔화로 발행된 채권은 13억 7,000만 달러로 각각 67%, 33%를 차지했다. 1분기 동안 발행된 외표채가 21억 5,000만 달러, 2분기 중 9억 4,000만 달러, 3분기 중 10억 7,000만 달러로, 절반 이상이 1분기에 집중됐다.

이 부문에서는 한국투자증권이 주간사 순위에서 1위를 기록했다. 한국증권은 SK에너지, 롯데 쇼핑, 포스코 건설 등 총 10건의 외표채를 주선하여 수위에 올랐다. 대우증권이 총 16건, 17.3%의 점유율로 그 뒤를 이었다.

+ 이혁재

연세대학교 경영대학 졸업
A.T.Kearney, Morgan Stanley,
GE Capital Korea, GE Asia Pacific HQ(Japan)
현 PineTree 사모펀드 한국지사

:: 월스트리트의 업무 세계에 대해 알 수 있는 책이 무엇이 있습니까?

월스트리트, 특히 투자은행의 업무 세계에 대해 알고 싶다면 《Liar's Poker》라는 책을 추천하고
싶습니다. 《Liar's Poker》는 저자인 마이클 루이스(Michael Lewis)가 살로몬 브라더스(Salomon
Brothers)에서 채권 세일즈 부서에서 근무했던 경험담을 바탕으로 서술한 논픽션입니다.

저자는 이 책에서 숨막히는 채권 트레이딩 룸의 실상과 생활을 《Liar's Poker》에 비유하며 이야
기를 실감나게 전개해 나갑니다. 《Liar's Poker》란 카드게임의 한 종
류로써 서로의 패를 읽으며 상대를 속이는 게임입니다. 이러한 마인드
게임은 투자은행의 트레이더들이 투자를 할 때도 동일하게 적용이 됩
니다. 저자는 천문학적인 수익을 올리는 회사의 기업 문화, 화려한 명
성 이면에 숨겨진 성공과 실패를 생생하게 보여줍니다. 또한 채권 세
일즈맨와 트레이더의 공생과 대립 관계, 월스트리트 금융 시장의 냉혹
한 현실을 여과 없이 접할 수 있는 책입니다.

이외에 이 책에 담겨 있는 금융법 개정의 이면, 모기지 채권의 탄생,

정크본드의 실상, 월가 회사들의 인수합병의 뒷이야기, 창조적인 금융 상품들과 투자 기법 등 다양한 소재들이 《Liar's Poker》가 매력적인 이유입니다. 채권 세일즈 & 트레이딩 분야에 관심이 있는 사람에게 반드시 추천하고 싶은 필독서입니다.

인수합병_M&A

인수합병(M&A)은 투자은행 고유의 업무 영역이자 기업 금융 부서의 대표적인 역할이다. 기업마다 다양한 인수합병의 동기를 가지고 있지만 궁극적으로 중장기적 성과 극대화를 목표로 한다. 인수합병에는 인수자와 대상기업 외에 여러 주체들이 참여하는데 각각의 역할과 상관 관계를 이해하도록 한다. 이러한 참여자들에 대한 이해를 바탕으로 인수합병 절차를 파악하고 셀 사이드와 바이 사이드의 경우를 구분할 수 있어야 한다. 인수합병과 관련된 제반 지식을 습득한 후, 신한금융지주와 두산인프라코어 사례분석을 통해 실제 인수합병이 어떻게 이루어지는지 이해할 수 있도록 한다.

∨ 기업이 M&A를 추진하는 배경과 목적을 설명
∨ 결합형태, 거래의사, 결제수단에 따른 M&A 형태를 설명
∨ M&A시장 참여자들이 누가 있는지 설명
∨ M&A시장 참여자들의 역할과 이들의 관계를 설명
∨ M&A 진행 절차와 각 절차에 따른 IB의 업무 내용을 설명
∨ M&A 대금지급 방식과 각각의 특징을 설명
∨ 인수기업의 자금조달 형태(내부, 외부)에 따른 구체적인 방안들을 예시적으로 설명
∨ M&A의 평가기준을 설명
∨ 구조적으로 실제 M&A 사례를 분석

1. M&A란?

기업가치를 극대화시킬 수 있는 방법은 크게 유기적 성장(Organic Growth), 비유기적 성장(Non-organic Growth) 두 가지로 구분할 수 있다. 유기적 성장이 기업의 자체적인 영업환경과 자원을 바탕으로 매출과 이익을 증가시키는 것이라면, 비유기적 성장은 회사 외부의 기업 혹은 자산 등을 인수하거나 합병에 참여함으로써 기업가치를 높이는 것이다. 지금부터 다룰 M&A는 비유기적 성장의 전형이다.

M&A는 합병(Merger)과 인수(Acquisition)를 통칭하는 용어로 넓은 의미로는 경영

지배권에 영향을 가져오는 일체의 경영행위를 뜻한다.

그렇다면 기업들은 왜 M&A를 하는가? 참여하는 투자자에 따라 다소 차이는 있으나, 일반적으로 M&A에 참여하는 기업의 궁극적 목표는 자사의 중장기적인 전략적·재무적 성과를 극대화시키는 것이다. 다음의 항목들은 재무적 성과를 어떤 방식으로 극대화 시킬 수 있는지를 보여준다.

1) 시너지 효과

시너지는 M&A에서 가장 자주 거론되는 용어 중 하나다. 이는 둘 이상의 사업체들을 결합했을 때 중복된 부문의 고정비용을 줄임으로써 발생한다. 또한 상호보완을 도모할 수 있는 부문에서 개선효과를 얻음으로써 사업성과를 개선하고, 이익을 증대시킬 수 있음을 의미한다. 그래서 기업들은 인수합병을 통한 성장전략을 모색할 때 기존 사업들의 강점과 약점을 보완해 줄 수 있는 기업 혹은 자산을 매력적으로 본다.

2) 다각화 혹은 핵심사업 집중

많은 M&A 거래는 다각화 혹은 핵심사업 집중이라는 서로 다른 두 가지 목표를 달성하기 위해 진행한다. 특정 사업 부문의 성과에 대한 기업 전체의 의존도를 축소하여 사업 전체의 리스크를 감소시키기 위한 경우[6] 기업은 일종의 위험 회피 수단으로써 기존 사업부문과 연관이 적은 사업체를 인수한다. 이 때 기업은 상대적으로 적은 투자 비용으로 단기간에 신규시장에 진입할 수 있다는 장점이 있다. 대표적인

---

6. LBO(Leveraged Buy Out) : 기업매수자금을 매수대상기업의 자산을 담보로 한 차입금으로 조달하는 방법이다. 우리나라에서는 인수자가 피인수회사 자산의 담보제공으로 인한 위험부담에 상응하는 대가를 지급하는 등의 반대급부를 제공하지 않으면 업무상 배임죄를 적용하여 LBO에 의한 M&A를 허용하지 않는다.

예로 신한금융지주의 LG카드 인수를 들 수 있다. 반면, 핵심 사업에 집중하고자 하는 기업은 기존 보유 사업부문이 속한 산업 내에서 높은 시장점유율을 보이고 있는 기업들과 결합한다. 현대자동차의 기아자동차 인수가 여기에 해당된다.

3) 경쟁강도의 경감

인수기업은 경쟁사의 사업부문을 사들임으로써 시장점유율을 증가시키는 동시에, 미래에 예상되는 경쟁을 일정 부분 차단할 수 있다. 이는 보통 수평적 M&A에서 일어난다.

4) 공급자 & 구매자 교섭력 증대

기업은 원자재 공급자들과 통합하면 이전까지 비용으로 지출되었던 부분을 절약할 수 있으며, 유통 업자들과 통합하면 유통비 절감을 기대할 수 있다. 이는 보통 수직적 M&A에서 일어난다.

이외에도 규모의 경제 달성, 해외 사업 기회 확대, 경영 노하우 습득, 기업의 대외적 신용확보 등 경영 전략적인 측면에서 M&A를 통한 성장에 대한 다양한 동기들을 찾을 수 있다.

----

7. 신한금융지주의 LG카드 인수 : 기존 은행부문의 대한 비중이 대부분이었던 신한지주는 신용카드업계 1위 지위를 확고히 유지하던 LG카드의 인수에 성공하여 신용카드 부문 1위로 자리잡음은 물론, 업계 최고 수준의 은행-비은행 부문의 균형을 통해 신용 사이클(cycle)에 대한 충격완충장치(Risk Buffer)를 확보.

· 합병(Merger)

흡수합병(Merger): 합병법인이 피합병법인을 흡수. 피합병법인은 소멸.

신설합병(Consolidation): 합병법인과 피합병법인이 새로운 회사를 설립. 합병법인과 피합병법인은 소멸.

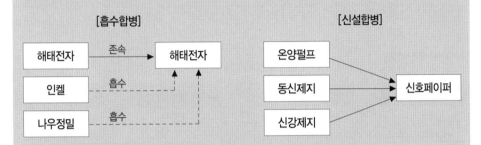

[흡수합병]   **[신설합병]**

· 인수(Acquisition)

자산인수(Asset transfer): 피인수기업의 자산뿐 아니라 영업권 등 포괄적 권리를 매수.

영업인수(Business transfer): 영업의 전부 혹은 일부, 중요한 영업용 재산 등을 매수.

주식인수(Stock transfer): 피인수기업의 주식을 대량 매수하여 그 기업의 경영권을 확보. 구주인수,
                        신주인수, 주식교환 등의 방식이 있음.

M&A의 형태

분류 기준	형 태	설 명
결합형태	수평적 M&A	같은 사업부문을 운영하는 기업 간의 결합
	수직적 M&A	제품 · 서비스의 생산, 판매에서 전후 단계에 있는 기업 간의 결합
	다각적 M&A	제품 · 서비스의 생산, 판매에서 서로 관련성이 없는 기업 간의 결합
거래의사	우호적 M&A	매수대상기업의 경영진이 취득희망기업의 인수의향을 수용함으로써 합의에 의해 이루어지는 기업인수
	적대적 M&A	매수대상기업의 경영진 또는 지배주주의 반대에도 불구하고 주식매수를 통해 경영권을 장악하는 것
결제수단	현금	인수기업이 보유한 현금 및 현금성 자산으로 대금 지급
	주식교환	인수기업과 피인수기업 간 합병비율을 산출하여 지분 교환
	복합(현금+주식)	현금과 주식으로의 대금 지급 결합 형태
	LBO[7]	피인수기업의 자산을 담보로 인수자금을 조달하여 대금 지급

2. M&A 참여자

M&A시장은 다양한 참여자들로 구성되어 있는데, 대표적으로는 기업 인수자 (Acquirer), 대상기업(Target Firm), 자문기관(Advisors), 투자자(Investors)가 있다. 이들의 관계가 어떻게 구성되는지 도식을 통해 살펴보도록 하겠다.

M&A시장 참여자 관계

자문기관		인수자		대상기업		자문기관
재무자문기관 법률자문기관	→자문	기업 사모펀드 등	←M&A→	경영권 보통주 우선주	자문←	재무자문기관 법률자문기관

투자자
전략적 투자자
재무적 투자자

1) 인수자

대부분의 M&A 사례에 있어서 주로 인수자의 역할을 맡는 것은 일반기업이다. 일반기업들은 전략적, 혹은 재무적인 동기로 타 기업을 인수해 시장에서 경쟁우위를 점하고자 한다. 그 외에도 PEF, 차입매수 전문회사(LBO Artists)와 기업사냥꾼 (Corporate Raiders) 등이 인수자 군에 포함될 수 있다.

2) 대상기업

매각기업의 경영진과 주주는 대상기업의 주체가 된다. 이들은 자사에 대해 공개 매수가 들어올 경우 공개매수를 수용하거나 방어할 수 있다.

3) 자문기관

자문기관은 크게 재무자문기관(Financial Advisor)과 법률자문기관(Legal Advisor)으로 나뉜다.

재무자문기관은 투자은행(Investment Bank)과 회계법인(Accounting Firm) 등이 담당하며 M&A의 기획, 인수가격 산정, 협상 및 계약, 인수 마감, 사후업무까지 거의 전 과정에 참여하여 인수자 혹은 대상기업을 위한 자문업무를 수행한다. 법률자문기관은 법무법인(Law Firm)이 담당하며 재무자문기관과 함께 팀을 구성해 업무를 수행하는 것이 일반적이다. 이들은 M&A 과정에서 필요한 계약서를 작성하고, 법률적 검토를 맡는다.

4) 투자자

큰 규모의 M&A에서는 인수자가 단독으로 인수자금을 마련할 수 없기에 자금공급자로부터 조달을 받게 된다. 자금공급자, 즉 투자자에는 경영전략의 하나로써 투자를 하는 전략적 투자자(Strategic Investor)와 단순투자를 목적으로 하는 재무적 투자자(Financial Investor)가 있다.

대표적인 재무적 자금공급자에는 각종 연기금, 상업은행, 보험사 등이 있다. 이들은 대상기업의 주식을 취득해 주요 주주가 되거나, 대상기업의 자산을 담보로 하는 채권을 인수하고 대출서비스를 제공해주는 방식으로 투자에 참여한다.

3. M&A 과정(Sell-Side 기준)

기업의 M&A는 진행하는 절차가 정형화되어 있지는 않으나 일반적으로 다음과 같은 절차와 업무를 거친다.

킥 오프 미팅	· M&A 결정 및 추진 실무진 태스크 포스 팀 구성 · 자문기관(투자은행, 회계법인, 법무법인 등)과의 위임 약정, 자문수수료 결정 및 비밀유지약정(Confidential Agreement) 체결 · 자문기관의 용역 제공 범위, 일정, 방법 결정 및 구체적이고 종합적인 자문 업무 추진일정 수립
M&A 전략 수립	· 해당 업계의 현황 분석, 업계 내 기업 위치, 재무적 능력 분석 · 후보기업군 선정 및 목표기업의 선정 · 최적의 인수 또는 합병 계획안 마련과 거래(Deal)구조 수립 · 거래조건 절차 등 협상과 관련한 제반사항 점검
사전기업실사	· 회사의 자산 및 부채 현황 파악(재무자문기관 수행) · 회사의 일반현황(지배구조, 인허가사항)과 분쟁상황(계류 중 소송) 파악(법률자문기관 수행) · 실사를 토대로 한 기초자료로 가치평가 실시
마케팅	· 업종, 규모, 재무상황 등을 기준으로 주요 M&A 대상자 명부 작성 · 주요 M&A 대상자에게 투자개요서(Teaser Memo)배포 · M&A 대상자 중 관심을 표명한 후보기업과의 비밀유지약정 체결 · M&A 후보기업 투자설명서(Information Memorandum)을 배포한 뒤 최대주주 혹은 경영진과 접촉
기업실사	· 매각기업 내에 설치된 실사장(Data Room) · 매각기업에 대한 법률, 회계, 사업적 측면에서의 정밀 실사 진행 · 매각기업측 제시 자료를 근거로 실사 후 상세한 기업가치 평가
우선협상 대상자 선정	· 투자의향서(LOI, Letter of Intent) 접수하여 인수후보군 선정 · 후보기업의 경영상태, 재무상태 및 자금조달능력 검토(2차 Screening) · 우선협상대상자(Priority Negotiator) 선정

양해각서 체결	· 거래당사자 간 기본적인 사항(기업실사 일정 및 향후 추진일정, 매각가격 설정 등)에 대한 합의점 도출 · 양해각서(MOU: Memorandum of Understanding) 체결
협상진행 체결	· 기업실사(Due Diligence)에서 공개가 미진했던 사항에 대한 보충 실사를 2~3 주 동안 진행 · 실사결과를 토대로 협상진행 및 실사 조정사항 반영 · 협상조건, 가격 조정 및 대금 지급일정과 방법 결정 · 사후관리 준비
계약체결	· 법무법인 도움 하에 주식매매계약서(Stock Purchase Agreement)혹은 합병 계약서(Merger Agreement) 작성 및 체결
종결	· 대금납입, 주권양도, 영업과 관련된 재산권 이전 · 정부의 인허가 등 법적 절차 완료
합병 후 통합 (PMI)	· PMI(Post Merger Integration) · 인수, 합병 후 조직통합을 통한 기업가치 극대화 및 주주가치 창출

바이사이드(Buy-side) 입장에서의 진행 절차도 위와 크게 다르지 않으며, 다만 인수기업을 위한 투자자료 작성을 위한 사전기업실사(Preliminary Due Diligence), 우선협상 대상자 선정 과정이 생략된다.

4. M&A 방식 및 자금조달 방안

인수기업은 대상기업의 공정한 가치를 평가한 후, 적정한 가격을 제시하게 된다. 이 때 인수기업이 현금매수 혹은 LBO 방식을 택한다면 1주당 가치를 기준으로 기타 조건들을 고려하여 인수가격을 결정한다. 한편 주식교환을 택할 경우 피인수

M&A 방법

M&A 방법	설 명	특 징
현금매수	기업이 보유한 현금 및 현금성 자산으로 인수대금 지급	· 기업매수를 신속히 종결할 수 있고, 절차가 복잡하지 않음 · 인수기업 입장에서 막대한 자금이 소요됨
주식교환	인수기업과 피인수 기업 간 합병비율을 산출하여 지분 교환	· 인수기업의 현금소요가 거의 없음 · 인수기업의 위험을 양측이 함께 부담
차입매수 (LBO)	피인수기업의 자산을 담보로 인수자금을 조달하여 인수대금 지급	· 적은 돈으로 M&A 진행 가능 · 피인수기업의 현금흐름이 안정적이어야 함 · 인수기업의 높은 신용이 요구됨
복합매수	위의 3가지 방법 혼용한 형태	· 다양한 방법을 사용함으로써 자금압박 및 위험부담을 줄일 수 있음

기업의 가치평가와 함께 인수기업의 가치평가가 추가적으로 진행되어 주식교환비율이 결정된다. 대금결제 방식에 있어서 일반적으로 피인수기업의 주주 입장에서는 대금 지급이 확실하고 신속한 현금매수를 선호하지만, 인수기업의 주식가치가 높다고 판단될 경우 주식교환을 선호할 수도 있다.

기업은 인수방법 및 조건에 대한 합의와 함께 인수자금 조달방안 및 계획을 수립해야 한다. 인수기업이 내부적으로 자금을 조달할 수 있지만, 이 경우 막대한 자금이 소요되므로 어떻게 외부에서 자금을 조달하는가는 매우 중요한 문제다. 인수기업은 다양한 방법을 통해 자금을 조달하게 되는데, 이 때 각각의 자금조달 방법에 따른 규모, 시기 및 비용의 차이를 비교함으로써 최적의 방안을 수립해야 한다.

자금조달 방안

인수기업 자체에 의한 자금조달	피인수기업을 통한 자금조달
· 사내유보금 또는 인수기업 내부적으로 직접 조달하는 자금 · 사채발행: 전환사채, 교환사채, 신주인수권부사채, 그 밖의 사채 · 유상증자: 주주배정방식, 주주우선공모방식, 일반공모증자방식, 제3자 배정방식 · 인수기업의 신용을 이용한 차입 · 인수기업의 모회사나 관계회사의 지급보증 자금조달 · 구조조정 통한 자금조달	· 피인수기업을 담보로 외부에서 자금을 조달하는 차입인수: LBO · Junk Bond의 후순위 채권발행 · Bridge Financing · Merchant Banking · 사모투자펀드(PEF), 구조조정펀드(CRC Fund), 엔젤펀드(Angel Fund) 활용 · 금융기관, 연기금 및 전략적, 재무적 투자자와 연합

5. M&A 평가

　M&A 결과에 따라 우리는 두 가지 기준으로 성공여부를 평가할 수 있다. 첫째, 기회요인으로서 두 기업의 결합을 통해 영업실적의 개선이 이루어졌는가라는 측면과 둘째, 위협요인으로서 재무적 부담이 얼마나 해소되었는가라는 측면이다.

　인수기업은 M&A를 완료하는 동시에 사업적 체질개선과 시너지 창출을 통한 성장의 기회를 모색한다. M&A가 성공적이라면 영업성과의 향상과 자본비용의 감소효과를 누릴 수 있다.

　하지만 비우호적인 영업환경과 노무문제로 수익구조 개선이 지연될 경우, 대규모 인수자금으로 인한 재무적 부담이 확대된다. 이러한 이유로 M&A가 실패할 경우 인수기업을 재매각을 하게 되는 경우도 있다. 우리는 M&A 후 기업의 성과를 측정할 때, 전략적 시너지 창출효과 분석, 인수 전후 주가 동향 분석, 인수 전후 재무구조 분석 등을 통해 인수의 효과를 평가한다.

6. M&A 사례 분석

1) 신한금융지주의 LG카드 인수

M&A 배경

LG카드를 인수하면 신한금융지주는 국내 금융그룹 1위인 국민은행을 추격할 발판을 마련할 것으로 예상된다. 인수가 성공적으로 이루어진다면, 2006년 당시 국민은행에 크게 뒤지던 카드부문도 단숨에 업계 1위로 올라서게 되는 것이다.

LG카드 입장에서는 전업 카드사에서 당시 업계 2위 은행의 겸영카드사로 전환함으로써 신한지주의 탄탄한 자금력과 인프라를 활용해 전보다 유리한 고지를 점할 수 있게 된다. 신한금융지주는 2003년 조흥은행 인수, 2004년 신한신용정보를 인수한 경험이 있다.

M&A 참여자

· 인수 기업: 신한지주는 은행, 증권, 카드, 생명보험, 캐피탈 등 많은 금융 분야 사업라인을 갖춘 국내 자산규모 2위의 종합금융그룹이다. 은행, 비은행 간 균형성장을 통해 신성장동력을 발굴하고, 사업모델의 차별화를 추구한다.

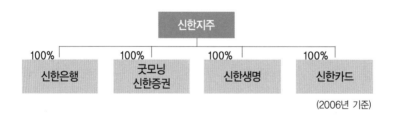

(2006년 기준)

· 인수 대상기업: LG카드는 1998년 할부금융과 리스업에도 진출하여 업계최초로 본

격적인 종합여신금융 시대를 연 기업이다. 다양한 고객을 타깃으로 상품 및 서비스를 제공함으로써 2006년 인수 당시 전 업계 카드 1위였다.

- ・인수 주간사: UBS - 법무법인 태평양 - 한영 회계법인
- ・매각 주간사: 산업은행, 제이피모간 - 법무법인 서정 - 안진 회계법인
- ・투자자: 국민연금, 지방행정공제회, 새마을금고연합회 등 12개 투자기관

M&A 일정 및 과정

인수의향서를 제출한 신한지주, 하나금융지주, 농협의 평가에서 신한지주는 주당 6만 8,500원 안팎의 인수제안가와 85%의 물량을 제시하여 가장 높은 점수를 받았다. 이에 따라 신한지주를 우선협상대상자로, 하나금융지주를 예비협상자로 선정했다. 9월부터 LG카드에 기업실사를 실시하였고, 그 후 매각조건에 대한 협상에 이르렀다. 12월에 인수본계약을 통해 일차적으로 LG카드 지분 78.6%를 공개매수 했고, 이듬해 LG카드의 100% 자회사화를 위해 잔여지분에 대한 공개매수와 신한지주와의 주식교환을 진행시켰다.

인수 일정

날 짜	내 용
2006년 8월 14일	신한지주, 하나금융지주, 농협 입찰제안
2006년 8월 16일	신한지주 우선협상대상자 선정
2006년 8월 23일	인수양해각서(MOU) 체결
2006년 12월 20일	인수본계약 체결
2006년 6월 14일	잔여지분 대상 공개매수 및 주식교환 실시

M&A 방식 및 자금조달

인수가격

2006년 11월: 인수지분 78.6%

LG카드 1주당 6만 7,770원(총 6조 6,838억 원)

2007년 6월: 잔여지분 21.4%(신한은행 보유분 포함)

① 공개매수 가격	LG카드 1주당 46,392원(매수예정총액 8,300억 원)
② 주식교환	LG카드 1주당 신한지주 주식 0.84932주 배정
③ 매수청구 가격	LG카드 1주당 45,416원

2007년 6월 당시 진행순서: ① → ② → ③

M&A 방식

주식교환 및 주식공개매수

자금조달

인수평가

LG카드 인수는 재무적 가치보다는 전략적 투자 개념에 따라 그룹의 한 단계 도약을 위해 추진한 것이라고 볼 수 있다. 즉, 신한지주의 종합금융그룹화라는 중장기 비전과 전략을 고려해 LG카드를 인수했던 것이다. 2007년 7월 말 신한카드는 실질 회원수는 약 1,370만 명으로 통합 당시보다 4% 늘었다. 신한카드에 따르면 LG카드와의 통합은 신한카드는 물론 신한금융그룹 전체적인 시너지 효과를 가져왔다. 인수 전인 2006년 말 신한금융그룹의 비은행 부문 수익이 전체의 약 23.5%였으나, 48.6%까지 늘어났고 그 중 카드부문의 기여가 70%가 넘는 것을 감안할 때 신한금융그룹의 수익 비중 포트폴리오 구축에 신한카드가 상당한 기여를 한 것으로 풀이된다. 이로써 LG카드 인수 후 신한지주 내부에 안정적인 포트폴리오 구조가 형성되었다.

신한지주 주가변동

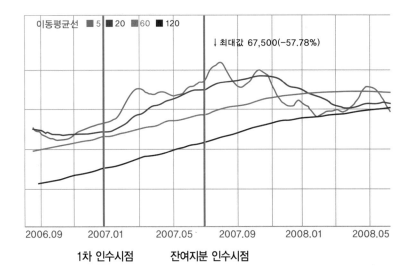

이동평균선 ■5 ■20 ■60 ■120

↓최대값 67,500(−57.78%)

2006.09　2007.01　2007.05　2007.09　2008.01　2008.05

1차 인수시점　　　잔여지분 인수시점

신한지주 재무실적

	영업이익(억원)	EPS(원)	PER(배)	PBR(배)	ROE(%)
2005년	17,319	4,814	4.9	1.0	19.4
2006년	18,209	4,799	8.6	1.5	17.4
2007년	23,742	5,819	9.2	1.5	18.0

출처 : 신한지주, SK증권

　LG카드 인수 후 신한지주의 자산은 인수 전인 2005년보다 2배 이상 증가했고, 영업이익은 약 6,000억 원 증가했다. 또한 EPS는 인수 전보다 2007년 말 기준으로 20.09%가 증가하여, 전반적으로 양호한 재무구조를 보이고 있다. 이와 더불어 그룹 내 낮은 은행 의존도는 80% 이상의 높은 은행 의존도를 보이는 타 금융그룹과 차별화된 모습이다.

2) 두산인프라코어와 두산엔진의 밥캣 인수

M&A 배경

두산인프라코어는 기존 사업 이외에 부족했던 소형 건설장비 사업을 밥캣 인수를 통해 보완함으로써 제품 포트폴리오를 보다 다양하게 구성하려고 시도 중이었다. 이는 기존 건설중장비 업체들과의 경쟁을 피하면서 세계적으로 인지도를 높일 수 있는 좋은 기회였다. 동시에 선진국으로 네트워크를 확대할 수 있는 기반을 마련할 것으로 예상되었다. 최근 M&A 추진 사례로는 2007년 1월 두산메카텍 공작기부문 인수, 같은 해 7월 중국 연대유화기계 인수가 있다.

M&A 주체자

· 인수 기업: 2000년 대우종합기계㈜에서 출발한 두산인프라코어는 건설중장비, 산업차량, 공작기계 · 자동화 시스템, 디젤엔진, 방위산업 분야 등에서 제품과 서비스를 제공하는 중공업체이다. 2005년 두산인프라코어로 다시 출범한 후, 국내외 기업을 인수하는 등 역동적인 성장세를 실현하고 있다.

· 인수 대상기업: 미국의 잉거솔 랜드(Ingersoll Rand)사의 밥캣(Bobcat), 어태치먼트(Attachment), 유틸리티(Utility) 3개 사업부문 소형건설중장비 사업부로서 미국, 유럽 등지에 2,700여 개의 딜러망과 6개국에 16개 생산공장을 갖춘 세계 시장점유율 1위의

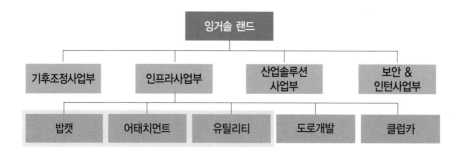

글로벌 브랜드이다.

· 인수 주간사: 씨티은행 - 김앤장 - 폴앤웨이즈 컨소시엄
· 인수금융담당: 한국산업은행

	두산그룹 계열사	재무적 투자자
회사	두산인프라코어, 두산엔진, ㈜ 두산	동양증권 외 5개 금융기관
예상투자액	약 14억 달러	약 8억 달러

M&A 일정 및 과정

두산인프라코어가 잉거솔 랜드사의 3개의 사업부 부문에 대한 인수 의사를 밝힌 후, 주식취득 입찰에 참여했다. 최종 낙찰자로 선정되어 인수계약을 체결 했고, 이와 관련해서 인수금융 구조 설계에 돌입하였다. 인수금융 담당자 산업은행의 주도 아래 인수 자금 대부분을 원화로 차입하기로 결정했다. 재무적 투자자 모집에 있어서 5개의 금융기관이 참여했다. 인수자금 마련 후 최종 인수자금을 지급한 후 거래는 일단락되었다.

날 짜	내 용
2007년 7월 25일	두산인프라코어가 잉거솔 랜드사의 3개 사업부문 주식취득 입찰 참여 결정
2007년 7월 30일	두산인프라코어가 최종 낙찰자로 선정되어 인수계약 체결
2007년 8월 31일	인수금융주간사 산업은행이 금융기관에 초청장 발송
2007년 11월 9일	12개 금융기관과 인수금융계약 체결
2007년 11월 15일	인수자금 지급

M&A 방식 및 거래조건

· 인수 가격: 51억 달러
· M&A방식: 특수목적법인(SPC, Special Purpose Company) 설립 후 LBO

· 자금조달

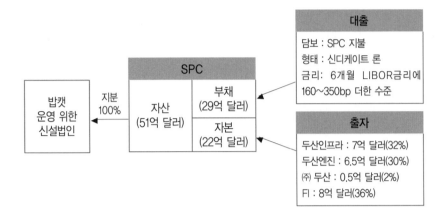

특수법인 설립을 통한 LBO 인수 방식을 선택한 인수 측은 상당부분의 인수대금
을 신디케이트론(금융회사 공동대출)으로 충당하였다. 총 39억 달러규모의 신디케이
티드론 중 29억 달러는 특수목적법인(SPC)을 위한 대출금으로 사용되었고, 나머지
10억 달러는 두산인프라코어와 두산엔진이 각각 차입하여 자본금으로 투입하였다.

인수평가

두산인프라코어는 이번 인수를 통해 기존 중대형 건설중장비 사업 이외에 부족
했던 중소형 건설중장비 사업을 보완함으로써 풀 라인업(Full Line-up)을 구축했다.
글로벌 위기로 침체된 북미 및 유럽 건설기계 시장에 대응하기 위해 양사는 경쟁력
을 갖고 있는 특화된 상품을 함께 내놓아 시장점유율 강화해야 할 것이다. 이번 인
수로 두산인프라코어는 건설기계 부문 세계 17위에서 7위로 올라섰다. 밥캣
(Bobcat)이라는 강력한 글로벌 브랜드 및 상호 보완적인 판매 네트워크 확보로 시장
지배력을 강화할 수 있는 역량을 갖췄다. 판매 장기적인 통합작업이 끝난 뒤, 양측
은 본격적인 시너지 효과가 기대된다.

두산인프라코어의 주가변동

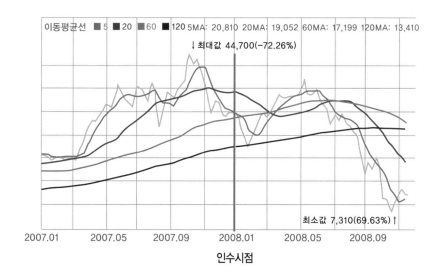

이동평균선 ■5 ■20 ■60 ■120 5MA: 20,810 20MA: 19,052 60MA: 17,199 120MA: 13,410

↓최대값 44,700(-72.26%)

최소값 7,310(69.63%)↑

2007.01   2007.05   2007.09   2008.01   2008.05   2008.09

인수시점

두산인프라코어의 재무실적

2007년 9월 두산인프라코어와 두산엔진은 각각 5억 9,100만 달러, 두산엔진이 4억 8,100억 달러, 총 10억 달러 규모로 밥캣에 추가 출자했다. 그 이유는 밥캣의 이익 하향조정으로 인해 채권단이 제시한 재무약정 중 'Debt to EBITDA 7배 이하' 조항 달성을 위해 차입금 상환이 필요했기 때문이다. 추가 출자로 인해 밥캣의 'Debt to EBITDA'는 6.8배로 하락했다.

$+$ 이동진
삼성증권 주식 세일즈 사업부

:: 월스트리트에서 일하는 사람들의 삶에 대해 알 수 있는 책은 무엇이 있습니까?

  월스트리트, 특히 투자은행의 모습을 알고 싶다면 《Monkey Business》를 추천하고 싶습니다. 현재 국내에서는 《월스트리트 게임의 법칙》이라는 제목으로 번역되었습니다. 존과 피터라는 두 젊은이가 그렇게도 염원하고 동경하던 투자은행에 입사하는 과정과 월스트리트의 화려함 이면에 감추어진 투자은행가로서의 삶을 통해 느낀 점들을 실감나게 묘사한 소설입니다. 이 소설은 두 주인공이 MBA를 갓 졸업하고 DLJ라는 투자은행에 입사하는 과정부터 소상히 다루고 있습니다. 두 주인공의 삶을 통해 투자은행가의 삶은 어떠한지, 특히 신입사원들의 생활에 대해 매우 자세히 기술하고 있습니다.

  이 책은 흥미로우면서도 많은 정보를 제공합니다. 투자은행에 종사하는 사람들의 삶의 질에 대해 진솔하면서도 무겁지 않은 특유의 재치와 유머로 풀어내고 있어 읽는 사람으로 하여금 쉽게 그들의 삶에

동화될 수 있도록 합니다. 또한 저자들은 이 책을 통해 투자은행에서 취직하기 위해 필요한 준비, 면접, 여름 인턴 등 모든 과정에 대해 서술하고 있어 이 분야에 관심 있는 사람들에게 유용한 정보를 제공하고 있습니다.

《Monkey Business》는 다소 딱딱할 수 있는 월스트리트의 삶을 특유의 풍자와 해학으로 풀어낸 작품으로 금융권에 관심이 있는 사람이라면 누구든지 쉽고 편하게 읽을 수 있는 책입니다. 동시에 월스트리트의 실상을 냉정하게 보여줌으로써 금융권에 대한 막연한 꿈을 가진 사람들에게 깨우침과 시사점을 던져줍니다.

서브프라임 모기지 사태 _Subprime Mortgage Crisis

미국발 서브프라임 모기지 사태는 세계경제에 큰 영향을 주고 있다. 금융권에 진출하려면 글로벌 금융 위기의 근본적 원인인 서브프라임 모기지 사태에 대해서 정확하게 이해하고 있어야 한다. 여기서 서브프라임 모기지 사태의 전개과정, 원인, 구조적 특징, 관련 파생상품 등에 대해서 알아보자. 서브프라임 모기지 사태는 크게 서브프라임 모기지의 증가, 서브프라임 모기지의 부실화, 세계 금융 위기로의 확산이라는 세 단계로 나뉜다. 각 단계별로 당시의 상황, 근본적인 발생 원인, 구조적 특징 등에 대해서 알아보도록 한다. 또한 많은 사람들이 난해하게 생각하는 서브프라임 모기지와 관련된 파생상품과 증권화의 개념 및 원리에 대해서도 알아보도록 한다.

∨2000년대 들어 미국의 부동산 시장으로 자금이 몰린 이유에 대한 이해
∨서브프라임 모기지의 개념 파악 및 그것의 급격히 증가한 원인 이해
∨미국의 부동산 버블의 붕괴 원인 파악
∨급격한 금리인상이 서브프라임 모기지에 끼친 영향을 파악
∨MBS와 CDO의 원리와 구조에 대한 이해
∨서브프라임 모기지 부실이 전 세계 금융위기로 파급된 과정을 파악

1. 세계 금융시장을 뒤흔든 서브프라임 모기지

2007년 7월 25일, 코스피 지수는 드디어 2,000을 넘었다. 하지만 한국 주식시장의 새로운 장을 열었다는 환호성이 가시기도 전에, 연초부터 문제가 되던 서브프라임 모기지 부실이 다시 미국에서 불거져 나왔다. 미국의 다우지수는 7월 26일 2.26%(312.22포인트)하락했고, 7월 27일에도 연이어 1.54%(208.10포인트)가 하락했다. 미국발 서브프라임 모기지 사태로 촉발된 금융대란은 미국 금융시장뿐만 아니라 전 세계를 강타했다. 전 세계의 증시가 폭락세를 면치 못했고, 환율이 불안해졌다.

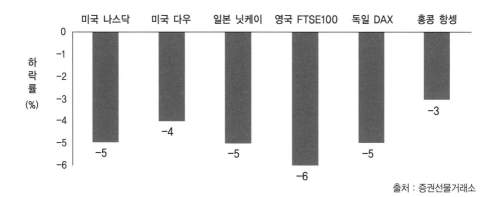

세계 주요 증시 추이(2007년)

출처 : 증권선물거래소

일부 전문가들은 중국 경제의 고성장과 국제 실물 경기의 견고한 성장에 힘입어 일시적인 주가 조정에 그칠 것이라 예상하기도 했다. 하지만 주택 경기의 침체가 지속되면서 서브프라임 모기지의 연체율이 계속 상승했다. 이는 국제 금융시장의 신용경색으로 이어졌다.

2007년 8월에는 프랑스의 최대 은행인 BNP파리바가 20억 달러 규모의 펀드 환매를 중단했다. 9월에는 영국 5위의 모기지 은행인 노던록이 250억 파운드의 긴급자금을 수혈 받기에 이르렀고, HSBC은행은 거액을 손실을 입고 모기지 사업에서 철수했다. 사태의 심각성을 파악한 유럽 중앙은행은 서둘러 긴급자금을 투입하고

| 알아두기 | **서브프라임 모기지(비우량 주택담보대출)**

모기지란 주택담보대출을 뜻하는 용어로, 주택구입자금이 부족할 경우 자신이 구입할 주택을 담보로 하여 장기대출을 받는 것을 말한다. 서브프라임이란 대출자의 신용도를 나타내는 용어다. 대출자들은 신용도에 따라서 크게 3단계로 나뉘는데 우량 대출자는 프라임(Prime), 중간 등급의 대출자는 알트-A(Alternative-A), 신용도가 불량한 비우량 대출자는 서브프라임(Subprime)이라고 불린다. 그러므로 서브프라임 모기지는 이런 비우량 신용등급을 가진 사람들에게 주택담보대출을 하는 것을 뜻한다.

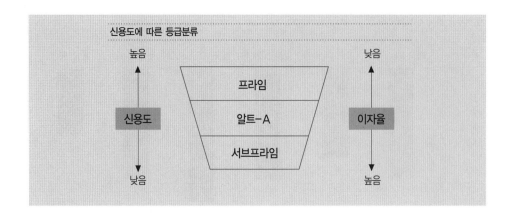

미국 중앙은행은 금리 인하를 단행했다.

그러나 서브프라임 모기지 사태의 여파는 계속되었고 급기야 베어스턴스, 리먼 브라더스, 메릴린치가 연이어 도산 또는 인수되는 사태까지 벌어졌다. 이들을 무너 뜨린 핵심 원인인 서브프라임 모기지는 쉽게 말하자면 연체 이력이 많고 소득이 적 은 사람들에게 해주는 주택 대출을 말한다. 그렇다면 서브프라임 모기지는 어떠한 과정을 거쳐 금융위기를 발생시켰을까?

2. 전개 과정

1) 1단계: 주택가격 상승과 서브프라임 모기지의 급속한 증가

2000년 닷컴버블이 붕괴하고, 2001년 9.11테러가 발생하면서 미국 경제는 침체 에 빠져 있었다. 상품은 팔리지 않았고 공장 가동은 멈췄다. 기업인들의 투자 심리 는 위축되어 설비투자가 감소했다. 미국 중앙은행은 경기 침체를 벗어나기 위해 저 금리 정책(2001년 6%에서 13차례 인하하여 2003년 1%가 되었음)을 실시했다. 저금리 정 책은 시중에 자금이 풍부하게 만들었고, 그 자금은 부동산시장으로 몰렸다. 많은 사 람들은 저금리로 대출을 받을 수 있어 주택에 대한 수요가 증가했다.

미국 주택가격 상승 과정

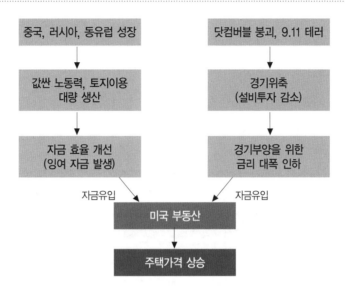

당시 외국의 유휴자금도 미국의 부동산시장으로 유입됐다. 그 과정을 자세히 살펴보면 중국, 러시아, 동유럽권이 성장하면서 이전보다 보다 값싼 비용으로 더 많은 제품들을 생산할 수 있게 되었기 때문이다. 결과적으로, 자금 효율이 높아져 전 세계적으로 자금이 넘쳐났다. 투자처를 찾지 못한 해외 자금들이 미국의 시장으로 흘러들었던 것이다.

결과적으로 미국 국내외 자금들이 미국 주택시장으로 몰리면서 미국 주택가격은 급속히 상승하게 됐다.

서브프라임 모기지 급등의 2가지 원인

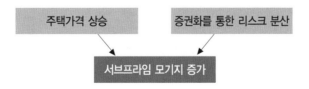

그 당시 담보물인 주택의 가격이 매우 높은 상황이었기 때문에 모기지 업체들은 서브프라임 등급에게까지 모기지 대출을 주저하지 않았다. 이는 서브프라임 대출자가 연체를 하더라도 주택 매각으로 채무불이행을 커버할 수 있었기 때문이다.

또한 2000년대 들어 '증권화' 방법이 모기지 대출에 퍼지기 시작하면서, 모기지 업체들은 대출채권을 증권화해서 다른 금융기관에 팔 수 있게 되었다. 그에 따라 대출자의 채무불이행을 다른 금융기관으로 분산시킬 수 있게 되어, 서브프라임 모기지가 증가했다.

| 알아두기 | **증권화**

증권화의 구조

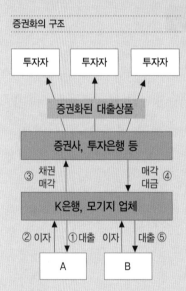

증권화(Securitization)란 일정한 현금흐름이 발생하는 금융자산들을 재결합하여 풀(Pool)을 만든 후, 그것을 바탕으로 한 증권을 발행하는 것을 말한다. 바탕이 되는 금융자산들은 반드시 현금흐름을 가지고 있어야 하며, 이렇게 자산유동화를 통해 만들어진 증권을 ABS(Asset Backed Securities, 자산유동화증권)라고 한다.

MBS(Mortgage Backed Securities)는 ABS 중의 하나로, 여러 자산 중 주택담보대출이라는 기초자산의 풀(Pool)에서 나오는 원금과 이자를 바탕으로 하여 발행된 유동화 증권을 뜻한다.

〈예〉 현재 K은행의 잔고는 2억 원이다.
① A가 4억 원짜리의 집을 사는 데, 돈이 부족해 2억 원을 K은행에서 빌렸다.
② A는 매년 5%의 이자를 은행에 지급한다.
③ K은행은 향후 추가적인 대출자금을 마련하기 위해, A로부터 받을 이자와 원금을 담보로 채권을 발행한다.
④ K은행은 증권사에 대출채권을 매각하여 대금을 받았고, 잔고가 2억 2,000만 원으로 늘어났다.
⑤ B는 8억 원짜리 빌라를 사는 데, 1억이 부족해 K은행에서 대출한다.

K은행 입장에서는 대출채권을 이미 팔아버렸기 때문에 A, B가 돈을 갚느냐 못 갚느냐를 걱정할 필요가 없고(리스크 분산), 추가적으로 C에게 대출해줄 수 있다.

2000년대에 들어 신용파생상품 시장이 커졌고, 이에 증권화가 쉬워져 대출이 증가했다. 신용도가 낮은 고객에게까지 무분별하게 대출해주게 되었다. 채권화하여 다른 금융기관에게 팔 수 있기 때문이었다.

2) 2단계: 서브프라임 모기지의 부실화

지속된 저금리 정책으로 인해 경기 과열의 우려가 높아졌고, 미국 중앙은행은 2004년 6월부터 2006년 6월까지 17차례에 걸쳐 금리를 5.25%까지 인상시켰다. 이러한 단시간 동안의 급격한 금리 상승으로 인해 시중 자금이 감소되었고, 모기지 대출을 받은 사람들에게 높은 이자 부담을 가중시켰다. 이에 따라 부동산시장의 수요가 감소했다. 부동산시장이 위축되자 주택가격이 하락하여 모기지 가격보다 더 낮아졌다. 결과적으로 대출자들은 서브프라임 등급부터 모기지를 연체하기 시작했다. 또한 서브프라임 모기지는 대부분이 변동금리이기 때문에 금리

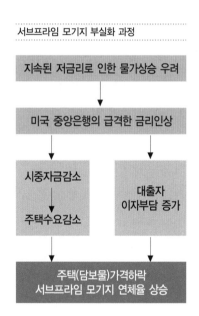

서브프라임 모기지 부실화 과정

인상에 프라임 모기지 보다 더 취약한 구조를 갖고 있었다.

미국의 모기지 연체율 추이				(단위: %)
	2004년 말	2005년 말	2006년 6월 말	2006년 말
프라임 모기지	2.2	2.5	2.3	2.6
서브프라임 모기지	10.3	11.6	11.7	13.3

출처 : Mortgage Bankers Association

3) 3단계: 전 세계 금융위기로의 확산

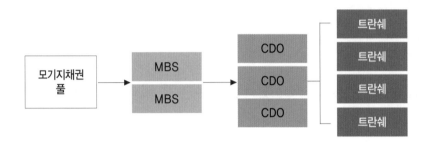

　　모기지 업체가 주택을 구입하려는 대출자에게 모기지를 대출해주면 대출자는 모기지 업체에 일정 기간 동안 이자와 원금을 지급해야 한다. 이를 통해 모기지 업체는 앞으로 수십 년 동안의 정기적인 현금흐름을 확보했지만, 지금 당장 필요한 자금을 마련하기 위해서 모기지 채권을 투자은행과 헤지펀드 등의 금융기관에 넘기게 된다. 이렇게 넘어온 저당채권은 리스크를 분산시키기 위해 MBS(Mortgage Backed Securities)로 유동화되고, 이 MBS는 또 한 번 리스크 분산을 위해 다른 회사채 등과 함께 다시 CDO(Collateralized Debt Obligation)로 유동화되어 전 세계로 퍼졌다. 즉, 소수의 모기지 채권이 쪼개지고, 또 쪼개져서 전 세계로 확산된 것이다.

서브프라임 위기 확산 과정

| 알아두기 | CDO와 CDS

· CDO(Collateralized Debt Obligation, 부채담보부증권)

서브프라임 모기지 사태의 원인이 되고 있는 CDO는 MBS부터 회사채, 신용카드매출채권담보증권까지 각종 대출과 채권을 묶어놓은 상품이다. CDO는 이들을 하나의 풀로 묶은 뒤 다시 여러 조각으로 나뉘어져 채권의 형태로 판매가 된다. 이때 나뉜 조각들은 트란쉐(tranche)라고 불린다. 트란쉐들은 순위별로 나뉘어 각자의 몫을 받아가는 형태인데, 후순위일수록 리스크와 수익률이 커지게 된다. 가장 낮은 순위의 트란쉐는 주식과 같이 잔여청구권의 성격을 갖고 있어 선순위의 정해진 몫이 모두 분배되고 난 후 남은 몫을 전부 가지기 때문에 에퀴티 트란쉐(Equity Tranche)라고 불린다.

· CDS(Credit Default Swap, 신용부도스왑)

채권을 발행하거나 금융기관에서 대출을 받아 자금을 조달한 기업의 신용위험만을 분리해 시장에서 사고파는 신종 금융파생상품 거래. 기업의 부도에 따른 금융기관의 손실 위험을 줄여 기업의 안정성을 높여준다. 예를 들어 A은행이 B기업에 100억 원을 대출해 줄 경우, A은행은 B기업의 부도 가능성에 대비해 C금융회사와 CDS 거래를 할 수 있다. A은행이 신용위험 수수료를 C회사에 지급하면 B기업이 부도를 낼 경우 C회사가 100억 원을 대신 갚아주게 된다. B기업은 그만큼 자금융통이 쉬워지고 A은행은 대출 안정성을 확보할 수 있으며 C금융업체는 수수료 수익을 챙긴다. 반면 C금융업체가 부실화되면 A은행까지 연쇄적으로 부실화되는 맹점이 있다. 특히 CDS는 실제 채권, 채무 관계가 없이도 기업의 신용도를 놓고 투기적 거래를 하는 경우가 늘면서 문제가 복합해졌다. CDS 거래가 거미줄처럼 얽히면서 한 회사가 쓰러졌을 때 어디서 얼마만큼의 부실이 터질지 알 수 없게 되었기 때문이다.

CDS 거래 구조

투자은행가의 삶 간접체험하기

＋ 유주상
스톤브릿지 캐피탈 사모펀드 사업부

:: 투자은행에서 일하는 사람들의 삶에 대해 알 수 있는 책은 무엇이 있습니까?

투자은행가들의 삶을 그린 책 중에서 《Bank》라는 책을 추천해 주고 싶습니다. 현재 국내에는 《월스트리트 몽키》라는 제목의 번역본으로 나와 있습니다.

데이비드 블렌딘(David Bledin)의 처녀작인 이 소설은 투자은행의 세계를 학부 졸업생의 시각에서 그리고 있습니다. 정식 채용 제안을 얻기 위해 엄청난 업무량과 스트레스를 견뎌내며 회사 생활을 해가는 4명의 주인공을 통해 저자는 투자은행의 삶에 대한 실상을 보여주고 있습니다.

이 소설은 월스트리트에서 살아남기 위해 좌충우돌하는 신입 애널리스트들의 모습을 통해 20~30대의 사회 초년병들이 고민하는 성공과 사랑, 미래에 대한 고민을 그리고 있습니다. 여러 신입사원들의 유형을 대변하는 4명의 주인공들의 이야기를 통해 이는 다름 아닌 우리 자신의 이야기임을 알 수 있습니다. 최선의 노력만으로 성공이 보장되지 않는 냉엄한 현실 속에서 이들 주인공들은 각기 성공을 위해 노력을 합니다. 무겁게 다룰 수도 있는 소재이지만 저자 특유의 유쾌함과 통쾌한 이야기들로 풀어나간 이 소설은 투자은행을 비롯해 사회 초년병들이 사회로 나가기 전에 읽어 보면 큰 도움이 될 것 입니다.

Step
04

취업 프로세스

Getting Hired

Step 04 │ 취업 프로세스

금융업의 이해와 실전지식 및 케이스 스터디를 진행한 뒤, 본격적으로 취업을 위한 준비를 해야 한다. 우선 이력서를 통해 자신을 정확하게 전달할 수 있어야 한다. 둘째, 커버레터를 통해 이력서에서 전달하지 못 한 본인의 의지와 자신을 왜 고용해야 하는지 등의 이유를 피력하게 된다. 마지막으로 인터뷰 기회가 주어졌을 때, 각 부서에서 요구하는 자세와 기본적인 지식을 갖추어 인터뷰를 성공하도록 한다. 특히 각 부서별 인터뷰 기출 문제를 Step1~3의 학습을 통해 완벽히 답변할 수 있도록 한다.

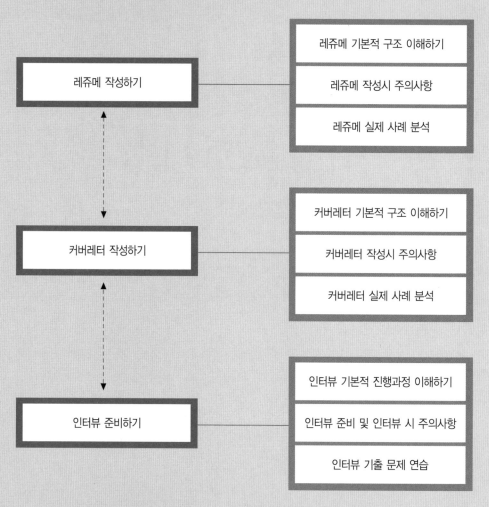

레쥬메 작성하기
- 레쥬메 기본적 구조 이해하기
- 레쥬메 작성시 주의사항
- 레쥬메 실제 사례 분석

커버레터 작성하기
- 커버레터 기본적 구조 이해하기
- 커버레터 작성시 주의사항
- 커버레터 실제 사례 분석

인터뷰 준비하기
- 인터뷰 기본적 진행과정 이해하기
- 인터뷰 준비 및 인터뷰 시 주의사항
- 인터뷰 기출 문제 연습

레쥬메_Resume

레쥬메는 기업에 지원하기 위해 자신의 신상정보와 경력 등을 소개하는 이력서를 뜻한다. 영문 레쥬메는 일정한 양식이 정해져 있지 않지만 일반적으로 인적 사항, 학력, 경력사항, 대외활동, 기술 등의 정보를 기입한다. 영문 레 쥬메는 정해진 형식이 없어 많은 지원자들이 통일성, 일관성이 결여된 레쥬메를 작성하는 경우가 많다. 효과적인 레쥬메 작성을 위해서는 형식적, 내용적인 측면에 유의하여 작성하도록 한다. 각각의 경우에 해당하는 구체적인 예시를 참고하여 내실 있는 레쥬메를 작성할 수 있도록 한다. 국문 레쥬메의 경우에는 회사마다 원하는 양식이 다 르고, 취업 준비생들이 작성 시 큰 어려움을 느끼지 않는다. 때문에 취업 준비생들이 작성에 어려움을 느끼는 영 문 레쥬메만을 다루었다.

∨ 깔끔하고 보기 좋은 레이아웃의 사용
∨ 철자나 문법, 대소문자 구분, 문서 정렬 등 사소한 부분에도 신경 쓸 것
∨ 항목의 논리적 구성
∨ 자신의 경력사항 구체적으로 서술
∨ 해당 회사와 부서, 그리고 업무에 대한 관심 표시
∨ 자신을 효과적으로 표현
∨ 사실만을 적을 것
∨ 현직에 있는 많은 사람들의 피드백 반영

1. 레쥬메 작성에 앞서

이 부분에서는 성공적으로 금융사에 입사하기 위한 효과적인 레쥬메 작성 방법에 대해서 알아보도록 하겠다. 우선 레쥬메 작성에 앞서 스스로에게 물음을 던져보아야 한다. "나는 어떤 사람이며, 내가 지원하는 곳은 어떤 곳인가? 그들에게 '나'에 대해서 무엇을 어떻게 말할 것인가?" 이 질문은 레쥬메 작성의 핵심이며 이 것에 대한 답을 찾아가는 과정이 결국 효과적인 레쥬메 작성 과정이다.

먼저 레쥬메를 작성하기 전에 '나'라는 사람이 어떤 사람이고, 어떤 길을 걸어왔

는지 먼저 살펴봐야 한다. 학력, 경력사항 등으로 대변되는 현재의 나의 조건들, 대학 생활 전반에 걸쳐서 '나'라는 사람이 어떠한 활동들을 했는지, 내가 갖고 있는 나만의 기술이나 능력들은 무엇이 있는지 고민해 보아야 한다.

레쥬메를 작성할 때에 유념해야 할 것은 산업마다 요구되는 능력의 종류와 회사마다 원하는 인재상이 다르다는 것이다. 그러므로 과연 금융권은 어떠한 능력을 요구하는지, 그 중에서도 내가 지원하는 회사가 원하는 인재상은 무엇인지를 생각하며 이에 맞는 레쥬메를 작성해야 한다.

나 자신과 지원하는 회사에 관한 정보 수집이 어느 정도 이루어지고 난 후, 어떻게 '나'라는 사람을 면접관 들에게 효과적으로 전달할 수 있을지에 대해서 고민해 보아야 한다. 자신이 살아온 모든 이야기를 레쥬메에 담을 수는 없다. 그러므로 레쥬메에 기재되었을 때 이 경력이 자신에게 득이 되는지 실이 되는지 꼼꼼히 따져보는 과정이 필요하다. 또한 어떠한 단어들과 표현들을 사용해야 '나'라는 사람을 효과적으로, 인상 깊게 전달할 것인지, 어떻게 레쥬메를 작성해야 면접관들이 '나'라는 사람을 더 알고 싶어할지에 대해서 수 없이 고민해보아야 한다. 이러한 준비 작업들이 모두 끝났다면 이제부터 실행방안, 즉 효과적인 레쥬메를 작성하기 위한 구체적인 사항들을 알아보도록 하겠다.

2. 레쥬메 기본 구조

일반적으로 레쥬메에는 인적 사항, 학력, 경력사항, 대외활동 및 수상경력 등이 필수적으로 들어간다. 또한 모든 정보들은 최근, 최종 정보를 맨 위에 서술하고 역순행적 구성으로 내림차순에 의해 정리한다. 레쥬메의 기본적인 구조의 예시를 살펴보자.

Jae Han Park

XXX-XXX Sankyung apt. Changchundong, Sudaemoon-gu, Seoul, Korea
Email : jhpark@abc.ac.kr // Cell : 010-XXXX-XXXX

Education

ABC University   Feb. 2000 to Present
Major :Business Administration   Seoul, Korea

- Candidate for Bachelor of Art of Business Administration, August 2008
- Studies concentrated in finance and tax & accounting ; GPA : 3.62

Work Experience

ABC IB Securities   Jun. 2008 to Jul. 2008
Investment Banking Division - Intern   Seoul, Korea

- Produced one page report on potential buyer by using DART, annual report to show current status & valuation (Comps)
- Participated in $175 million M&A deal preparation by supporting DCF valuation & data back-up
- Executed research by using various tools; Bloomberg, Factset, Thompson Financials, Fnguide, DART, TheMarketPro, Kisline

ABC Investments   Dec. 2007 to Jan. 2008
DCM Division - Intern   Seoul, Korea

- Assisted CEO, Executive Director, and Assistant Directors with research and daily operations
- Performed daily computer tasks such as reviewing and editing contracts and presentations
- Assisted analysis to prepare a pitch book for clients

Activities

XYZ (Finance Track)   Mar. 2007 to Sep. 2007
Acting Member

- Performed industry analysis for finance industry and established business strategy for case studies
- Participated in industry-academic cooperation project with Omega Life to improve communication between company and customers

ABC Finance Alumni Association   Apr. 2002 to Mar. 2003
Member of Steering Committee

- Planned and directed events and seminars of Alumni Association
- Reinforced solidarity among alumni through events and seminars

Skills

Financial Accreditations

- Passed CFA Level I in December 2007
- Passed FRM in December 2006

Language

- Fluent in English (3 Years), TOEFL(CBT) : 298
- Basic knowledge of written and spoken Mandarin (Chinese)

Computer Skills

- Full proficiency in Microsoft Office(Excel, PowerPoint, Word)

레쥬메에 지원 목적(Objective)을 넣는 경우도 있지만 커버레터를 통해서 목적을 드러내는 방법이 더 효과적일 수도 있다.

1) 인적 사항(Personal Information)

Jae Han Park

XXX-XXX Sankyung apt. Changchundong, Sudaemoon-gu, Seoul, Korea
Email : jhpark@abc.ac.kr // Cell : 010-XXXX-XXXX

레쥬메의 가장 윗부분에 위의 예시처럼 자신의 이름, 연락처(이메일 포함), 주소 등의 기본적인 인적 사항에 대해 서술한다. 레쥬메의 최상단에는 이름을 서술하고 바로 밑에 주소와 연락처에 대해서 서술하는 형식이 무난하다.

인적 사항으로 인해 레쥬메의 공간이 많이 차지하지 않도록 한다. 최대한 주소는 작게, 이름은 적당히 다른 폰트에 비해 크게 써주는 것이 효과적이다.

2) 학력(Education)

Education
ABC University   Feb. 2000 to Present
Major :Business Administration   Seoul, Korea
- Candidate for Bachelor of Art of Business Administration, August 2008
- Studies concentrated in finance and tax & accounting ; GPA : 3.62

최종학력이 맨 위로 가도록 하고, 내림차순으로 정리되도록 서술한다. 학교, 전공, 학점(GPA), 졸업자는 졸업연도, 졸업 예정자는 졸업 예정일을 명시해주어야 한다. 학부 졸업생 수준에서의 학력은 출신학교와 전공 정도에 대한 확인으로 생각하면 무난할 것이다. 복수전공이나 부전공이 있다면 서술하도록 한다. 지원하는 부서가 특정한 지식을 요구할 경우, 수강했던 과목 중 관련 있는 것들은 핵심적인 것 위주로 쓰도록 한다.

3) 경력사항(Work Experience)

Work Experience
ABC IB Securities   Jun. 2008 to Jul. 2008
Investment Banking Division - Intern   Seoul, Korea
- Produced one page report on potential buyer by using DART, annual report to show current status & valuation (Comps)
- Participated in $175 million M&A deal preparation by supporting DCF valuation & data back-up
- Executed research by using various tools; Bloomberg, Factset, Thompson Financials, Fnguide, DART, TheMarketPro, Kisline

경력 사항은 업무에 대한 이해도를 평가하는데 활용된다. 자신의 경력 사항을 위의 학력과 마찬가지로 최근의 것이 맨 위로 가서 내림차순으로 정리되도록 서술한다. 학부 졸업생 레쥬메의 경우에는 직장 경력이 없으므로 인턴경력을 서술한다. 직장명, 기간, 부서, 자신이 수행한 프로젝트나 그 밖의 업무들에 대해서 구체적이면서도 간결하게 서술한다. 경력 사항 문장은 동사로 시작하는 것이 효과적이다. 일반적인 경우에는 가장 최근의 경력사항을 가장 중요하게 평가하므로, 이 부분의 작성에 특히 유념하도록 하자.

4) 대외활동(Activities)

Activities
XYZ (Finance Track)   Mar. 2007 to Sep. 2007
Acting Member
- Performed industry analysis for finance industry and established business strategy for case studies
- Participated in industry academic cooperation project with Omega Life to improve communication between company and customers

ABC Finance Alumni Association   Apr. 2002 to Mar. 2003
Member of Steering Committee
- Planned and directed events and seminars of Alumni Association
- Reinforced solidarity among alumni through events and seminars

대외활동 부분에는 학력이나 직장·인턴경력 외의 동아리 활동, 봉사 활동, 수상 경력 등 기타 활동들에 대한 내용이 들어가면 된다. 레쥬메 평가에 있어서 핵심적인 요소는 아니지만 다양한 분야에 대한 관심도를 나타내는 것이므로 플러스 요인이 될 수 있다.

대외활동 부분이 특히 중요하게 작용할 수 있는 이유는, 레쥬메를 검토하는 인사 담당자와 관심 분야가 같을 때에는 호감을 불러일으킬 가능성이 크기 때문이다. 레쥬메에 골프 관련 동아리 활동이 있다고 하자. 만약 인사 담당자가 골프를 좋아할 경우, 분명히 해당 레쥬메의 지원자에게는 플러스 요인으로 작용하게 된다. 단순히 일만 잘하는 사람보다는, 사교적이고 여러 사람과 잘 어울리는 사람을 선호하기 때문에, 대외활동을 잘 기술하여 자신의 경력사항과 더불어 가산점을 얻을 수 있도록 하자.

5) 기술(Skills)

Skills
Financial Accreditations
- Passed CFA Level I in December 2007
- Passed FRM in December 2006

Language
- Fluent in English (3 Years), TOEFL(CBT) : 298
- Basic knowledge of written and spoken Mandarin (Chinese)

Computer Skills
- Full proficiency in Microsoft Office(Excel, PowerPoint, Word)

외국어나 컴퓨터, 또는 기타 자신이 가진 기술들 중에 업무에 필요하다고 생각되는 것들을 쓰도록 하자. 일반적으로는 영어나 제 2 외국어, 또는 여타 자격증 사항이 기재되면 무난하지만 레쥬메라는 점을 감안하여 재무관련 지식이나 자격증이 있음을 강조하는 것이 바람직하다. 하지만 재무 관련 자격증이 없다고 하더라도 걱정할 필요는 없다.

3. 레쥬메 작성 시 주의사항

1) Do's

형식적인 측면 - '보기 좋은 떡이 먹기도 좋다!'

레쥬메 작성에 있어서 원론적인 부분을 먼저 검토해보자. 레쥬메를 효과적으로 작성하고자 할 때, 부서를 막론하고 공통적으로 가장 중요한 부분은 '보는 사람의 입장'에서 작성되어야 한다는 것이다. 이를 위해서는 우선 형식적인 측면에 있어서 신경을 쓸 필요가 있다. 깔끔하고 보기 좋은 형식의 레쥬메는 성공적인 입사를 위한 필수요소다.

우선, 레쥬메의 구성에 관한 부분을 살펴보자. 레쥬메를 구성할 때에는 어느 정도 포멀(Formal)한 형식에 맞추어서 해야한다. 앞서 스트럭쳐링(Structuring) 부분에서 말한 레쥬메의 필수적인 구성요소들을 올바른 형식들에 맞추어서 기재하는 것이 중요하다. 레쥬메를 검토하는 인사 담당자의 경우, 먼저 페이지의 레이아웃과 정렬을 제대로 갖추었는지를 확인하기 때문에 이런 부분을 신경 써서 깔끔하고 일정한 형식에 맞추어야 한다.

글머리 기호(Bullet Points)를 이용하여 키워드들을 항목별로 구분하여 표시해주면 보는 사람으로 하여금 자신의 이력이 더 쉽게 눈에 들어오도록 할 수 있다. 또한 경력 사항들을 기재할 때에는 문장(Sentence)보다는 구(Phrase) 형식으로 구성하는 것이 좋다.

다음으로는 글씨 크기나 글씨체, 대소문자, 철자 등의 가독성에 관한 부분을 살펴보자. 글씨의 경우에는 레쥬메 전체적으로 통일성을 갖추어서 일정한 크기로, 깔끔한 글씨체를 써야 한다. 일반적으로 가장 많이 사용되는 글씨체는 'Times New Roman' 혹은 'Arial'이다. 또한, 확실한 대소문자와 철자의 일관성 있는 사용 및 구별을 확실하게 해야 한다. 그리고 회사에 보내는 레쥬메의 경우에는 흰 종이에 검은 글씨로 작성하는 것이 깔끔한 인상을 줄 수 있다.

내용적인 측면 – '구체적이면서도 간결하게'

내용적인 측면에서는 최대한 구체적으로 쓰되 간결하게 표현하고 자신이 지원하는 분야에 있어서 적합한 경험을 했다는 것을 충분히 서술하는 것이 중요하다. 예를 들면 자신의 경력사항을 서술할 때에 간단하게 '언제 어디서 했다' 는 것보다는 '무슨 분야에서 얼마나, 그리고 어떠한 역할을 수행했다' 는 것까지 자세하게 쓰면 눈길이 가게 된다. 지원 분야에는 관련된 프로젝트를 수행한 경력 등을 서술하면 플러스 요인이 된다. 서술할 때에는 첫째, 무슨 일 또는 활동을 했는지, 둘째, 어떻게 수행을 했는지, 셋째, 어떤 결과 또는 배움을 얻었는지의 3단계 구성으로 서술할 것을 권장한다.

이처럼 여러 가지 경력 사항, 활동 등에 특히, 숫자를 통해 설명하는 것이 효과적이다. 숫자를 통해 전달하는 것이 문자를 통하는 것보다 이해가 빠르다. 본인인 참여했던 프로젝트나 딜의 규모, 조사했던 시장의 규모, 해당 회사의 주요한 비율 등의 수치를 기입함으로써 자신의 경력을 설명할 수 있다면 인사 담당자에게 좋은 인상을 남길 수 있다. 또 숫자를 사용하게 되면, 인터뷰 시에도 레쥬메에 기입된 수치들을 통해 좀 더 구체적이고 현실감 있는 답변을 제시할 수 있다는 이점도 얻게 된다.

또한 금융권의 업무가 고되다는 점을 감안하여 조직에 대한 헌신(Commitment)과 일을 견뎌낼 수 있는 자신만의 스트레스 관리(Stress Management) 기술 등 업무에 적합한 자신의 장점을 최대한 살려서 레쥬메에 기입하도록 한다.

그 밖의 주의사항들 - '한 장으로 나의 인생을 효과적으로 말하다'

레쥬메 작성은 보는 사람으로 하여금 '나' 라는 사람이 살아온 길, 갖고 있는 능력과 잠재력을 느낄 수 있도록 작성되어야 한다. 이 때 주의할 점은, 반드시 한 장의 종이에 담아내야 한다는 것이다. 이는 대부분의 인사 담당자들이 수십, 수백 통의 레쥬메를 받아보기 때문에, 한 장이 넘는 레쥬메는 더 이상 보지 않기 때문이다. 그러므로 이 한 장 안에서, 자신의 장점을 최대한 살리는 것이 중요하다.

그러나 누구에게나 결점은 있는 법이므로 레쥬메에 기재된 자신의 조건들 중에서 마음에 들지 않는 부분이 있을 수밖에 없다. 이런 경우에는 자신의 장점을 부각시켜서 상대적으로 단점에 대한 주의를 분산시키는 것이 중요하다. 예를 들어 학점이 스스로 생각하기에 조금 미달되는 경우가 있을 수 있다. 만약 교양과목의 학점이 떨어져서 총 평량평균(GPA)은 미달되지만, 전공과목의 학점이 좋다면 전공과목의 학점을 괄호 안에 따로 표기하는 것도 한가지 방법일 것이다. 'GPA 3.4(전공평균 4.0)' 과 같은 방식으로 전공과목의 학점이 우수할 경우 이를 따로 적어주는 것이 보완책이 될 수 있다.

그리고 레쥬메를 보낼 때에는 워드 또는 한글파일로 보내는 것 보다는 PDF파일로 저장해서 보내는 것을 권장한다. 일반적으로 사무실마다 사용하는 워드프로세서 프로그램이 다르기 때문에 깨져서 보일염려가 있기 때문에 PDF파일로 보내서 이러한 문제점들을 예방할 수 있도록 하자.

2) Don' ts

형식적인 측면 - '보는 사람의 입장에서 모든 것을 생각하자'

레쥬메 작성에 있어 형식 측면에서의 주의점을 살펴보자. 가독성이 떨어지는 화려한 글씨체나 너무 작은 글씨는 마이너스 요인이 될 수 있다. 비슷한 맥락에서 약자를 사용하는 것도 보는 이, 즉 인사 담당자로 하여금 불편을 끼칠 수 있고 성의가 없어 보일 수 있으므로, 날짜를 제외한 것들은 약자를 사용하지 않도록 하자.

또한 지나치게 창의적이거나 독창적인 레쥬메 형식도 피해야 할 요소들 중 하나다. 레쥬메를 보게 되는 인사 담당자를 전혀 고려하지 않은 뒤죽박죽의 레쥬메 구성 등은 피해야 한다. 레쥬메를 보는 입장에서 이처럼 형식이 없는 레쥬메는 읽기 힘들다. 레쥬메를 에세이 등 산문형식으로 작성한다거나 화려한 그래픽 효과 등을 넣는 것도 피해야 한다. 레쥬메에 자신의 사진을 첨부하는 것 역시 업계의 공공연한 금기사항이므로 참고하도록 하자.

내용적인 측면 - '과유불급'

내용적인 측면을 보자. 자신의 경력 사항이나 활동 등에 대해서 명칭과 기간만 짧게 서술하여 구체적으로 어떤 일들을 했는지 알 수 없게 작성한다거나, 반대로 너무 길고 지리멸렬하게 작성되어 읽는 사람으로 하여금 눈길이 가지 않게 작성하는 것들은 지양해야 한다. 인사 담당자가 레쥬메를 보는 시간이 보통 30초에서 1분 정도라는 것을 감안하여 구체적이면서도 간결하게 작성되어야 한다.

'ABC IB Securities'의 IBD에서 2008년도 여름에 인턴을 한 경력을 서술한다고 하자. 'ABC IB Securities - Investment Banking Division -Intern, July 2008 to August 2008.' 여기까지만 제시해준다면 레쥬메를 보는 사람들은 이 사람이 IBD에서 정확하게 어떤 업무를 했는지, 수행 능력이 있는 것인지에 대해서 알 길이 없다. 때문에 좀 더 자세하게 서술해야 한다.

'Participated in M&A deal preparation by supporting DCF valuation & data back up'과 같이 구체적으로 어떠한 일을 했는지에 대해서 어느 정도 상세하게 기술할 필요가 있다.

또한 내용을 구성할 때에, 한 문장 내에 'and'가 두 번 이상 사용되는 등, 지나치게 'and'를 많이 사용하는 것 역시 부정적으로 작용할 수 있으니 주의하도록 하자.

그 밖의 주의사항들 - Honesty is the best policy

자신을 포장하는 것은 중요하지만 학력이나 경력 위조 등 사실이 아닌 것들에 대해서 기술하거나 없는 사실을 만들어내서 기술하는 것은 반드시 피해야 한다. 거짓이나 허위로 레쥬메를 작성한다면 결과적으로 그 피해는 자기 자신에게 돌아가게 된다. 그러므로 레쥬메를 작성할 때에는 언제나 '정직'하게 작성해야 한다.

평가 요소		Do's	Don't s
형식	구성	· 포멀한 형식 (내용들의 정렬) · 블렛 포인트의 효과적인 이용 · 문장(sentence)보다는 구(phrase)사용	· 핵심적인 전달 사항이 없는 구성 · 엉성한 구성의 느낌을 풍기는 구성 · 자신의 사진을 첨부하는 것
	가독성	· 보기 좋고 깔끔한 글씨체 ('Arial', 'Times New Roman' 권장) · 대소문자 구분, 글씨 크기의 통일성 · 철자, 문법은 틀리지 않을 것 · 반드시 흰 종이에 검은 글씨로 작성	· 과도하게 튀거나 너무 작은 글씨, 약자 사용 · 대소문자 구분 및 사용이 일정하지 않음 · 군데군데 틀려있는 철자, 문법 · 화려한 색상 이용
내용		· 간결하면서도 구체적으로('무엇을, 어떻게 했는가, 이로 인한 결과는 무엇인가?'의 3단 구성) · 업무에 관련된 지식 또는 경험 부각 · 숫자를 통해서 자신의 경력을 설명 · 충성도, 팀워크 능력 부각	· 지리멸렬하고 긴 서술방식 · 너무 짧아서 설명이 부족한 경우 · 연관성 없는 경력의 기술 · 'and'의 지나친 사용
세부 사항		· '나'를 효과적으로 표현하였나 읽는 사람의 관점으로 다시 점검할 것 · PDF 파일로 전송할 것 · 한 장 내에서 레쥬메를 작성할 것	· 레쥬메에 거짓되거나 지나치게 과장된 내용을 넣는 것

4. 효과적인 레쥬메 작성을 위한 체크 리스트

1. 형식적인 측면

- 레이아웃이 깔끔하고 보기 좋게 되어있는가? ☐
- 문서의 대문자, 소문자, 철자, 위치 맞추기 등은 바르게 되어있는가? ☐
- 글씨체가 깔끔하고 보기 좋은가? ☐
- 항목별로 구성이 잘 되어 있는가? ☐
- 형식이 포멀한가? ☐
- 자신의 사진을 첨부하지는 않았는가? ☐

2. 내용적인 측면

- 너무 짧지는 않은가? ☐
- 자신의 경력사항에 대해서 구체적으로 3단 구성에 맞게 서술이 되어있는가? ☐
- 구체적인 수치 등을 사용해서 자신의 경력사항 등이 서술되어 있는가? ☐
- 투자 경험이나 인턴경험 등 업무에 대한 관심도를 보여줄 수 있는 내용이 있는가? ☐
- 다양한 분야에 대한 관심도를 나타낼 수 있는 내용이 있는가? ☐
- 'And' 등의 접속사를 지나치게 많이 사용하지는 않았는가? ☐

3. 본질적인 측면

- '나' 라는 사람이 효과적으로 잘 표현되는가? ☐
- 거짓된 내용은 없는가? ☐
- 읽는 사람의 관점에서 쓰여졌는지 다시 한 번 검토해 보았는가? ☐

4. 기타(Special Tips)

- 현직에 있는 많은 사람으로부터 피드백을 받아보았는가? ☐
- 자신의 레쥬메 상의 단점을 보완할 수 있는 방안을 갖고 있고, 그렇게 하였는가? ☐
- PDF 파일로 변환해서 전송하였는가? ☐

5. 레쥬메 예시

1) 문제 예시

인턴 경력이 없는 학생의 레쥬메 예시

D Jae Wook Jung

XXX-XXX, Chungye-dong
Jongno-gu Seoul, Korea
jwk4eva@abcmail.com
82 10 XXXX XXXX / 82 2 XXX XXXX

EDUCATION

Mar. 2005 - Present	**ABC University, Seoul, Korea** Expecting B.A. in Business Administration, February 2011; GPA 3.58/4.3 · Relevant coursework: Principles of Accounting, Financial Management, Business Mathematics I, Microeconomics, Macroeconomics
Feb. 2008 - Jul. 2008	**University of California, San Diego, USA** Exchange student, GPA 3.5/4.0

A Work Experience

Feb. 2006 - Feb. 2008	**Military Service, Seoul, Korea** Squad Leader in Finance Department · Planned annual financial report for units · Prepared daily report with Excel and reported to supervisor with PowerPoint

Leadership Roles

Mar. 2008 - Present	**Debate and Discussion, ABC University, Seoul, Korea** Team Leader · Restructured the negotiation session in regular activities in D&D(Debate and Discussion) · Managed and assisted to open the exchange program with finance club in Japan University C · Designing materials & contents for advertising to corporate

Extracurricular Activities

Mar. 2005 - Feb. 2006	**IVO(International Volunteer Organization), Seoul, Korea** Member · Served as the mentor for under-privileged students · Taught students who could not afford to attend private classes
Mar. 2005 - Feb. 2006	**AFSC(ABC Finance Study Club), Seoul, Korea** Member · Participated in weekly session and discussed financial issues · Studied basic knowledge of finance and its application

Honors and Awards

Jan. 2006 **Scholarship Honors**
. Honored Prize for Scholarship in University

Aug. 2005 B **2th Prize, Korea University Student Debate & Discussion Competition**
. Participated in the Debate & Discussion Competition and won 2nd prize

Skills and Other Information

Language	. Native Korean, Fluent in English
Computer Skills	. MOS Master(Word, Excel Expert, Power point, Access Core)

이력서 평가

A 인턴 경력이 없는 경우

처음 인턴을 구하기 위하여 레쥬메를 작성하는 학생들이 토로하는 가장 어려운 점은 경력(Work Experience) 부분을 채울 내용이 부족하다는 점이다. 그래서 예시처럼 레쥬메에 담기에 부적절한 경험을 쓰는 경우가 종종 있다. 이러한 부적절한 경험은 오히려 마이너스 요인이 될 수 있다. 이러한 과오를 범하지 않기 위해서는 적절치 못한 경험들로 경력 란을 채우려고 노력하기 보다는 다른 부분('Extracurricular Activities' 또는 'Leadership roles')을 좀 더 강조하여 자신을 어필하는 것이 더욱 효과적인 방법이 될 수 있다. 경력이 없다고 해도 레쥬메에 군 복무 경험은 절대로 기입하지 않도록 한다.

B 문법 점검은 확실히!

레쥬메를 제출하면서 문법점검은 너무나도 기본적이고 당연한 순서다. 작성하는 지원자들 또한 자신의 레쥬메에 오타나 문법에 맞지 않는 부분이 있을 것이라고는 생각하기 힘들 것이다. 하지만 의외로 많은 지원자들이 '2th Prize' 와 같은 어이없는 실수를 저지르기도 한다. 그러므로 레쥬메에 대한 검토는 자신뿐만 아니라 다른 사람들에게 보여주면서 지속적으로 수정해 나가도록 한다.

2nd Prize, Korea University Student Debate & Discussion Competition

C 문장 시작의 품사는 통일할 것

일반적으로 레쥬메에서 문장 시작의 품사는 동사의 과거형을 쓰는 경우가 많다. 그리고 앞의 예시에서도 몇 가지 문장을 제외하고는 대부분 동사의 과거형으로 시작하였다. 그러나 앞의 예시에서 표시된 'Designing'과 같은 표현들은 품사의 일관성을 해치는 표현들이다. 자신이 수행한 행위에 대해 강조하면서 깔끔한 느낌을 주기 위해서는 동사의 과거형으로 문장을 시작하는 것이 좋다.

Designed materials & contents for advertising to corporate

D 불필요한 줄 바꾸기 줄이기

지원자들의 레쥬메를 받는 인사 담당자들은 적게는 수십 통에서 많게는 수백 통의 레쥬메를 받게 된다. 그렇기 때문에 불필요하게 긴 레쥬메를 읽는 것을 꺼려할 수밖에 없다. 특히 제시된 레쥬메 샘플과 같이 인적사항의 글씨가 크거나 여러 줄을 차지하는 경우에는 실제 내용은 별로 없지만 길다는 느낌을 받을 수 있고, 한 장에 레쥬메를 쓰기 힘들 수 있다. 사소하지만 이런 부분들을 수정하고, 내용적으로 요약에 조금 더 신경을 써서 한 장의 종이 안에 군더더기 없이 자신을 효과적으로 표현하도록 하자.

Jae Wook Jung
402-605, Chungye-dong Jongno-gu Seoul, Korea
jwk4eva@abcmail.com, 82 10 XXXX XXXX / 82 2 XXX XXXX

인턴 경력이 있는 3~4학년 학생의 레쥬메 예시

Sung Hyun Kim

Sangkyung Apt. XXX-XXX, Changchun dong, Sudaemun-gu, Seoul, South Korea
+82 2 123 456 (Home), +82 10 XXXX XXXX (Mobile)
shkim@abcmail.com

EDUCATION

ABC University, Seoul, Korea Major GPA : 4.0/4.3 (Overall GPA : 3.4/4.3)   Mar. 2003 - Present
· Candidate for Bachelor of Arts, Business Administration, Expected graduation date: Feb 2009
· Recipient of Scholarships : Spring 04, Fall 07

WORK EXPERIENCE

Alpha Securities, NewYork, USA
Investment Banking   Jun. 2008 - Aug. 2008
· Designed the outline of proposal presentation material for the sale of a shipping company
· Analyzed validity by applying NPV method, and estimated feasibility by using IRR method

Beta Consulting LLC, Seoul, Korea
Research Assistant   Jun. 2007 - Aug. 2007
· Analyzed financial data of the top automotive supplier company by using DART, especially income statement
B · M&A project, assisted accountants and consultants with project
· Estimated growth rate of a shipping company for next three years through analyzing revenues of over 10 companies within last three years

LEADERSHIP EXPERIENCE

E **SST(Seoul Ski Team)**, Seoul, Korea
Captain   **C** Jan. 2004 - Mar. 2004
· Organized 'Seoul Ski Festival', facilitated general administration concerning hotels and transportations

Exchange Students Committee, Seoul, Korea
President   Aug. 2005 - Dec. 2005
· Participated in establishing the foundation of 'Exchange Students Committee'
· Helped over 50 students who wanted to do internship at Korean companies
· Taught 30 exchange students from foreign countries about Korean culture for 6 months

Korean-Japanese Students Association, Tokyo, Japan
President   Mar. 2006 - Apr. 2007
· Attracted 158 Japanese students to the organization
· Managed 21 sessions, and scheduled social gathering once a month

EXTRACURRICULAR ACTIVITIES

CDE Hospital Volunteer, Shinchon-CDE Hospital
Volunteer   Jan. 2004 - Mar. 2004
· Washed 24 patients and cleaned their rooms daily

2003 Summer Universiade, Seoul, Korea
Volunteer   Mar. 2006 - Apr. 2007
  · Volunteered to provide interpretation service

SKILLS AND OTHER INFORMATION
  · Fluent in spoken and written Korean and English (TOEIC 950)
  · Proficient with effective use of MS office applications
  · Passed CFA Level 1 (2008)

AWARD
The 2nd Korea Mathematics Olympiad(KMO), Seoul, Korea   Apr. 2004
  · Silver prize winner
The 22nd ABC Economy Newspaper Economy Thesis Competition, Seoul, Korea   Jan. 2005
  · First prize winner
D **ABC & Company Marketing Awards**, Seoul, Korea   Feb. 2006
  · Team leader, National award

이력서 평가

A 전공학점을 따로 표기할 것

만약에 자신의 전공학점 평균이 전체학점 평균보다 높고 지원하고자 하는 부서가 자신의 전공과 관련이 있다면, 예시 레쥬메와 같이 전공학점을 따로 표기하는 것이 좋은 방법이 될 수 있다. 전공에 대한 높은 이해도와 성실성의 정도를 증명할 수 있기 때문이다.

B 명사형 보다는 동사형으로 시작할 것

동사형으로 써야 그 상황에서 어떠한 활동을 했다는 것이 부각된다. ʻM&A project, assisted accountants and consultants with projectʼ 처럼 단순히 한 업무의 명칭과 개략적인 사항에 대해서만 서술하기보다는 구체적으로 한 업무에 대해서 서술하는 것이 더 좋은 방법이다.

Participated in M&A project, evaluated deals through in-depth examination of its financial structure and DCF method.

C 배치는 역순으로

예시 레쥬메를 보면 한 활동들이 예전 것부터 순차적으로 배열되어 있다. 면접관이 궁금해 하는 것은 지원자의 최근 활동이다. 어떠한 성장 과정을 거쳐 이 사람이 어떠한 위치에 와 있는 지에 대해 알고 싶은 것이지, 아주 먼 과거의 지원자의 모습을 보고자 하는 것이 아니다. 따라서 경력사항은 역순으로 기재하는 것이 좋다.

Korean-Japanese Students Association, Tokyo, Japan
    President   Mar. 2006 - Apr. 2007
     · Attracted 158 Japanese students to the organization
     · Managed 21 sessions, and scheduled social gathering once a month

Exchange Students Committee, Seoul, Korea
    President   Aug. 2005 - Dec. 2005
     · Participated in establishing the foundation of 'Exchange Students Committee'
     · Helped over 50 students who wanted to do internship at Korean companies
     · Taught 30 exchange students from foreign countries about Korean culture for 6 months

SST(Seoul Ski Team), Seoul, Korea
    Captain   Jan. 2004 - Mar. 2004
     · Organized 'Seoul Ski Festival', facilitated general administration concerning hotels and transportations

---

D 논리적으로 표현하는 것이 핵심

단순하게 어떤 활동을 했다고 나열하기보다는 좀 더 구체적으로 표현하는 것이 좋다. 예를 들면 숫자를 활용하는 것이다. 어느 정도수준의 상인지, 그리고 공신력이 있는 상인지 등 수상 내역에 관한 정보들을 파악하기가 쉬워진다.

National Award in National Competition of ABC & Company among 50 students teams in Korea

---

E 정렬 확인은 필수

레쥬메의 내용 정렬 측면에서 실수를 하는 경우가 많다. 이와 같은 실수는 인사 담당자로 하여금 더 이상 레쥬메를 살펴볼 필요를 느끼지 못하게 하므로 최대한 꼼꼼히 살펴보아서, 이런 실수가 없게끔 해야 한다.

Jay. W. Lee

ABC Apt. XXX-XXX, Shinchon dong, Sudaemun-gu, Seoul, South Korea
+82 2 XXX XXXX (Home), +82 10 XXXX XXXX (Mobile)
jwlee@abc.ac.kr

EDUCATION

2003-Present	ABC UNIVERSITY	Seoul, Korea

· Candidate for Bachelor of Business Administration, Feb 2009 (GPA: 3.94/4.3)
· Major: Business Administration   Minor: Economics
A · Concentration: Corporate Finance, Accounting, Strategic Management

WORK EXPERIENCE

July 2008 - August 2008	**B** MONEY BANK	Seoul, Korea

Summer Intern, Investment Bank Division
· Developed an investment plan for project financing of overseas real-estate market regarding tax, legal, government policy, and financial risk
· Analyzed business opportunities for project financing to increase synergy effect between strategic and financial investors by applying private equity fund and hedge fund in local environment

September 2007 - March 2008	BETA CONSULTING LLC	Seoul, Korea

Research Assistant
· Proposed 2 companies a M&A deal through an in-depth feasibility study of the automobile electronics industry and companies on the perspective of financial risk and synergy effect
C · Assisted in developing expansion strategy of a top pharmaceutical company by conducting market research comparing with US and Japanese markets

June 2007 - August 2007	ALPHA SECURITIES, INC.	Seoul, Korea

Summer Intern, Investment Banking Division
· Participated in the Ministry of Government Administration and Home Affairs Business Reference Model Project with Gamma Electronics Co., Ltd.
· Developed a Business Reference Model of 13 Korean government institutes

November 2006 - January 2006	AMERICAN CHAMBER OF COMMERCE IN KOREA	Seoul, Korea

Intern, Marketing Division
· Increased Product and Photo Service Sponsors by 23% compared to previous year 's
D · Translated and summarized numerous documents of various Korean companies

LEADERSHIP ROLE

March 2007 - August 2008	XYZ(FINANCE TRACK)	Seoul, Korea

Vice-President
E · Initiated a new session program with Gamma Electronics which was to develop a strategy for New Product and obtained KRW 2,000,000 for the innovative strategy
· Directed and managed the 10th anniversary ceremony at a hotel hall to facilitate group sprit of the members and increased participation rate of alumnus by 25% from the previous year

March 2005 - December 2006	FOREIGN LANGUAGE SPECIALIST GROUP	Seoul, Korea

Director of Chinese Dept.
· Motivated members in voluntary Chinese teaching program to students who are interested in learning Chinese

EXTRA CURRICULAR ACTIVITIES

November2003 - **June 2004**	**COMMUNITY SERVICE CLUB** *Acting Member* · Interacted with foreign students from over 20 different nationalities and gained valuable insights on diverse cultures	Seoul, Korea
March 2002 - **December 2002**	**XYZ COLLEGE OF MUSIC** *Musician* · Completed the 1 year academic course in jazz	Seoul, Korea

LANGUAGE & OTHERS

Language	· Native in Korean, Fluent in English (TOEIC:975/990), and Fluent in Chinese(HSK: Level 10)
Computer Skills	· Practical knowledge in MS office
Finance Relevant	· Passed AICPA (2008) and CFA Level 1 (2007)

이력서 평가

A 취업하고자 하는 분야에 대한 관심을 표현

취업을 희망하는 분야에 대해 자신이 지식이 많거나 꾸준히 공부해왔음을 레쥬메 상단에 알림으로써 인사 담당자에게 자신의 관심분야를 표현하는 것이 도움이 된다. 이를 표현하는 방법으로 예시 레쥬메에서와 같이 자신의 전공 중에서 집중적으로 공부한 분야를 따로 표시해주거나 이와 관련된 수강과목을 구체적으로 나열하는 방법이 있다.

B 자신의 경험을 육하원칙에 따라 서술하여 명료한 메시지를 전달

언제, 어디서, 무엇을, 어떻게 했는지 논리적으로 인사 담당자에게 일목요연하게 전달하는 것이 중요하다. 그러나 많은 사람들이 언제, 어디서, 무엇을 했는지에 대해서는 빠지지 않고 기술하지만, 어떻게 그것을 수행했는지에 대한 내용을 간과하는 경우가 있으므로 주의해야 한다. 그리고 경험에 대해 장황하게 설명하기보다는 예시 레쥬메와 같이 글머리 기호를 사용하여, 경험을 통해 얻는 교훈이나 성과 중심으로 분류하여 표현하는 것 또한 중요하다.

C 지원 분야와 크게 상관없는 부분에 대해 상세한 경험 기술을 피해야 함

다양한 경험을 했다는 사실을 알리는 것은 좋지만 지나치게 다양하거나 많은 사실을 전달하는 것은 오히려 자신의 정체성을 흐리게 할 수 있다. 예시 레쥬메에서는 제약업계, 전략수립, 시장 리서치 등과 같은 다양한 사실을 알림으로써 금융권 지원자의 정체성을 불분명하게 만들고 있다. 따라서 지원 분야와 크게 관계없는 경험에 대한 기술은 간략하게 줄이고, 밀접한 관련이 있는 활동에 대해 상세하고 깊이 있게 기술하는 것이 보다 좋은 방법이 될 것이다.

D 자신의 전문성을 저해하는 내용에 대해 자세히 기술하지 말 것

자신의 경험을 설명하는 데에 있어서 자신의 전문성을 저해하는 내용을 기술하는 것은 피하는 것이 좋다. 예를 들어, 예시 레쥬메와 같이 번역이나 단순 문서정리와 같은 보조업무를 수행하였을 경우 이 내용을 강조하면, 인사 담당자는 그 경험을 통해 지원자가 배운 것이 없다고 생각할 수도 있다. 그러므로 좀 더 핵심적인 업무의 수행이나 그 경험을 통해 배운 능력 등을 기술하는 것이 좋다.

E 3단 구성에 의해, 객관적인 수치를 이용하여 자신의 경험을 표현할 것

일반적으로 레쥬메에 자신의 경험을 기입하는 데 있어서 가장 권장되는 작성방법은 3단 구성방법이다. 예시 레쥬메와 같이 어떠한 일을 했으며, 이것을 어떠한 방법으로 했는지, 마지막으로 이로 인해 어떠한 결과가 있거나 어떠한 배움을 얻었는지를 서술하는 것이 좋다. 또한, 예시처럼 구체적인 수치를 써서, 자신이 행한 업무의 규모 또는 그로 인한 결과에 대한 자세한 수치를 기입하는 것이 인사 담당자들에게 더 좋은 인상을 남길 수 있다.

아래의 동사들을 활용하여, 자신의 경험을 기술할 때 문장 첫 단어로 쓰면 효과적으로 자신의 활동을 기술 할 수 있을 것이다. 이하의 동사들뿐만 아니라, 본인의 경험을 잘 표현할 수 있는 동사가 있다면 적극 활용하면 좋다.

accomplished	conducted	increased	regulated
achieved	confirmed	influenced	rehabilitated
adapted	contributed	informed	reinforced
adjusted	converted	initiated	reorganized
administered	coordinated	judged	reported
advised	corresponded	launched	represented
analyzed	counseled	led	researched
applied	created	lightened	resolved
arranged	customized	liquidated	unraveled
attained	dealt with	listed	updated
attended	debugged	litigated	upgraded
audited	defined	localized	used
benchmarked	delegated	located	utilized
balanced	delivered	promoted	validated
budgeted	demonstrated	proposed	verified
built	depreciated	provided	viewed
calculated	executed	publicized	weighed
clarified	expanded	published	widened
classified	explained	purchased	withdrew
combined	explored	quantified	witnessed
communicated	financed	recognized	won
compared	identified	reconciled	wrote
compiled	illustrated	recorded	
completed	implemented	recruited	
composed	improved	rectified	
conceived	improvised	refined	
conceptualized	incorporated	registered	

금융 전문가의 인터뷰 · 레쥬메 코치

＋정회민
맥쿼리증권 기업금융 사업부

:: 좋은 레쥬메란 어떤 것입니까?

좋은 레쥬메에 대해 이야기하기 전에 우선 레쥬메의 역할을 정의할 필요가 있습니다. 레쥬메는 결국 인터뷰 여부를 결정하기 위해 참고하는 자료라고 볼 수 있습니다. 좋은 레쥬메는 '이 지원자는 어떤 사람일까?'라는 질문을 간략하게나마 잘 설명한 레쥬메라고 생각합니다. 자신의 교육 배경, 업무 경험, 관심사를 비롯해 열정을 갖고 성심을 다해 매진한 사례 등을 잘 설명한다면 좋은 레쥬메라고 볼 수 있을 것 같습니다. 하지만 많은 지원자들의 레쥬메를 보면 '2008년 x월~y월: 〈P 프로젝트의 인턴으로 Q를 경험〉' 혹은 '2008년 여름: 〈C사의 마케팅 공모전에 나가 3위 달성〉' 등으로 경험을 보여주는데 이러한 경우 면접관으로서 지원자가 '무엇'을 했는지 알 수 없는 경우가 많습니다. 즉, 단편적으로 업무명과 기간을 명시하는 것 보다는 그 프로젝트에서 어떠한 책임을 갖고 무엇을 했고 어떠한 가치 창출이 있었는지, 공모전에서 몇 등을 했는가 보다는 공모전에서 맡은 역할이 무엇이었고 어떤 결과물을 얻었는지를 알고 싶습니다. 이와 더불어 레쥬메의 전체적인 메시지 측면에서의 일관성이 중요하다는 점을 강조하고 싶습니다. 예를 들어, 똑같이 학교에서 재무과목을 듣고 기업, 컨설팅 회사, 증권사 등에서 인턴을 했어도 이를 일관성 있게 내용을 구성하는 사람이 있는 반면, 무언가 많이 한 것을 보여주고자 하여 전체적인 메시지의 일관성을 잃는 경우가 많습니다. 이 경우, 면접관으로서는 지원자가 전달하고자 하는 메시지의 의도를 정확히 이해하기 어렵습니다.

:: 인터뷰 시 유의해야 할 사항에는 어떤 것들이 있습니까?

인터뷰는 지원자를 직접 대면하여 조금 더 자세히 알아보는 단계라고 볼 수 있습니다. 지원자가 레쥬메에서 설명한 교육 배경, 업무 경험, 관심사와 관련하여 더 알고 싶은 부분을 점검하는 과정입니다. 지원자들이 인터뷰에 대비하여 학교 수업 노트를 보면서 열심히 공부를 하는 모습을 종종 볼 수 있습니다. 물론 기본적인 재무 및 회계 등의 지식이 요구되는 것은 사실이지만, 그렇다고 전문가 수준에 버금가는 실력을 요구하는 것 또한 아닙니다. 채용하는 사람 입장에서는 '신입사원'을 뽑는 것임을 잊지 마시기 바랍니다. 오히려 많은 지원자들이 간과하는 것이 '왜 이 회사에 가고 싶은가' 혹은 '왜 이 일이 하고 싶은가' 라는 질문에 대한 준비가 아닐까 합니다.

'주식투자에 관심이 있습니다' 또는 '기업의 재무활동 혹은 자금조달 활동에 관심이 있습니다' 라는 매우 기본적인 대답만 해도 50점은 받고 대화의 주제를 시작할 수 있는데, 이와 관련해 고민을 많이 하지 못해 질문에 당황한 나머지 이상한 답변이 나온 경우도 많습니다. 예를 들면, '저는 어릴 때부터 리스크를 좋아했습니다' 라는 대답을 들었을 때, 면접관으로서는 그 대답의 명확한 의미를 이해하기 어려울 뿐더러 지원자를 더 알아나가기 위한 대화를 연결하기 어려운 것입니다.

업무 관련 지식 측면에서 다소 부족한 부분이 드러날 수 있으나, 이에 대해 자신감 있게 대처하는 것 또한 중요합니다. 따라서 인터뷰 시 내가 강조하고 싶은 강점 위주로 대화를 이끌어 나가는 전략이 중요하며, 약점에 대한 논의가 이루어질 경우 이에 대해 의연하게 인정할 부분은 인정하면서 그 약점을 보완할 수 있다는 믿음을 심어주는 것이 중요합니다. 인터뷰의 형식 측면에서는 대화 형식의 인터뷰가 가장 이상적이라고 볼 수 있습니다. 일방적인 문답 형식의 인터뷰보다는 대화 형식을 빌린다면 자연스러운 분위기에서 지원자에 대한 논의를 심층적으로 할 수 있습니다. 마지막으로 인터뷰 준비에 있어 가장 중요한 것은 자신에 대해 철저히 고민을 하고 그에 대한 답을 찾아 인터뷰에 임할 수 있도록 하는 것입니다.

커버레터 _Cover Letter

커버레터는 레쥬메를 통해 나타내지 못한 지원자의 정보를 전달하기 위한 매체다. 커버레터 역시 레쥬메와 마찬가지로 정해진 틀이 존재하지는 않지만 보통 서론, 본론, 결론의 3단 구성으로 작성한다. 커버레터는 비즈니스레터의 범주에 해당하기 때문에 레쥬메에 비해 형식적 제약이 적은 편이다. 하지만 커버레터는 여전히 공적인 문서이므로 여러 주의사항에 유의하여 작성하여야 한다. 제시되어 있는 형식적·내용적 측면의 주의사항에 각 예시를 참고하여 다른 지원자들과 차별화할 수 있는 효과적인 커버레터를 작성할 수 있도록 한다.

∨ 예의 바른 표현들의 사용
∨ 문법, 표기형식, 철자 상의 오류에 신경 쓸 것
∨ 상투적인 표현이나 장황한 표현들에 주의
∨ 자신의 언어로 회사의 가치에 부합하는 자신의 핵심역량을 서술
∨ 급여에 관한 내용, 지나치게 개인적인 내용들은 넣지 말 것
∨ 다양한 사람들의 피드백 반영
∨ 커버레터를 보내기 전에 수신자를 정확하게 확인

1. 커버레터 작성에 앞서

일반적으로 지원자들은 커버레터에는 레쥬메나 인터뷰 등 다른 채용 절차들보다 상대적으로 주의를 덜 기울인다. 레쥬메나 인터뷰와는 달리 커버레터는 그저 형식적인 것일 뿐이라고 생각하기 때문이다. 하지만 커버레터는 면접관과 소통할 수 있는 첫 번째 매개체이므로 세심한 주의를 기울일 필요가 있다. 커버레터는 비슷한 조건과 경력의 사람들의 레쥬메 사이에서 자기 자신을 차별화할 수 있는 확실한 방법이다.

커버레터의 질에 따라서 면접관들이 무심코 지나치거나, 혹은 삭제해버릴지 모르는 여러분의 이력서를 한 번 더 들여다보게 할 수 있다. 반면 잘못 쓴 커버레터는

면접관들에게 나쁜 인상을 주거나 최악의 경우에는 인터뷰의 기회를 박탈당하게 할 수도 있다. 레쥬메를 잘 작성하는 것도 중요하지만 커버레터 역시 그 못지않게 중요하다.

커버레터를 작성하는 과정에서도 레쥬메와 마찬가지로 '지피지기면 백전백승'이라는 교훈을 마음에 새기고 있어야 한다. 우선 자기 자신에 대해 잘 알고, 그런 후에 지원하려는 회사와 부서, 그리고 그곳에서 원하는 인재상에 대해 잘 알아야 한다. 그런 뒤에 자신이 지원하는 회사의 부서가 원하는 인재상에 맞는 능력들에 대해서 확실하게, 그리고 정중하게 보여주는 것이 커버레터의 역할이다.

회사의 인재상을 쉽게 구할 수 있는 방법 중 하나는 회사의 웹사이트를 이용하는 것이다. 이 외에도 여러 전문 웹사이트들을 통해서 회사의 정보와 인재상 등을 확인할 수 있다. 기본적인 정보들에 대해 확인한 이후에는 레쥬메를 작성할 방법과 마찬가지로 커버레터를 작성 시 부각시킬 수 있는 자신의 장점들에 대한 고민이 선행되어야 한다.

커버레터가 레쥬메와 다른 점은 구(Phrase)가 아닌 문장(Sentence)으로 작성되어야 한다는 것이다. 그렇기 때문에 자신이 말하고자 하는 바를 글로 표현해내는 능력과 그것을 정중하게 전달하는 능력이 필요하고 이런 항목들이 커버레터의 평가 요소가 된다.

2. 커버레터의 기본 구조

커버레터는 헤더(Header), 인트로덕션(Introduction), 바디(Body) 그리고 클로징(Closing) 네 가지로 구성된다.

본인의 정보
(Your Information) ──────────→

수신인의 정보
(Contact's Information) ──────────→

날짜
(Date) ──────────→

1) 헤더(Header)
  a. 본인의 정보
   · 본인의 이름(Your Name)
   · 본인의 주소(Your Address)
   · 본인의 이메일(Your E-mail)
   · 본인의 전화번호(Your Phone Number)

  b. 수신인의 정보(일반적으로 인사담당자)
   · 수신인의 이름(Name of Contact)
   · 수신인의 지급(Title of Contact)
   · 수신인의 부서(Department of Contact)
   · 회사의 이름(Company Name)
   · 회사의 주소(Company Address)
   · 회사의 전화번호(Company Phone Number)

  c. 날짜(Date)

(Dear Ms/Mr.) ──────────→

첫 문단
(First Paragraph) ──────────→

2) 인트로덕션(Introduction)
 · 연락하게 된 배경, 연결고리
 · 회사에 대한 관심 표명
 · 간략한 자기 소개 + 회사와의 fit 강조

중간 문단
(Middle Paragraph) ──────────→

3) 바디(Body)
 · 자신의 핵심역량 또는 장점
 · 자신이 조직에 공헌하고 기여할 수 있는 측면

끝 문단
(Final Paragraph) ──────────→

4) 클로징(Closing)

1) 헤더

XXX-XXX Sankyung apt.
Changchundong, Sudaemoon-gu, Seoul, Korea
jhpark@abc.ac.kr Cell: 010-XXXX-XXXX

Thursday, October 16, 2008

Jae Yang Lee
Recruiting Manager
XYZ Investment
Suite 123 XYZ Building, Sudaemoon,
Seoul, Korea

커버레터는 전형적인 비즈니스레터의 한 종류다. 그러므로 헤더에는 보내는 이 (자신)의 정보와 수신인(일반적으로 인사 담당자)의 정보, 그리고 보내는 날짜가 들어 간다. 보내는 이의 정보에는 레쥬메의 경우와 마찬가지로 이름, 주소, 전화번호, 이 메일 등이 들어간다. 수신인은 일반적으로 편지를 받아보는 회사의 인사 담당자라 고 상정하면 무난하다. 많은 경우에는 이러한 인사 담당자에 대한 정보가 부족하다. 이러한 경우에는 인터넷 웹사이트를 통해 알아보거나 회사에 직접 전화를 해서 알 아보는 방법이 있다. 회사에 전화를 걸 때에는 최대한 예의를 갖추어 정중하게 하도 록 한다.

날짜의 경우에는 쓰는 위치는 상관없지만 날짜를 쓰는 방식은 나라마다 다르기 때문에 주의를 기울여야 한다. 영미권에서는 날짜를 월-일-년도 순으로 표기한다. '2008년 10월 16일'을 영미계열 표기법으로 표기하면 '10/16/08'이 된다. 반대로 유럽에서는 '16/10/08'로 표기한다. 보다 명확하게 하기 위해서는 'Thursday, October 16, 2008'과 같이 표기해주는 것이 좋다. 또한 처음 편지를 시작할 때 쓰는 'Dear ___'에서는 수신인이 남성인지, 여성인지 확실하게 확인하여 편지를 작성할 때에 성별을 혼동하는 실수가 없도록 한다. 일반적으로 미리 인사 담당자를 확인하는 것이 좋지만, 알 수 없는 경우에는 'To whom it may concern' 이나 'Dear recruiting manager' 등의 표현으로 대체하는 것이 일반적이다.

2) 인트로덕션

I attended the campus recruiting session for XYZ Investments on September 27, and am greatly interested in the opportunities that XYZ Investments Financial Analyst Program can offer. I recently graduated from ABC University with Bachelor Degree in Business Administration. I am sure that I have the experience and qualifications that fit XYZ Investments Financial Analyst Program's requirements. My resume is enclosed for your review.

첫 번째 문단에는 일반적으로 자신을 소개하는 '인트로덕션' 부분이 나오게 된다. '인트로덕션' 부분에는 먼저 커버레터를 보내는 이유와 연락처, 이메일을 알게 된 경유, 그리고 현재의 상황에 대해서 간단하고 명확하게 언급해야 한다. 만약 수신인과의 연결고리가 있다면, 예를 들어 지인의 소개라거나 추천 등의 것들은 언급해주는 것이 좋다.

추가적으로 회사에 대한 사항, 예를 들면 회사의 업적이나 현재의 선도적 위치 등에 대한 찬사가 언급된 문장들을 넣도록 하자. 이것은 회사에 대한 관심도와 애정의 증명이므로 읽는 사람으로 하여금 긍정적인 반응을 불러일으킬 수 있다.

마지막으로 현재의 상황, 즉 자신에 대한 간단한 소개와 원하는 부서에 대해서 쓴다. 이때 지속적으로 수신인(해당 회사의 인사 담당자)에게 자신이 그 부서에 적합하다는 것을 강조하여, 수신인의 긍정적인 반응과 관심을 유도하도록 한다.

첫 번째 문단인 '인트로덕션' 의 궁극적인 목표는 스쳐 넘어가버릴 수 있는 나의 레쥬메를 인사 담당자가 주의 깊게 보도록 긍정적인 인상을 심어주는 것임을 항상 염두에 두고 작성하도록 하자.

3) 바디

My strengths are :

- · A strong commitment and loyalty to organization
- · A proven ability as a team player and a leader
- · Adaptability to new environment
- · Outstanding communication skills in both English and Korean
- · Talent for numerical analysis and financial knowledge

논설문으로 치자면 본론에 해당하는 부분이다. 이 부분에서는 본격적으로 자신이 왜 해당 회사의 해당 부서에 지원하는지, 그리고 그들에게 어떠한 것들을 제공할 수 있고 어떠한 능력을 갖고 있는지 등에 대해서 레쥬메를 기반으로 작성한다. 이때 자신의 장점이나 핵심 역량에 대해서 병렬식으로 작성하며 최대한 정중한 어조로 작성하도록 한다.

종종 커버레터에서 급여에 대한 부분을 언급하는 경우도 있지만 이는 일반적으로 보는 사람들이 납득하기 힘들 수 있으며, 급여 등 금전적인 문제에 대해서는 커버레터나 레쥬메 등 선발되기 전의 서류에는 기입하지 않는 것이 좋다.

4) 클로징

I look forward to hearing from you soon. Thank you for your time and consideration.

Sincerely,
Jae Han Park

커버레터의 마지막 문단으로 가장 짧은 문단이 되어야 한다. 수신인에게 감사와 곧 만나게 되길 바란다는 등의 인사말로 마무리하는 것이 일반적이다. 마지막에

'Sincerely' 또는 'Yours Sincerely', 'Truly yours' 등으로 마무리하면 무난하다.

3. 커버레터 작성 시 주의사항

1) Do's

형식적 측면 - '커버레터는 나의 첫인상'

커버레터는 회사의 인사 담당자에게 가장 처음으로 자신을 나타내는 매체이므로 자신의 첫인상과 같은 역할을 한다. 그러므로 정성을 기울여 정중한 형식으로 작성해야 한다. 표현들이 예의 바르게 되어있는지, 형식을 잘 갖추었는지 등을 확인해 보아야 한다. 또한 등위에 있는 항목들, 예를 들면 자신의 핵심역량 등을 서술할 때에는 병렬적인 구조를 통해서 서술하는 것이 체계적이라는 점에서 좋은 평가를 받을 수 있다. 줄글로 풀어서 표현하는 것보다는 한 눈에 잘 들어오도록 글머리 기호(Bullet Point)를 사용하여 병렬적인 구조를 갖추면 좋을 것이다.

내용적 측면 - '회사의 정체성(identity)에 부합하도록 하자'

커버레터는 단순히 인사 담당자에게 첫 인상을 심어주는 것을 넘어서 레쥬메에 담지 못하거나 더 부각시키고 싶은 자신의 면모에 대해서 더 이야기할 수 있는 기회다. 그러므로 회사와 부서의 특성이나 성격에 부합하는 자신만의 핵심역량에 대해서 서술해주는 것이 도움이 될 수 있다.

이러한 자신만의 핵심역량을 부각한 뒤 자신이 회사와 부서에 공헌할 수 있다는 점을 강조하면 더 좋다. 팀 플레이어로서의 자질, 조직에 대한 공헌도 등을 강조하는 것이 그러한 방법이 될 수 있을 것이다. 자신이 조건상으로, 또한 실질적으로도 회사에 부합하는 사람이라는 것을 인사 담당자에게 각인시키는 것이 관건이다.

그 밖의 주의사항들 - '제3자의 관점에서 작성하자'

커버레터는 인사 담당자가 확인하는 나의 첫 인상이므로 실수 없이 전문적이고 정중하게 써야 한다. 하지만 누구나 실수를 하게 마련이므로 아무리 완벽을 기하려고 해도 철자를 잘못 쓴다거나, 제3자의 입장에서 보았을 때에 부적절한 내용들이 들어갈 수 있다. 또 스스로는 느끼지 못하지만 타인의 입장에서는 자신이 작성한 커버레터가 너무 짧거나 성의 없어 보일 수 있다. 그러므로 커버레터를 보내기 전에 커버레터나 레쥬메 작성 등에 익숙한 사람들, 주변의 선배들이나 교수님들(기업의 인사담당 부서에 있는 선배가 있다면 가장 좋다)에게 반드시 검토를 받은 후에 보낼 것을 추천한다. 또한 커버레터를 작성하기 전에 해당 회사의 기본적인 사항들에 대해서 숙지하는 것이 좋다. 회사마다 문화와 가치가 다르며 추구하는 인재상이 다르다. 그러므로 자신이 커버레터를 보내는 회사가 어떤 회사인가, 자신이 커버레터를 보내는 인사 담당자는 어떠한 성향의 사람인가를 파악하고 이에 맞추어 원하는 형식과 내용들을 갖추어 준다면 좋을 것이다.

2) Don' ts

형식적인 측면 - '다가가기 위한 첫 단계'

어떤 사람을 처음 만났을 때 옷차림이나 헤어스타일이 흐트러져 있다면 깔끔하지 못하고 정돈되지 않은 느낌을 받게 되고, 이는 전문적이지 못하다는 느낌을 주게 된다. 커버레터도 마찬가지다. 사람의 옷차림이나 헤어스타일은 글의 형식과 같다. 글의 형식이 완전하지 않다면, 지원자는 인사 담당자에게 정돈되지 않고 준비가 덜 된 사람이라는 느낌을 준다. 가장 대표적인 예가 문법적인 실수, 표기 형식 및 철자의 오류다. 이러한 실수들은 인사 담당자들에게 좋은 인상을 주기 위해서는 반드시 피해야 한다.

두 번째로는 '나'와 '너'를 구분 짓는 듯한 표현, 예를 들면 'your company'나 'your program' 등의 표현 또는 'I'를 너무 남발하는 것 등은 좋지 않다는 것을 주의하자. 대신에 직접 회사의 이름을 언급한다면, 더 친밀한 느낌을 줄 수 있고 자신의 회사에 대한 관심도 또한 표현할 수 있다. 또한 지나치게 상투적인 표현들이나 자신의 지적 능력을 강조하기 위한 장황한 표현들을 사용하는 것도 좋지 않다. 상투적인 표현들은 기억에 남지 않으며 장황한 표현들을 쓰다 보면 문장 구조나 내용의 대구가 맞지 않게 되어 오히려 마이너스 요소가 될 수 있다. 그보다는 자신의 언어로 간결하게 작성하도록 하자.

내용적인 측면 - '커버레터는 비즈니스레터'

형식적인 측면에서의 실수는 쉽게 드러나는 반면에 내용적인 측면에서의 실수들은 잘 드러나지 않아 놓치기 쉽다. 그러나 내용적인 측면에서 실수를 저지르기가 더 쉽다. 가장 흔히 저지르는 실수는 강한 인상을 주기 위해 상황에 맞지 않는 부적절한 내용들을 기재하는 것이다. 주의를 끌기 위하여 코믹하게 작성되었거나 자랑만을 늘어놓는 자아도취적인 내용의 커버레터는 결코 좋은 인상을 주지 못한다. 또한 자신의 핵심역량을 부각하지 못하는 지나치게 개인적인 내용들도 넣지 않는 것이 좋다. 이를테면 '편찮으신 어머님을 간호하기 위하여 경영학과를 자퇴했다'와 같은 내용은 인사 담당자로 하여금 동정을 유발할 수는 있지만 '이 사람을 채용하고 싶다'는 느낌을 주지는 못한다. 오히려 모자란 능력을 만회하기 위하여 연민에 호소하는 것처럼 보일 수 있다.

마지막으로 급여에 관한 내용은 한국에서 취업을 하기 위한 커버레터를 보내는 것이라면 반드시 피해야 한다. 자신이 구직을 하는 처지라는 점을 상기하고 개인적인 편지가 아닌 비즈니스레터라는 점을 주의한다면 내용적인 측면에서의 실수를 피할 수 있을 것이다.

그 밖의 주의사항들 - '누구에게 보내는지를 확실히 알자'

또 한 가지 주의할 점은 편지를 보내기 전에 반드시 수신인을 '정확히' 확인하고 내용을 검토한 뒤에 보내야 한다. 아무리 심혈을 기울인다고 하여도 막상 취업시즌이 되어 여러 곳에 레쥬메와 커버레터를 보내다 보면 비슷한 회사의 이름을 잘못 보낼 수 있다. GE에 보내는 커버레터인데 GM이라고 적는다거나, 모간스탠리에 보낼 것에 제이피모간을 적는다거나 하는 실수는 실제로 빈번하게 일어나고 있다. 그러나 이러한 실수는 절대 용납되지 않는다. 그러므로 커버레터를 보내기 전의 마지막 검토과정은 최대한 꼼꼼하게 하는 것이 좋다. 의외로 이러한 실수를 많이 하므로, 가볍게 넘기지 말자.

평가 요인	Do's	Don'ts
1. 형식	· 예의 바른 표현을 사용할 것 · 자신의 핵심역량 등을 서술할 때에는 병렬적으로 할 것 · 일반적으로 제시된 형식을 완전하게 갖출 것	· 문법, 표기, 철자의 오류 · '나'와 '너'를 구분 짓는 듯한 문구 (예: 'your company', 'I'의 남발) · 지나치게 상투적인 표현 · 지적 능력을 강조하기 위한 장황한 표현
2. 내용	· 회사나 부서의 성격에 부합하는 자신만의 핵심역량을 서술할 것 · 자신이 회사와 부서에 공헌할 수 있다는 것을 강조할 것 · 언론 공개된 회사의 현재 주요 이슈들 언급	· 강한 인상을 주기 위한 부적절한 내용 (예: 코믹하거나 자극적인 내용들, 자아도취적인 내용) · 다소 지나친 개인적인 내용 · 급여에 관한 내용
3. 노력	· 주변의 피드백을 받아볼 것(다양한 관점에서의 피드백을 수렴할 것) · 작성 전에 지원하는 기업의 전반적인 사항들에 대해서 숙지할 것	· 수신인을 혼동하는 것 (예: GE를 GM으로, 제이피모간을 모간스탠리로)

4. 효과적인 커버레터 작성을 위한 체크 리스트

1. 형식적인 측면

· 예의 바른 표현들을 사용하였는가?　　☐

· 문법적인 실수를 하지 않았는가?　　☐

· 표기형식이나 철자상의 오류는 없는가?　　☐

· 등위의 개념들을 병렬적으로 구성하였는가(예: 바디에서 핵심 역량)?　　☐

· 상투적인 어구는 없는가?　　☐

· 배타적인 표현들을 사용하지는 않았는가(예: your company 등)?　　☐

2. 내용적인 측면

· 회사의 가치에 부합하는 자신의 핵심역량을 서술하였는가?　　☐

· 자신이 갖고 있는 본연의 생각들을 참신하게 표현하였는가?　　☐

· 강한 인상을 주기 위해 부적절한 내용들을 기재하지는 않았는가?

　(예: 지나치게 유머러스 하게 서술한다거나, 자아도취적인 내용)　　☐

· 급여에 관한 내용을 넣지 않았는가?　　☐

· 지나치게 개인적인 내용을 넣지 않았는가(예: 아픈 어머니를 간호하기 위해서 학교를 자

　퇴했다)?　　☐

3. 전반적인 측면

· 다른 사람들로부터 피드백을 받아보았는가?　　☐

· 한 장의 커버레터를 수정 없이 여러 곳에 돌리지 않았는가?　　☐

· 너무 짧거나 성의 없게 쓰지는 않았는가?　　☐

· 지원하는 회사에 대해서 사전정보를 확인하였는가?　　☐

5. 커버레터 예시

1) 문제 예시

커버레터에서 흔히 저지르는 실수의 예

Jong Hyun Kim
HR Manager
Omega Securities
Nonhyundong, Kangnam-gu
Seoul, Korea

November 15th, 2008

Dear Jong Hyun **A**

  I am extremely interested in the position your company **B** has posted regarding Asset Management Division. I believe I have acquired all of the requirements you are hoping for and I am optimistic that you will at least grant me an interview. I graduated from ABC university with a B.A. in Economics and English Literature. **C**

  I am currently working at Money Bank Investment Division and I have worked here for 3 years. However, I wanted to find something more challenging and that is when I noticed your company' s job posting. I have strengths and qualities required to perform asset management task. I also have leadership experience to lead people in team-working environment. In this context, I have all of the necessary skills and qualities to satisfy your company' s job requirements. **D**

  The work conditions of your company seems appealing to me. I hope to hear from you soon to fix a date for an interview. As my schedule is flexible, I am willing to take the interview **E** ASAP. Please feel free to contact me if you any questions. Thank you for your attention.

Yours Sincerely,

Jun Young Lee
123-1111 Korea Apt.
Sinsu-dong, Mapo-gu
Seoul, Korea

커버레터 평가

A 항상 정중하게 쓸 것

커버레터를 시작할 때, 받는 이의 이름은 반드시 'Mr, Ms' 뒤에 성을 붙여서 쓰도록 한다. 공식적인 비즈니스레터나 커버레터를 작성하는 데 있어 호칭을 사용할 때는 반드시 이름 대신 성을 사용한다.

커버레터의 경우 인사 담당자의 이름을 적는 것이 가장 좋지만, 만약 담당자의 이름을 알 수 없다면 'Dear Personnel manager' 등의 형식으로 표현하는 것이 바람직하다.

B '나' 와 '너' 를 구분 짓는 듯한 표현은 피할 것

레쥬메나 커버레터에서 'your' 혹은 'my' 와 같이 서로 편을 가르는 듯한 어투의 표현은 자제하도록 한다. 이런 표현은 상호 배타적인 느낌을 주기 때문에 비즈니스나 취업 준비에 있어 원활함을 저해하는 요인이다.

'Your company' 와 같은 표현을 사용하는 대신 'Omega Securities' 와 같이 구체적으로 기업의 이름을 명시해 주는 것이 커버레터 작성에 있어서의 팁이다.

C 자신감과 자만심의 차이를 알자

커버레터를 작성함에 있어 자신감은 매우 중요한 요소다. 하지만 자신감이 지나치게 강하게 드러날 경우 자칫 자만하는 것으로 비춰질 수 있다. 이러한 것은 지원자의 신뢰도를 떨어뜨리고 면접관이 거부감을 느낄 수 있기 때문에 반드시 지양해야 할 사항이다.

그리고 인터뷰와 관련된 결정은 면접관의 고유 권한이기 때문에 지원자가 이와 결부하여 추측성 발언을 하지 않는 것이 좋다.

D 자신의 성과에 대한 구체적인 언급 필요

앞서 제시된 예시의 지원자는 지원하는 직무의 관련 요구 자질과 기술을 충족시킬 수 있다는 점을 강조하였지만 정작 구체적으로 어떠한 성과를 이루었는지에 대한 언급은 없다. 커버레터에서 자신의 강점을 설명하기 위해서는 추상적인 표현보다는 구체적인 숫자를 활용하여 자신의 경험을 설명할 수 있도록 해야 한다.

E 줄임말의 사용은 금물

ASAP(as soon as possible)과 같은 주요 표현들의 약어는 커버레터와 같은 공식적인 문서에서는 사용하지 않는다. 특히 'I am' 대신 'I'm'으로 표현하는 것은 커버레터 작성에 있어 지양해야 한다.

모범 예시

XXX-XXX Sankyung apt.
Changchundong, Sudaemoon-gu, Seoul, Korea
jhpark@abc.ac.kr Cell: 010-XXXX-XXXX

Thursday, October 16, 2008

Jae Yang Lee
Recruiting Manager
XYZ Investments
Suite 123
XYZ Building, Sudaemoon,
Seoul

Dear Mr. Lee

I attended the campus recruiting session for XYZ Investment on September 27, and am greatly interested in the opportunities that XYZ Investment Financial Analyst Program can offer. I recently graduated from ABC University with a Bachelor's Degree in Business Administration. I am sure that I have the experience and qualifications that fit XYZ Investments Financial Analyst Program's requirements. My resume is enclosed for your review.

My strengths are :

- Strong commitment and loyalty to organization
- Proven ability as a team player and a leader
- Adaptability to new environment
- Outstanding communication skills in both English and Korean
- Talent for numerical analysis and financial knowledge

My resume will amplify on these successes through my college life and career. Moreover, I am strongly convinced that I can make strong contribution and commitment to XYZ Investments as well as to the growth of myself as an investment banker.

I would be truly appreciative if I could have an interview opportunity. I am available for an interview anytime during October. If you have any additional questions, please contact me through e-mail or mobile phone. E-mail address and phone number are given above.

I look forward to hearing from you soon. Thank you for your time and consideration.
Sincerely,

Jae Han Park

모범 커버레터 작성 키 포인트
- 예의 바른 표현 사용!
- 자신의 강점을 병렬식으로!
- 커버레터 보내는 곳을 꼭 확인!

+ 강주연
록키엑세스 대표

:: 헤드 헌터 입장에서 본 투자은행 업무에 적합한 인재상은?

해당 부서에 따라서 그 업무가 차별화되어 있으므로, 투자은행 업무에 적합한 인재상을 하나로 일반화시켜서 표현할 수는 없다. 예를 들자면, 트레이딩(세일즈 트레이딩)은 영어능력이 가장 우선시된다고 볼 수 있다. 해외에 있는 많은 고객들과 전화를 통해 짧은 시간 안에 자신의 투자 아이디어를 설명하고, 설득해야 하는 상황이 대다수다. 영어능력이 기본적으로 바탕이 된다면, 수리적 능력과 논리적인 사고가 중요하다. 그것을 단시간에 빨리 할 수 있는 능력과 그러한 압박을 견딜 수 있는 성격 또한 필수적이다. 주식 리서치는 논리적인 사고 및 전달력, 기업금융 부서는 영어 및 수리적 능력이 중요시된다. 수리적 능력과 영어에 유창한지, 개인성 등이 자신이 지원하는 회사, 부서와 맞아야 한다. 투자은행은 내부적인 데이터베이스를 축적하고 있다. 하지만 무엇보다도 '누가 팀워크를 잘하는지', '누가 스트레스를 잘 견디는지' 등의 자세가 기본이 된다.

:: 외국계 투자은행에 입사하기 위하여 준비해야 하는 것은?

이 질문 또한 해당 부서 및 업무마다 차이가 있을 것이다. 가장 기본적인 것들만 짚어보면, 가장 먼저 힘써야 할 것은 영어다. 영어를 잘하지 못하면 일을 구하기가 힘들다. 두 번째는 해외 경험 또한 입사 시에 큰 강점으로 작용될 수 있다. 해외 거주기간이나 관련 직종 및 업무를 해외에서 한 경험, 해외 인턴십 경험 등이 도움이 된다. 마지막은 재무 관련 자격증이다. CPA, FRM 등 재무에 대한 꾸준한 관심과 노력을 증명할 수 있는 좋은 수단이다. CFA 또한 마찬가지로, 구직할 때 매력적으로 보일 수 있다. 하지만 위에 언급한 내용들은 모두 기본적인 것일 뿐이다. 영어가 유창하고, 관련 자격증을 보유하고 있다고 해서 투자은행에 입사가 확정되는 것은 아니다.

:: 외국계 투자은행 업무에 지망하는 학생들에게 해주고 싶은 말은?

흔히 다수의 지원자들이 무슨 일이든 상관없이 다 열심히 하겠다고 생각하는 경향이 보인다. 하지만 이는 목적성이나 진로에 대한 고민이 없어 보여서 부정적으로 보이기 쉽다. 자신의 능력과 관심에 맞게 부서를 선택하고, 이러한 현재의 선택을 강조해야 한다. 단지, 10년 후의 목표를 언급하는 것은 신입 레벨에 어울리지 않는다. 구직 인터뷰 시에도 2~3년 단위로 어떤 부서에서 어떤 일을 왜 하고 싶고, 자신의 능력과 어떻게 결부되는지를 설득해야 한다.

또한 본인이 지원한 회사와 부서에 대한 기본적인 정보는 꼭 체크를 해야 한다. 구체적인 업무까지는 무리이겠지만, 대략적인 업무 분야를 조사하고 지원하기를 바란다. 그리고 이 회사가 어떤 분야에 특히 성과가 좋다든지, 독특한 투자철학이나 성향 등이 있는지에 대해서도 조사해보는 것이 좋다. 이러한 점이 나에게 왜 매력적이고, 내가 무엇을 더 잘 할 수 있는지 명확한 근거를 제시하여 설명한다면 훨씬 더 좋은 인상을 심어 줄 수 있다. 각 회사의 홈페이지를 통해서 기본적인 정보들은 쉽게 확인할 수 있을 것이다.

록키엑세스 소개

록키엑세스(ROKlaccess Co. Ltd)는 서울 시청에 기반을 둔 고급 인력 채용 지원 컨설팅업체로서, 아시아 및 태평양 지역의 기업 고객들을 대상으로 역내 전문 인력을 발굴하는 서비스를 제공한다. 특히 외국계 투자은행의 헤드헌팅 업무에 핵심역량을 지니고 있다.

록키엑세스와 함께 인턴(입사)하기 서비스

본 책과 록키엑세스(ROKIaccess)는 국내 · 외국계 증권사(투자은행)에 입사하기 희망하는 분들을 위하여, 이메일을 통해서 레쥬메를 받습니다. 이메일을 통해 접수된 레쥬메는 록키엑세스의 헤드헌터들의 심사를 받게 됩니다. 록키엑세스에서는 입사 또는 인턴을 할 수 있는 자리가 있고, 헤드헌터들의 심사기준에 만족하는 레쥬메는 간략한 인터뷰를 진행하게 됩니다. 인터뷰를 진행한 후, 본인에게 적합한 증권사 또는 투자은행에 인턴 또는 입사 추천을 해드리는 서비스를 제공하고 있습니다. 록키엑세스와 함께 금융 커리어를 시작하고 싶으신 분들께서는 이하의 방법에 따라 레쥬메를 접수하시길 바랍니다.

Step 01

이메일 제목을 이하와 같이 쓰도록 합니다.
학교_학번_이름 또는 직장명_이름

Step 02

이메일 내용은 간략히 본인이 희망하는 금융 부서를 쓰도록 합니다.
[예시]
안녕하세요, 담당자님. 저는 기업금융 부서를 희망하는 XXX입니다.

Step 03

위의 2단계를 정확히 작성한 위 이하의 이메일로 레쥬메를 보냅니다.
fcb@rokiaccess.com

인터뷰 _Interview

인터뷰는 취업을 위한 마지막 관문에 해당하며 실무적인 지식, 인성 등 지원자에 대한 종합적인 평가를 하는 단계이다. 회사마다 인터뷰의 형식은 약간씩 차이를 보이지만 기본적으로 면접관들은 지원자에 대한 소개, 경험, 실무적인 능력, 회사 인재상과 얼마나 부합하는지 정도에 대해 알아보고자 한다. 인터뷰는 대개 지원자들이 어려워하는 자리이므로 실수의 여지가 많다. 이에 대비하기 위해 제시되어 있는 인터뷰 주의사항들을 참고하여 준비하여야 한다. 또한 실전 인터뷰 예제들을 활용한 사전 연습을 통해 실전에서 강한 모습을 보일 수 있도록 한다.

∨ 복장, 헤어스타일, 액세서리 등은 튀지 않고 깔끔할 것
∨ 답변을 할 때에는 정확한 발음으로 침착하게 답변
∨ 레쥬메의 충분한 검토
∨ 낯선 문제에 유연하게 대처하고 면접관들의 힌트를 잘 이용할 것
∨ 지원하는 부서의 업무를 이해가 필수
∨ 질문에 대한 대답은 두괄식으로 할 것
∨ 적극적이고 열성적인 태도를 진실하게 보일 것
∨ 팀 플레이어(Team Player)로서의 면모를 보일 것
∨ 나의 장점과 단점에 대해 파악
∨ 해당 금융권 분야와 해당 회사, 부서에 지원하는 이유에 대해 본질적으로 고찰
∨ 최근의 경제 · 금융상황의 이슈에 대해 파악

1. 인터뷰에 앞서

레쥬메와 커버레터가 모두 좋은 평가를 받아 서류전형을 통과하게 된다면 이제 마지막 관문인 인터뷰만이 남게 된다. 하지만 정작 인터뷰를 어떻게 준비할 것인지를 생각한다면 막막하다. 면접관이 무엇을 물어볼지도 모를 뿐만 아니라, 안다고 해도 어떻게 대답을 하는 것이 좋을지에 대해 잘 알지 못하므로 인터뷰를 준비하기가 쉽지 않다.

하지만 인터뷰를 준비하고 가는 것과 그렇지 않은 것은 분명 큰 차이가 있다. 출제된 문제에 답을 잘하는 것 외에도 말을 하는 자세, 어조, 태도, 복장, 시간약속 엄수 등 면접관은 아주 세세한 부분까지 신경 쓴다. 그러므로 기본적으로 신경 써야 할 것은 자신의 복장과 헤어스타일을 단정하게 하는 것과 인터뷰 당일 약속 시간보다 5~10분 정도 일찍 가서 준비하는 모습을 보이는 것이다. 추가적으로는 자신의 레쥬메 내용과 최근의 경제 이슈들을 브리핑해보는 것이 도움이 된다. 물론, 당일의 컨디션이나 긴장을 조절하는 것도 매우 중요하다. 가장 좋은 방법은 적어도 2주 전부터의 자신의 생활을 인터뷰를 위한 생활 패턴으로 재편하고 인터뷰 당일에 그 패턴대로 '평상시'처럼 생활하여 평정심을 유지하는 것이다. 인터뷰 당일 아침에 특별히 무엇을 한다고 해서 달라지는 것은 없다. 미리미리 준비하면 할수록 부담과 긴장은 줄어드니 이 점을 기억하자.

이러한 기본적인 것들이 갖추어졌다면 이제 면접관들이 인터뷰를 통해서 당신을 평가하고자 하는 속성은 무엇이며 이에 대해서 어떻게 대처할지, 그리고 예상되는 문제는 무엇이 있을지 알아보도록 하겠다.

2. 인터뷰의 기본 진행 구조

금융권 취업을 위한 인터뷰의 과정은 매우 복잡하고 여러 번의 인터뷰가 이루어지는 경우가 많지만 여기서는 인터뷰 질문의 주제별로 6가지 유형으로 분류해보았다. 이 부분에서는 주제별 인터뷰마다 어떤 내용의 질문을 하는지, 그리고 어떠한 것들이 중시되는지 알아보도록 하겠다.

1) 자기소개하기(Present Yourself Professionally)
레쥬메를 바탕으로, 인터뷰를 보러 온 사람이 어떤 사람인지에 대해서 알아보는 유형의 인터뷰다. 이러한 유형의 인터뷰에서는 면접관들은 면접자가 얼마나 자기 자신을 잘 표현하는지, 레쥬메에 기재한 내용들이 사실인지를 확인한다. '레쥬메를 바탕으로 자신에 대해서 소개해보아라' 등의 문제가 전형적인 예다. 이러한 유형의 인터뷰에서 좋은 평가를 받기 위해서는 레쥬메를 잘 숙지하여 자신을 조리 있고 인상 깊게 소개하는 것이 중요하다.

2) 경험 및 배운점(Experiences and Lessons Learned)

인터뷰를 보러 온 사람의 '경험'에 대해서 물어보는 유형이다. 본인이 어떤 경험을 했는지, 경험의 세부적인 내용, 그리고 그 경험을 통해서 무엇을 얻고 느꼈는지에 대해서 질문한다. 앞의 모범 레쥬메의 주인공인 '박재한'의 예를 들어보자. 면접관은 "ABC IB Securities IBD에서 인턴을 했다고 되어있는데, 이때 무슨 일을 정확히 어떻게 하셨고, 그를 통해 배웠거나 느낀 점은 무엇입니까" 또는 "ABC란 무엇을 하는 곳입니까, 그리고 그 곳의 회원을 하면서 어떤 것을 느끼고 배웠습니까" 등의 질문을 할 것이다. 이러한 경우 그때의 경험에 대해서 구체적이고 정확하게 설명하고, 이를 통해 배웠거나 느낀 점들을 조리 있게 설명하면 된다. 이러한 유형의 인터뷰에서는, 자신이 수행했던 업무를 얼마나 잘 이해하고 했는지, 그리고 그것을 통해서 얼마나 배웠는지, 즉 업무에 대한 정확한 이해와 성장 잠재 가능성을 평가한다.

3) 지원한 부서와의 적합성(Do I fit for the Position?)

지원자들이 자신들이 지원한 회사와 부서에 대해서 얼마나 잘 아는지를 평가한다. 또한 회사와 잘 어울릴 수 있는 사람인지를 평가한다. 가장 전형적인 질문으로는 "왜 투자은행에서 일을 하고 싶습니까", "왜 우리 회사입니까" 또는 "왜 이 부서입니까" 등이 있다. 면접관들은 면접자의 회사와 부서에 대한 관심도와 적합성에 대해 평가한다. 인터뷰에 들어가기 전에, 해당 회사의 연혁과 부서의 업무에 대해 숙지하면 도움이 된다. 인터뷰에 들어가서는 면접관들에게 빠르게 적응하여 자신이 해당 부서에 적합한 사람이라는 것을 피력하는 것이 중요하다.

4) 지식 및 이해(Do you have the skills & knowledge?)

때때로 면접관들은 지원자들의 재무, 회계 또는 경제 지식에 관련된 세부적인 질문들을 던진다. "잉여현금흐름을 구하는 방법은 무엇입니까" 또는 "가장 합리적인 밸류에이션 방법은 무엇입니까", "매출이 증가하면 재무제표 전반적으로 어떤 변화가 생깁니까" 등 재무·회계적인 지식에 관한 질문을 한다. 이 단계에서는 이론적인 측면을 많이 평가하기 때문에 대차대조표, 현금흐름표, 손익계산서 등의 재무제표 간 연동성과 가치평가 이론들에 대한 정확한 이해가 선행되어야 한다.

5) 빠른 사고력(Are you a fast thinker? - Brainteaser)

많은 사람들이 가장 어려워하고 대비를 많이 하는 단계가 아닐까 싶다. 면접관들은 말 그대로 뇌를 괴롭히는 문제를 낸다. "미국 내 주유소는 몇 개인가"라거나, "무인도에 지어진 집의 자산가치를 측정하라" 등의 문제들을 아무런 통계자료나 수치들을 제시해 주지 않고 해결하라고 한다. 이러한 문제는 답을 도출해내는 데 이르는 논리성과 순발력, 그리고 숫자감각들을 평가하기 위해서 제출된다. 그러므로 이때 당황하거나 공황상태에 빠지지 말고 정답 여부보다는 결론을 도출해내는 데까지 이르는 논리와 순발력에 중점을 두어야 할 것이다.

6) 관심도 측정하기(Any Questions?)

회사에 대한 면접자의 궁금증이나 흥미도를 물어보는 경우도 있다. 미리 회사나 업무에 대해서 사전조사를 하고 질문할 거리들을 준비해놓고 간다면 좋게 평가될 수 있을 것이다.

3. 인터뷰 시 주의사항

1) Do's

성공적인 인터뷰를 위해서는 우선 면접관들이 인터뷰를 볼 때 지원자들의 어떠한 자질들에 대해서 평가하고 싶어하는지를 알아야 한다. 면접관들이 인터뷰를 통해 여러 가지 자질들을 평가하지만 크게 네 가지로 나눌 수 있다. 유연성(Flexibility), 업무 이해도와 기본적 지식, 논리성, 그리고 태도다. 영어나 한국어 능력, 레쥬메에 대한 철저한 준비, 도덕성 등은 너무나 기본적인 것이므로 따로 언급하지 않겠다.

유연성 - 낯설고 당황스러운 상황을 즐겨라

즉각적으로 여러 가지 상황에 유연하게 대처하거나 알고 있는 지식들을 활용하여 낯선 문제를 해결할 수 있는 능력으로 면접자의 전반적인 상황대처 능력에 해당한다.

인터뷰를 통해 준비된 모습보다는 준비되지 않은 상태에서의 상황 대처 능력을 평가하려 하는 것이므로 면접관들이 의도적으로 면접자들을 당황스러운 상황에 처하게 한다. 이때 면접관이 말을 끊거나, 말꼬리를 잡는 상황에서도 크게 당황하지 않고 차분히 대답하면 긍정적으로 평가될 수 있다. 처음에는 답을 잘 몰라도 면접관이 제시해주는 힌트를 따라 올바른 방향으로 가면 좋을 것이다.

업무 이해도와 기본적 지식 - 적을 알고 나를 알면 백전백승

업무에 대해서 얼마나 이해하고 있으며, 업무를 수행하기 위해 필요한 기본적인 지식을 갖고 있는지에 대한 평가이다. 업무의 이해도 및 기본적 지식은 인터뷰 시 평가하는 가장 기본적인 속성 중 하나다.

이해도 및 기본적인 지식을 평가하기 위한 질문의 세부적인 내용은 부서마다 조금씩 다를 수 있지만 업무에 대한 이해와 관련 활동, 재무적인 지식을 테스트 하는 방식이 가장 보편적이다. 세부적인 사안들에 대한 질문이 주어졌을 경우, 용어나 비율에 대한 정의(Definition)에서 확장하여 그것을 기준으로 어떤 식으로 평가를 하는지 말할 수 있어야 한다. 답변을 할 때에 한 가지 개념만 사용하는 것이 아니라 다른 관련 요소들도 같이 적용해 설명할 수 있다면 좋다.

논리성 - 간결하고 논리적으로, Be smart

인터뷰의 질문에 대해서 결과적으로 대답이 맞든, 틀리든 자신의 관점에서 논리적으로 문제에 접근해서 해결해 나아가는 능력을 중점적으로 평가한다. 예를 들면 "무인도에 가까운 상태의 섬에 몇 채의 집을 짓는다면, 한 채의 가치를 얼마 정도로 보아야 하는가"와 같은 질문이 이에 해당한다고 볼 수 있다. 사실상 이러한 질문에 정답을 대답하기는 힘들지만 주어진 상황에 대해서 나름의 분석과 논리적인 추론을 덧붙여서 답한다면 훌륭한 인터뷰가 될 것이다.

논리성의 평가에 있어서 또 한 가지 주의해야 할 것은, 모든 질문에는 두괄식으로 핵심을 먼저 말해야 한다는 것이다. 질문에 대해서 대답을 먼저 하고 나서 그러한 결론을 도출하게 된 이유를 논리적으로 핵심만 설명하는 것이다.

태도 - 지성이면 감천, 진실성을 보이자

모든 인터뷰에서 결국은 태도가 가장 중요한 평가 항목이다. 특히 금융권은 업무가 고되기 때문에 정말 하고 싶지 않으면 하기 힘들다. 그렇기 때문에 다른 분야보다도 태도에 대해서 더 중요하게 평가하는 것이다.

실제 인터뷰에서는 지원자가 정말로 이 부서의 일을 하고 싶은지 그렇지 않은지를 질문 형태를 바꾸어 가면서 계속 물어본다. 이때 적극적인 태도를 보이는 것이 좋다. 실제로 얼마 전 외국계 투자은행 한 곳에서는 최근의 금융위기를 이야기하면서 일이 고되고 안정되지 않은데 일할 준비가 되었냐는 질문을 받았다는 면접자가 있었다. 이런 경우에는 자신이 의욕에 차있으며 과중한 업무들을 견뎌낼 수 있는 체력이 뒷받침된다는 식의 대답이 추천된다.

2) Don'ts

유연성 - 당황하면 모든 게 끝

면접관들이 면접자들을 곤란한 질문에 빠뜨리기도 하는데 이런 상황에서는 누구나 당황하게 된다. 하지만 계속 당황해서 우왕좌왕한다면 면접관들에게 좋은 인상을 심어주지 못할 것이다. 중간에 면접관들이 힌트를 제시해주는 경우도 있는데, 이럴 때 힌트를 활용하지 못한다면 좋은 평가를 받을 수 없다.

업무에 대한 이해도와 기본적 지식 - 모든 것은 확실하게, 막연한 대답은 금지

내가 이 부서에 들어가면 어떤 일을 하게 된다거나, 왜 이 부서에 들어오고 싶은가와 같은 질문에 대한 답변을 할 때는, 절대로 막연한 대답을 하면 안 된다. 예를 들면, "왜 이 부서(혹은 회사)에 지원하게 되었나"와 같은 질문이 주어졌을 때 단순히 "돈을 많이 벌 수 있어서"라든지 "멋있어 보여서" 등의 대답은 좋은 평가를 얻기 힘들기 때문에 피하는 것이 좋다. 좋은 답을 하기 위해서는 사전에, 해당 부서의 업무를 정확히 잘 숙지하고 업무의 본질이 무엇인지에 대해서 인터뷰 전에 스스로 많은 고민을 해보아야 한다.

그리고 모르는 문제가 주어졌을 때에는 확신 없는 대답을 경솔하게 하는 것은 위험할 수 있으므로 주의해야 한다. 유연성이 중요하지만 확실히 알지도 못하는 문제에 대해서 경솔하게 대답하는 것은 허위로 레쥬메를 작성하는 것이나 다름없으며 좋은 성과를 얻을 수 없을 것이다.

논리성 - 길고 지리멸렬한 답변은 금물

논리성 평가에 있어서 지원자들이 가장 주의해야 하는 부분은 자신이 말하고자 하는 것의 핵심을 정확하게 전달하는 것이다. 가장 좋은 방법은 자신의 대답의 핵심을 두괄식으로 간단명료하게 전달하는 것이다. 만일 길게 돌려서 말한다면 마이너스 요인이 될 수 있다. 길게 말하는 것은 정말로 많이 알거나 혹은 아무것도 모르는 경우가 대부분이다. 그러므로 답을 함에 있어서는 두괄식으로 간단하게 한다.

태도 - 팀 플레이어가 되라

모든 업무들은 팀으로 진행되는 경우가 많기 때문에 상호 존중하고 협력할 수 있는 팀 플레이어로서의 자세를 중시한다. 너무 소극적이거나 조용한 태도는 좋지 못하다.

평가 요인	Do's	Don'ts
유연성	· 차분한· 자세 유지 · 면접관의 힌트 활용	· 틀에 박힌 사고로 면접관의 질문에 당황하거나 공황상태에 빠지는 것 · 면접관의 힌트를 활용하지 못하는 것
업무 이해도와 기본 지식	· 지원하는 부서와 업무에 대한 이해 · 용어, 비율을 다른 개념과 확장해서 설명 · 재무, 회계, 경제 등에 대한 기본적인 지식 · '왜 금융권', '왜 이 회사', '왜 이 부서'에 대한 답을 미리 고찰	· 금융권에 대한 막연한 환상 · 지원 부서의 업무에 대한 막연한 생각 · 정확히 알지 못하는 것에 대해서 근거 없이 경솔하게 대답하는 것 · 그 외 명확하지 못하고 막연한 모든 대답들
논리성	· 자신의 주장을 논리적으로 전개 · 질문에 답할 때 두괄식으로 자신 있고 짧고 간결하게	· 길고 지리멸렬하게 대답하는 것 · 자신 없이 머뭇거리는 태도 · 그 외의 논리적이지 못한 모든 답변 전개들
태도	· 열성적이고 진실한 태도 · 팀 플레이어로서의 면모, 조직에 대한 헌신(Commitment) 부각	· '나만 잘났다' 하는 태도 · 너무 소극적이거나 조용한 태도

4. 성공적인 인터뷰를 위한 체크 리스트

1. 형식적인 측면

· 나는 복장을 단정하게 갖추었나? ☐

· 용모(헤어스타일, 악세서리 등)는 튀지 않고 깔끔한가? ☐

· 말을 또박또박 천천히 하는가? ☐

· 영어를 유창하게 구사할 수 있는가(영어 인터뷰 시)? ☐

· 내 레쥬메에 대한 검토를 완벽하게 마쳤는가? ☐

· 인터뷰 시간에 늦지 않게 도착했는가? ☐

2. 세부적인 사항

유연성

· 면접관들의 난처하거나 낯선 질문에 당황하지 않았는가? ☐

· 면접관들이 주는 힌트를 잘 이용하였는가? ☐

업무의 이해도와 기본적인 지식

· 내가 지원하는 부서의 업무에 대해 충분히 이해했는가? ☐

· 용어나 비율 등을 활용하여 관련된 사례에 대해 설명할 수 있는가? ☐

· 재무, 회계, 경제 등에 대한 기본적인 지식을 갖추었는가? ☐

· 왜 금융권, 이 회사, 이 부서에 들어오고 싶은지 등 기본적인 질문들에 대해 진지하게

　생각해 보았는가? ☐

논리성

· 옳고 그르고를 떠나서 나의 주장을 논리적으로 펼칠 수 있는가? ☐

· 모든 질문에 대해서 두괄식으로 대답하였는가? ☐

· 말을 빙빙 돌려서 길게 말하지는 않았는가? ☐

태도

· 나의 장점과 단점을 명확하게 인지하고 있는가?

□

· 나의 장점을 극대화시킬 수 있는 방안을 잘 알고 있는가, 혹은 단점을 극복하기 위한

노력을 기울이고 있는가?

□

· 확신 없는 대답을 경솔하게 하지는 않는가?

□

· 최근의 경제 · 금융상황에 대한 이슈와 뉴스들을 잘 숙지하고 있는가?

□

| 알아두기 | **인터뷰를 마친 후 이메일 보내기**

인터뷰를 마친 후에, 한 가지 더 잊지 말아야 할 것이 있다. 바로 감사 이메일을 보내는 것이다. 인터뷰를 마친 당일 또는 다음 날, 면접관과 인사 담당자에게 인터뷰의 기회를 준 것에 대해서 감사를 표하는 짧은 편지를 보낸다. 이것은 비슷한 조건의 경쟁자들과 나 자신을 또 한 번 차별화할 수 있는 기회이면서 인터뷰의 최종 마무리 단계이기도 하다. 주의할 점은, 너무 길지 않게, 짧고 간단명료하게 감사를 표시해야 한다는 점이다. 이 점을 잊지 말고 인터뷰가 끝난 후에는 꼭 감사 이메일을 보내도록 하자.

5. 실전 인터뷰 예제

    인터뷰에서 실제로 주어지는 문제들은 앞서 언급한 유형별로 분류해볼 수 있다. 이것들을 다시 개인 관련 질문과 부서 관련 질문으로 크게 분류해볼 수 있을 것이다. 일반적으로 개인 관련 질문들은 부서와 상관없이 제시되고, 부서 관련 질문들은 공통으로 제시되는 질문과 부서별로 제시되는 질문도 있다.

분류	유형	
개인 관련 질문들	1. Can you present yourself professionally?	
	2. What experiences and lessons have you learned?	
	3. Are you a fast thinker? - Brainteaser	
	4. Any Questions for us?	
부서 관련 질문들	Are you fit for our team?	부서 공통 질문
	Do you have the skills & knowledge ?	부서별 질문

1) 개인 관련 질문 예제

자기소개하기(Can you present yourself professionally?)

1. (레쥬메에 준하여) 자신을 소개해 보시오.

2. 스트레스 관리 노하우가 있는가? 있다면 무엇인가?

3. 당신의 장점과 단점 각각 3가지를 말하시오.

4. 왜 금융산업에 종사하고자 하는가?

5. 다양한 금융산업의 분야 중 왜 이 분야에 지원하게 되었고, 어떻게 관심을 가지게 되었나?

6. 5분간 영어로 자기 소개해 보시오(모자라거나 넘으면 감점).

7. Walk me through your resume.

8. 본인의 지금까지의 삶을 재미있게 소개해 보시오

경험 및 배운점(What experiences and lessons have you learned?)

1. 외국에 살아본 경험이 있는가? 나가서 무엇을 배웠는가?

2. 인턴경험이 있는가? 있다면 어떠한 업무를 했고 배우거나 느낀 점은 무엇인가?

3. 학교 다닐 때 무엇을 했나? 왜 인턴 경험이 하나도 없는가?

4. 동아리 활동에서 얻은 것은 무엇인가? 무엇을 배웠는가?

5. 재무에 관련된 수업을 수강했는가? 어떤 수업을 수강했는가? 배운 것은 무엇인가?

빠른 사고력(Are you a fast thinker? - Brainteaser)

1. 사람들이 얼마 없는 거의 무인도에 가까운 섬에 집을 짓는다면 한 채의 가치를 얼마 정도로 보아야 하나?

2. 비행기에는 탁구공이 몇 개나 들어갈까?

3. 서울시에 있는 은색 승용차는 몇 대인가?

4. 왜 맨홀 뚜껑은 원형일까?

5. 매년 전 세계에서 판매되는 치약은 몇 그램 인가?

6. 이머징 마켓의 자동차 시장 규모는 얼마인가?

7. 매년 한국에서는 몇 톤의 쌀이 소비되는가?

8. 이집트의 쿠푸왕의 피라미드에 물을 채운다고 가정했을 때, 그 부피를 구하라.

9. 지금은 11시 28분이다. 이때 시계의 시침과 분침의 각도는 얼마인가?

10. 당신은 12개의 공들을 갖고 있다. 그 공들의 무게는 1개만 제외하고 전부 똑같다. 문제가 되는

공은 다른 공보다 더 무겁거나 가볍다. 다른 공들이 무거우면 가볍고, 가벼우면 무겁다. 당신은 어떻게 문제의 공을 찾아내어, 그것이 더 가볍거나 무겁다고 판단할 수 있을까?

11. 당신 앞에는 두 개의 문이 있다. 하나는 면접실로 통하는 문이고 다른 하나는 밖으로 나가는 문이다. 그중 한 문지기는 진실만을 말하고 다른 한 사람은 항상 거짓만을 말한다. 당신은 어떤 문이 면접실로 통하는 문인지를 알아내기 위해 한 번의 질문만 할 수 있다. 어떤 질문을 할 것인가?

관심도 측정하기(Any Questions for us?)

1. 마지막으로 우리에게 질문하고 싶은 것이 있는가?
2. 어떤 질문이든 좋으니 한 가지 질문을 하시오.
3. 내가 당신에게 3분을 줄 테니, 어떠한 질문이든 하시오.

2) 부서 관련 인터뷰 질문 예제

부서 공통 기출 질문

부서에 관련된 질문 중에서도 부서 공통적으로 나왔던 기출 질문 문항이다. 이하의 공통 질문들에 대해서 대비할 수 있도록 한다.

부서와의 적합성 평가하기(Are you fit for our team?)

1. 왜 우리 회사인가?
2. 왜 이 부서인가?
3. 우리 회사에 대해 설명해 보시오.

4. 왜 우리가 당신을 채용해야 하는가?

5. 당신은 스스로가 이 부서에 적합하다고 생각하는가?

6. 여자 친구와 싸워서 만나야 하는 상황인데, 리포트를 제출해야 한다. 당신은 어떻게 할 것인가?

7. 우리 부서의 업무는 무엇인가?

8. 기존에 맡고 있는 프로젝트가 있다. 그런데 더 높은 상사가 새로운 업무를 준다고 하면 어떤 업무부터 할 것인가?

9. 엘리베이터 테스트: 중요한 고객을 엘리베이터에서 만난 경우 어떻게 30초 내에 자사 제품의 홍보를 효과적으로 할 수 있는가?

10. 5년 뒤에 우리 팀에서 당신은 무엇을 하고 있을 것이라고 생각하는가?

11. 우리가 당신을 뽑아야 하는 이유 2가지만 말해보아라.

12. 우리가 당신을 6개월 뒤에 채용을 한다 하더라도, 6개월간 인턴으로 일할 의향이 있는가?

개별 부서별 질문

이하의 부서별 질문들은 현업에서 실제로 신입 사원들을 모집할 때 쓰이고 있는 질문이다. 인터뷰에 응하실 때, 반드시 해당 부서의 질문들을 숙지하고, 인터뷰에 임해야 한다. 각 부서별로 가장 빈번하게 나오는 질문들을 수록했다.

주식 세일즈 & 트레이딩 부서 기출 문제

1. 당신의 최종 커리어 목표는 무엇인가? 애널리스트인가 영업인가?

2. 특정 주식에 대하여 아무것도 모르는 고객이 그 주식에 대하여 물어본다고 가정하자. 어떤 식으로 대답할 것인가?

3. 10000 / 6 or 24 X 14, 30초 내에 답변하라.

4. (실제 회사의 B/S, I/S가 제시), 이 회사에 대해서 간결하게 분석해 보라.

5. 금리의 변동은 주식시장에 어떻게 영향을 미치는지 설명하시오.

6. 어제 신문은 보았는가? 요즘 환율과 주가와의 관계를 설명해보라.

7. 최근 유가 폭등과 관련하여, 유가와 주가의 관계에 대하여 설명해 보시오.

8. 63빌딩 높이만큼 500원짜리를 하나씩 쌓았다고 하자, 여기에 사용된 동전을 모두 사용하여 지금 우리가 있는 이 방을 채울 수 있을까? 답의 도출과정을 소리 내어 30초 내에 설명하라.

9. 주식 세일즈는 무엇인가? 흥미를 갖고 있는가?

10. 주식 트레이딩을 해본 적이 있는가? 언제 사고, 언제 팔았는가? 그 이유는 무엇인가?

11. 안전벨트 착용 법률이 강화되었다. 어떤 주식을 사야 하며 왜 그래야 하는가?

12. 세일즈와 트레이딩 중 어떤 부서를 더 선호하는가?

13. 지금 당장 100만 달러를 준다면 어떻게 사용하겠는가?

14. 어떤 신발 브랜드가 좋은가? 어떤 회사 주식을 살 것이며, 왜 그러한가?

15. 외환시장은 어떻게 예측을 하는가?

16. 왜 최근 금융위기가 발생하였다고 생각하는지 말해보시오.

주식 리서치 부서 기출 문제

1. 리서치 섹터 중 가장 좋아하는 분야는 어느 분야인가? 최근 그 섹터의 동향을 알고 있는가?

2. 건설주를 추천하는가? 그리고 이에 대한 근거를 논하라.

3. 주식을 하나 추천하고, 그 이유를 말하시오.

4. 가장 합리적인 가치평가 방법은 무엇인가?

5. 현금흐름할인법(DCF)을 사용할 때 10년을 예상기간으로 설정하는 것이 합리적인가? 왜 그렇게 생각하는가?

6. 자신의 동네에 있는 빵집의 가치를 산정하라

7. 은행주 가치평가의 핵심 요인은 무엇인가?

8. 가치평가방법 중 무엇이 가장 합리적이라고 생각하는가?

9. 왜 EV/EBITDA를 사용하는가?

10. 대한민국의 PER는 얼마일 것 같은가?

11. 왜 리서치 애널리스트가 되고 싶은가?

12. 모델링을 해본 적이 있는가?

채권 세일즈 & 트레이딩 부서 기출 문제

1. 당신의 셀링 포인트 3가지를 말하시오.

2. (300원짜리 볼펜을 주고) 당신은 이것을 어떻게 팔 것인가?

3. 다른 가게에도 똑같은 볼펜이 있는데 당신은 그들보다 어떻게 잘 팔 것인가?

4. 시장 위험(Market Risk)이란 무엇인가?

6. 채권에 대해 아는 바를 이야기해보라.

7. 채권의 가치는 어떻게 산정하는가?

8. 듀레이션은 어떻게 구하는가? YTM은 무엇인가?

9. 이자율과 채권의 관계를 설명하라.

10. 유가가 올라갔다. 채권 가격은 어떻게 변동되는가?

11. 서브프라임 모기지 사태가 발생한 원인은 무엇인가?

12. 현재의 채권 수익률, 금리가 얼마인지 아는가?

13. 듀레이션(Duration)이 무엇인가? 그리고 컨벡서티(Convexity)는 무엇인가?

14. 블랙숄즈의 기본가정은 무엇인가?

15. 선물환은 무엇인가?

16. 포워드(Forward)와 퓨처(Future)의 차이점은 무엇인가?

17. 서브프라임이 왜 발생한 것 같은가?

18. CDO와 CDS의 차이점이 무엇인가?

기업금융 부서 기출 문제

1. 현금흐름할인법(DCF)를 사용할 때 10년을 예상기간으로 설정하는 것이 합리적인가? 왜 그렇게 생각하는가?

2. 현금흐름할인법을 사용하는 데 있어서 가장 중요한 요소는 무엇인가?

3. WACC(Weighted Average Cost of Capital)는 어떻게 구하는가?

4. 자본적 지출(CAPEX)을 늘렸을 때 영향을 받는 재무제표는 무엇이고, 어떻게 영향을 받는가?

5. 유통회사의 가치평가의 핵심 요인은 무엇인가?

6. 현금흐름할인법 외의 다른 합리적인 가치평가 방법 중에는 무엇이 가장 합리적인가?

7. 왜 EV/EBITDA를 사용하는가?

8. 잉여현금흐름의 뜻이 무엇인가? 이를를 어떻게 계산하는가?

9. 왜 잉여현금흐름를 계산할 때에 감가상각비을 빼는가?

10. B/S, I/S, 현금흐름표(Cash Flow Statement)의 연관성은 무엇인가? 현금의 흐름을 이야기 해보아라.

11. EV/세일즈와 EV/EBITDA가 다른 점이 무엇인가?

12. EV/EBITDA와 PER는 무엇이 다른가?

13. 자본적 지출는 어떻게 구하는가? 자본적 지출은 무엇에 의해서 변동이 되는가? 어떤 재무제표에서 볼 수 있는가?

14. WACC에서 타인자본비용과 자기자본비용 중 어떤 것이 더 작은가? 왜 그러한가?

15. M&A의 목적은 무엇인가?

16. M&A 사례 중 기억나는 것을 이야기 해보아라. 이 M&A의 특징은 무엇인가?

17. 본인이 아는 회사를 설명하고, 그 회사의 주가와 PER를 말해 보아라. 동종 업계 대비 PER이

저평가되어 있는가? 이 회사 주식을 사고 싶은가?

18. 잉여현금흐름의 감가상각비 숫자는 재무제표의 어디서 가져와야 하는가?

19. 왜 WACC를 할인율로 사용하는가?

20. 현금흐름할인법의 예측기간은 어떻게 설정하는가?

21. 미래의 현금흐름 중에서 왜 잉여현금흐름을 쓰는가?

22. 잉여현금흐름 계산 시 왜 세후 영업이익을 사용하는가?

23. 핸드폰 분해 과정을 설명해 보시오.

24. 밸류에이션의 방법은 무엇이 있는지? 어떻게 하는지 아는가?

25. 유사기업비교법을 이용한 가치평가는 어떻게 하는가?

26. EBITDA가 무엇이고, 당기순이익(Net Income)과 어떻게 다른가?

27. 3개의 재무제표(Financial Statement)가 서로 어떻게 연관이 되는가?

28. 투자활동을 했을 때, 3개의 재무제표에 어떠한 영향을 미치는가?

29. 자금조달을 하는 데 있어서 주식과 채권 중 어떤 것이 더 비용이 효율적인가? 왜 그런가?

ECM(주식 자본시장) 부서 기출 문제

1. 최근 우리회사의 ECM 부서에서 진행한 거래에 대해서 알고 있는지, 그리고 이것에 대한 본인의 의견은 어떻게 되는지 말하시오.

2. 자본조달의 방법은 무엇이 있는가?

3. IPO 과정에 대해서 대략 설명해보아라.

4. IPO에서 가장 중요한 것은 무엇인가?

5. 자본조달의 이유는 무엇인가?

6. 전환사채와 교환사채의 차이점은 무엇인가?

7. 대량매매(Block Trading)는 무엇인가?

8. 전환사채는 어떻게 평가되는가?

9. 한국 주식시장에 대한 의견 3가지를 말하라.

10. ECM 부서에 오고 싶은 가장 큰 이유는 무엇인가?

DCM(채권 자본시장) 부서 기출 문제

1. 현재 우리나라 국고채 5년 만기 수익률이 얼마인가?

2. 수익률 곡선(Yield Curve)에 대해 아는 대로 설명해 보시오.

3. 듀레이션이 무엇인가?

4. 당신이 유럽인 투자자라고 생각하고 원-유로 환율이 상승할 것으로 예상할 때, 전체 투자에서
   채권투자 비율을 어떻게 조정할 것인지 설명해보아라.

5. 채권의 금리는 어디서 찾아볼 수 있는가?

6. 현 미국 기준금리, 한국 기준금리가 얼마인가?

7. 블룸버그를 써본 적 있는가?

8. 채권으로 자본조달을 어떻게 하는지에 대해 간단히 설명을 해보아라.

9. 스트레스에 강한 편인가?

10. 시장에서 DCM이 왜 필요하다고 생각하는가? ECM과의 차이점은 무엇인가?

11. 현재 금리가 왜 상승하는지에 대해 이유를 설명해보아라.

12. 선물환 이율 계산은 어떻게 하는가?

13. ABS는 무엇인가?

14. DCM은 무엇을 하는 곳인가?

15. 만약 모회사 A와 자회사 B가 있다면 둘의 등급(Rating)은 어떻게 되는가?

16. 채권의 가격과 채권수익률 간의 관계는 어떻게 되는가?

17. 시장이자율과 채권수익률의 관계는 어떻게 되는가?

18. 지금 제시될 채권 관련 자료를 30분 내로 영작할 수 있는가?

자기자본투자 기출 문제

1. 지금 100억 원이 있다면 어디에 투자를 할 것인가?

2. 가치가 저평가되었다고 하는 것은 언제 하는 말인가?

3. 저평가되어 있는 가치를 고평가된 가치로 전환시키려면 어떻게 해야 하는가?

4. 부동산 가격은 어떻게 산정해야 합리적인가?

5. 투자 대상은 어떻게 선정하면 좋을까?

6. 자기자본투자 부서가 주식이나 채권 투자를 한다면, 주식 트레이딩(Equity Trading)과 채권 트레이딩 부서(Fixed Income Trading)에서 하는 프랍 트레이딩(Prop Trading)과 무슨 차이가 있을까?

7. 투자회수기간을 어떻게 설정하고 싶은가?

8. EV(Enterprise Value)는 어떻게 구하는가?

9. EBITDA의 감가상각비는 재무제표의 어떤 수치를 적용해 구해야 하는가?

10. 가치평가를 해본 적이 있는가? 있다면 어떤 방법으로 해보았는가?

자산운용사 기출 문제

1. 회계상에서 인건비가 올라가면 재무제표에 어떤 변동이 생기는가?

2. 삼성전자의 PER는 얼마인가?

3. 어떤 주식을 사고 싶은가?

4. 어느 나라에 투자하고 싶은가? 왜?

5. CAPM에 대해 설명하라, 그리고 그것이 의미하는 바는 무엇인가?

6. 유가가 폭등했는데, 자산운용사 입장에서 취해야 하는 자세는?

7. 경제에 대해 관심이 있는가?

8. 왜 자산운용사에 들어오고 싶은가? 자산운용사에도 정말 많은 업무가 있다. 들어오면 어떤 일을 하고 싶은가?

9. 몇 명의 여자친구가 있느냐? 동시에 사귀어 본 적 있는가? 왜 동시에 사귀어보지 않았는가?

10. 미국산 쇠고기 사태가 벌어졌을 때, 당신이 돈이 있다면 어디에 투자하겠는가?

사모펀드 기출 문제

1. PEF에 대해 아는 대로 이야기해보아라

2. 우리 회사가 투자한 회사들을 알고 있는가?

3. PEF의 자금회수(Exit) 전략은 어떤 것이 있는가?

4. PEF 투자대상 기업분석은 어떤 기준으로 하는 것이 좋을까? 본인이 생각하기에 가장 필요한 기준을 이야기하고 어떻게 분석을 할 것인지 설명해 보아라.

5. EV의 구성 요소를 이야기 해보고, EV가 이야기하고자 하는 바를 설명하라.

6. PEF의 주요 투자 대상에 대해서 말해보아라.

7. 기업 금융 부서(Corporate Finance Team)와 PEF의 차이점은 무엇인가?

8. SPC가 무엇인지, 어떤 기능을 하는지 말하라.

9. PEF에 오고 싶은 이유는 무엇인가?

10. PEF가 당신의 최종 목적지인가? 5년 후에는 무엇을 하고 있을 것인가?

+ 이동현
제이피모간 홍콩
투자은행 사업부

:: 인터뷰를 잘하려면 어떻게 해야 하는지요?

인터뷰를 어떻게 잘할 수 있는지에 대한 질문은 평소에도 많이 받는 편입니다. 저는 인터뷰가 대단하고 복잡한 과정이 아니라고 생각합니다. 면접관의 입장에서 인터뷰의 목적은 뚜렷합니다. 지원자가 어떠한 사람인지, 왜 여기 오고 싶어하는지, 우리 조직과 어울릴 수 있는지, 기본적인 능력이 어느 정도인지 등의 뚜렷한 목적으로 인터뷰에 임합니다. 이에 맞게 지원자도 준비를 철저히 한다면, 성공적인 인터뷰를 할 수 있습니다.

'Who are you?'

나는 누구인가? 이력서에 있는 자신의 경험과 경력을 완벽히 설명하실 수 있어야 합니다. 인터뷰에 와서 본인이 한 경험에 대한 정확한 설명을 못 한다면, 면접관의 입장에서는 준비가 안 되어 있거나 거짓말을 한다고 생각할 수 있습니다. 자신의 이력서에 있는 경험과 경력에 대해 자신만의 스토리를 만들어 놓고 이야기를 풀어나가시길 바랍니다. 한 가지 말씀 드리고 싶은 것은, 순차적으로 경험을 이야기하는 방식보다, 경력에 구성을 만들어서 이야기하길 바랍니다. 예를 들자면, 본인의 경험이 다양한 산업에 걸쳐 있다면, 산업별로 이야기를 풀어나가길 바랍니다. 이런 방식을 택하신다면, 듣는 사람 입장에서 이해하기가 수월해서 좋은 점수를 받을 수 있습니다. 또한 경험을 이야기하실 때, 반드시 목적, 방법, 그리고 결과 순으로 이야기하시면, 명확한 답변으로 좋은 인상을 심어줄 수 있습니다.

'Why should we hire you?'

왜 우리 부서에서 일하고 싶은지 정확히 설명할 수 있어야 합니다. 이 질문에 대한 답변을 잘 하려면, 우선 이 부서가 무엇을 하는 부서인지 정확히 알아야 합니다. 부서에 대해 정확히 이해를 했다면, 자신의 특징, 성격과 인생에서 이루고 싶은 가치들을 이 부서에서 추구하는 가치들과 연결시켜서 자신만의 스토리를 만들길 바랍니다. 이 부서가 정확히 무슨 부서인지 알더라도, 자신이 왜 이 부서에 들어와야 하는지를 설명하지 못 한다면 소용없습니다.

'Show me what you've got.'

당신이 갖고 있는 능력을 그 자리에서 증명해볼 수 있어야 합니다. 금융권에서 요구하는 능력은 부서마다 각기 다릅니다. 하지만 기본적으로 수리적·논리적·언어적 실력을 요구합니다. 수리적 실력은 숫자를 이용한 문제를 물어보곤 합니다. '24 X 14를 20초 내에 계산해보세요', '시간이 3시 15분 일 때 분침과 시침 사이의 각도가 어떻게 되는지 구해보세요' 등 숫자를 자유자재로 다룰 수 있는지 판단합니다. 논리적 실력은 다양한 방법을 통해서 판단합니다. 어떤 사건을 제시하고, 논리적으로 해결책을 물어볼 수도 있고, 어떠한 제품을 논리적으로 분해해보라는 질문을 하기도 합니다. 언어적 실력은 특정 언어를 요구하는 상황에서 그 언어로 말을 걸어봐서 당황하지 않고 답변할 수 있는지를 판단합니다.

'Be yourself.'

인터뷰에 임할 때 많은 분들이 지나치게 긴장한 모습을 보입니다. 인터뷰는 여러분을 환영하는 자리입니다. 타박을 주거나 혼을 내려고 마련한 자리가 결코 아닙니다. 긴장하지 마시고, 친구와 커피한 잔 한다는 편안한 마음가짐으로 임하시길 바랍니다. 지원자가 너무 긴장하면, 인터뷰하는 사람도 긴장하여 상대방과 일하고 싶은 마음이 줄어듭니다. 또한 인터뷰에서 너무 잘 보이려고 노력하지 마시길 바랍니다. 진실되고 열심히 하려는 모습만 보이면 됩니다. 지나치게 포장하거나 소심한 모습을 보이면 상호 신뢰관계가 형성되기 어렵습니다. 자신의 있는 모습 그대로 보인다면, 그 솔직함에 면접관은 당신에게 반해버릴 것입니다.

부록

Appendix

모간스탠리 _ 기업금융 전문가 인터뷰

+ 강태호

Investment Banking Division
Morgan Stanley, Seoul Branch

:: 투자은행을 어떻게 준비하셨나요?

대학교 시절 회계원리 강의를 들으면서, 회계는 기업을 이해하는 데 가장 필수적인 요소라는 생각이 들었고, 재무제표를 읽고 그 의미를 판단할 줄 아는 것이 매우 중요하다는 생각이 들었다. 그래서 회계사 공부를 시작했고 몇 년간의 공부 끝에 합격했다. 그 이후 회계법인에 들어가서 잠깐 일하고 나와서 좀더 좋은 곳을 물색하던 중, 교수님의 추천에 IB에 관심을 가지게 되었다. IB 쪽을 좀더 알아보니 나의 능력을 펼칠 수 있고 내가 즐기면서 일할 수 있는 곳이며, 한번쯤 도전할만한 매력적인 곳이라고 생각이 들었다. 하지만 IB 업계란 곳이 진입하기에 쉬운 곳은 아니었다. 여러 IB에 지원해보았으나 수차례 낙방을 경험했다. 그래서 우선 인턴경험이라도 쌓아보고자 여러 IB의 HR부서에 전화를 해서 내 이력서를 받아달라고 부탁했다. 노력에 대한 보답이었는지 어느 글로벌 IB에서 인턴자리를 구할 수 있었고, 그 경력을 통해 결국에는 모간스탠리의 IBD 부서까지 올 수 있었다. 무엇보다도 이 자리에 있을 수 있던 것은, 내가 좋아하고 잘할 수 있는 것에 집중하고 기회가 열렸을 때 그것을 잡기 위해 필사적인 노력을 한 덕택인 것 같다.

:: 회사 내에서 역할과 가장 큰 성취는 무엇이었나요?

IBD 부서에서는 M&A 자문, IPO 진행, 그리고 기업의 금융과 관련된 모든 자문 업무를 하고 있다. 나는 이 곳에서 가치 평가 모델(Valuation Model), 피치 북(Pitch Book) 등을 만드는 작업을 한다. 그렇기 때문에 엑셀과 파워포인트는 매일 다루게 된다. 이런 업무를 하면서 산업과 기업들에 대한 이해를 높일 수 있고, 기업의 가치평가 시 주목해야 할 부분도 익히게 된다.

아직은 주니어 레벨이라서 가시적으로는 최고의 성취라고 할 만한 것이 없지만, 항상 성취감을 느끼고 있는 부분은 있다. 주변 동료, 상사, 그리고 회사에 있어 내가 중요한 사람으로 여겨지는 것이다. 여기서 일하는 사람들은 자신의 능력을 믿기에 여유가 있다. 이런 사람들이 나와 일하기를 좋아하고 또 원한다는 것을 생각하면 일 하는 것에 항상 즐거움을 느낄 수 있다. 비록 지난 2년간 잠은 많이 못 잤지만, 내 나이에 내가 할 수 있는 최선의 선택을 했다는 사실에는 의심의 여지가 없다.

:: 투자은행에 입사하기 위해서는 사전에 어떠한 지식이나 기술이 필요한가요?

· 회계 : 회계를 좀 더 깊게 공부해보는 것을 추천한다. 회계원리를 충실히 이해하고, 중급회계도 어느 정도 공부해두면 도움이 된다. 회계를 강조하는 이유는 IB에서 이루어지는 대부분의 분석이 재무제표로부터 시작되기 때문이다. 평가를 할 때 대차대조표, 손익계산서, 현금흐름표를 엑셀로 동시에 모델링을 해야 하는데 회계적 지식 없이는 어려움을 겪을 수밖에 없다.

· 재무 : 재무 지식은 기본으로 가지고 있어야 한다. 특히 평가에 대한 것을 잘 알고 있는 것이 좋다. 왜냐하면 M&A 업무를 할 때 평가가 매우 중요하기 때문이다. 각 평가기법들의 특징과 의미를 이해하고 각각의 장단점을 알고 있어야 한다. 그리고 실전에서 어떤 상황에서 어떤 기법을 써야 하는지를 알고 있으면 좋다.

· 재무를 위한 엑셀 : 엑셀을 잘 다룰 수 있는 능력은 미리 가지고 있으면 좋지만 들어오고 나서 배워도 큰 문제가 없다고 생각한다. 파워포인트와 워드의 경우도 역시 잘하면 본인에게 좋지만, 입사 전에 어떤 수준을 갖추도록 특별히 요구하는 것은 없다.

제이피모간 _ 채권자본시장 전문가 인터뷰

+ 장병운

Debt Capital Markets
J.P.Morgan Ltd., Seoul Branch

:: 투자은행을 어떻게 준비하셨나요?

대학교 시절 YFL이라는 재무학회에서 활동했을 정도로 재무분야에 관심이 많았다. 한편 오랫동안 언론사 시험도 준비해왔었는데, 두 경험을 함께 활용할 수 있는 일을 원해 〈매일경제신문사〉에 입사하게 되었다. 경제부를 거쳐 금융부에서 기자로 활동을 하던 당시 우리나라가 외환위기를 겪고 있어서 자연스레 그 분야에 관심을 많이 쏟았다. 다시 외환위기를 겪지 않기 위해 내가 할 수 있는 일을 생각해보니 산업은행의 외국자본 조달 업무가 최적의 선택일 것 같아서 시험을 보고 산업은행에 입사하여 7년 동안 바쁘게 일했다. 그렇게 바쁘게 일하다 보니 개인적으로 쉴 필요도 느꼈고, 경력도 쌓을 겸하여 켈로그로 2년 동안 MBA를 다녀왔다. MBA를 하기 전에 채권 발행을 다뤘던 경력과 MBA에서 파생상품 분야를 전공한 점을 살려 투자은행의 DCM부서로 방향을 정했다. 특별히 제이피모간을 목표로 했던 이유는 은행의 기반이 탄탄했고, 외환위기 때 한국에 처음으로 외환유동성을 제공해주었을 정도로 한국 내에서의 평가도 좋았기 때문이다. 외환위기의 전과정을 보아온 나로서는 한국 경제에 대한 애착을 가진 외국계은행이라는 점이 상당히 매력적이었다.

:: 회사 내에서 역할과 가장 큰 성취는 무엇이었나요?

DCM부서는 기업의 부채자본 조달과 관련된 업무를 한다. 채권발행을 통해 외화를 조달해주는 것이 채권인수(Bond Underwriting), 기업이 M&A를 진행 할 때 필요한 자본을 대출이나 채권발행으로 돕는 것이 M&A 펀딩, 채권을 발행하기 위한 신용도등급에 대해 자문을 해주는 것이 신용 평가 자문(Rating Advisory) 업무, 적정 부채비율 산정과 부채 관리를 전체적으로 해주는 것이 부채 관리(Liability management)다.

부채와 관련된 일을 하다 보면 리스크 관리가 가장 중요하다는 것을 항상 느낀다. 부채 조달을 원하는 기업의 채무불이행 리스크(Default Risk)도 존재하겠지만, 은행의 입장에서는 평판 리스크(Reputation Risk) 관리도 무척 중요한 것이 사실이다. 때문에 우리 은행에서는 수수료를 아무리 많이 받을 수 있어도 거래의 수준이나 성격이 부적절하다고 판단하면 거래를 맡지 않는다. 이런 평판 관리가 단기적으로는 손해로 보일지 모르겠으나 장기적으로 보았을 때 하나의 가치 있는 자산으로 자리잡는 것을 보면서 배우는 점이 많다.

:: 투자은행에 입사하기 위해서는 사전에 어떠한 지식이나 기술이 필요한가요?

· 인적 네트워크 구축: 자신이 노력해서 네트워크를 구축하는 것도 하나의 능력으로 평가될 수 있다. 이런 네트워크는 입사 시에 큰 도움이 될 수 있으며, 입사 후에도 업무를 진행하는 데 있어 적지 않은 영향을 미친다. 미국에 MBA로 가있었을 때 IB 입사를 희망했던 동기들을 기억해보면 뉴욕에 있는 선배에게 여러 이야기와 조언을 듣기 위해 비행기로 왕복하는 등의 수고를 마다하지 않았다. 이런 수고를 낭비라고 생각하지 않고 투자로 인식하여 적극적으로 네트워크를 만들려는 자세가 중요하다. 네트워크는 학교, 인턴경험, 국내 금융기관 근무 등 다양한 경로를 통하여 얻을 수 있다.

· 해당분야에 대한 전문성: 재무를 깊이 있게 공부해보았다든가, 인턴 경험, 금융 산업 종사 경험으로 전문성을 쌓는 것을 권한다. 전문성을 쌓고자 한다면 얼마나 좋은 곳에서 쌓을 수 있는지에 연연하지 말고, 어떤 곳이든 '무엇'을 배울 수 있는지에 초점을 두어야 한다.

+ 심재민

Fixed Income Sales
Morgan Stanley, Seoul Branch

:: 투자은행을 어떻게 준비하셨나요?

처음으로 IB에 가겠다는 생각을 했던 것은 대학교 때 재무수업을 들으면서였다. 여러 경영학과 수업들을 들으면서 별다른 흥미를 느끼지 못했었는데 처음으로 재무를 접했던 재무관리 수업을 들으면서 재미있다는 생각이 들었다. 그래서 기업재무, 투자론, 파생상품론 등 재무관련 수업을 들으면서 재무 관련 지식을 쌓아갔고, 이러한 지식과 흥미를 이용할 수 있는 곳이 바로 IB라는 생각이 들어서 그 때부터 IB에 진출할 꿈을 가지고 있었다.

IB를 가고 싶었지만 실제로 IB가 무슨 일을 하는지 거의 몰랐고, 관련 정보도 전무했기 때문에 정보수집을 하는 데에 많은 힘을 쏟았다. IB 업무를 소개하는 서적들을 찾아서 읽었고, IB에 지원했던 레쥬메들도 많이 찾아서 읽어봤으며, 관련 커뮤니티와 블로그에서도 많은 정보를 얻을 수 있었다. 궁금한 것이 있으면 커뮤니티와 블로그에서 질문해서 답변을 받는 식으로 해결할 수 있었다. 이런 식으로 정보를 얻어감과 동시에, 학교수업 이외로 밸류에이션 책을 보는 등의 재무 공부를 게을리하지 않았다.

그러는 와중에 뉴욕으로 교환학생을 떠나게 되었다. 교환학생 기간 중에 시간이 두 달 정도 남게 되었는데 이 시간을 활용하기 위해 뉴욕에 있는 IB에서 인턴을 구하게 되었다. 뉴욕에 진출한 국내 IB에서 주식 세일즈 부서에서 인턴을 하게 되었는데, 이 과정에서 세일즈 & 트레이딩에 대해 많은 것을 배울 수 있었다. 그 이후 어느 글로벌 IB의 여름 인턴십 프로그램을 하게 되었고, 그 경험을 바탕으로 다른 글로벌 IB의 인턴을 하면서 실전 IB 업무에 대해서 많은 경험을 할 수 있었다. 이러한 준비과정 을 거쳐 최종적으로 모간스탠리의 채권 세일즈 & 트레이딩으로 들어오게 되었다.

:: 회사 내에서 역할과 가장 큰 성취는 무엇이었나요?

채권 세일즈 & 트레이딩에서 FICC 세일즈를 담당하고 있다. 고객과 지속적으로 관계를 유지하 면서 그들이 채권을 매수하거나 매도하려고할 때 주문을 받아서 거래를 성사시켜주는 역할을 한다. 그리고 고객이 외환이나 원자재 관련 리스크가 발생했을 때 그것을 헤지해주고, 이 밖에도 FICC와 관련된 모든 문제를 해결해주면서 그것과 관련된 거래를 하는 업무를 한다.

일을 하면서 큰 성취감을 경험했던 경우를 이야기한다면, 거래 과정에서 처음부터 끝까지 스스로 주도를 하고 마무리를 지었을 때이다. 내가 스스로 고객을 찾아가 그들에게 거래 아이디어를 제안해 서 거래주문을 이끌어 낸 후, 그것이 완료될 때까지 주도적으로 거래성사에 참여했을 때 보람을 느낀 다. 거래의 성사과정에서 다른 사람들의 도움도 있었지만, 스스로 주도했다는 점에서 의미가 크다고 생각한다. 그래서 지금까지 가장 기억에 남는 거래는 내가 처음으로 주도했던 거래이다.

:: 투자은행에 입사하기 위해서는 사전에 어떠한 지식이나 기술이 필요한가요?

· 커뮤니케이션 기술: 세일즈는 처음부터 끝까지 사람을 대하는 업무를 하기 때문에 의사소통능 력은 매우 중요하다. 고객에게 필요한 정보를 간결하고 정확하게 전달하는 능력을 가지고 있 으면 고객에게 신뢰를 받을 수 있다. 그리고 다른 부서와의 의사소통도 세일즈에게 매우 중요 하기 때문에 의사소통능력은 필수적으로 갖추어야 할 능력이다.

· 재무(채권 & 파생상품): 다루는 상품이 채권과 그와 관련된 파생상품이기 때문에 이에 관한 기본지식이 필요하다. 채권의 경우에는 깊게 공부하는 것이 좋고, 파생상품은 기본개념을 정 확히 이해하는 정도로 공부하면 된다. 파생상품을 만드는 일은 스트럭처링 부서가 하고 그것 을 거래하는 일만 세일즈가 하기 때문에 기본개념을 이해하는 정도면 충분하다.

· 거시경제요소: 채권, 통화, 상품은 거시경제요소와 많은 연관이 있기 때문에 거시경제지식을 가지고 있는 것이 중요하다. 거시경제에 대한 감을 가지고 있으면 FICC의 움직임을 예측할 수 있고, 그에 대해서 고객에게 거래 아이디어를 제공해 줄 수 있다. 그리고 고객의 질문에 정확히 대답할 수 있다. 거시경제지식을 기르기 위해서는 지속적으로 경제신문을 읽는 것이 큰 도움이 된다.

모간스탠리 _ 주식시장 리서치 전문가 인터뷰

+ 이길우

Equity Research Division
Morgan Stanley, Seoul Branch

:: 투자은행을 어떻게 준비하셨나요?

평소 재무에 대한 관심이 있었지만 본격적으로 IB를 커리어 목표로 정한 것은 뉴욕에서 교환학생 후, 미국계 은행에서 인턴을 하면서였다. 당시 재무적 지식이 부족한 상태였고 인턴의 직책이었지만 자기 자신의 결과물에 대한 책임을 져야만 했다. 업무 시간 외에 혼자서 공부도 많이 하며 경험과 지식을 모두 쌓을 수 있다. 이후로 귀국 후에도 이 경력을 바탕으로 여러 IB에서 총 4번의 인턴을 하면서 차근차근 투자은행가로서의 준비를 해왔다

본격적으로 취업 준비를 하면서 공부한 방법은 크게 3가지였다. 먼저 CFA 등의 재무 자격증 시험을 준비하면서 문제를 단순히 푸는 것으로 끝내는 것이 아니라, 이 문제를 면접자에게 어떻게 설명할 수 있을까 고민하고 답을 구해보며 공부를 했다. 또한 IB 취업을 희망하는 사람들과 스터디 활동을 하였다. IB에 취업을 희망하는 사람끼리 모여서 한 명은 면접자가 되고 다른 사람들은 면접관이 되어, 가상 인터뷰 연습을 하면서 최대한 실전 인터뷰 분위기에 적응하려고 노력했다.

마지막으로는 인터뷰 문제들의 데이터베이스를 만드는 것이었다. 네이티브 스피커가 아닌 관계로 영어 인터뷰에 한계를 보일 수밖에 없었다. 이것을 극복하기 위해서 인턴 및 정규직 인터뷰를 많이 보면서 질문을 받았던 문제들과 그에 대한 나의 답변, 그리고 면접자들의 피드백을 데이터베이스

화시켰다. 어느 정도 데이터베이스가 축적되자, 다음 인터뷰에 대한 예상을 할 수 있었고 자신감을 얻을 수 있었다.

:: 회사 내에서 역할과 가장 큰 성취는 무엇이었나요?

리서치 부서는 바이 사이드 고객들에게 우리들의 투자 마인드 및 아이디어를 추천하는 것이다. 그렇기 때문에 아이디어를 더욱 논리적, 매력적으로 완성하기 위하여 투자 결정에 도움이 될 수 있는 자료들을 준비하고, 고객들과의 신뢰감을 형성할 수 있도록 모든 제반 업무를 담당한다.

모간스탠리의 주식 리서치 부서에서는 RA 시절부터 담당하는 섹터에 대하여 깊게 고민하고, 통찰할 수 있는 능력을 기를 수 있다. 자신만의 핵심 섹터를 담당하고, 산업 전반을 깊게 볼 수 있게 된다. 모간스탠리 덕분에 나는 지금 내 섹터에 스스로 빠져있고, 다른 사람들보다 조금 먼저 통찰력과 자신감을 가질 수 있었다.

일하면서 큰 성취감을 맛볼 수 있었던 경험을 이야기 한다면, 우리 팀의 투자의견이 주식 시장에 영향을 미칠 때이다. 평가 작업을 통해 특정 기업의 예상 주가가 상승될 것을 예상하고 투자 적격 의견의 리서치 보고서를 낸 적이 있었다. 다음 날, 블룸버그를 통해서 우연인지는 몰라도 다른 변동 요소가 없는데 그 기업의 주가가 상승하는 것을 보았을 때는 "정말 내가 영향력 있는 중요한 일을 하고 있구나" 하는 성취감을 느낄 수 있었다.

:: 투자은행에 입사하기 위해서는 사전에 어떠한 지식이나 기술이 필요한가요?

· 회계: 회계는 금융산업에서 비즈니스 언어로 통한다. 그러므로 회계의 기본 지식을 습득하고 실전에서 어떻게 적용이 되는지 아는 것은 매우 중요하다. 특히 각 재무제표 간의 연관관계를 이해하고 함축적인 의미를 파악하는 것이 매우 중요하다. 현금흐름표, 손익계산서, 대차대조표 간의 연관관계를 학교에서 배운 회계학을 바탕으로 연습해보도록 권유하고 싶다.

· 재무: 재무 지식 역시 금융업무에서 핵심적으로 필요한 요소이다. 특히 밸류에이션은 상당히 많이 쓰이기 때문에 스스로 많이 해보는 것이 도움이 될 것이다. 구체적으로 현금흐름할인

법과 유사기업비교법에 대한 이해를 높이고 입사 준비를 하면 더욱더 도움이 될 것이다.

· 재무를 위한 엑셀: 엑셀을 잘 다루는 기술이 있으면 매우 유용하다. 모든 자료 처리를 엑셀로 하기 때문에 엑셀에 능숙하면 업무 효율성이 높아진다. 그리고 엑셀을 이용한 평가 모델링을 할 때도 매우 유용하다. 또한, 엑셀의 단축키들을 미리 익혀 놓으면, 업무를 가속화시킬 수 있는 기회도 생긴다.

· 네트워킹 기술: 아직까지 IB분야의 취업 정보 등은 비공식적인 경로가 대부분이기 때문에, 투자은행가와의 네트워크 구축은 꼭 필요하다. 물론 지인이 있다면 좋겠지만, 지인이 없어도 좌절 할 필요는 없다. 모르는 사람한테도 용기를 가지고 이메일을 보내고 도움 및 요청을 해볼 수 있다. 네트워크는 스스로 구축해야 한다는 것을 꼭 상기할 필요가 있다.

제이피모간 _ 파생상품 전문가 인터뷰

+ 전필상

Liability Management &
Rates Sales
J.P.Morgan Chase Bank,
Seoul Branch

:: 투자은행을 어떻게 준비하셨나요?

나는 꼭 특별하게 '투자은행가'가 되어야겠다는 꿈을 갖고 있지는 않았다. 학부시절부터 파생상품에 관심이 많았고, 전공이 공학계열 쪽이다 보니 전공과도 관련 있는 금융공학에 대하여 더욱 공부해보고 싶다는 생각을 하고 있었다. 그리하여 학부를 졸업하고, 대학원에 진학하여 경영공학을 전공하게 되었다. 커리어 목표로써 IB의 채권 부문을 직업 쪽으로 고려하게 된 것도 이 때였다. 이쪽 분야를 살펴보니, 동일한 상품을 다루지만 잡 포지션은 트레이더와 세일즈에 따라서 판이하였다. 나는 세일즈의 역할이 더 맘에 들었다. 평소에도 혼자서 일하는 것보다는 다른 사람들과 함께 일하는 것을 좋아하고, 개인이 혼자서 하는 일보다는 팀웍으로 일을 처리하는 것이 마음에 들었다. 그래서 채권 부서 중 세일즈를 커리어 목표로 정하게 되었고, 결국 제이피모간에서 인턴 후에 제의를 받았다. 투자은행가가 된 것이 기쁘기도 하였지만, 무엇보다도 하고 싶던 업무를 원하던 자리에서 할 수 있게 된 것이 더욱 좋았다.

:: 회사 내에서 역할과 가장 큰 성취는 무엇이었나요?

나는 현재 채권 부서에서 파생상품을 관리 및 영업하고 있다. 지금은 주니어 레벨이기 때문에 마케터(Marketer)라기보다는 익스큐터(Executer)의 역할을 많이 한다. 거래를 재빨리 성사시키고,

이를 트레이더한테 넘겨서 딜을 완료시키는 것이 내 업무이다. 이제는 릴레이션을 시작하기도 한다. 거래대상 중에는 기업이나 자산운용사의 FX나 이자율 위험 헷지 등을 관리하는 것이 많다. 환율의 등락이 심할 때는 리스크가 더욱 크기 때문에, 더욱 신중을 기하여 고객들을 상대해야 한다. 항상 긴장하며 시장을 재빨리 파악하고, 이를 재빨리 캐치업하는 것이 중요하다. 일을 하면서 가장 큰 성취는 크게 사람과 통찰력, 두 가지를 꼽을 수 있다. 먼저 제이피모간에서 일하면서 뛰어난 사람들을 정말 많이 만나게 되고, 알게 되었다. 그런 사람들과 같이 일하는 것만으로도 나를 흥분시키기에는 충분하다. 또한 나에게 둘도 없는 좋은 자극제가 된다. 두 번째로는 시장을 보는 약간의 통찰력을 얻을 수 있었다. '이자율시장, 채권시장, 주가시장이 왜 다 강세로 가다 갑자기 약세로 돌변하게 되는지', '이런 이해를 바탕으로 시장을 예상 할 수 있는 능력', '그러한 요소들을 이용한 상품을 이해하고 생성할 수 있는 능력' 등은 이전에는 전혀 알 수 없는 사실들이었지만, 이제는 조금씩이나마 이해할 수 있게 되었다.

:: 투자은행에 입사하기 위해서는 사전에 어떠한 지식이나 기술이 필요한가요?

· 빠른 학습: 시시각각 시장도 변하고, 고객들 또한 더 빨리 진보해가는 것이 현실이다. 그들의 니즈보다 한 발 더 빠르게 움직여서 원하는 상품, 가격을 만들어내기 위해서는 남들보다 빨리 알고 체화해야 한다. 이를 통해, 왜 시장에서 이런 상황이 벌어지는지 그리고 앞으로 어떻게 될 것인지를 여러 가지 관점에서 살펴볼 수 있어야 한다.

· 기초(수학 & 경제): 기초가 되는 것에 충실해야 한다. 채권의 파생상품 등을 이해하기 위해서는 미적분은 기본적으로 필요하다. 또한 거시경제도 반드시 공부해 놓아야 한다. 모든 파생상품의 언더라인은 기본 상품(주식, 채권)이기 때문에 경제 변동에 따른 기본상품의 움직임을 당연히 알고 있어야 한다. 수학과 인터뷰에서도 면접받는 사람에 따라 다르겠지만, 테크니컬한 것 보다는 기본적인 개념들을 많이 물어본다. 예를 들면, ELS의 가격결정(Pricing)을 어떻게 할 것인가? 프라이싱 방법의 근간이 되는 개념은 무엇인가? 식으로 묻기 때문에, 기본 중의 기본인 수학과 경제는 열심히 공부해 두어야 한다.

제이피모간 _ 채권영업 전문가 인터뷰

+ 진율

Credit & Rates Markets
J.P.Morgan Securities Ltd.,
Seoul Branch

:: 투자은행을 어떻게 준비하셨나요?

처음으로 금융권에 진출하게 된 것은 졸업 후 국내증권사에 입사하면서부터였다. 그러나 국내증권사에서 근무하면서 많은 한계를 느꼈다. 나 자신이 성장할 수 있는 기회가 적었고, 아무리 능력이 있다고 해도 빠르게 승진할 수 없었다. 그리고 근무 중에 내 의견이 반영되는 일이 적었고 상관의 명령에 그대로 따라야 하는 근무환경이었다. 무언가 나 자신에게 도전이 될 만한 업무를 맡을 기회가 없었다.

그래서 나에게 성장기회를 줄 수 있는 다른 직장을 찾던 중, 외국계 투자은행에 근무하고 계시는 지인의 추천을 받아 그 곳에 입사하게 되었다. 그 투자은행에서 채권 세일즈 업무를 맡게 되어 몇 년간 경력을 쌓은 후 그 경력을 인정받아 현재 근무하고 있는 제이피모간으로 이직하게 되었다.

:: 회사 내에서 역할과 가장 큰 성취는 무엇이었나요?

내가 맡고 있는 업무는 채권 세일즈이다. 나의 업무는 거래에서 특정 포지션을 취하는 것이 아니라 클라이언트를 트레이더와 연결시켜줌으로써 시장을 만드는 역할을 한다. 채권에는 크게 구조화채권(Structured Bond)과 현금채권(Cash Bond)이 있는데 내가 거래하는 상품은 현금채권(Cash Bond)이다. 주로 중앙은행, 시중은행, 투자신탁회사, 보험사, 국내 증권사, 연기금 등의 국내금융기관들을 대상으로 거래를 한다.

내가 제이피모간에 와서 얻은 것 중 가장 값진 것은 평판 관리(Reputation Management)를 배웠다는 것이다. 제이피모간은 특히 평판 관리에 철저히 신경을 쓰기 때문에 단기적으로 손해를 보더라도 장기적인 시각에서 고객과의 관계를 만들어간다. 그렇게 만들어진 평판 은 회사의 입장에서 매우 중요한 자산이다. 이러한 평판은 내가 업무를 할 때 많은 도움이 된다. 제이피모간은 이러한 평판을 바탕으로, 현재의 금융위기 속에서도 기초가 튼튼하여 다른 회사들보다 비교적 건재하다는 점이 매우 매력적인 부분이라고 생각한다.

:: 투자은행에 입사하기 위해서는 사전에 어떠한 지식이나 기술이 필요한가요?

· 감각: 세일즈 업무를 잘 하려면 포괄적으로 '센스'가 가장 중요한 능력이다. 클라이언트와 지속적인 관계를 맺고 그들의 욕구를 잘 파악하기 위해서는 센스 있는 행동들이 필요하다. 어떤 클라이언트가 내가 팔고자 하는 상품을 필요로 하는지, 클라이언트가 원하는 정보를 어떻게 하면 얻을 수 있을지 등의 사항은 누가 가르쳐주는 것이 아니라 스스로 알아내야 하는데, 그런 것들은 센스 있는 사람들이 잘 한다. 그리고 채권은 시장의 변화에 민감하기 때문에 시장에 대한 감을 가지고 있는 것도 매우 중요한 능력이다.

· 재무: 재무분야 중 특히 채권과 관련된 지식을 미리 공부하고 와야 한다. 입사한 후에 다시 처음부터 배우게 되지만 채권에 대한 기초를 쌓고 온다면 더 쉽게 이해할 수 있을 것이다. 심화 과정까지 공부할 필요는 없고, 재무관리 수준에서 확실히 기초를 닦고 온다면 충분하다.

· 거시경제학: 채권은 시장의 움직임에 따라 가격이 변동하기 때문에, 거시경제학을 확실히 공부하여 시장에 대한 감을 잡을 수 있는 기초를 닦는 것이 좋다. 채권 세일즈는 현재 시장을 움직이는 가장 중요한 조종자가 무엇인지 알고 있는 것이 매우 중요한데 그것을 알기 위해서는 거시경제학적 기초가 쌓여 있어야 한다.

모간스탠리 _ 채권 트레이딩 전문가 인터뷰

+ 조의행

Fixed Income Trading
Morgan Stanley, Seoul Branch

:: 투자은행을 어떻게 준비하셨나요?

대학교 시절 전공이 경영학과였는데 글 쓰는 것보다 숫자를 다루는 것을 더 좋아했었다. 그래서 경영학과에서 사회에 진출하여 숫자를 다루는 일을 생각해보았는데 바로 금융권에서 일하는 것이었다. 그것을 위해 학생으로서 당장 준비할 수 있는 것은 회계사를 준비하는 것이라고 생각했다. 왜냐하면 재무는 회계를 기본 바탕으로 하기 때문이다. 그래서 회계사 시험을 준비하여 합격을 하였고 회계법인에 들어가게 되었다.

회계법인에서 FAS(Financial Advisory Service)부서에서 일하게 되었는데 이 부서는 M&A를 자문하는 업무를 하는 부서이다. 그래서 M&A 자문 업무를 하면서 많은 것을 배웠고, 그 과정에서 IB에서 일하고 싶다는 생각이 들었다. 왜냐하면 M&A는 회계법인이 주관사가 될 수도 있지만 큰 규모의 M&A에서는 IB가 주로 주간사를 맡고 회계법인은 도와주는 역할을 하기 때문이다. 그래서 M&A업무를 제대로 해보고 싶다는 생각에 어느 글로벌 IB의 IBD로 이직하게 되었다.

글로벌 IB로의 이직은 내가 모간스탠리로 올 수 있었던 발판이 되었다. 비록 현재 일하고 있는 부서와는 다른 부서에서 일했지만, 같은 IB산업에서의 유사경험을 쌓을 수 있었기 때문에 모간스탠리로 이직하는 데 있어서 큰 도움이 되었다고 생각한다. 현재 모간스탠리의 채권 트레이딩 부서에서의 생활은 매우 만족스럽고 이 곳은 매우 인간미 넘치는 곳이라고 자신 있게 말할 수 있다.

:: 회사 내에서 역할과 가장 큰 성취는 무엇이었나요?

내가 하고 있는 업무는 외환 딜링(FX Dealing)이다. 외환 딜링 업무 중 플로우 트레이딩(Flow Trading)과 프랍 트레이딩(Prop Trading) 모두를 담당한다. 플로우 트레이딩이란, 외환을 거래하고 싶은 고객을 대상으로 트레이딩을 하는 업무를 뜻한다. 고객과 거래를 성사시키고 난 후 그 리스크를 반드시 헤지해야 한다. 프랍 트레이딩이란, 북(Book)을 가지고 스스로의 판단에 의해 외환거래를 하는 업무를 뜻한다. 내가 업무 중에 다루는 상품은 원/달러 현물환, 선물환이다.

지금까지 일을 하는 동안에 가장 큰 보람을 느꼈던 경험은 스스로의 판단에 의해 프랍 트레이딩을 해서 큰 이익을 얻었던 때의 일이다. 그 때가 공휴일이었는데 TV를 보던 중 유럽중앙은행 총재가 예상치 못한 발언을 했다. 그것을 보고 유로화의 움직임을 예상할 수 있었고, 이것과 연관해서 달러화의 움직임도 나름대로 예상할 수 있었다. 그래서 바로 나의 예상과 적합한 포지션을 취했다. 시간이 갈수록 달러화의 움직임이 내 예상과 일치하게 움직였고, 며칠 후에 매우 큰 이익을 얻고 포지션을 청산했다. 이러한 경우가 자주 있는 것은 아니지만 자신의 판단에 의해 결정을 내리고 책임을 진다는 부분에서 매우 매력적이라고 생각한다.

:: 투자은행에 입사하기 위해서는 사전에 어떠한 지식이나 기술이 필요한가요?

· 숫자감각: 숫자감각은 트레이더로서 가장 중요한 자질 중 하나이다. 트레이더는 실시간으로 수치들의 움직임을 즉각적이고 정확하게 판단해서 바로 거래실행에 옮겨야 하기 때문에 숫자 감각이 뛰어나야 이러한 업무를 능숙하게 할 수 있다. 그리고 작은 숫자실수에도 손실액이 엄청날 수 있기 때문에 숫자감각은 더욱 필요한 능력이다.

· 스트레스 관리 기술: 트레이더는 장이 열리는 오전 9시부터 오후 3시까지 절대로 집중력을 잃어서는 안 된다. 왜냐하면 큰 리스크를 안고서 수많은 거래를 실행해야 하기 때문이다. 이런 상황에서는 항상 손에 땀을 쥐는 긴장감이 계속되지만, 긴장하지 않고 자연스럽게 업무를

해야 한다. 긴장할수록 실수가 많아지기 때문이다. 트레이더는 이러한 정신적인 스트레스를 잘 관리할 수 있는 능력과 그것을 즐길 줄 아는 능력이 필요하다.

· 거시경제: FICC는 경제전반의 흐름에 많은 영향을 받기 때문에 항상 경제에 관심을 가져야 한다. 특히 거시경제적인 요소에 가격이 좌우되기 때문에 거시경제와 FICC의 연관관계를 잘 알고 있으면 좋은 거래 기회를 포착할 수 있다. 이 능력을 기르기 위해서는 경제신문에서 손을 놓지 않아야 한다.

| 용어정리 |

[ㄱ]

가중평균자본비용(WACC, Weighted Average Cost of Capital)
기업자본을 형성하는 각 자본의 비용을 자본구성비율에 따라 가중평균한 것을 말한다.

감가상각(Depreciation)
시간의 흐름에 따라 감소하는 자산의 가치를 회계에 반영하는 과정이다. 경제학적으로는 자산의 가치 감소 자체를 의미하나, 회계학의 관점에서는 취득한 자산의 원가를 자산의 사용 기간에 걸쳐 비용으로 배분하는 과정을 뜻한다.

계속 기업의 가정(The Going Concern Assumption)
재무제표를 작성할 때 사용되는 가정으로서 기업이 계속적으로 존재하여 영업활동을 할 것이라는 가정이다. 이는 기업이 본래 목적을 달성하기 위해 계속적인 재투자 속에서 구매, 생산, 영업 활동들을 이어 나갈 것임을 뜻한다.

고수익채권(High Yield Bond, Junk Bond)
일반적으로 기업의 신용등급이 무척 낮아 회사채 발행이 불가능한 기업이 발행하는 회사채로, 다른 말로는 '고수익채권' 또는 '열등채' 라고도 부른다. 원리금 상환에 대한 불이행 위험이 큰 만큼 이자가 높기 때문에 중요한 투자 대상이 된다.

고정 이하 여신 비율
총 여신에 대한 고정 이하 여신의 비율을 나타내는 것으로, 여기서 고정 이하 여신은 상호저축은행 대출채권 등 보유자산의 건전성을 '정상', '요주의', '고정', '회수의문', '추정손실' 5단계로 분류할 때 '고정', '회수의문', '추정손실' 로 분류되는 여신을 말한다. 따라서 고정 이하 여신 비율이 낮을수록 여신건전성이 높다고 할 수 있다.

공개시장조작(Open Market Operation)
중앙은행이 공개시장에 개입하여 시장 가격으로 유가증권 등의 매매를 통해 금융을 조절하는 일을 뜻한다. 우리나라의 경우, 시중에 통화가 많아가치가 하락하면 한국은행이 통화안정증권(통안채) 등을 판매하게 된다. 이는 시중의 통화를 흡수해 과잉 유동성을 줄임으로써 통화 가치 안정을 가져온다. 이러한 일련의 과정을 공개 시장 조작이라 한다.

공매(空賣, 공매도, Short Selling)
주가 하락에서 생기는 차익금을 노리고 실물 없이 주식을 파는 행위로 주식에 대한 권리를 실제로 갖고 있거나 혹은 갖고 있더라도 상대에게 인도할 의사 없이 신용 거래로 환매(還買)하는 것을 뜻한다.

공매(空買, 공매수, Short Stock Buying)
주가 상승에서 생기는 차익금을 노리고 실물 없이 주식을 사는 행위로 자금을 충분히 갖고 있지 않고 있거나 혹은 갖고 있더라도 주권을 인수할 의사 없이 신용 거래로 전매(轉賣)하는 것을 뜻한다.

괴리율(Disparate Ratio)
전환사채의 시장가격과 패리티 간의 차이를 '괴리' 라고 한다. 여기서 패리티란 전환사채를 주식으로 전환할 때의 전환가격에 대한 주가의 비율을 말하는 것으로 전환사채의 고·저평가 여부를 알려주는 지표이다.

교환사채(Exchangeable Bond)
사채권자의 의사에 따라 주식 등 다른 유가증권으로 교환할 수 있는 사채를 뜻한다.

구조조정 펀드(CRC)
자산 중 50% 이상을 대기업그룹에 속하지 않는 기업의 유상증자나 사채발행 등 신규로 발행하는 유가증권에 투자·운용하는 기금을 뜻한다.

구조화 채권(Structured Note)
정해진 기초 자산의 움직임에 따라 채권의 현금 흐름이 달라지는 채권을 말한다. 기초 자산에 따라 주식연계채권, 금리연계채권, 신용연계채권, 통화연계채권, 상품연계 채권 등으로 나뉜다.

금리 스왑(Coupon Swap)
쿠폰 스왑이라고도 한다. 금리 변동에 따른 리스크를 커버하기 위해 동일 통화 내 금리조건 또는 기준 금리의 종류를 상호 교환하거나 통화 스왑을 하면서 위와 같은 금리를 교환하는 행위를 뜻한다.

기축통화(Key Currency)
국가 간 무역거래 및 금융거래의 결제, 그리고 준비자산으로 널리 이용되는 통화를 말하며, 국제통화라고도 한다. 기축통화로서의 조건은 통화 가치가 안정 되어 있어야 하고, 국제 거래 통화로서의 수요 공급이 원활해야 하며, 국제 무역 및 국제 금융에 대한 매개 통화적 기능을 가지고 있어야 하고, 그 나라 금융 시장이 국제 금융 시장으로서의 기능과 조직을 겸비해야 한다.

[ㄴ]

내용연수(Service Life)
고정자산이 통상적인 사용을 감당할 수 있는 기간을 뜻한다.

[ㄷ]

대량매매(Block Trading)
주식시장에서 일정한 수량 이상의 대량주문을 혼란 없이 처리하기 위한 매매방법으로 통상적인 매매거래방식으로는 적당한 시간 내에 적정한 가격으로 주문을 집행하기가 어렵다고 판단될 때 사용된다. 대량매매는 원칙적으로 회원이 거래소가 정하는 일정수량 이상의 매도호가에 대하여 공개처리를 희망하는 경우와 공개희망이 없는 경우의 대량매매가 있다.

대출채권담보부증권(CLO, Collateralized Loan Obligation)
은행들이 대출채권을 담보로 발행하는 일종의 자산유동화증권(ABS)을 뜻한다. 신용도가 낮은 기업에 대한 신규도출 또는 기존 여신 증가분 을 묶어 풀(pool)을 구성하고 이를 자산유동화 전문회사에 매각하면 이곳에서 CLO를 발행하게 된다. 이 과정에서 신용보증기금이 부분보증으로 신용보강을 하면 은행은 대출채권을 그냥 안고 있는 것보다 위험을 줄이고 결국 BIS비율이 하락 하는 위험도 방지할 수 있다. 신용도가 낮아 자체 신용으로는 회사채를 발행할 능력이 없는 기업에 대해 은행이 신규대출을 해줄 수 있는 '운신의 폭'이 넓어진다. 최근 은행들이 BIS비율을 맞추기 위해 기업대출을 꺼리자 정부에서 기업자금 대출을 원활하게 하기 위해 도입했다.

듀레이션(Duration)
채권에서 발생하는 현금흐름의 가중평균만기로서 채권가격의 이자율변화에 대한 민감도를 측정하기 위한 척도로써 1938년 매컬리(F. R. Macaulay)에 의해 체계화 되었다. 듀레이션은 채권만기, 채권의 액면이자율(표면이자율), 시장이자율(할인율) 의 세 가지 요인에 의해서 결정된다. 즉, 채권의 만기가 길수록 듀레이션도 길어지며, 채권의 액면이자율이 높을수록 듀레이션은 짧아지며, 시장이자율이 높을수록 듀레이션은 짧아진다.

디플레이터(Deflator)
국민소득 통계의 명목치(시가표시)를 실질치(불변가격표시)로 환산할 때 사용되는 물가지수를 말한다. 물가상승(인플레이션)으로 중대한 명목치를 본래로 되돌리는(디플레이트) 지수라는 의미가 있다.

[ㄹ]

레버리지효과(Leverage effect)
타인자본을 이용한 자기자본이익률의 상승효과. 타인으로부터 빌린 차입금을 지렛대로 삼아 자기자본이익률을 높이는 것으로 지렛대효과라고도 한다.

[ㅁ]

모기지(Mortgage)
법률적 관점에서는 금융 거래에서 부동산을 담보로 하는 경우 그 부동산에 설정되는 저당권 또는 그 저당권을 나타내는 증서를 모기지라 한다.

무이표채(Non-Coupon Bond)
채권의 종류 중 하나로, 정기적으로 이자가 지급 되지 않고 할인 발행 등을 통하여 만기에 원금만 상환되는 채권을 뜻한다.

[ㅂ]

바이아웃 펀드(Buyout Fund)
기업의 지분 상당 부분을 인수하거나 아예 기업 자체를 인수한 후 구조조정이나 다른 기업과의 인수 합병(M&A)을 통해 기업가치를 높인 뒤 되팔아 수익을 거두는 펀드를 뜻한다.

발행시장(Primary Market)
단기금융상품이나 채권, 주식 등 장기 금융상품이 신규로 발행되는 시장을 뜻한다. 신규 발행뿐만 아니라 기발행 주식의 공개 매출, 공사채의 모집 시기 등에 형성된다.

백 오피스(Back Office)
후선 업무라고도 한다. 증권 시장에서 증권 거래 이후의 처리 과정을 담당하는 기관이나 그 기관이 수행하는 업무를 뜻한다.

벌처펀드(Vulture Fund)
부실자산이나 부실기업을 싼 값에 인수해 직접 정상화시키거나 상황이 호전되기를 기다려 고가에 되팔아 차익을 내는 펀드를 뜻한다.

부채담보부증권(CDO, Collateralized Debt Obligation)
회사채나 금융기관의 대출채권, 자산담보부증권(ABS, Asset Backed Security) 등을 묶어 유동화 채권으로 발행한 신용파생상품의 일종이다. 특히 기초자산이 회사채인 경우 채권담보부증권(CBO, Collateralized Bond Obligation)이라고 한다. 부채담보부증권은 담보로 사용된 대출이나 회사채가 제때 상환되지 못할 경우 투자자들의 손실로 이어진다. 수익을 목적으로 발행하는 'Arbitrage CDO' 와 신용위험을 투자자에게 전가하기 위해 발행하는 'Balance Sheet CDO' 로 나뉜다.

비드-오퍼 스프레드(Bid-Offer Spread)
금융 상품을 싼 가격에 사 비싸게 팔았을 때 생기는 차익을 말한다.

[ㅅ]

사모사채(Private Placement Bond)
기업이 은행, 투자금융 등 기관투자가나 특정 개인에 대해 개별적 접촉을 통하여 채권을 매각하는 것을 말한다. 불특정 다수인을 대상으로 발행하는 공모사채에 비해 발행시간과 비용이 절약되고 기업내용의 공개를 회피할 수 있다는 장점이 있어 기업들이 선호하고 있다.

소비자물가지수(CPI, Consumer Price Index)
가정이 소비하기 위해 구입하는 재화와 용역의 평균가격을 측정한 지수다. 우리나라의 경우 통계청에서 조사하며, 일상생활에 직접 영향을 주는 물가의 변동을 추적하는 중요한 경제지표의 하나이다

수출채산성
수출에 있어서 경영상 수지나 손익을 셈하여 이익이 나는 정도를 뜻한다. 즉, 수출을 했을 때 얼마나 이익을 낼 수 있는가의 척도이다.

순자산가치(NAV, Net Asset Value)
기업의 주가를 주당순자산(PBR)으로 나눈 것을 말한다. 여기서 주당순자산(PBR)은 자본 총계에서 무형고정자산, 이연자산, 사외유출금을 차감 하고 이연부채를 더한 금액을 기말발행 주식 수로 나누어 계산한다.

스태그네이션(Stagnation)
경기 침체라고도 하며 장기간의 저조한 경제성장을 뜻한다. 보통 1년 동안의 경제 성장률이 2~3% 이하로 떨어졌을 때를 나타낸다.

스태그플레이션(stagflation)
경제불황 속에서 물가상승이 동시에 발생하고 있는 상태로서 인플레이션과 스태그네이션의 합성어이다.

시가총액(Aggregate Value of Listed Stock)
상장 주식 전체를 시가로 평가한 총액으로, 주식시장이 어느 정도의 규모를 가지고 있는가를 나타내는 지표이다.

신디케이트론(Syndicate Loan)
다수의 은행으로 구성된 차관단이 공통의 조건으로 일정 금액을 차입자에게 융자해 주는 중장기 대출을 뜻한다.

신용리스크(Credit Risk)
신용 리스크란 파생금융상품의 거래상대방이 계약대로 거래를 이행치 않을 경우 손실이 발행할 리스크를 말한다. 이는 가격변동에 따른 시장 리스크, 시스템의 미비, 인위적인 실수 등으로 인한 운영 리스크와 더불어 파생금융상품 거래에 대표적인 리스크다.

신용스프레드(Credit Spread)

회사채 신용등급 간 금리격차를 의미한다. 즉, 신용등급이 다른 회사채 간에 얼마나 금리차가 나는가를 나타낸 수치로, 기업의 재무 변수와 거시경제변수의 변동에 따라 큰 영향을 받기 때문에 기업의 자금 사정을 살펴보는 데 유익한 지표로 활용된다.

신주인수권부사채(BW, Bond with Warrant)

사채 발행 이후에 기채회사가 신주를 발행하는 경우 사채권자에게 미리 약정된 가격에 따라 일정한 양의 신주 인수를 청구할 수 있는 권리가 부여된 사채다.

[ㅇ]

아웃소싱(Outsourcing)

기업 업무의 일부 프로세스를 경영 효과 및 효율의 극대화를 위한 방안으로 제3자에게 위탁해 처리하는 것을 말한다.

양도성예금증서(CD, Certificate of Deposit)

은행이 정기 예금에 대해 발행하는 무기명의 예금증서로, 예금자는 제 3자에게 양도하거나 매매할 수 있는 권리를 갖는다.

양해각서(MOU, Memorandum of Understanding)

원래는 본 조약이나 정식계약의 체결에 앞서 국가 사이에 이루어지는 문서로 된 합의를 가리키나 포괄적인 의미로 국가 간 뿐 아니라 일반 기관 사이, 일반 기업 사이에서도 교섭에 따라 양해된 사행을 확인 및 기록하기 위한 목적으로 사용된다. 기업 간에 작성되는 양해각서는 주로 정식 계약을 체결하기 앞서 쌍방의 의견을 미리 조율하고 확인하는 상징적 의미가 있다.

어닝시즌(Earning Season)

미국 기업들의 실적이 집중적으로 발표되는 시기를 말한다. 기업들의 실적에 따라 주가의 향방이 결정되기 때문에 이 시기에는 기업별 주가가 큰 변동성을 가지게 된다. 특히 주식시장이 약세장인 경우에는 기업의 성장성보다는 실적이 중시되므로 이 때 실적이 발표되면 주가의 변동성이 더욱 커지게 된다.

엔젤펀드(Angel Fund)

경영권을 가지려 하지 않고 가능성 있는 기업을 찾아 투자만 하는 사람이나 기관을 엔젤(angel)이라 하고 이러한 엔젤들에 의한 펀드를 엔젤펀드라 한다.

연기금

연금(Pension)과 기금(Fund)을 합친 말로서 연금을 지급하는 원천이 되는 기금을 말한다. 연금이란 노후의 소득

보장을 위해 근로 기간에 기여금을 내고 일정한 연령에 도달하면 급여를 받는 제도이고, 기금이란 특정 공공사업 자금을 마련하기 위해 정부가 조성하는 자금을 말한다.

예수금
거래에 관계된 선금이나 보증금으로서 임시로 받아서 나중에 돌려줄 금액, 혹은 그것을 회계 처리하는 계정 과목을 뜻한다.

요구불예금(Demand Deposit)
예금주의 요구가 있을 때 언제든지 지급할 수 있는 예금을 말한다.

유상감자(Paid-in Capital Decrease)
사업내용의 축소 등에 의하여 불필요하게 된 회사재산을 사원(주주)에게 반환하기 위하여 감자가 행해지는 경우를 유상감자라 한다.

유상증자(Paid-in Capital Increase)
주주로부터 증자납입금을 직접 징수하는 증자를 뜻한다.

유통시장(Secondary Market)
이미 발행된 장·단기 금융상품이 거래되는 시장을 뜻한다. 투자자가 보유중인 회사채나 주식을 쉽게 현금화 할 수 있게 해줌으로써 금융상품의 유동성을 높여준다. 아울러 금융상품의 발행가격을 결정하는 발행시장(Primary Market)에 영향을 미침으로써 자금 수요자의 자금 조달 비용에도 영향을 준다.

이연자산(Deferred Asset)
기업회계 상 차기 이후의 비용에 속하는 몫을 당기 비용에서 차감하여 자산으로 이월한 것을 뜻한다.

이자율위험(Interest Rate Risk)
이자율의 변동으로 인하여 채권가격과 재투자 수익에 미치는 위험으로서 모든 채권에 영향을 미치는 시장위험을 말한다. 채권투자의 경우 이자율 변동에 따른 위험이 채권가격 위험과 재투자 수익률 위험으로 구분되어 있다.

인플레이션(Inflation)
화폐 가치가 하락하여 물가가 상승하는 현상을 뜻한다. 주로 정부의 저금리 정책으로 인해 시중에 유통되는 화폐가 급속이 증가하는 유동성 확대 때문에 경기가 활성화되어 물가가 올라 발생하는데, 공급보다 수요가 증가해서 발생하는 수요 인플레이션과 원자재나 인건비 등의 생산비가 증가하여 생기는 비용 인플레이션이 있다. 외환 시장에서는 인플레이션이 생기면 정부가 경기 진정을 위해 금리 인상에 나설 것이라는 기대로 해당 국가의 통화가 강세를 나타나게 된다.

[ㅈ]

자본시장통합법
은행과 보험을 제외한 증권사, 자산운용사, 선물회사, 종금회사, 신탁회사 등 자본시장 관련업을 하나의 업종으로 통합하는 법이다. 자본시장통합법이 시행되면 자본 시장의 업무 영역의 경계가 없어져 대형 투자 회사의 등장이 가능해지며, 금융투자 상품에 있어 포괄주의(Negative System)를 채택하게 되어 기존의 열거주의(법에서 정해 놓은 상품만 판매 가능)에서 벗어나 금융 상품의 자유로운 개발이 가능해진다. 또한 각 금융 기관별, 상품별로 다르게 적용되던 규제를 하나로 통합하여 기능별로 동일한 법을 적용하게 되어 비효율을 크게 개선할 수 있다.

자산유동화증권(ABS, Asset Backed Securities)
자산담보부증권이라고도 한다. 보유하고 있는 자산인 채권을 담보로 증권화하는 것으로 자산보유자가 채권 등에 묶여 있는 현금흐름을 조기 회수하기 위해서 채권을 담보로 일정한 현금흐름을 창출하는 것이다. 즉, 자산보유자가 보유하고 있는 채권을 특별 목적회사인 유동화 전문 회사에 양도하고 유동화 전문 회사는 채권을 담보로 ABS를 발행한다. 투자자의 투자를 통해 회수된 자금을 자산보유자에게 전달함으로써 채권을 증권화 하는 것이다. 원 채무자는 투자자에게 채무를 변제함으로써 투자자는 자금을 회수하게 된다.

장외시장(OTC, Over the Counter)
거래소시장 밖에서 유가증권의 거래가 이루어지는 비조직적 · 추상적 시장을 총칭하는 말로, 주로 증권회사의 점두(店頭)에서 이루어지므로 점두시장(店頭市場)이라고 하기도 한다. 주로 직접 현물과 대금을 상호 교환하는 형식으로 거래가 이루어지며, 거래 단위 미만의 상장주식이나 채권이 수시로 거래 된다.

전환사채(Convertible Bond)
사채로서 발행되었지만 일정기간 경과 뒤 소유자의 청구에 의하여 주식(보통주식)으로 전환할 수 있는 사채를 뜻한다.

제품 수명 주기 이론(Product Life Cycle Theory)
특정 제품이 시장에 도입되어 성장 및 성숙의 과정을 거쳐 쇠퇴하게 된다는 이론이다. 제품 수명 주기는 특정 제품이 처음으로 출시되는 도입기, 매출액과 수요가 상승하여 최대 이익이 발생하는 성장기, 강한 경쟁으로 인해 경쟁제품이 시장에서 퇴출되는 성숙기, 소비자 취향의 변화나 경쟁심화, 기술 혁신 등으로 매출이 감소하고 수익이 없는 시장이라면 제품을 철수시키는 쇠퇴기로 구성된다. 각 시기 별로 차별화 된 마케팅 전략의 수립이 필요하다는 것이 이 이론의 핵심이다.

종합 금융(Merchant Banking)
기업의 전반적인 자금 운용을 돕는 은행으로서 주로 외자 도입의 주선과 외자의 차입 및 전대, 설비 또는 운전 자금 따위의 투융자, 기업이 발행한 어음의 할인 · 매매 · 인수 및 보증, 유가 증권의 인수와 모집 또는 매출의 주선, 기업의 경영 지도 따위에 관한 용역, 사채 및 채권 증서의 발행 등의 업무를 맡아 한다.

주가이동평균선

매일의 종가(終價)를 기준으로 산출한 이동 평균치를 도표에 옮겨 놓은 연장선을 뜻한다. 일정 기간의 주가 평균값의 진행 방향을 확인하고, 매일의 주가가 이 진행 방향과 어떤 관련성이 있는지를 분석하여 앞으로의 주가 동향을 예측하는 투자 지표이다.

주간사

기업체가 주식이나 사채의 모집, 매출을 행할 경우 중심이 되어 알선 역을 하는 증권회사를 가리킨다.

주택담보대출(Mortgage loan)

부동산에 설정되는 저당증권을 발행하여 장기주택자금을 대출해주는 제도를 뜻한다.

지주회사(Holding Company)

다른 회사를 지배하기 위한 목적으로 그 회사를 지배할 수 있는 범위의 주식을 소유하기 위해 설립되는 회사를 말한다.

[ㅊ]

차익거래(Arbitrage Trading)

주가지수선물의 실제가격과 이론가격 사이의 일시적인 불일치가 발생할 때 상대적으로 높게 평가된 쪽을 매도함과 동시에, 상대적으로 낮게 평가된 쪽을 매수함으로써 장래에 이들 두 시장 사이의 가격관계가 정상으로 돌아올 때 그 불일치의 축소 폭만큼 무위험수익을 얻고자 하는 거래를 차익거래라 한다.

[ㅋ]

컨센서스(Consensus)

증권 시장의 변화에 대한 애널리스트들의 실적 예측을 뜻하는 용어이다.

컴플라이언스(Compliance)

금융 기관 내의 준법감시 역할을 맡는 부서로서, 내부 통제 기준을 제정하고 해석하는 역할을 한다.

코스피(KOSPI, Korea composite Stock Price Index)

한국증권선물거래소의 유가증권시장에 상장된 회사들에 주식에 대한 총합인 시가 총액의 기준시점과 비교시점을 비교하여 나타낸 지표다. 원래 명칭은 종합주가지수였으나, 2005년 11월 1일부터 현재이름으로 바뀌어 사용되고 있다.

콜 옵션(Call Option)
거래당사자들이 미리 정한 가격(행사가격, strike price)으로 장래의 특정 시점에 특정 자산을 살 수 있는 권리를 매매하는 계약이다. 매도자로부터 자산을 매입할 수 있는 권리가 매입자에게 부여되는 대신 매입자는 매도자에게 그 대가인 프리미엄을 지급하게 된다. 매입자는 대상자산의 현재가격이 행사가격보다 높은 경우 권리를 행사하여 대상자산을 매입하게 되며 현재가격이 행사가격보다 낮을 경우 권리를 포기하고 시장가격에 의해 대상자산을 매입하게 된다.

[ㅌ]

턴어라운드(Turnaround)
조직 개혁이나 경영 혁신 등을 통해 실적이 적자에서 흑자로 급격하게 개선되는 상황을 뜻한다. 일본의 사에구사 다다시가 저술한 《턴어라운드 경영》에서 비롯하였으며 영업 실적뿐 아니라 비즈니스의 기본 전략, 조직 문화의 변화도 의미한다.

통화 스왑(Currency Swap)
두 거래 당사자가 계약일에 약정된 환율에 따라 해당통화를 일정시점에서 상호 교환하는 중장기적 헤지를 위한 외환거래이다. 또한 차입비용의 절감과 자금관리의 효율성을 높여주고 새로운 시장에 대한 접근수단으로 이용 된다. 통화 스왑은 장부 외 거래의 성격을 갖고 있어 금융기관의 경우 자본·부채비율의 제한을 받지 않고 이들 거래를 이용할 수 있는 이점도 갖고 있다.

통화안정증권(Monetary Stabilization Bond)
중앙은행이 통화량을 조절하기 위해 금융기관 또는 일반인을 대상으로 발행하는 단기 증권이다.

투자 등급 채권
'Standard & Poor's'와 'Moody's'와 같은 채권등급 평정기관에 의해 BBB 이상으로 평가되는 채권을 말한다. 이에 대해 나머지 하위 등급의 채권을 투기적 등급채권이라 부른다.

트란쉐(Tranche)
조각(slice)을 의미하는 프랑스어로 채권 발행 시 기채조건이 다른 두 종류 이상의 채권을 동시에 발행할 경우, 각각의 채권 발행을 트란쉐라 한다.

특수목적법인(SPC, Special Purpose Company)
특수한 목적을 수행하기 위해 일시적으로 만들어지는 일종의 명목회사이다.

[ㅍ]

파생상품(Derivative securities)

주식과 채권 같은 전통적인 금융상품을 기초자산으로 하는 증권을 말한다. 기초자산은 금융상품이 아닌 현물 등도 가능하며, 대표적인 파생상품으로는 선도거래, 선물, 옵션, 스왑 등이 있다. 파생상품의 주요목적은 위험을 감소시키는 헤지 기능이나, 레버리지기능, 파생상품을 합성하여 새로운 금융상품을 만들어내는 금융상품 창조 기능 등이 있다.

포트폴리오(Portfolio)

주식투자에서 위험을 줄이고 투자수익을 극대화하기 위한 일환으로 여러 종목에 분산 투자하는 방법을 뜻한다.

풋 옵션(Put Option)

거래 당사자들이 미리 정한 가격(행사가격, Strike Price)로 장래의 특정 시점 또는 그 이전에 특정 자산을 팔 수 있는 권리를 매매하는 계약을 뜻한다. 매수자는 매도자에게 옵션 가치인 프리미엄을 지불하고 행사가격으로 일정시점에 대상자산을 매도할 수 있는 권리를 소유하게 되며, 매도자는 프리미엄을 받는 대신 매수자가 권리를 행사할 경우 그 대상자산을 행사 가격에 사야 할 의무를 갖게 된다. 매수자는 만기일에 대상 자산의 시장 가격이 행사 가격보다 낮다면 시장 가격보다 높은 가격에 파는 것이 유리하므로 권리를 행사하게 된다. 반면 만기일에 시장 가격이 행사 가격보다 높다면 매수자는 직접 시장 가격으로 판매하는 것이 유리하므로 프리미엄만큼 손해를 보고 옵션 행사를 포기하게 된다.

프랍 트레이딩(Prop Trading)

'Proprietary Trading'의 약자로 자기 계정 거래라고도 한다. 투자 은행이 자신의 자본을 이용하여 고유의 계정을 가지고 이익을 창출할 수 있는 FICC(Fixed Income, Currency, Commodity)관련 상품에 투자하는 것을 뜻한다.

플로우 트레이딩(Flow Trading)

세일즈가 고객으로부터 받아온 거래를 실행하는 업무의 흐름을 총체적으로 뜻하는 용어이다. 이것은 채권시장에서의 시장 조성자 역할을 하는 것으로 투자은행 고유의 업무 중 하나이다.

피치 북(Pitch Book)

투자 은행에서 사용되는 마케팅 도구로서, 시장이나 투자 결정에 대한 전문가들의 분석을 모아놓은 자료를 뜻한다. 잠재 고객들을 확보하기 위한 목적으로, 제안서처럼 고객들에게 발표할 때 사용된다. 채권을 예로 들면 '우리를 선택해준다면 이런저런 조건으로 채권을 발행해줄 것이고, 수수료(Fee)는 얼마 정도로 받겠다'는 것을 제안하는 제안서이다.

[ㅎ]

하이브리드 채권(Hybrid Bond)

채권처럼 매년 확정이자를 받을 수 있고, 주식처럼 만기가 없으면서도 매매가 가능한 신종자본증권으로, 주식과 채권의 중간적 성격을 띤다.

합자회사(Joint Stock Company)

합자회사는 무한책임사원과 유한책임사원으로 이루어지는 회사로서, 무한책임사원이 경영하고 있는 사업에 유한 책임사원이 자본을 제공하고 사업으로부터 생기는 이익의 분배에 참여하는 회사이다. 친한 사람들이 공동으로 사업을 하는 데에 적합한 회사형태이다.

헤지(Hedge)

투자가 예상대로 이루어지지 못할 때를 대비하여 위험을 한정시키는 것으로 즉 자신의 이익을 가격변동위험으로 부터 보호하고자 이미 보유하고 있거나 보유예정인 현물포지션에 대하여 동일한 수량의 반대포지션을 선물?옵션 시장에서 취하는 것을 말한다.

헤지 펀드(Hedge Fund)

소수의 투자자들을 비공개로 모집하여 주로 위험성이 높은 파생금융상품을 만들어 고수익을 남기는 펀드를 말한다. 헤지란 본래 위험을 회피 분산시킨다는 의미지만 헤지 펀드는 위험 회피 보다는 투기적 성격이 더 강하다. 헤지펀드는 파생금융상품을 조합해 도박성이 큰 신종상품을 개발하여 금융시장의 위기를 가져온 하나의 요인으로 지적되고 있다. 전 세계 헤지 펀드 가운데 절반 이상을 차지하는 조지 소로스의 '퀀텀그룹' 이 유명하다.

환리스크(환위험, Exchange Risk)

외국환 시세의 변동에 의해 발생하는 위험을 말한다. 만약 어떤 수출 기업이 수출 가격의 표시를 외화 표시로 결정한 경우 수출자는 그 당시의 시세로 환산한 자국 화폐를 은행으로부터 받게 되므로, 매매계약 당시와 환입금 시기 사이에 일어나는 환시세변동의 위험을 안게 된다.

회계적 이익

실제로 발생한 이익이 아닌, 회계 장부상의 이익을 뜻한다. 실제 현금 흐름과 회계적 이익의 차이가 발생하는 이유는 회계에서는 일반적으로 기회비용을 고려하지 않고, 발생주의를 원칙으로 하고 있으며, 선입선출, 후입선출과 같이 같은 사건에도 여러 가지 처리 방식이 존재하기 때문이다.

후입선출법(LIFO, Last-in First-out)

제품이나 원재료 등의 재고품을 출고할 때 구입 순과는 반대로 나중에 사들인 것부터 출고한 것처럼 하여 출고품 및 재고품의 원가를 계산하는 방법이다. 이와 비교하여 선입 선출은 구입 순서대로 출고하는 것으로 가정하는 원가 계산 방법이다.

[B]

Bridge Financing

강제적 기업인수거래는 아주 짧은 시일 내에 종결되는 예가 많아서 심지어 정크 본드를 발행하여 자금을 모으기에도 충분한 시간여유를 갖지 못하는 경우가 많이 있다. 투자은행은 이러한 거래에 개입되었을 때 장차 선순위담보 제공을 통한 금융이나 하순위채권 혹은 정크 본드를 발행하여 자금을 조달한다는 전제하에 우선 은행이 보유하고 있는 자금을 가지고 임시 변통해 줌으로써 거래를 성립시킨다. 이와 같이 자금의 시차를 맞춰 주는 교량적 역할을 브릿지 파이낸싱이라고 한다.

[C]

Chinese Wall

넘어갈 수 없는 장애물이라는 뜻으로 정보교류를 제한하는 것이다. 증권업협회에서는 고객의 이익을 보호하기 위해 내부통제기준 개정안을 마련하여 증권회사는 법인영업 팀이나 지점에서 영업하는 직원과 자체자금을 운용 하는 직원 간에는 전화 통화를 못하고 사무실도 별도 층을 사용토록 하는 등 정보교류를 차단하는 'Chinese Wall' 을 구축하도록 하고 있다.

[E]

EBITDA(Earnings Before Interest, Tax, Depreciation, Amortization)

법인세, 이자, 감가상각비 차감 전 영업이익을 뜻한다.

[I]

IPO(Initial Public Offering)

소수인의 주주로 구성된 폐쇄기업이 공개기업으로 전환하는 것으로 이는 자본시장인 증권거래소에 상장하거나, 코스닥 시장에 등록하기 위해 불특정 다수의 투자자들에게 신주를 발행하거나, 기존의 주식을 공모하는 것을 말한다.

IR(Investor Relations)

어떤 기업이 자본 시장에서 투자자들을 상대로 실시하는 홍보활동을 뜻한다. 주식 시장이나 사채 시장에서 기업의 우량성을 확보하기 위해 기업의 경영활동 및 관련 정보를 전달하는 활동이다.

[M]

M&A(Mergers and Acquisitions)

어떤 기업의 주식을 매입함으로써 소유권을 획득하는 경영전략이다. 'Merger' 는 매수한 기업을 해체하여 자사(自社) 조직의 일부분으로 흡수하는 형태를, 'Acquisition' 은 매수한 기업을 해체하지 않고 자회사 · 개별회사 · 관련회사로 두고 관리하는 형태를 말한다.

[P]

PMI(Post-Merger Integration)

M&A의 한 방법으로서 합병 후 통합이라고도 한다. M&A의 다른 방법인 딜메이킹(Deal Making) 또는 빅딜이 가진 문제점을 해소시킬 수 있는 방법으로, 합병 이후의 통합을 통해 기업인수를 완료한다는 의미를 지닌다.

[V]

VWAP(Volume Weighted Average Price)

거래량 가중 평균 주가라도 한다. 각 종목의 거래량이나 상장 주식수를 가중치로 하여 산출한 평균 주가이다. 매매 거래량을 가중치로 하는 주가 평균은 기간 중의 총 거래 대금을 총 거래량으로 나누어 산출하고, 상장주식수를 가중치로 하는 주가 평균은 시가 총액을 상장 주식수로 나누어 산출한다. 전자는 1주당 평균 매매가격을 의미하게 되므로 시장의 인기나 경기 동향을 보는데 적합하고, 후자는 시장의 평균적 주가 수준을 파악하는데 적합하다.

성공적인 금융권 진출(입사 · 인턴)을 위한 실전 가이드

《파이낸스 커리어 바이블》독자 여러분께서는 금융권 진출을 어떻게 준비하고 계신가요? 흔히 금융권 진출을 하기 위해 금융 자격증을 준비하는 경우가 많습니다. 서두에서도 조언을 드린바, 금융 자격증을 공부하는 것이 금융권 진출에 도움이 되지만, 분명한 것은 자격증과 더불어 종합적으로 준비해야 할 사항들이 많다는 것입니다. 《파이낸스 커리어 바이블》의 총 4개의 스텝을 통해, 금융권 진출을 위해서는 진출하고자 하는 금융 부서 · 비즈니스를 이해하고, 금융권에서 필요한 실전 지식을 함양하고, 또 그에 따른 케이스 스터디를 해봄으로써 실전감각을 익혀나야 한다는 것 배우셨을 것입니다. 더불어 금융권에서 요구하는 이력서, 커버레터(자기소개서)와 인터뷰 기출 문제 연습까지 준비가 되어있어야 함을 현업의 시각으로 전달해 드렸습니다. 독자 여러분께 도움을 드리고자, 총 4개의 스텝을 학습하는데 몇 가지 실질적인 조언들을 드리겠습니다.

첫째, 'Step 1. 산업 이해하기'를 학습하면서 추가적으로 수행할 수 있는 부분은, 국내 및 국외 회사들에 대한 조사를 직접 해보는 작업입니다. 실제로 금융권 회사에 지원하실 때는, 그 회사에 대해 잘 알고 있어야 커버레터나 인터뷰에서 어려움 없이 대응할 수 있습니다. 회사에 대한 정보는, 각 회사의 IR 자료(Annual Report), 증권사 주식 리서치 보고서, 뉴스 등에서 확인할 수 있고, 그 회사의 비전, 사업 영역, 연도별 매출, 당기순이익, 주가 추이 및 최근 관련 업계 동향을 정확하게 알고 있으면 큰 도움이 될 것입니다.

둘째, 'Step 2. 실전 지식 연습하기'를 통해 회계, 재무, 경제를 어떻게 실무에서 적용하는지 그리고, 인터뷰 질문에 대한 답변들을 학습하셨습니다. 이와 더불어 여러분께서는, 평소 신문과 뉴스를 통해 접하는 경제 현상들을 분석 · 해석하는 연습을 반드시 해보셔야 합니다. 《파이낸스 커리어 바이블》의 회계 파트에서 배운 경제 활동에 따른 재무제표 간의 연관 관계, 재무 파트를 통해 배운 다양한 회사에 대한 밸류에이션, 그리고 경제 파트를 통해 배운 유형별 경제 활동이 재무제표에 어떠한 영향을 미치는지를 직접 노트를 작성하면서 연습할 것을 권장합니다.

셋째, 'Step 3. 케이스 스터디'를 통해 IPO(기업공개), 채권 발행 프로세스, M&A, 주식 종목 분석, 서브프라임 모기지 사태를 학습하셨습니다. 책에서 다룬 케이스들은 가장 대표적인 유형의 케이스들을 소개한 것이지만, 추가적으로 케이스 스터디를 직접 만들어서 해보시길 바랍니다. 예를 들자면 M&A와 같은 경우는, 현재 진행되고 있는 M&A를 바탕으로 직접 책에서 나오는 항목들을 정리해보면 됩니다. 어떤 M&A 유형인지, 누가 인수자, 피인수자인지, 주가 추이가 어느 정도인지, 총 자본금이 얼마인지 등 책에서 다룬 M&A 분석 항목들을 직접 작성하고, 함께 학습하는 이들과 공유하여 M&A가 어떻게 진행될 것인지 예측을 해보는 것도 흥미로운 학습이 될 것입니다.

넷째, 'Step 4. 취업 프로세스'를 통해 금융권에서 필요 하는 이력서, 커버레터 그리고 현재까지 나온 대표적인 금융권 기출 문제를 학습하셨습니다. 지금부터는 직접 금융권 이력서와 커버레터를 작성할 시간 입니다. 우선, 《파이낸스 커리어 바이블》의 이력서, 커버레터의 기본 구조ㆍ구성을 통해 작성하고, do's & don'ts 체크 리스트를 통해 검증을 하시길 바랍니다. 이에 그치지 않고, 직접 선배를 찾아가서 검토를 받아보는 것을 적극 권장합니다. 마지막으로 지원하는 부서의 인터뷰 기출 문제를 완벽히 소화하고, 답변에 대한 검증을 현업에게 받아보시길 권장합니다. 결국 현업들의 시각이 가장 중요하기 때문입니다.

지금까지 《파이낸스 커리어 바이블》의 각 스텝별로 구체적인 조언을 드렸습니다. 이와 더불어 이 책을 학습하시면서 위의 실질적인 조언들을 수행하는데 도움을 줄 수 있는 금융권 취업사관학교('파이낸스 커리어 바이블 트레이닝 스쿨')를 소개해 드리며 '성공적인 금융권 진출(입사ㆍ인턴)을 위한 실전 가이드'를 마치고자 합니다.

'파이낸스 커리어 바이블 트레이닝 스쿨'은 대한민국 최초이 자 최고의 금융권 취업사관학교로, 온라인 강의와 온ㆍ오프라인 트레이닝 스쿨 활동을 통해 증권사, 투자은행, 자산운용사, 사모 펀드 등 국내외 금융권의 성공적인 진출을 돕고 있습니다.

금융 현업의 경험을 담은 온라인 강의를 통해, 첫째, 금융권 주요 회사별 인재상과 인턴ㆍ입사 조건(스펙)에 대한 이해 및 본 인의 역량ㆍ파이낸스 커리어 스타일 파악, 둘째, 금융권 각 부서에 대한 현재 트렌드ㆍ업무ㆍ비즈니스 모 델의 정확한 이해, 셋째, 금융권 이력서ㆍ커버레터 작성 비법 학습, 넷째, 최신 금융권 인터뷰 기출 문제 접근 방법 및 실전 대응 방법에 대해서 심도 있는 학습을 하실 수 있습니다. 또한 트레이닝 스쿨의 온라인 강의와 더불어 온ㆍ오프라인 활동을 통해 취업 정보와 금융산업 지식을 취득하고 금융권 네트워크를 형성 하실 수 있습니다. '파이낸스 커리어 바이블 트레이닝 스쿨'에 대한 자세한 내용은 이하의 내용을 참조하 시길 바라며, 다시 한 번 여러분의 성공적인 금융권 진출을 기원합니다.

'파이낸스 커리어 바이블 트레이닝 스쿨' 온ㆍ오프라인 안내

FCB 사이트	사이트 주소	비고
공식 사이트	www.financecareerbible.com	책 설명ㆍ강의 커리큘럼 및 일정 확인 콘텐츠 특강 문의: info@financecareerbible.com
온라인 커뮤니티	cafe.naver.com/financecareerbible	금융업 취업 정보, 트레이닝 스쿨 온ㆍ오프라인 활동
오프라인 강의	www.epasskorea.com	강의 문의: edu@epasskorea.com

| Special Thanks |

《파이낸스 커리어 바이블》이 탄생하기까지 직·간접적으로 도움을 주신 분들에게 진심으로
감사를 드립니다.

강소영	J.P.Morgan	류재홍	대우증권
강영화	삼성증권	류태호	Deutsche Bank
강주연	Rokiaccess 대표	박경원	HS AD
강태호	Morgan Stanley	박병희	P&G
고현준	Oliver Wyman	박영렬	연세대학교 경영대학 교수
고힘찬	Univ. of Chicago	박준호	J.P.Morgan
김계환	Macquarie	박진욱	Lotte IR
김나라	Morgan Stanley	박충희	삼일회계법인
김도현	A. T. Kearney	서동빈	연세대학교 경영대학
김미영	GE Korea	서민근	Morgan Stanley Intern
김보겸	연세대 경영대학	서혜진	Macquarie
김선영	CPS 이사	성지하	연세대학교 경영대학 도서관
김소연	Columbia MBA	성창훈	연세대학교 경영대학
김수경	GE Capital	송훈기	GE Capital
김영빈	서울대학교 로스쿨	심재민	Morgan Stanley
김용은	Schroders	안태욱	Bloomberg
김은미	GE Capital	양버들	연세대학교 경영대학
김은중	연세대학교 경영대학	양호철	Morgan Stanley 대표
김재열	국민은행 연구소 소장	양성민	WiseFn
김정아	국민투신	오은경	Morgan Stanley 상무
김지헌	ABN AMRO Intern	유동호	이패스 코리아
김지현	이화여자대학교 국제학부	유정렬	연세대학교 경영학과 교수
김하진	Oliver Wyman	유주상	Stonebridge Capital
김현준	연세대학교 경영대학	유호진	이패스 코리아 이사
나형옥	GE Korea	윤익상	고려대학교 경영학과
남현주	London PE	이강진	CPS 대표
류병위	Deutsche Bank	이기종	CPS 상임고문

435

이길우	Morgan Stanley	정구현	삼성경제연구소 상임고문
이동림	연세대학교 경영대학	정승원	연세대학교 경영대학원
이동원	UBS	정재욱	연세대학교 경영대학
이동진	Oliver Wyman	정재원	Oliver Wyman
이동진	삼성증권	정재철	Kisline
이동현	J.P.Morgan	정회민	Macquarie
이명수	현대캐피탈 경영기획실 실장	조미호	화재인 대표
이수환	Boston Consulting Group	조병렬	GE Korea 상무
이승준	KAIST	조수연	Deutsche Bank
이승호	A. T. Kearney	조의행	Morgan Stanley
이영준	연세대학교 경영대학	조현진	Goldman Sachs
이유선	GlaxoSmithKline	진 율	J.P.Morgan
이인영	Woori Private Equity	진정주	Lehman Brothers
이재영	FnGuide	천두성	GE Korea 이사
이지애	연세대학교 심리학과	천호석	SK
이진우	삼일회계법인	최선호	Macquarie
이현규	Accenture	최성만	서울대학교 경영학과
이효원	연세대학교 경영대학	최영수	삼성증권 이사
임양록	GE Korea 이사	최 일	이패스 코리아 부소장
임주현	Morgan Stanley	최항석	연세대학교 경영대학
임현수	한국투자증권	하상철	Photography
임형종	삼일회계법인	허성우	서울대학교 경영학과
장병운	J.P.Morgan	홍지성	Cornell Univ.
장의식	Carnegie Mellon Univ.	황 수	GE Korea 대표
장진호	연세대학교 경영대학 교수	Jeremy Everett	GE Korea 전무
전성민	Goldman Sachs	Mark Redmon	Rokiaccess
전필상	J.P.Morgan	RaviTheja Abbineni	GE Capital 이사